SND

封面故事：《高新印象》

苏州高新区的开发建设是苏州市深入推进改革开放、创新发展的重要战略举措。1986年市委、市政府根据国务院批复精神，确定“全面保护苏州古城风貌，重点建设现代化新区”的思路，在古城以西开辟一块区域，再造一个“新苏州”。苏州高新区1990年启动开发建设，1992年获批全国首批国家高新区。

高新区地处长三角核心区域，西临烟波浩渺的万顷太湖，东依2500年历史的苏州古城，拥有优越的地理位置和便利的交通条件。区域面积从最初的6.8平方千米（1992年），逐步拓展至52平方千米（1994年），2002年调整为333平方千米（其中太湖水域110平方千米）。

《高新印象》出自高新区青年文化人才韩锐及其团队，画面运用数字技术，以丹青山水描绘动人风景，宏观表达城市、建筑与自然间的关系，从运河畔的狮山大桥到太湖边的万佛石塔，狮山、横塘、枫桥、浒墅关、科技城等我们耳熟能详的地标跃然纸上，展现“真山真水园中城”的秀美高新区。

苏州高新区（虎丘区）年鉴 2023

《苏州高新区（虎丘区）年鉴》编纂委员会　编

苏州新闻出版集团
古吴轩出版社

图书在版编目（CIP）数据

苏州高新区（虎丘区）年鉴. 2023 /《苏州高新区（虎丘区）年鉴》编纂委员会编. -- 苏州：古吴轩出版社，2023.11
ISBN 978-7-5546-2232-2

Ⅰ. ①苏… Ⅱ. ①苏… Ⅲ. ①区（城市）－苏州－2023－年鉴 Ⅳ. ①Z525.34

中国国家版本馆CIP数据核字（2023）第217616号

责任编辑：周　娇
装帧设计：韩桂丽　刘　浩
责任校对：李爱华
责任照排：刘知新

书　　名：苏州高新区（虎丘区）年鉴（2023）
编　　者：《苏州高新区（虎丘区）年鉴》编纂委员会
出版发行：苏州新闻出版集团
古吴轩出版社
地址：苏州市八达街118号苏州新闻大厦30F
电话：0512-65233679　　邮编：215123
出 版 人：王乐飞
印　　刷：苏州恒久印务有限公司
开　　本：889mm×1194mm　1/16
印　　张：21.25　　插页：32
字　　数：627千字
版　　次：2023年11月第1版
印　　次：2023年11月第1次印刷
书　　号：ISBN 978-7-5546-2232-2
定　　价：188.00元

苏州高新区（虎丘区）年鉴编纂委员会

名誉主任：毛　伟

主任委员：宋长宝

副主任委员：张　瑛

委　　员：吴万江　朱文瑞　尚文涛　鲍东晖　蒋建清
孔杰峰　朱　勇　庞晓虹　袁晓月　于自强
吴小军　陈毅坚　杨红军　谷现军　傅　曦
周　剑　李　伟　范晓晔　蒋存琪　王永刚
陆　懿　卢　春　陈晓梅　孙咸锐　周晓明
钦纳新　胡　勇　冯世蔚　陈方旻　沈宇亮
周　萍　陈　婷　朱彬峰　徐　明　王　群
郏祥弟　徐礼华　金雨菲　董　薇　单鸿伟
杨　亮　沈明生　吴卫锋　周经纬　徐　立
叶其中　陈　凯　王华清　王　星　王　平
周琼芳　闵建国　李　政　曹　琴　仲晓晨

《苏州高新区（虎丘区）年鉴（2023）》编审人员

主　　审：鲍东晖

副 主 审：郭　霞

主　　编：赵　琛　陈永生

副 主 编：张　园　陈　英

编　　辑：张肖千　曹梦婷

编　　务：耿佃利　张　勇　许　丹

特约编辑：杨泉兴　蒋卫荣

编辑部地址：苏州高新区科普路50号408室　　联系电话：0512—68753193　　邮编：215163

《苏州高新区（虎丘区）年鉴（2023）》分目审稿人员

（按姓氏笔画排序）

丁　芳	马莹磊	马海英	王　珏	王　慧	王守来	王丽玉	王留华
王健伟	方　振	尹世林	孔杰峰	卢　艺	叶　枫	主燕妮	冯明君
朱　冰	朱　真	朱一鸣	朱玲枫	仲晓晨	庄　洁	江立新	许　强
许奇峰	杜小兵	李小花	杨建国	吴　艳	吴　烨	吴国忠	何梦丹
汪　曦	汪欣礼	张　政	张云龙	张丽君	张春红	陆文娟	陆建梅
陆裔飞	陈　伟	陈应甲	陈振民	罗　霄	周永前	庞晓虹	钟珂烨
袁晓月	顾　伟	顾福根	倪洪良	徐　春	徐　晓	徐　强	徐俊燕
徐辉惠	唐　虹	谈亦军	黄敬川	曹　江	曹　琴	蒋建清	窦强帅
慕继武	潘琳士	魏春晓					

编辑说明

一、《苏州高新区（虎丘区）年鉴》是由苏州高新区管委会（虎丘区政府）主办，苏州高新区（虎丘区）档案馆（地方志编纂中心）负责编纂的年度资料性文献，创办于1995年，从2014年起，每年出版一卷。

二、《苏州高新区（虎丘区）年鉴》以马克思列宁主义、毛泽东思想、邓小平理论、“三个代表”重要思想、科学发展观、习近平新时代中国特色社会主义思想为指导，旨在系统记述苏州高新区（虎丘区）自然、政治、经济、文化、社会等方面情况，为各机关、团体、企事业单位和社会各界提供年度资料性信息。

三、《苏州高新区（虎丘区）年鉴》采用分类编辑法，全书主体内容分为类目、分目、条目3个层次，个别分目下设副分目。条目为记载的基本层次，其标题用黑体字加【】表示。为进一步体现地方特色和年度特色，《苏州高新区（虎丘区）年鉴（2023）》对框架结构和内容做了大幅调整。卷首设“开发建设30年”“年度亮点”“全面深化三大功能片区建设”“喜迎二十大”“幸福高新”“秀美高新”图片专辑，三大功能片区建设实录、苏州西部生态旅游度假区发展实录，大事记，主体内容分设区情概览、中共苏州高新区工委（虎丘区委）、苏州市虎丘区人民代表大会、高新区管委会（虎丘区政府）、中国人民政治协商会议苏州市虎丘区委员会、高新区（虎丘区）纪（工）委监委、民主党派·工商联、群众团体、法治·军事、经济管理、开放型经济、园区建设、数字高新区、农业、工业·建筑业、服务业、城市建设与管理、乡村振兴、生态环境、科学技术、教育、文化·体育、卫生健康、就业与社会保障、社会事务、社会治理、镇·街道等27个类目，卷末设附录和索引。全书共设155个分目、29个副分目、704个条目。另有卷首专题图片55张、随文图片107张，表格53张。

四、《苏州高新区（虎丘区）年鉴（2023）》主要资料收录时间为2022年1月1日至12月31日（附录中政府工作报告时间为2023年初）。机构设置和领导名单以2022年年底组织部门年报为准。为保证内容资料的完整性、连续性，根据记述需要，个别内容时间适当上溯或下延。

五、《苏州高新区（虎丘区）年鉴（2023）》的条目内容由区各部门（单位）、各镇（街道）等提供，并经过各单位领导审核。书内涉及的主要统计数据以区统计部门提供的为准，但个别数据由于统计口径和方法不同而有些许差异，请读者在引用时加以注意。全书提及的“增长”或“下降”数据，除非特殊说明，均指“比上年增长”或“比上年下降”数据。

六、《苏州高新区（虎丘区）年鉴（2023）》中“苏州高新区（虎丘区）”一般简称“高新区”，单位名称第一次出现时用全称，再次出现时用简称，以此类推；缩略语第一次出现时一般有注解，再次出现时不再有注解，以此类推。

数读高新区·2022

区域总面积（不含太湖水域）：223.36平方千米

期末户籍人口：48.3万人

地区生产总值：1766.17亿元

　　第一产业：1.29亿元

　　第二产业：857.57亿元

　　第三产业：907.31亿元

一般公共预算收入：182.06亿元

　　税收收入：155.63亿元

规上工业总产值：3602.47亿元

全社会固定资产投资：579.59亿元

社会消费品零售总额：630.94亿元

进出口总额：427.41亿美元

　　出口总额：284.5亿美元

　　进口总额：142.91亿美元

全社会用电量：93.77亿千瓦·时

　　工业用电量：60.03亿千瓦·时

　　服务业用电量：22.15亿千瓦·时

当年新增实际使用外资及港澳台资：8.05亿美元

当年新增内资企业注册资金：1336.25亿元

城镇居民人均可支配收入：76072元

（数据来源：统计局）

年度重要荣誉

国家级知识产权强国建设示范园区

国家知识产权特色服务出口基地

全国工业互联网推动数字化创新领先城区

江苏省首批“5G+工业互联网”融合应用先导区培育对象

江苏省第二批先进制造业和现代服务业深度融合试点区域

江苏省区块链技术创新与应用试验区

江苏省工业大数据应用示范区

江苏省“五方挂钩”帮促工作先进单位

（统计来源：经济发展委员会、市场监督管理局）

开发建设30年

从1992年到2022年，苏州高新区走过了30年不平凡的发展历程。30年来，我们高举“发展高科技、实现产业化”旗帜，秉承“高”“新”发展理念，走出了一条以提高经济运行质量和效益为中心的内涵式发展道路，成为苏州开放型经济发展的重要引擎、自主创新的先进典范。我们审视高新区的发展历程发现，每一个10年，对高新区来说，都面临着不同的发展形势，都肩负着不同的责任使命，都有着不同一般的意义。

第一个10年（1992—2002年），以1992年获批国家级高新区为标志，是初创探索、奠定基础的10年（杨炎橙　摄）

第二个10年（2002—2012年），以2002年区划调整为标志，是扩面发展、再次创业的10年（丁达祥　摄）

第三个10年（2012—2022年），以2012年高新区行政中心由运河边西移至太湖畔（苏州科技城）为标志，是创新驱动、转型发展的10年（杨炎橙　摄）

年度亮点

2022年，高新区坚持以习近平新时代中国特色社会主义思想为指导，以迎接党的二十大、学习宣传贯彻党的二十大精神为主线，坚决贯彻习近平总书记对江苏、苏州工作系列重要讲话指示精神和省市决策部署，严格按照“疫情要防住、经济要稳住、发展要安全”重大要求，团结依靠全区人民，围绕打造全市产业科创主阵地目标，埋头苦干、奋勇前进，推动现代化建设迈出坚实步伐。

2022年7月1日，高新区与三菱化学（中国）管理有限公司签约仪式举行（杨炎橙　摄）

2022年7月5日，西门子电气产品中国及东亚总部揭牌仪式暨深化战略合作签约仪式举行（杨炎橙　摄）

2022年7月8日，中芯聚源振芯并购基金在高新区成立，中芯聚源苏州创新中心揭牌（杨炎橙　摄）

2022年7月19日，高新区企业苏州瑞派宁科技有限公司在世界知识产权组织（WIPO）成员国大会上获首届WIPO全球奖（宣传部　供图）

2022年7月20日，高新区与徕博科医药研发有限公司签约仪式举行（杨炎橙　摄）

2022年7月25日，欧几里德（中国）研发生产总部开业仪式在高新区举行（杨炎橙　摄）

2022年8月1日，大型廉政锡剧《雪篷送米图》高新区专场（杨炎橙　摄）

2022年8月10日，克诺尔商用车系统中国区研发中心和苏州生产基地启用仪式在高新区举行（杨炎橙　摄）

2022年9月9日，南京大学苏州校区（东区）教学组团建设场景（王洋　摄）

2022年10月24日，太湖光子科技园（丁翊彪　摄）

2022年11月20日，苏州太湖光子中心建设推进会暨苏州高新区产业创新集群发展大会举行（杨炎橙　摄）

全面深化三大功能片区建设

2022年，高新区深化功能区改革，全域优化为狮山商务创新、浒墅关先进制造、太湖科学城三大功能片区，实现全区“功能片区+镇（街道）”运行体制全覆盖。

2022年6月19日，苏州高新区全面深化三大功能片区建设推进大会召开（杨炎橙　摄）

狮山商务创新功能片区（宣传部　供图）

建设中的南京大学苏州校区（杨炎橙　摄）

浒墅关先进制造功能片区（杨炎橙　摄）

喜迎二十大

2022年，高新区深入学习宣传贯彻党的二十大精神，坚定拥护“两个确立”，增强“四个意识”、坚定“四个自信”、做到“两个维护”，推进新时代党的建设新的伟大工程，不断提高政府系统党建工作质量和水平。

2022年2月18日，“喜迎二十大　医心护健康”庆祝第五个“中国医师节”活动举行（社会事业局　供图）

2022年6月1日，“喜迎二十大　永远跟党走”少先队员入队仪式举行（宣传部　供图）

2022年6月10日，“践行为人民服务　老兵永远跟党走”百位中国杰出人物肖像书画展在高新区文体中心启幕（陈拓　摄）

2022年11月12日，“喜庆二十大　同心跟党走”“工商银行杯”高新区第八届体育运动会开幕式在杵山生态公园举行（丁翃彪　摄）

幸福高新

2022年，高新区在全市率先启动“高新欢乐购”，推出汽车嘉年华等系列活动，全国首个迪卡侬体育公园旗舰店开业，苏绣小镇获评全国非遗与旅游融合发展优选项目名录“非遗旅游小镇”，狮山夜间文旅消费集聚区入选省级集聚区。

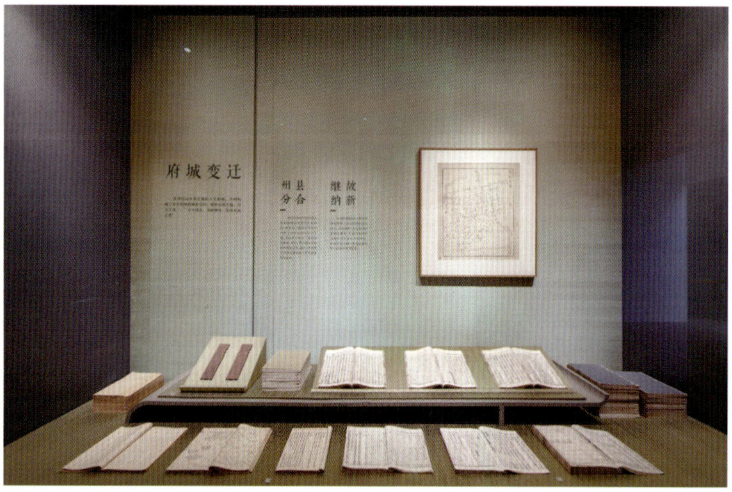

苏州博物馆西馆（杨炎橙　摄）

Preface

2022年4月，有轨电车沿线春景（苏高新交发　供图）

2022年5月，苏州高新区狮山实验小学师生走进新四军太湖游击队纪念馆开展红领巾研学活动（宣传部　供图）

2022年6月2日，全国首个迪卡侬体育公园旗舰店迪卡侬苏州浒关店开业（杨炎橙摄）

2022年6月4日，新区公园内老人晨练（孙梅花　摄）

2022年6月25日，狮山派出所民警对市民开展安全知识宣传（陈诚　摄）

2022年6月28日，2022苏州文化遗产日重要活动发布暨“非一般的市集”启动仪式在苏州博物馆西馆举行（丁达祥　摄）

2022年7月23日，苏州乐园第24届超级啤酒狂欢节启幕（苏高新股份　供图）

2022年9月16日，潮派体育嘉年华足球赛举行（沈刃杰　摄）

2022年10月24日，通安镇派出所民警在金市村田间地头开展安全生产、防范电信诈骗宣传（公安分局　供图）

2022年10月26日，苏绣小镇获评全国非遗与旅游融合发展优选项目名录“非遗旅游小镇”（许志坚　摄）

2022年12月30日，苏州乐园森林世界景区获评国家4A级旅游景区（丁翊彪　摄）

新区永旺梦乐城（伊志明　摄）

狮山龙湖天街商贸区（伊志明　摄）

浒墅关大运河兴贤桥（伊志明　摄）

杵山栈道桥（伊志明　摄）

秀美高新

2022年，高新区坚持以人民为中心，更加注重普惠共享，让“学有优教”更加坚实，让“病有良医”满足需求，让“一老一小”更加幸福，让“山水资源”融入城市肌理，让“传统文化”涵养城市内涵，让“社会治理”更加智慧高效，在高质量发展中促进共同富裕，打造共建共治共享的民生幸福标杆。

索山桥口袋公园、竹园路街区（葛雷　摄）

科技城太湖大道（杨炎橙　摄）

苏州太湖国家湿地公园（杭兴微　摄）

镇湖绣品街（宣传部　供图）

杵山生态公园（杨炎橙　摄）

玉山公园樱花（朱卫东　摄）

通安镇树山村（张健　摄）

通安镇真山公园（张健　摄）

浒墅关大阳山（宣传部　供图）

浒墅关青灯村（孙梅花　摄）

浒墅关九图村（杨炎橙　摄）

苏州高新区（虎丘区）地图

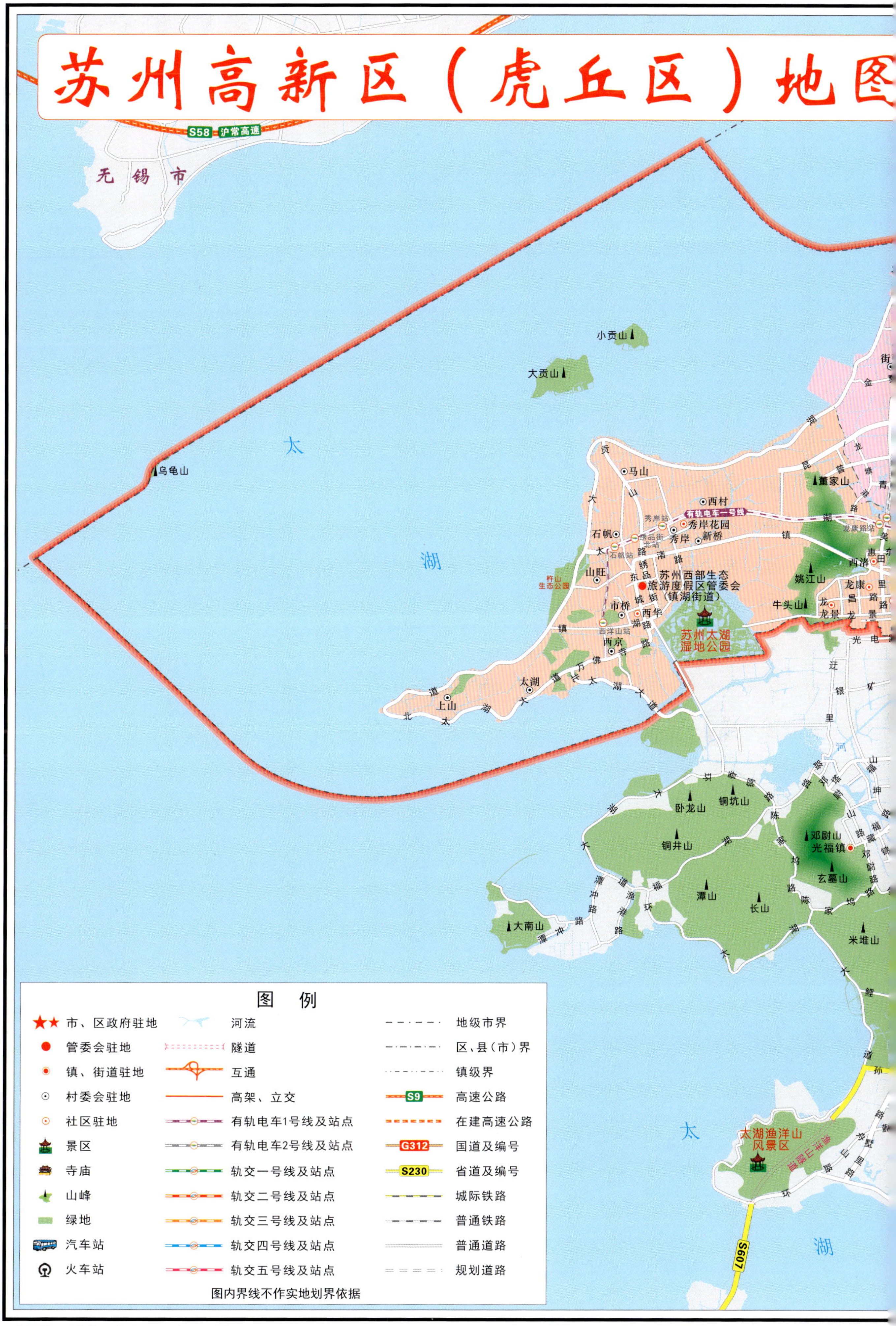

审图号：图苏E审（2023）054号

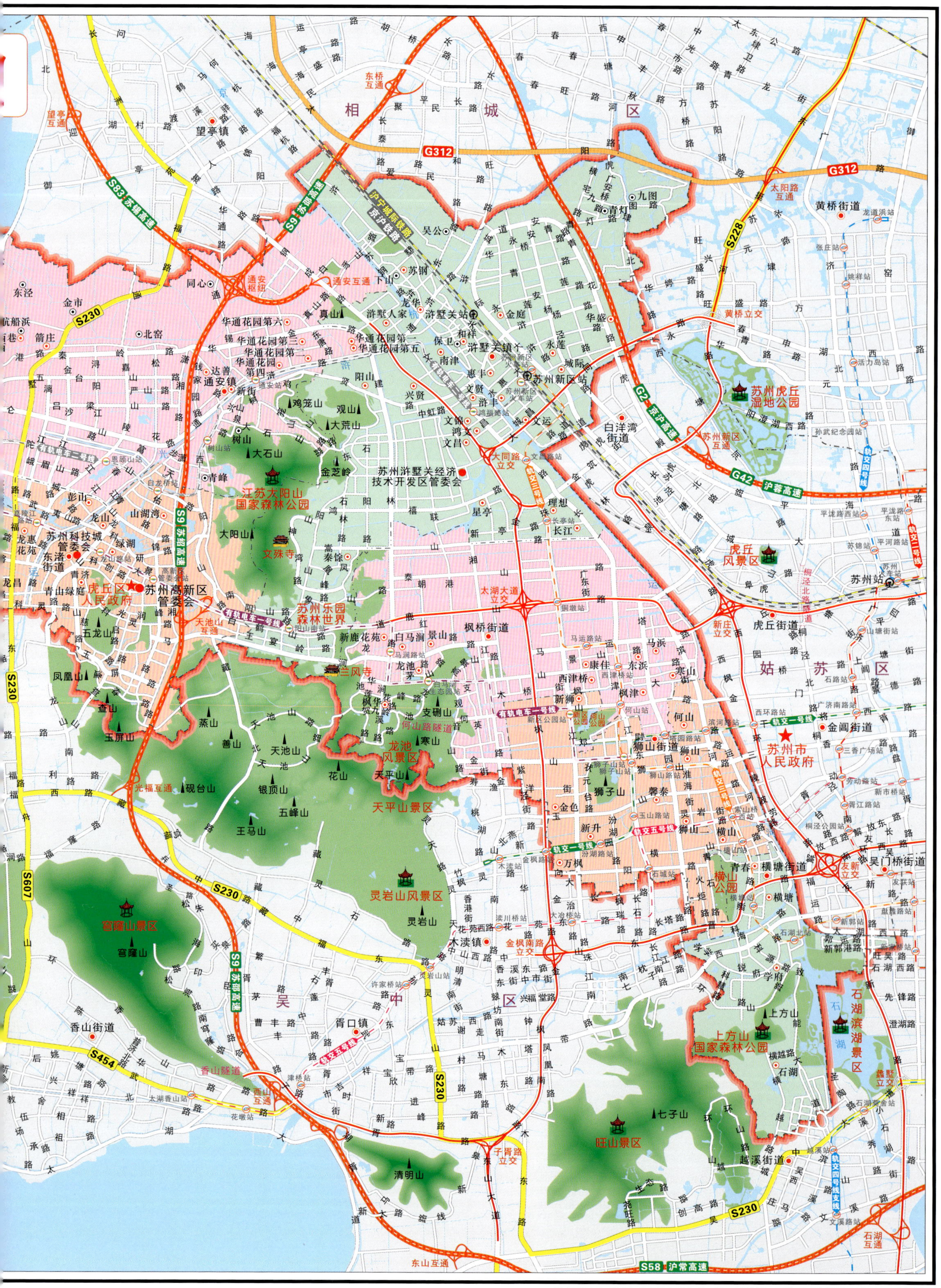

苏州吴文化地名研究所 江苏图博地理信息科技有限公司 编制

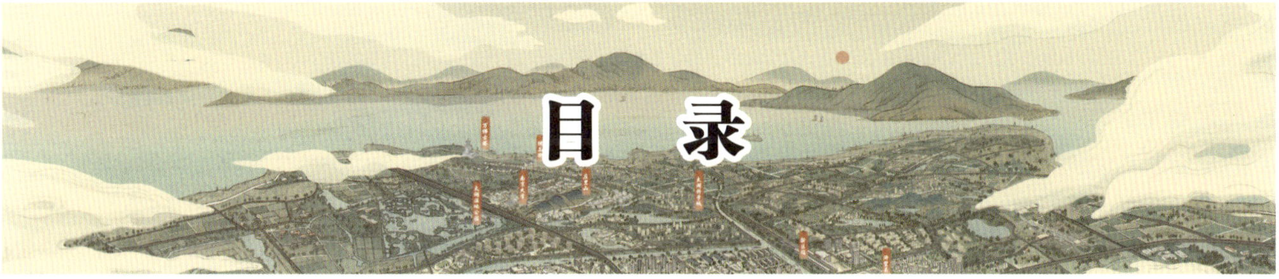

目 录

专 记

大事记

区情概览

中共苏州高新区工委（虎丘区委）

苏州市虎丘区人民代表大会

高新区管委会（虎丘区政府）

中国人民政治协商会议苏州市虎丘区委员会

高新区（虎丘区）纪（工）委监委

民主党派·工商联

群众团体

法治 · 军事

经济管理

开放型经济

园区建设

数字高新区

农　业

工业·建筑业

服务业

城市建设与管理

乡村振兴

生态环境

科学技术

教　育

文化·体育

卫生健康

就业与社会保障

社会事务

社会治理

镇·街道

附　录

索　引

专记

三大功能片区建设实录

综　述

【概况】　近年来，高新区大力推动狮山商务创新功能片区、浒墅关先进制造功能片区、太湖科学城功能片区三大功能片区建设，整合发展资源，完善功能布局，凝聚发展合力。

【初步探索】　2021年3月，高新区出台《关于构建“三大特色园区”发展新格局的实施方案》，方案明确，高新区将对现有板块在功能上进一步整合发展，着力构建商务创新园区、先进制造园区、科技生态园区等三大特色园区。商务创新园区以狮山商务创新区为主，与狮山街道、横塘街道、枫桥街道实现融合发展，着重发展商务和创新，承担体制机制创新、开放合作创新、商贸流通创新、服务贸易创新、产业研发创新五大使命，积极抢抓江苏自贸区苏州片区建设机遇，加快自贸区联动创新区建设，依托上海丰富金融保险资源，大力引进相关机构，加强日资高地建设，围绕日资研发、服务等领域，提升利用水平，打造长三角地区商务中心、创新中心、外贸中心和国际合作中心。先进制造园区以浒墅关经济技术开发区为主，与高新区综合保税区、浒墅关镇实行融合发展，以进出口贸易促进智能制造业和先进制造业发展，大力发展数字经济等新经济形态，发展工业互联网，推动传统产业数字化、智能化改造，打造先进制造业中心和现代制造业产业园区。科技生态园区以苏州科技城为主，与苏州西部生态旅游度假区（镇湖街道）、通安镇、东渚街道实行融合发展，聚焦科技和生态两大主题，全力以赴加快集聚人才、技术、资本、信息、生态等要素资源，加快大院大所建设，提升创新转化能力和服务经济社会发展能力，建设先导产业创新集聚区，加快南京大学苏州校区建设，推进全方位合作，建设太湖科创谷，打造太湖科学城。充分利用优质生态资源，建好苏绣小镇，推动文旅融合发展，打响“江南文化”品牌。此次功能整合结合高新区各板块区位情况和产业特色，标志着三大功能片区建设探索工作启动。

【明确提出加快三大功能片区建设】　2021年7月26日，中国共产党苏州市虎丘区第十二次代表大会在狮山国际会议中心开幕。会议明确提出，要加快三大功能片区建设。报告强调，今后五年发展总体思路是围绕一个定位：苏州市产业科创中心；打造两大生态：创业者乐园、创新者天堂；建设三大功能区：商务创新功能区、先进制造功能区、科技生态功能区；实现四大目标：全力打造创新驱动发展示范区，打造高质量发展先行区，奋力走在全国创新型科技园区前列，走在苏州建设社会主义现代化强市前列；实施五大战略：开放创新、产业强区、改革赋能、品质提升、民生为本；提升六大重点产业：新一代信息技术、高端装备制造、医疗器械和生物医药、集成电路、数字经济、绿色低碳。会议指出，要率先落实协调发展理念，塑造新时代城乡融合发展典范，完善发展空间布局。加快编制高新区分区规划（2020—2035年），整合空间资源、产业资源，进一步拓展发展空间。开展商务创新功能区、先进制造功能区、科技生态功能区三大功能区规划编制，明确发展目标定位。

【三大功能片区建设推进工作领导小组】 2021年11月20日，中共苏州高新区工委、高新区管委会印发《关于成立苏州高新区“三大功能片区”建设推进工作领导小组的通知》，强化对“三大功能片区”建设推进工作组织领导，加快构建全区“三大功能片区”发展新格局。

【全面深化三大功能片区建设实施方案】 2022年6月19日，中共苏州高新区工委、高新区管委会印发《关于印发全面深化三大功能片区建设的实施方案的通知》，确立总体目标是坚持发展导向、系统谋划、资源统筹、权责一致原则，立足区位优势、地域特色和产业基础，加快推进三大功能片区建设，形成狮山商务创新功能片区、浒墅关先进制造功能片区、太湖科学城功能片区协同发展格局。持续深化开发区体制机制创新先行先试，合理规划区域管理模式，构建精简高效、资源统筹、权责明晰运行体制，形成各片区相互促进、互补融合、协同错位发展局面，提升产城融合发展水平，将苏州高新区建设成为全市产业科创主阵地、苏州西部新中心。方案明确三大片区功能定位、调整功能区管理范围、创新片区管理机制、促进资源集约共享等四个方面主要内容。

【全面深化三大功能片区建设推进大会】 2022年6月19日，全面深化三大功能片区建设推进大会召开，标志着高新区“三大功能片区”建设工作进入全面深化阶段。会议强调，要深入贯彻落实国务院和江苏省关于促进国家高新区高质量发展意见要求，积极抢抓长三角一体化、环太湖科创圈、沿沪宁产业创新带、省域市域一体化等战略机遇，持续深化体制机制改革，全力推进三大功能片区建设，全面激发区域发展内生动能，奋力谱写“两区两前列”崭新篇章。

会上，高新区宣布全面深化三大功能片区建设有关决定。决定明确，狮山商务创新功能片区充分发挥狮山、横塘街道，枫桥街道创新和产业优势，汇聚商务、服务等发展资源，打造产业、创新和现代服务业融合发展新示范。浒墅关先进制造功能片区依托经开区坚实产业基础，加强综保区体制创新，发挥两个国家级重要平台叠加效应，融合打造先进制造业高地和自贸区联动创新区标杆。太湖科学城功能片区依托苏州科技城良好创新基础和度假区优越生态资源，不断提升创新策源能力，培育壮大新兴产业，深入推进科技创新和生态人文融合发展，打造环太湖科创圈先行示范区。

【三大功能片区建设推进方案】 2022年10月31日，中共苏州高新区工委（虎丘区委）、高新区管委会（虎丘区政府）印发《狮山商务创新功能片区建设推进方案》《浒墅关先进制造功能片区建设推进方案》《太湖科学城功能片区建设推进方案》，提出三大功能片区建设指导思想、总体目标、工作任务及工作要求，助力全区形成三大功能片区相互促进、互补融合、协同错位发展格局。

方案提出三个方面工作要求。要求加强组织领导，成立各功能片区建设推进工作领导小组，具体负责功能片区建设工作，及时了解和掌握工作情况，研究解决工作中出现的问题和困难；要求稳妥有序推进，坚持需求导向，落实职责归并，厘清职责边界，促进资源统筹，做好工作衔接、任务交接，严格按照区党工委、管委会规定任务时间要求，把握工作进度，保证各项任务落实到位，取得实效；要求严肃工作纪律，认真执行实施方案，明确目标任务，正确把握改革思路，切实加强思想政治工作，统一思想、强化共识，坚定不移贯彻区党工委、管委会决策部署，强化责任落实，服从改革大局，严格执行有关政策决定，汇聚干事创业正能量，确保体制机制改革顺利推进。

（年鉴编辑部）

狮山商务创新功能片区建设

【指导思想】 坚持以习近平新时代中国特色社会主义思想为指导，全面贯彻落实党的十九大和十九届历次全会精神，积极抢抓长三角一体化、沿沪宁产业创新带等战略机遇，进一步深化体制机制改革，整合发展资源，完善功能布局，凝聚发展合力，全面激发苏州高新区起锚地区域发展内生动能，奋力当好“两区两前列”发展先行军。

【总体目标】 加快推进狮山商务创新功能片区建设，合理规划区域管理模式，构建精简高效、资源统筹、权责明晰运行体制，在继续发展产业基础上，加快汇聚商务、服务等高端资源，提升创新发展能级，打造产业、创新和现代服务业融合发展新示范，擦亮全省第一个商务创新区名片，全面打造“人城境业融合式新典范，长三角商务创新新高地，国际化开放包容新城区”，将狮山商务创新功能片区建设成为“国际化现代城市中央活力区”，助力全区形成三大功能片区相互促进、互补融合、协同错位发展格局。

——节选自《狮山商务创新功能片区建设推进方案》

【年度工作】 2022年6月，高新区召开全面深化“三大功能片区”建设推进大会，狮山街道、横塘街道、枫桥街道实行融合发展，狮山商务创新区（简称“商务区”）分设，成立狮山商务创新功能片区。狮山商务创新功能片区合理界定商务区和狮山、横塘街道，枫桥街道权责关系，研究出台《权责分工清单》，构建起覆盖商务区、街道议事协商机制。商务区作为功能片区主体机构，坚持优化协同高效原则，科学高效完成与街道职能划分，推进商务区管理办公室5家运行机构完成设立，平稳推进经济发展、招商引资、规划建设、教育文旅、财政管理等职能从街道统一划至商务区，先后从街道抽调170余名工作人员到商务区集中办公，切实把优秀干部资源向发展一线集聚。

产业发展方面。全年完成一般公共预算收入同口径100.54亿元，总量列全区第一；规模以上工业总产值1821亿元，总量列全区第一；实际使用外资及港澳台资4.1亿美元、内资注册资金637.28亿元，引进投资规模超亿元产业项目55个、高质量产业类项目115个、外资及港澳台资项目115个；签约落地总部项目25个，42个市区重点新开工项目全年完成投资140.39亿元。

科技创新方面。新增上市企业2家，过会企业1家。新增国家级专精特新“瞪羚”企业6家，国家级制造业单项冠军示范企业1家，省级专精特新中小企业43家。完成智能化改造和数字化转型项目349个，引进高质量科技项目182个。新增高新技术企业294家，累计有效高企653家，获批市级以上领军人才34项。

城乡建设方面。高标准开展功能片区总体规划，完成城市更新专项规划，盘活低效用地1925亩，完成城市更新项目15个，加快实施集成电路创新中心（二期）、和枫产业园、横山路北3个城市更新试点项目。玉山苑小区、金龙花园小区完成改造，狮山街区获批第二批省级夜间文化和旅游消费集聚区、第二批江苏省文化和旅游消费便捷支付示范区。

社会事业方面。乐星幼儿园、枫桥实验小学等5所学校完成新建或改扩建，晋源为老服务中心运营。开展文化活动600余场，举办评弹书场140场，完成公共文化服务配送活动46场，放映数字电影524场次。开展辖区孤寡老人、精神障碍患者等特殊人群摸排救助工作，启动爱心助学三年行动计划，保障困难群体生活。 （狮山商务创新区 张道）

浒墅关先进制造功能片区建设

【指导思想】 以习近平新时代中国特色社会主义思想为指导，全面贯彻落实党的十九大和十九届历次全会精神，积极抢抓长三角一体化、环太湖科创圈、沿沪宁产业创新带、省域市域一体化等战略机遇，进一步深化体制机制改革，整合发展资源，完善功能布局，凝聚发展合力，全面激发区域发展内生动能，全力打造自贸联动创新区标杆和先进制造业高地。

【总体目标】 加快推进浒墅关先进制造功能片区一体化建设，持续深化开发区体制机制创新，合理规划区域管理模式，构建精简高效、资源统筹、权责明晰运行体制，将浒墅关先进制造功能片区打造成为先进制造业高地和自贸区联动创新区标杆，助力全区形成三大功能片区相互促进、互补融合、协同错位发展格局。

——节选自《浒墅关先进制造功能片区建设推进方案》

【年度工作】 2022年，浒墅关先进制造功能片区以迎接、学习宣传贯彻党的二十大为工作主线，全面落实“疫情要防住、经济要稳住、发展要安全”重大要求，认真贯彻市委常委会调研高新区精神，全力以赴防疫情、稳经济、保安全，高质量发展迈出坚实步伐。

产业发展方面。建立健全疫情防控应急指挥体系，解除5个区域封控管控，用最小成本打赢疫情防控阻击战。全年完成规上工业产值1322.7亿元，全社会固定投资146亿元，其中工业投资28.9亿元；新增合同外资及港澳台资6.76亿美元；引进超亿元产业类项目41个，圣晖系统集成集团股份有限公司上市。完成进出口总额196亿美元，跨境电商9610出口业务保持全市第一、获批市跨境电商集聚区。经开区获评江苏省“互联网+先进制造业”特色产业基地。综保区在2021年度全国综保区绩效评估中列第十三名。

科技创新方面。全年引进创新型企业276家、高质量科技型项目97个，新增省级以上潜在“独角兽”企业5家、市级以上“瞪羚”企业37家，获批高新技术企业137家、国家级人才项目2个、国家级众创空间1个。高品质打造人才社区，建成启用阳山人才会客厅。稳步推进智能化改造和数字化转型，实现规上工业企业数字化改造全覆盖。完成三大国资集团公司重组整合，与苏盐园区签署战略合作协议，与黄桥街道签订465亩飞地委托管理协议。政务服务中心落成全市首个质量赋能站，浒墅关商会获评全国“四好”商会。

城乡建设方面。重点推进环境大整治、面貌大提升“百日攻坚”行动，扎实开展苏华路、通浒路沿线面貌提升，全面加强西陵堂等历史建筑保护修缮，实现木材市场清租清退，完成6000亩地块集中整治。有序开展运河支流支浜173个雨水口排查管控、重点项目地块土壤污染调查等，蓝天、碧水、净土三大保卫战取得新成效。启动全区首个“产业+人才”综合体创园壹号产业园项目，稳妥完成高岭土阳东矿关停退出，重点推进运河沿线和老工业区提档升级，累计盘活低效用地1555亩，动迁完成签约30家，清退项目地块6个，运河以西片区基本实现清零目标。

社会事业方面。稳步实施总投资37亿元33项实事重点项目，和祥幼儿园、文韵幼儿园建成启用，苏州大学附属第二医院浒关院区二期加快建设，实验初中教育集团文昌校区挂牌成立，累计发放各类救助金3700万元。全国文明典范城市创建稳步推进，长江路农贸市场持续规范管理，惠丰社区获评全国示范性老年友好型社区，永莲社区、和祥社区成功创建全市首批“一刻钟便民生活圈”。创新成立全区首家社工委、社会矛盾调处中心，稳步推进较大社区拆分和“中心+社区”组团发展。落实安全生产责任制，6处三级挂牌督办隐患完成摘牌验收。

［浒墅关经济技术开发区（镇） 刘子佳］

太湖科学城功能片区建设

【指导思想】 以习近平新时代中国特色社会主义思想为指导，全面贯彻落实党的十九大和十九届历次全会精神，积极抢抓长三角一体化、环太湖科创圈、沿沪宁产业创新带、省域市域一体化、南京大学苏州校区建设等战略机遇，坚持创新是引领发展第一动力，进一步深化体制机制改革，构建功能布局合理、管理运行高效、产业集聚优化功能区管理新体系，为打造科创产业主阵地和实现高新区“两区两前列”发展目标提供重要支撑。

【总体目标】 加快推进太湖科学城功能片区一体化建设，持续深化功能区体制机制创新，合理规划区域管理模式，构建精简高效、资源统筹、权责明晰运行体制，依托苏州科技城良好创新基础和苏州西部生态旅游度假区优越生态资源，全面提升创新策源能力，培育壮大新兴产业，推进科技创新和生态人文融合发展，将功能片区打造成为一体化融合发展示范区、环太湖科创圈先行示范区。

——节选自《太湖科学城功能片区建设推进方案》

【年度工作】 2022年，太湖科学城功能片区按照“疫情要防住、经济要稳住、发展要安全”重大要求，先后将通安镇、西部生态旅游度假区（镇湖街道）纳入太湖科学城功能片区一体化运行，优质资源不断向功能片区西北部延伸，推动高质量发展迈上新台阶。苏州科技城入围赛迪研究院发布的全国科技城百强榜（位列全国第16、全省第1），获评首届江苏省科技创新发展奖先进单位。

产业发展方面。全年累计引进内资高质量产业类项目75个，投资规模超亿元产业类项目40个。推动中建国际全球采购中心、厨芯科技等总部类项目，矽行半导体、橡隆科技等上市公司投资项目以及阿特拉斯·科普柯、景途医疗等一批企业落地。全年完成一般公共预算收入29.85亿元；规上工业总产值458.8亿元；全社会固定资产投资251.1亿元，其中工业投资31.3亿元。新增内资注册资金644.8亿元，实际使用外资及港澳台资3.15亿美元。总投资567.7亿元44个省市区重点项目全面超额完成时序进度，入选省重大项目2个。江苏医疗器械科技产业园（Medpark）入选2022未来医疗100强“澎橙奖”年度医疗器械标杆产业园区。苏州天准科技股份有限公司入选全区首批国家级企业技术中心，获评国家级专精特新“小巨人”企业。

科技创新方面。太湖科学城扩容升级，太湖光子中心全球发布，全市首个全国重点实验室落户。苏州市产业技术研究院高新区创新基地、长三角机器人创新研究院、特种传感技术研究所、全球顶尖风投基金纪源资本苏州创新中心等一批平台项目落户，创新资源加速集聚。长三角G60科创走廊激光产业联盟成立。苏州普源精电科技有限公司、苏州长光华芯光电技术股份有限公司成功登陆科创板。西门子长三角人工智能共创实验室、深圳三束华东总部等86个高质量科技项目签约落地。南京大学首批4个新型学院、5大新型研究院揭牌成立，南京大学创新创业中心投用。新引进创新型企业320家，省级以上研发机构16家。新认定国家高新技术企业149家。苏州瑞派宁科技有限公司获评世界知识产权组织首届中小企业全球奖，姑苏半导体激光创新中心获批国家级创新中心，江苏省高端医疗器械技术创新中心入选江苏省技术创新中心，苏州长光华芯光电技术股份有限公司获评江苏省科学技术奖一等奖。引入中国科学院院士团队联盟等一批顶尖人才团队，获批各级领军人才125人，其中国家级4人。

城乡建设方面。推动太湖大道城市群、TOD综合开发、科学家公园等项目建设，实施科技城北部及智慧谷区域美化亮化工程，全方位提升科技城核心区风貌品质。全面实施“山湖连城”计划，全域打造五分钟见绿、十分钟进链、二十分钟入环234千米科学城“超级绿道网”。加快推进总面积约50万平方米商业载体建设进度，金茂丰茂里开业，兰博基尼玉屏店全新投用。推进文明典范城市创建工作，公园城市魅力彰显。推动杵山垂钓中心、房车露营基地、西京湾蚕桑基地等存量资源包装活化，加快金墅老街、通安粮仓等人文遗址保留提升。创新传承刺绣、缂丝、玉雕等特色传统工艺，新增中国工艺美术大师2名。统筹做好全域农田规划，加快推进通安、东渚、镇湖近万亩高标准农田建设，植入科学城元素，打造科技生态相融“田园硅谷”。开展“净美乡村”暨农村人居环境整治百日攻坚行动，镇湖街道“绣美太湖”市级特色康居示范区高分通过验收。金市老街、树山村入选苏州市首批老街、古村名录。

社会事业方面。抓好16项民生实事工程落实，一体化推进民生配套设施建设。太湖科学城高品质人才社区、龙山人才会客厅入选首批市级示范点，9.3万平方米国际青年创新社区、壹棠高端人才公寓启用，27万平方米人才公寓完成升级改造，引入龙湖冠寓、朗诗寓进行品牌化管理。生活新空间（龙惠店）、通安农贸市场等“数字菜场”建成投用，扩大“一刻钟便民生活圈”服务范围。苏州科技城医院晋级南京大学医学院附属苏州医院，打造具有品牌竞争力国际医疗服务。推动优质教育均衡化、一体化，苏州科技城实验小学校达善校区、西渚校区揭牌，南京大学苏州附属系列学校开工建设。抢抓中环西线北延、通浒路东延三期竣工通车等一批交通基础设施建设利好，提升区域边界环境，促进功能片区交通一体化。完成本地就业约3800人次，向困难群众发放各类关爱救助金约4000万元，实现最低生活保障应保尽保。

（科技城　顾妍萍）

苏州西部生态旅游度假区发展实录

【苏州西部生态旅游度假区设立】　2014年5月，江苏省政府同意设立江苏省苏州西部生态旅游度假区。明确规划面积19平方千米，四至范围：东至镇湖东渚边界、太湖大道、秀岸村及新桥村、环湖路，南至光福边界、太湖水域，西、北均至太湖水域。同年，苏州西部生态旅游度假区获评国家生态旅游示范区。

【功能定位明确】　2016年12月，《中共苏州市委苏州市人民政府关于明确苏州西部生态旅游度假区功能定位和管理体制的通知》明确苏州西部生态旅游度假区功能定位为苏州高新区生态文化产业融合发展、提升苏州西部板块发展活力功能区。成立中共江苏省苏州西部生态旅游度假区工作委员会、江苏省苏州西部生态旅游度假区管理委员会，分别为中共苏州高新区党工委、苏州高新区管理委员会派出机构，统筹苏州西部生态旅游度假区开发建设、经济和社会事务。苏州西部生态旅游度假区（镇湖街道）全面进入区镇合一管理模式，实行一套班子、两块牌子。

【一体化发展】　2022年6月，太湖科学城功能片区召开深化太湖科学城功能片区建设推进大会，标志着科技城、西部生态旅游度假区（镇湖街道）、通安镇、东渚街道全面开启一体化发展新征程，融合发展进入崭新阶段。10月30日，苏州市委常委会专题调研高新区工作，并于下午召开十三届市委第54次常委会会议，会上就下一步发展重点事项明确工作意见。提出太湖科学城要高水平规划建设非物质文化遗产小镇（苏绣小镇）与科学家村落（黄区村），沟通传统文化与未来科技，为科研工作人员提供沉浸文化、亲近自然科研体验。11月14日，太湖科学城建设工作专题部署推进会召开，落实苏州市委常委会专题调研苏州高新区和市委主要领导调研太湖科学城精神，实地调研并听取太湖科学城建设推进情况，研究部署下一步重点工作。会议强调，要深入贯彻落实市委、市政府最新决策部署，以更高站位、更大格局推动太湖科学城建设，加强规划引领，巩固提升生态人文优势，不断增强产业科创核心竞争力，加快打造科技创新策源地、成果转化地、人才富集地，全力建设一流太湖科学城，为环太湖科创圈、沿沪宁产业创新带建设做出更大贡献。

【苏绣产业】　苏州高新区镇湖位于苏州最西部，濒临太湖，三面环水，生态优良，风景秀美，是中国四大名绣之一苏绣的发祥地和主要产地，获评中国刺绣艺术之乡、国家文化产业示范基地。2017年5月，苏绣小镇入选首批25家江苏省特色小镇创建名单；2019年，入选国家发改委公布第一轮全国特色小镇典型经验；2020年、2021年入选中国特色小镇50强，累计三年在年度考核中获评江苏省优秀小镇。2022年10月，苏绣小镇获批全国非遗与旅游融合发展优先项目，成为江苏省唯一全国非遗旅游小镇。

截至2022年年底，高新区拥有苏绣从业人员（含配套产业人员）8402人。其中专兼职绣娘（绣郎）7864人（专职2511人，兼职5353人），从事刺绣设计、销售、管理人员314人，从事装裱、木工等配套人员224人。累计有80余件苏绣精品被作为精美礼品赠送给国际友人，约90件苏绣精品被世界各地博物馆或名人收藏。2006年10月5日，西部生态旅游度假区（镇湖街道）举办首届中国刺绣文化艺术节，截至2022年共举办14届。2021年5月5日，庆祝中国共产党成立100周年“百名绣娘绣百年”作品发布仪式在高新区举行，用14亿针绣制而成苏绣作品《初心盛放》，以江苏省委名义敬赠中共一大纪念馆。2022年，邹英姿苏绣作品《敦煌飞天》《九层楼》入藏中国国家版本馆文瀚阁；镇湖苏绣作品选送中央广播电视总台中秋晚会，并连续五年参展中国国际进口博览会；《新华日报》刊发《党建为笔，描绘乡村振兴新画卷》《这十年，看太湖之畔的美丽蝶变》，有效提升镇湖苏绣影响力和知名度。

【乡村振兴】 2022年，西部生态旅游度假区（镇湖街道）下辖10个行政村、2个社区，有农户6173户，户籍人口2.3万。根据区域规划，8个村为保留行政村（石帆村、马山村、市桥村、西村村、西京村、太湖村、山旺村、秀岸村），2个村为非保留行政村（新桥村、上山村）。石帆村、马山村、秀岸村获评苏州高新区首批乡村振兴先行村。发展贡山茶叶、马山大米、镇湖黄桃三大特色农业，拥有较高市场认可度。2020年，镇湖街道获评苏州市农村人居环境整治示范镇（街道）；2022年，获评苏州市农村人居环境长效管护先进镇、先进村。

【文旅发展】 西部生态旅游度假区（镇湖街道）有效依托辖区得天独厚的自然山水优势和深厚悠远的历史文化底蕴，于2007年建成中国刺绣艺术馆，2012年苏州太湖国家湿地公园获评国家4A级旅游景区，2021年开设全省首家新集文创旗舰店和裸心泊非遗体验中心，2022年完成苏绣小镇亲子体验中心（吴昊僖工作室）、新文艺空间（张雪工作室）等载体建设，芳菲别院、桃李芬芳等一批特色酒店和精品民宿投入运营。

［西部生态旅游度假区（镇湖街道） 赵蒙超］

大事记

1月

5日

△中国人民政治协商会议苏州市虎丘区第九届委员会第一次会议举行，选举朱奚红为政协苏州市虎丘区政协第九届委员会主席。7日结束。

6日

△苏州市虎丘区第十二届人民代表大会第一次会议举行，选举高晓东为虎丘区十二届人大常委会主任，选举宋长宝为虎丘区人民政府区长。8日结束。

△高新区浒光运河清淤及岸线整治工程获评江苏省2021年度幸福河道建设示范工程。

△高新区企业苏州国芯科技股份有限公司以“云敲锣”形式在上海证券交易所科创板上市。

8日

△高新区与北京甲子光年科技服务有限公司签署战略合作协议，甲子光年长三角总部落户高新区。

△高新区加快产业创新集群发展现场推进会举行，高端医疗器械创新集群联盟、集成电路创新集群联盟、软件和信息技术创新集群联盟三个产业创新集群联盟成立，江苏省数字服务贸易基地揭牌。

12日

△高新区管委会、江苏省产业技术研究院、东南大学顾忠泽项目团队三方项目合作协议签订仪式举行，人体器官芯片产业化项目落户高新区。

14日

△中国共产党苏州市虎丘区第十二届委员会第四次全体会议召开，审议并通过虎丘区推荐苏州市出席党的二十大代表候选人推荐人选。

15日

△美中医药开发协会中国分会长三角创新中心成立暨长三角办事处开业典礼在高新区举行。

△通安镇入选2019—2021年度江苏省文明乡镇。浒墅关镇吴公村、浒墅关镇青灯村、通安镇树山村、镇湖街道石帆村等四个村入选2019—2021年度江苏省文明村。

16日

△创业黑马长三角产业科创中心揭牌仪式暨“黑马专精特新中国行首站·苏州站”活动在高新区举行。

△南京大学第六届校董会第四次会议（苏州会场）在高新区召开。

17日

△高新区慈善总会新一代企业家商会爱心基金成立。

18日

△高新区大院大所联盟会议暨“智汇苏高新——才聚院所　筑梦高新”创新创业大赛颁奖仪式举行。

20日

△高新区外国人来华工作许可、居留证件单一窗口揭牌启用。

21日

△高新区管委会、苏州市文广旅局联合申报的苏州博物馆西馆入选第20届苏州十大民心工程。

24日

△苏州天准科技工业视觉装备、苏州中建国际全球总部、中国检验认证集团苏州检验检测基地和中软

国际（苏州）软件开发及集成测试中心等四个项目入选江苏省2022年重大项目。

27日

△高新区与上海嘉苏半导体科技有限公司签约仪式举行，嘉苏半导体项目落地高新区。

28日

△高新区举办首届“最美双拥人物”“最美军属、军嫂”颁奖仪式，20名先进个人受到表彰。

2月

3日

△浒墅关西塘河农文旅融合片区获评2021年度苏州市特色康居示范区。

7日

△浒墅关经济技术开发区，狮山、横塘街道，枫桥街道，苏州科技城（东渚街道）四个板块入选苏州市2021年度推进高质量发展先进地区。

△高新区入选首批国家知识产权特色服务出口基地。

8日

△2022年度电子信息产业领域64个“揭榜挂帅”项目名单公布，高新区8家企业入选，张榜金额0.91亿元。

10日

△高新区入选科技部火炬中心“十百千万”行动计划首批国家科技金融创新服务中心。

16日

△高新区召开区域核酸检测专题分析会。

25日

△高新区与万都中国控股有限公司CEO朴泳文视频连线活动举行，高新区与万都底盘部件（苏州）有限公司、汉拿科锐动电子（苏州）有限公司签约。

26日

△高新区召开2022年重大项目现场推进会，推动总投资358亿元的36个重大项目启动建设。

3月

2日

△江苏省委常委、苏州市委书记曹路宝率调研组到高新区检查督导疫情防控工作。

3日

△高新区举行重点科技项目“云签约”仪式，总投资35亿元的6个重点科技项目、4个重点科技平台完成签约。

△高新区与太阳油墨（苏州）有限公司“云签约”仪式举行，日本太阳控股株式会社海外首家、唯一中国区研发中心落户高新区。

7日

△高新区举办2022年高端医疗器械产业创新集群“云签约”仪式，总投资20亿元的4个重点产业化项目和6个高质量创新项目集中签约。

8日

△高新区与长三角数字城市运营基地项目“云签约”仪式举行，空间高精度数据运营商埃洛克联合中国科学院地理所、中国地图出版集团在长三角区域布局的唯一数字城市运营基地落户高新区。

22日

△“才聚科技城　职向未来”苏州科技城商会2022线上云聘会在高新区举行。24日结束。

23日

△高新区入选江苏省“5G+工业互联网”融合应用先导区培育对象名单。

31日

△参加苏州市十七届人民代表大会一次会议的虎丘区代表团会议召开。

△高新区通安镇华通花园第六社区入选江苏省新型农村社区治理服务省级示范点建设单位。

4月

1日

△高新区企业苏州长光华芯光电技术股份有限公司以“云敲锣”形式，在上海证券交易所科创板上市，成为A股第一家半导体激光芯片上市公司。

6日

△苏州科技城彭山实验小学校入选第一批苏州市科学家精神教育基地试点单位。

8日

△高新区企业普源精电科技股份有限公司以“云敲锣”形式，在上海证券交易所科创板上市。

14日

△苏高新集团成功发行全国首单区县级主体优质企业债券，期限7年，票面利率3.6%，创下全国2021年以来非含权7年期企业债券最低利率。

17日

△高新区“全链通”平台上线。“全链通”平台是专为区内企业服务的供应链对接平台，通过把企业需求及供应商双向标签化，快速为企业对接最适配供应商，解决区内企业辅材短缺、进口原料无法转运、产业链运行效率放缓等问题。

18日

△高新区狮山水质净化厂实现通水试运行，苏州市首座全地下式水质净化厂进入试运行阶段。

21日

△高新区企业苏州天鸿盛捷医疗器械有限公司申报首个国产髂静脉支架系统获得国家药品监督管理局（NMPA）批准上市。

22日

△高新区连续举办两场重大项目线上签约仪式，万东医疗、贝恩资本、纽尔利投资、五环伟业、广野自动化等项目完成线上签约。

28日

△苏州浒墅关经济技术开发区（镇）团工委获评江苏省五四红旗团委（团工委）。

29日

△中国科学院苏州医工所获评中国科学院2021年网信工作进步奖。

5月

2日

△高新区举行礼送宿迁援苏医疗队返程仪式。

6日

△苏州市召开苏州轨道交通2、4、7号线延伸线项目开工暨全市重大基础设施建设推进会，高新区设分会场。区内共26个项目参加推进会，总投资263亿元，年度投资57亿元，涵盖交通、水利、环保、科教、5G网络、智慧城市等领域。

8日

△高新区召开医疗器械和生物医药产业发展专题会。

9日

△江苏省委常委、苏州市委书记曹路宝率调研组到高新区调研苏州西门子电器有限公司、万都底盘部件（苏州）有限公司、苏州赛默飞世尔生命科学有限公司、岛津仪器（苏州）有限公司、松下汽车电子系统（苏州）有限公司等部分外资企业发展情况。

10日

△“医路同行　器行至远”2022年苏州市高新区医疗器械及生物医药科技项目云签约仪式举行，总投资29亿元、10个科技项目签约落户高新区，苏州高新区医疗器械和生物医药科技成果转化服务中心揭牌。

△高新区共42家企业入选企业创新积分制首批试点国家高新区创新积分500企业名单，列江苏省第一。

16日

△2022年苏州科技城重大项目集中云签约仪式举行，集中签约项目共21个。

18日

△“赢在苏州　创赢未来”国际创客大赛（日本赛区）决赛在高新区举行。

△高新区高端装备科技项目集中签约仪式举行，一批高端装备制造项目落户浒墅关经开区。

△苏州科技城入选全国科技城百强榜，列第十六位。

△2022海峡两岸青年文化月工作会议在高新区召开。

20日

△美国北维专利代理有限责任公司苏州代表处在高新区获批设立，成为国家知识产权局批准全国首批、江苏省唯一设立外国专利代理机构常驻代表处。

24日

△高新区重大项目签约仪式举行，集成电路重点项目、外资重大项目、总部项目三类共52个项目签约，总投资约337亿元。苏州中科地星创新技术研究所项目签约落地。

△苏州市生态资源公益修复基地在高新区金墅港水源地启动。

27日

△由高新区科招中心引进落地项目长三角物联网赋能中心与睿赛德科技联合举办的2022年RT—Thread全球技术大会在线上举行。

28日

△高新区青灯幼儿园获评2021年下半年江苏省优质幼儿园。

29日

△高新区召开科技创新和人才工作会议，发布《苏州高新区产业创新集群发展三年行动计划》，并配套发布“智汇苏高新”人才支持产业创新集群18条。

6月

2日

△高新区慈善总会二届一次会议召开，蒋国良当选区慈善总会新一届会长。启动苏州市首个未成年人保护专项基金苏州高新区（虎丘区）未成年人保护专项基金。

△高新区西渚实验小学校举行苏州科技城实验小学校（西渚校区）揭牌仪式。

△全国首个迪卡侬体育公园旗舰店迪卡侬苏州浒关店开业。

5日

△神舟十四号载人飞船发射升空，苏州科技城科研院所中国兵器工业集团第214所苏州研发中心为神舟十四号与空间站核心舱对接工作提供关键元器件。

△搭载神舟十四号载人飞船的长征二号F遥十四运载火箭在酒泉卫星发射中心点火发射。浒墅关企业旭博检测实验室参与长征二号F运载火箭核心部件可靠性测试工作。

6日

△2022年苏州高新区数字经济产业项目狮山商务创新区集中签约仪式举行。签约项目共16个，涵盖数字经济、集成电路及半导体、生物医药及医疗器械等高新区重点产业领域。中国演艺长三角数字体验中心启动揭牌。

7日

△由苏州高新区工委组织部（人才办）、苏州高新区科技创新局主办，狮山商务创新区承办的“智汇苏高新　汇智狮山创赢未来”创新创业大赛在杭州西湖区举办。

9日

△苏州科技城获评首届江苏省科技创新发展先进单位（集体）。

△高新区企业江苏国际知识产权运营交易中心有限公司申报“创新知识产权金融服务，搭建1+X知

识产权金融平台”项目获评2021年度知识产权金融创新奖项目。

10日

△2022年“医　智汇”苏州科技城医疗器械创新创业大赛暨“智汇苏高新　梦耀科技城”医疗器械创新创业大赛仪式在新一代信息技术产业园举行。

△“践行为人民服务　老兵永远跟党走”百位中国杰出人物肖像书画展在高新区展出。12日结束。

12日

△高新区企业微亚医疗科技（苏州）有限公司全自主研发“微亚冠通”微创血管介入手术机器人，完成国内首例异地远程经皮冠状动脉造影及治疗动物实验。

14日

△高新区举行领航培育企业狮子山学堂开学仪式暨苏州高新区“独角兽”联盟成立大会。

△2022年苏州国际精英创业周高新区科技创新周枫桥分会场活动暨“智汇苏高新——才聚高新业泊枫桥”创新创业活动在枫桥街道举办。

15日

△江苏省副省长陈星莺率调研组到高新区调研苏州技师学院、苏州食行生鲜电子商务有限公司、中国苏州人力资源服务产业园等发展情况。

△南京海关关长、党委书记吴海平率调研组到高新区调研苏州高新区综保区研发创新中心及产业化基地、江苏医疗器械产业园等发展情况。16日结束。

△高新区夜袭浒墅关纪念碑入选江苏省第二批100个红色地名。

16日

△高新区专精特新企业发展推进会举行，发布苏州市首个专精特新贷。

△长三角G60科创走廊激光产业联盟成立大会在高新区举行，长三角G60科创走廊激光产业联盟成立。

17日

△鄂尔多斯市党政考察团到高新区考察，交流产业集聚、科技创新、平台载体、人才引育等方面经验。

18日

△苏州首座室内雪场“雪世界”项目在高新区启动桩基施工。

19日

△高新区召开全面深化三大功能片区建设推进大会。

21日

△高新区举办2022年“智汇苏高新——医心一意　器汇高新”创新创业大赛。

22日

△苏州市产业技术研究院高新区创新基地签约仪式举行，全市首个苏州市产业技术研究院创新基地落户高新区。

△高新区举办“智汇苏高新　融慧她创力”女性创新创业大赛。

△狮山、横塘街道获评苏州市基层“三整合”改革先进单位。

24日

△高新区召开创建国家食品安全示范城市动员大会暨食品安全委员会全体（扩大）会议。

△“智汇苏高新　至善东南”创新创业大赛举办。

△位于苏州高新区的两个江苏省重大项目——中国检验认证集团苏州检验检测基地、中软国际（苏州）软件开发及集成测试中心提前开工建设。

△南通市崇川区党政代表团到高新区考察，交流科技创新、经济发展、城市建设、生态保护、民生实事方面经验。

27日

△高新区召开区两会重点建议和提案督办会议。

28日

△2021—2022年度苏州市“市长杯”青少年校园足球联赛总决赛在高新区开赛。7月3日结束。

△2022苏州文化遗产日重要活动发布暨“非一

般的市集”启动仪式在苏州博物馆西馆举行。

△南京大学苏州校区建设工作领导小组会议在高新区举行。首批录取南京大学苏州校区约500名本科生、100名研究生。发布《关于支持南京大学苏州校区加速引进高端创新人才的若干意见》。苏州市政府与南京大学分别签署《关于共建苏州科技城医院框架协议》《产业创新集群战略合作框架协议》。南京大学智能科学与技术学院、智能软件工程学院、集成电路学院、数字经济与管理学院4个新型学院揭牌。

30日

△构建信息技术领域新发展格局高端论坛在高新区举行,江苏省板卡集成电路和元器件适配验证中心落户高新区。

7月

1日

△高新区召开全区争创全国文明典范城市推进会。

△高新区与三菱化学(中国)管理有限公司签约仪式举行,三菱化学共享服务中心落户高新区。

2日

△苏州高新区融媒大厦启用暨新华日报社苏州分社入驻仪式举行。

5日

△西门子电气产品中国及东亚总部揭牌,并与高新区签署深化战略合作协议。

6日

△高新区召开全区高端医疗器械产业创新集群建设推进会。

8日

△规模50亿元中芯聚源振芯并购基金在高新区成立,中芯聚源苏州创新中心揭牌。

10日

△2022年(第十四届)苏州国际精英创业周高新区分会场暨第二届科技创新周活动举行。16日结束。

△苏州高新区户外运动基地揭牌暨苏州高新深潜赛艇俱乐部启用仪式举行。

11日

△高新区举行“同心聚才　筑梦高新”海归人才创新季活动启动仪式,高新区海归人才落地推荐地图发布。

12日

△2022(第八届)中国海归创业大赛启动仪式暨“海创中国　智汇高新”海外高层次人才创新创业高峰论坛在高新区举行,中国海归创业大赛江苏基地签约落地,海归创新创业长三角(江苏)服务中心揭牌。

13日

△江苏省委常委、苏州市委书记曹路宝率调研组到高新区文体中心调研全民健身工作。

△2022太湖科学城论坛之医疗器械产业创新集群科技成果转化高峰论坛在高新区举办,江苏省医学会科技成果转化基地揭牌。

△第七届中国网络信息安全峰会在北京召开,太湖科学城功能片区企业山石网科通信技术股份有限公司研发数据安全综合治理平台入选2021—2022网络信息安全创新产品。

14日

△第三届中国机器人行业年会暨中国机器人行业人才峰会在苏州高新区新一代信息技术产业园开幕。

15日

△树山村“数字赋能智慧共享　开启树山高质量发展新篇章”入选2022年江苏省信息通信业助力乡村振兴十大典型案例。

18日

△苏州高新区(虎丘区)浒墅关商会获评全省工商联商会组织先进集体。

19日

△第七届清华校友三创大赛集成电路与物联网全球总决赛颁奖典礼暨高峰论坛在高新区举行,清

华校友苏州集成电路创新基地揭牌落地，清华大学集成电路学院研究生苏州高新区社会实践基地战略合作签约。

△高新区企业苏州瑞派宁科技有限公司获评世界知识产权组织首届WIPO全球奖。

20日

△高新区与徕博科医药研发有限公司签约仪式举行，徕博科医药研发创新基地项目落户浒墅关经开区。

22日

△苏州高新区医疗器械产业论坛举行。

25日

△欧儿里德（中国）研发生产总部开业仪式在高新区举行。

27日

△高新区狮山、横塘街道获评江苏省夜间文化和旅游消费集聚区。

28日

△高新区与重组蛋白龙头企业百普赛斯合作签约仪式举行，百普赛斯苏州项目签约落地。

△苏州市2022年首批幸福河湖评选结果发布，枫桥街道白马涧生态园胜天湖获评市级示范幸福河湖，苏州科技城、东渚街道学森路河、唐巷桥河两条河道获评市级示范幸福河。

29日

△商务部部长助理李飞率调研组到高新区调研外贸外资企业发展、稳外贸稳外资相关政策落实等情况。

8月

1日

△苏州浒墅关经济技术开发区获评江苏省双拥模范单位。

2日

△江苏省委常委、苏州市委书记曹路宝率调研组到高新区调研科技服务业发展情况。

3日

△狮山街区获评第二批江苏省夜间文化和旅游消费集聚区。

6日

△2022年度苏州高新区运河文化艺术节暨浒墅关第二届运河文化艺术节在浒关大码头蚕里街区举行。

10日

△克诺尔商用车系统中国区研发中心和苏州生产基地启用仪式在高新区举行。

11日

△高新区与阿特拉斯·科普柯签约仪式举行，阿特拉斯·科普柯中国工业气体装备研发生产基地落户苏州科技城。

18日

△高新区光子产业创新集群发展大会暨太湖光子中心发布活动在狮山国际会议中心举行，太湖光子中心启动建设，苏州半导体激光创新研究院启用。

19日

△江苏省委常委、统战部部长惠建林率调研组到高新区调研统战工作。

△江苏省重点项目通用技术中国汽研华东总部基地在高新区开工。

△第二届海峡两岸青年文化月在高新区开幕。

△浒墅关九图村健身公园入选2022年度苏州美丽乡村健身公园。

△苏州科技城医院获评国家垃圾分类示范工作重点单位。

21日

△2022年度长三角数字人才产教融合高峰论坛在高新区举办。

22日

△高新区召开2022年国资国企高质量发展大会。

23日

△中国旅游住宿业大数据联合研发中心揭牌系

列活动暨斯维登集团总部签约仪式在高新区举行，中国旅游住宿业大数据联合研发中心揭牌，斯维登集团总部落户高新区。

24日

△高新区获评国家级知识产权强国建设示范园区。

△苏高新集团旗下物业管理板块苏新美好生活服务股份有限公司于香港联交所主板挂牌上市，成为全国首家区县级国有物业上市企业、江苏省首家国有物业行业上市企业、苏州市首家国有港股上市企业。

25日

△纪源资本苏州创新中心揭牌暨厨芯科技总部签约仪式在高新区举行，纪源资本苏州创新中心揭牌。

△苏州高新区（深圳）集成电路产业发展推介会在深圳举办，苏州高新区（深圳）集成电路创新中心揭牌。

26日

△保护区、姑苏区与高新区、虎丘区协同发展签约仪式举行，姑苏区与高新区先后签署协同发展战略合作备忘录、毗邻区域合作备忘录、高质量发展结对共建协议。

△“医心一意　器汇高新”苏州高新区（深圳）医疗器械产业发展推介会在深圳举办，苏州高新区（深圳）医疗器械产业协同创新中心揭牌。

31日

△数字天平法律服务工作室揭牌活动暨跨境电商法律风险应对研讨会在高新区举行。

9月

1日

△高新区慈善总会揭牌仪式举行。

2日

△美中医药开发协会SAPA—China 2022国际医疗器械前沿技术创新与合作峰会在高新区开幕。

△吴中区与高新区协同发展合作座谈会举行，两区先后签署协同发展合作备忘录以及科技创新协同发展、交通互联互通、文体旅领域互联互通、人居环境提升协同等合作协议。

5日

△高新区举行第二十一届“同在蓝天下　慈善一日捐”集中捐赠仪式。

8日

△高新区召开全区教育工作会议。

13日

△高新区狮山生物医药创新基地项目一次性依法合规取得六项行政许可审批文件，实现“拿地即开工”和建设项目“六证联发”。

17日

△高新区与相城区协同发展签约仪式举行，高新区、相城区先后签署协同发展合作备忘录、毗邻区域合作备忘录、高质量发展合作共建等合作协议。

19日

△苏州赛晶CIDM特色工艺制造项目在高新区签约。

20日

△高新区与水芯电子科技签约仪式举行，水芯电子科技总部落户高新区。

△苏州市工商联系统商（协）会建设推进会暨“万企兴万村”村企对接合作会议在高新区召开。

△2021年全国城区、园区工业互联网发展指数公布，高新区入选工业互联网推动数字化创新领先城区。

23日

△“风起太湖”主题新时代颂·长三角一体化中国画名家作品邀请展开幕式暨长三角地区美术家联盟成立仪式在苏州高新区国画院举行。

24日

△苏州香港同胞联谊会高新区分会成立。

26日

△虎丘区政协面向民营企业、科研院所、台企、日企、欧美企业等成立“聚力高新”五大协商议事联盟。

27日

△第二届中国（苏州）天使投资生态峰会在高新区举办，苏创投集团（高新区）联合创新中心揭牌。

29日

△苏州博物馆西馆建成开放一周年活动暨“色彩的探索：法国当代绘画展”开幕式举行。

△苏州中环西线北延通车。

10月

6日

△高新区召开优化营商环境暨重点项目建设推进会。

7日

△高新区召开光子产业创新集群建设推进会。

9日

△高新区召开全区疫情防控工作专题会议。

10日

△2022年“点燃苏情　滚烫未来”苏州人才云上招聘月启动。高新区承办南京大学和哈尔滨工业大学两个专场。

△苏州高新区清洁低碳医疗器械科技成果转化基地入选首批江苏省碳达峰碳中和科技成果转化基地建设名单，成为苏州市唯一上榜基地。

△高新区党政代表团赴苏州工业园区学习考察，实地了解规划建设、产业发展、科技创新等方面成功经验。

13日

△高新区企业圣晖系统集成集团股份有限公司以“云敲锣”形式，在上海证券交易所主板挂牌上市。

16日

△中国共产党第二十次全国代表大会在人民大会堂开幕。区四套班子领导在科技大厦会议中心集中收看。

18日

△江苏省高端医疗器械技术创新中心在高新区揭牌，系全省唯一高端医疗器械技术创新中心，高新区高端医疗器械产业创新集群党委同步成立。

19日

△南京大学苏州附属学校开工仪式在太湖科学城功能片区举行，首期启动建设三所学校。

△苏州市委副书记、市长吴庆文率调研组到高新区调研太湖科学城规划建设工作。

△惠丰社区获评全国示范性老年友好型社区。

26日

△中国共产主义青年团苏州高新区（虎丘区）第二次代表大会开幕。

△苏绣小镇获评全国非遗与旅游融合发展优选项目非遗旅游小镇。

31日

△苏州市委常委会会议暨专题调研虎丘区（高新区）工作会议召开，审议并原则同意《关于全面建设太湖科学城的工作意见》。

11月

4日

△第五届中国国际进口博览会开幕，高新区住友电气、爱普生、西门子、赛默飞世尔、生物梅里埃、肖特玻璃、松下等11家企业总部参与设展，主要涉及技术装备展区、医疗器械及医药保健展区、综合食品展区和消费品展区。姚建萍苏绣作品选送“艺为国器　和美与共”艺术精品专区。10日闭幕。

6日

△区委理论学习中心组（扩大）学习会召开，中

心组一行先后参观中共苏州独立支部旧址、苏州革命博物馆，并举行专题学习。

9日

△中科科仪高端仪器装备产业化项目开工建设仪式在高新区举行。

△全区城市更新工作会议召开。

△高新区入选江苏省首批县级地区创新信用管理与服务试点名单。

12日

△江苏省委常委、苏州市委书记曹路宝率调研组到高新区调研太湖科学城规划建设工作。

△天舟五号货运飞船在中国文昌航天发射场点火发射，中国兵器工业集团214研究所苏州研发中心实验室为天舟五号提供步进电机驱动模块、直流电机驱动模块等关键元器件，保障飞船太阳能翻板展开，助力发射任务取得成功。

△“喜庆二十大　同心跟党走”“工商银行杯”高新区第八届体育运动会开幕式在杵山生态公园举行。

14日

△太湖科学城建设工作专题部署推进会召开。

△江苏省义务教育优质均衡发展县（市、区）评估专家组到高新区考察创建工作。16日结束。

15日

△全区学习贯彻党的二十大精神宣讲工作动员会召开。

△高新区共61家企业入选江苏省2022年专精特新中小企业（第一批）公示名单，比上年增长300.07%。

16日

△高新区组织召开江苏省义务教育优质均衡发展县（市、区）评估现场考察反馈会，省评估专家组对高新区创建工作给予肯定。

18日

△苏州高新区（武汉）协同创新推介会在武汉市举行。

20日

△苏州太湖光子中心建设推进会暨苏州高新区产业创新集群发展大会举行，苏州市光子产业联盟启动，太湖光子中心协同创新平台启动。

△苏州市集成电路创新中心开工仪式在高新区举行，一批重点企业和服务机构签约落地。

22日

△全国颠覆性技术创新大赛领域赛（苏州）在高新区开幕。

23日

△芯聆半导体总部项目签约落户高新区。

24日

△2022中国（南京）文化和科技融合成果展览交易会在南京国际展览中心开幕，高新区作为国家文化和科技融合示范基地受邀参展。

△2022江苏—法国经贸合作交流会在高新区举行。

25日

△创维集团新能源总部项目签约落户高新区。

△苏州浒墅关经济技术开发区入选江苏省工业互联网示范工程2022年度“互联网+先进制造业”特色产业基地。

26日

△虎丘影像（苏州）股份有限公司总部基地建成启用，江苏省热敏打印机工程技术研究中心现场揭牌。

28日

△苏盐合作园区举行2022年项目集中签约暨开竣工活动。

△苏州苏大卫生与环境技术研究所有限公司开业仪式在高新区举行。

29日

△高新区入选江苏省区块链技术创新与应用试验区公示名单。

30日

△高新区企业苏州天准科技股份有限公司企业

技术中心入选2022年（第29批）国家企业技术中心公示名单。

12月

1日

△高新区57家企业入选江苏省2022年专精特新中小企业（第二批）公示名单。

7日

△高新区数字金融产业发展大会举行，国家级科技金融创新服务中心、苏州高新数字金融产业发展有限公司揭牌，苏州高新区“数字贷”数字金融产品发布。

9日

△高新区获评江苏省区块链技术创新与应用试验区。

△高新区招商团队赴法国、德国开展欧洲经贸交流活动。其间，苏州高新区招商团队分赴法国巴黎大区工商会、德国克诺尔集团举办苏州（高新区）中法可持续发展合作交流会、苏州（高新区）中德可持续发展合作交流会。活动18日结束。

11日

△“环太湖杯”发现东大独角兽生物医药（医疗器械）决赛暨“科创中国”生物医学高价值专利项目评选华东专场在高新区举行。

12日

△江苏省副省长方伟率调研组到高新区调研经济社会发展情况。

△中国共产党苏州市虎丘区第十二届委员会第五次全体会议召开。会议审议通过《中共苏州市虎丘区委关于深入学习贯彻党的二十大精神在新征程上全面推进中国式现代化“高新”实践的决定》，书面审议《中共苏州市虎丘区委常委会2022年度落实全面从严治党主体责任情况的报告》。

14日

△2022年苏州高新区知识产权保护工作推进会举行，国家知识产权局专利局专利审查协作江苏中心专利特派员工作站、苏州高新知识产权服务有限公司、苏州市知识产权保护中心高新区分中心揭牌，江苏省知识产权信息公共服务网点启动。

15日

△江苏省委常委、苏州市委书记曹路宝率调研组到高新区调研部分科技创新企业发展情况。

△“购车畅游　车行苏州”2022苏州冬季购车节暨第三届双12苏州购物节“高新欢乐购”启幕。

16日

△高新区获评2022年度江苏省工业大数据应用示范区。

19日

△高新区政企服务品牌“苏新办”发布会暨苏州高新企业服务有限公司揭牌仪式举行。

20日

△赛默飞生命科学产业园交付。

26日

△中铁十二局集团长三角城市运行总部项目在高新区开工建设。

29日

△区委经济工作会议召开。

△太阳油墨中国区研发中心在高新区开工建设。

△高新区镇湖街道山旺村入选江苏省健康村，狮山街道金色社区、枫桥街道西津桥社区、浒墅关经开区（镇）和祥社区、通安镇华通花园第一社区、科技城青山绿庭社区等入选江苏省健康社区。

30日

△苏州乐园森林世界景区获评国家4A级旅游景区。

△高新区入选2022年度工业大数据应用示范区。

31日

△全区领导干部务虚会召开。　（年鉴编辑部）

区情概览

自然理理

【位置与面积】 苏州高新区（虎丘区）（简称“高新区”）是为保护苏州古城而向西部开发的新城区，既是国家高新技术产业开发区，也是行政区。位于苏州城区西部，东傍京杭大运河，南邻吴中区，西濒太湖，北毗相城区。地理坐标北纬31° 18′—31° 28′，东经120° 10′—120° 52′，行政区域面积332.37平方千米，其中太湖水域109.01平方千米。距上海虹桥国际机场90千米、浦东国际机场130千米，距上海港100千米、张家港港口90千米、太仓港70千米、常熟港60千米。沪宁高速公路、312国道、中环快速路、京沪铁路、京杭大运河和绕城高速公路从境内穿过，高水准建设的太湖大道横贯东西。区域公共交通线路四通八达，水、陆、空交通十分便捷。

【地形地貌】 高新区地处长江三角洲平原地区，地势西高东低，平均坡度1.5度。区内有阳山、凤凰山、鹿山、真山、支硎山、狮子山、上方山等山丘，其中阳山最高，海拔338.2米（黄海标高，下同）。其他均属平原，地面高程4.88—5.38米。 （年鉴编辑部）

【气候水文】 高新区属亚热带季风海洋性气候，四季分明，气候温和，雨量充沛。气候呈春夏之交多梅雨，夏末秋初多台风特点。高新区南有石湖，西有太湖，主要河道有京杭大运河、浒光运河、马运河、枫津河、金墅运河等，水系十分发达。全年平均气温为18.1℃，较常年偏高0.9℃；其中除2月、5月、9月、10月、12月较常年同期偏低外，其余月份均比常年同期偏高，距平1.3℃（1月）至3.0℃（8月）；年极端最高气温为40.6℃，出现在8月13日、8月14日；年极端最低气温为-3.1℃，出现在12月18日；今年≥35.0℃的高温日数有51天，其中6月份4天、7月份22天、8月份23天、10月份2天。全年降水量1004.2毫米，比常年少220.5毫米，其中1月、3月、4月、9月、11月降水量比常年偏多，其余各月降水均偏少。6月23日入梅，比常年（6月18日）偏晚5天，7月8日出梅（常年7月9日），梅雨期15天、比常年（21天）偏短6天。梅雨量84.7毫米，较常年偏少22.3%。全年日照时数为1844.5小时，比常年偏多97.1小时，年内除1—2月、9—11月较常年偏少外，其余各月均偏多。全年霾日数28天，无霜期281天。年内主要受到第12号“梅花”和第11号“轩岚诺”2个台风影响，其中台风“梅花”影响较重。

（市气象局 季嫣）

表1 高新区气象情况（2022）

项目	单位	2022年
一、温度		
年平均气温	摄氏度	18.1
年极端最高气温	摄氏度	40.6

续表

项目	单位	2022年
出现日期	—	8月13日、8月14日
年极端最低气温	摄氏度	-3.1
出现日期	—	12月18日
二、降水		
年降水总量	毫米	1004.2
年降水日数	天	107
一日最大降水量	毫米	87.5
出现日期	—	6月5日
三、日照		
年日照时数	时	1844.5
年日照百分率	—	42%
四、湿度		
年平均相对湿度	—	72%
五、风速		
年平均风速	米/秒	2.6
六、气压		
年平均气压	百帕	1015.6
七、霜期		
终霜日期	—	2月27日
初霜日期	—	12月6日

表2　高新区各月气象要素情况（2022）

月份	平均气温（℃）	降水量（毫米）	降水日数（天）	日照时数（小时）
1	5.8	89	12	79.6
2	5.3	41.7	12	90.4
3	13.5	168.4	11	160.5
4	17.7	83.4	7	172.1
5	21.2	18.4	8	176
6	27.2	181.7	8	181.6
7	31.3	84.9	8	236.1
8	31.8	33.4	4	215
9	23.8	148.1	10	107.3
10	18.5	45.3	8	171.9
11	15.6	84.8	11	103.5
12	5.4	25.1	8	150.5

【自然资源】 高新区自然资源物产丰富，矿产资源有高岭土、磁铁、铌钽、明矾石、萤石、花岗石等。动物以鸟类、鱼类、贝类、兽类为主，白马涧、树山村有亿年历史“水生物的活化石”桃花水母等古生物。太湖有鱼虫类、禽鸟类、兽畜类等各种动物，除芦苇、水莲、蒲草外，还有鸢尾、池杉、落羽杉等古陆地水生植物。阳山有珍稀野生植物上百种，寒山岭有箬竹、蕨菜等稀有植物数种。 （年鉴编辑部）

历史人文

【建置沿革】 1992年2月前，高新区无独立行政辖区。1992年3月，新建苏州河西新区代管原属苏州市郊区横塘乡永和、星火、曙光、落星、何山、狮山6个行政村。区域范围：东濒京杭大运河，南抵向阳河、横塘乡北界，西达狮子山、何山，北接吴县枫桥镇南界。区域面积6.8平方千米。1993年4月2日，苏州河西新区改称苏州新区。苏州新区代管区域范围扩大至原吴县枫桥镇徐何、典桥、金庄3个村，木渎镇兴隆、新升、明星、石城4个村和郊区横塘乡黄山村。区境四至：东濒京杭大运河，南接向阳河、横塘乡北界和吴县木渎镇长浜、沈巷等村，西临木渎镇白塔、南浜、金山3村和吴县枫桥镇支英村，北连枫桥镇支津、毛家、木桥、合利4村。区域面积16.8平方千米。1994年6月10日，吴县枫桥镇、木渎镇兴隆等4个村和郊区横塘乡永和等7个村划归苏州市管辖。由苏州新区管理委员会行使行政管理职能。辖区范围：东与京杭大运河相邻，南与向阳河、横塘镇北界和吴县木渎镇长浜、沈巷、天平诸村接壤，西与吴县藏书乡五峰、天池、篁村3个村和郊区浒墅关经济开发区鹿山、石羊2个村相连，北与浒墅关经济开发区五图、塘西、红星、长亭4个村毗邻。境域面积52.06平方千米。2002年9月，苏州市委、市政府对新区、虎丘区、相城区、吴中区等进行区划调整，将虎丘区虎丘镇和白洋湾街道以及横塘镇部分村划出，由相城区和吴中区划入通安镇和东渚镇、镇湖街道，建立苏州高新区、虎丘区，2003年12月苏州市人民政府批准横塘镇和枫桥镇改为横塘街道和枫桥街道。区划调整后苏州高新区（虎丘区）东临石湖和京杭大运河，与沧浪区友新街道，金阊区三元街道、白洋湾街道以京杭大运河为界，与金阊区虎丘街道，相城区黄桥街道青台、民安、大庄、陈旗、下庄5个村毗邻；南与吴中区越溪街道莫舍、张宅、吴山、张桥4个村，木渎镇金山、天平2个村，藏书镇五峰、天池、篁村、官桥等村，光福镇枫浜、浩度、安山等村接壤；西及西北濒太湖；北与相城区黄埭镇长泾、潘阳2个村，东桥镇方桥、埝桥、桑浜、罗埂、矫埂等村，望亭镇堰头、华阳、巨庄、吴泗泾、孟河等村毗邻，行政面积223.36平方千米。

（年鉴编辑部）

【行政区划】 虎丘区辖浒墅关镇、通安镇和狮山街道、横塘街道、枫桥街道和东渚街道，区人民政府驻地在科普路58号。有83个城乡社区，其中包括60个城市社区和23个农村社区。

（社会事业局 关雅之）

表3 高新区城市社区、农村社区分布情况（2022）

镇（街道）	城市社区	农村社区	合计（个）
狮山街道	馨泰社区、狮山一社区、狮山二社区、新升社区、何山社区、万枫社区、新狮社区、金色社区、横山社区	—	9
横塘街道	石湖社区、青春社区、学府社区、横塘社区	—	4
枫桥街道	白马涧社区、龙池社区、西津桥社区、康佳社区、东浜社区、马浜社区、枫津社区、景山社区、寒山社区、枫华社区	—	10

续表

镇（街道）	城市社区	农村社区	合计（个）
浒墅关经开区（镇）	兴贤社区、阳山社区、长江社区、文昌社区、金庭社区、新鹿花苑社区、浒墅人家社区、秦馀社区、惠丰社区、永莲社区、苏钢社区、华盛社区（涉农）、南津社区、龙华社区、和祥社区	保卫村、下山村、青灯村、九图村、吴公村	20
通安镇	华通花园第一社区、华通花园第二社区、华通花园第三社区、华通花园第四社区、华通花园第五社区、华通花园第六社区、新街社区、箭庄社区、西巷社区、达善社区	树山村、北窑村、青峰村、同心村、航船浜村、东泾村、金市村、街西村	18
镇湖街道	西华社区、秀岸花园社区	西京村、西村村、新桥村、太湖村、秀岸村、市桥村、石帆村、上山村、山旺村、马山村	12
科技城（东渚街道）	龙昌社区、龙康社区、龙景社区、龙惠花苑社区、西渚社区、青山绿庭社区、彭山社区、龙山社区、山湖湾社区、绿湖社区	—	10
合计	60	23	83

【人口】 2022年末，高新区户籍登记157042户，比上年增加6323户；总人口482518人，比上年增加14815人。户籍人口中，男性236493人，女性246025人，男女性别比为100∶104；0—17周岁110435人，占22.9%；18—60周岁283215人，占58.7%；60周岁以上88868人，占18.4%。全区出生人口3815人，出生率7.9‰；死亡人口2295人，死亡率4.75‰，人口自然增长率3.15‰。全年迁入人口9965人，迁出人口1647人，机械增长8318人。平均家庭规模3人。全区流动人口581288人，比上年减少81812人。

（公安分局　刘思君）

【方言】 高新区方言是苏州方言组成部分，仍保留吴侬软语软、糯、甜、媚特点。随着人口交流日益频繁，苏州市区语音渐趋异化，但在高新区各镇、街道、农村仍保留着“珠圆玉润”纯正吴语特色。高新区方言特点主要有：①塞音、塞擦音、声母三分，表现为保留古全浊声母，具体是：清声母分送气和不送气两类，另有一同部位浊声母。②基本保存中古平上去入四声分野，各分阴阳，但阳调上、去声合并为阳去，成7个单字声调。③基本保留古疑母，如果韵母是细音，则和泥母混同。④有较系统文言音和白话音两种读法，如微母文言读为v，白话读为m；日母文言读为z，白话读为n；古见系开口二等字文言读是细音，白话读是洪音。⑤前后鼻音不分，即鼻音韵尾发音差别不重要。⑥古咸山两摄韵母失去鼻音韵尾。⑦中古咸摄和山摄开口一二等字分为两类韵母，这种对立和《中原音韵》“寒山”“桓欢”两韵大致对应。⑧中古江宕曾梗摄部分字主元音有/a/和/ɑ/区分。鼻化韵母有/a/和/ɑ/不同。

（年鉴编辑部）

【民族】 2022年，高新区常住有少数民族41个，常住少数民族人口5323人，流动少数民族人口14716人。其中常住超过500人少数民族有彝族2263人、土家族2687人、回族2424人、苗族1327人、满族2359人、壮族781人、藏族756人、蒙古族665人、布依族523人、朝鲜族986人。各镇街道均有分布，其中少数民族超过400人社区有万枫社区523人、新狮社区687人、木桥公寓社区1220人、康佳社区672人、马涧一区社区679人、马涧二区社区550人、新浒花园一区社区1057人、文昌社区577人、华通花园第六社区580人。

【宗教】 2022年，高新区有依法登记宗教活动场所15处。其中，寺观教堂5处（佛教寺院3处、道教宫观1处、基督教1处），固定处所10处（佛教寺院8处、道教宫观1处、基督教1处）。

（统战部　顾寅清）

【传统文化】 高新区民俗包括岁时、婚姻、生养、寿诞、丧葬、建房、生活和农事等方面，均具有浓郁江南风情。一年四季均有民间传统节庆活动，主要有农历正月十三抬猛将、二月初三文昌会、四月二十八日杨安庙会、七月三十轧莲花、八月十七上方山庙会、八月十八游石湖、九月初九重阳登高等。境内物产十分丰富，主要特产有草席、阳山花木、白杨梅、云泉茶、贡山梨、翠冠梨、黄桃、山珍野蕨、白脚苗猪、“太湖三白”（银鱼、白虾、白鱼）及民间手工艺品苏绣、缂丝、仿古青铜器、玉雕、木雕、核雕、金山石雕等。编草席、刺绣、缂丝、玉雕等民间工艺已逾千年历史。

【历史遗存】 高新区历史遗存众多，是吴文化发祥地之一。有距今4500余年窑墩遗址，新石器时代茶店头遗址，商周时期宝山遗址、华山遗址等。主要胜迹有石湖行春桥、越城桥、范成大祠、上方山乾隆御道、楞伽寺塔、治平寺遗址、申时行墓、十里亭、文昌阁太平军营垒遗址、观山摩崖石刻、寒山摩崖石刻、镇湖万佛石塔等。

【风景名胜】 高新区山清水秀，风物绝佳。境内有以吴越遗址和田园风光著称石湖胜景；有相传吴王夫差拔剑自刎、秦始皇挽弓力射阳山名迹；有始建于宋、重建于元，国内罕见万佛石塔；有风光绮丽、名闻遐迩上方山、何山等数十处常青山丘；有数量众多古代遗址、亭桥塔堤、寺庙庵堂、名人古墓、牌坊石刻、古井名木等历史遗存；有名闻华东地区现代游艺场所苏州乐园；有集山水人文于一体白马涧生态园龙池风景区、树山生态村等景点。（年鉴编辑部）

2022年2月5日，民俗文化雅集活动在树山村举行（张正林　摄）

2022年2月5日，树山抬猛将活动（通安镇　供图）

苏州白马涧龙池景区（孙梅花　摄）

江苏大阳山国家森林公园（杨炎橙　摄）

苏州太湖国家湿地公园（杨炎橙　摄）

中共苏州高新区工委（虎丘区委）

综　述

【概况】　2022年，中共苏州高新区工委（虎丘区委）［简称“区党工委（区委）”］设置职能机构8个，分别为：党政办公室、组织部、宣传部、统一战线工作部、政法委员会、研究室、机构编制委员会办公室、巡察工作办公室。另设纪检监察机关1个。在市委、市政府坚强领导下，坚持以习近平新时代中国特色社会主义思想为指导，以迎接党的二十大、贯彻党的二十大精神为主线，贯彻落实习近平总书记对江苏、苏州工作系列重要讲话指示精神和省市决策部署，按照“疫情要防住、经济要稳住、发展要安全”重大要求，团结依靠全区人民，围绕打造全市产业科创主阵地目标，推动现代化建设迈出坚实步伐。　（编办　陆静）

【党的领导和党的建设】　2022年，区党工委（区委）落实关于维护党中央集中统一领导的若干规定，严明政治纪律和政治规矩，增强党内政治生活政治性、时代性、原则性、斗争性，推动政治监督具体化、精准化、常态化。发挥党委（党组）总揽全局、协调各方领导核心作用，执行民主集中制，健全科学民主依法决策机制，提高把方向、管大局、作决策、保落实能力。压紧压实全面从严治党主体责任，增强管党治党合力。实施“党建扎根”工程，统筹推进农村、城市、机关、国有企事业单位等各领域党建工作，更高质量推动“有形覆盖”和“有效覆盖”。打响“擎旗聚力”全域党建品牌，深化“党建惠企”长效机制，加强新兴领域党的建设，扩大党在新经济组织、新社会组织、新就业群体中影响力、号召力。建强基层党组织骨干队伍，深化“三个一线”行动，激励广大党员干部发挥先锋模范作用。　（组织部　刘婷）

重要会议

【中国共产党苏州市虎丘区第十二届委员会第四次全体会议】　于2022年1月14日召开。区委常委、组织部部长、统战部部长沈丹做《关于我区推荐苏州市出席党的二十大代表候选人推荐人选酝酿推荐情况说明》报告；审议并通过虎丘区推荐苏州市出席党的二十大代表候选人推荐人选。

【中国共产党苏州市虎丘区第十二届委员会第五次全体会议】　于2022年12月12日召开。全会高举习近平新时代中国特色社会主义思想伟大旗帜，全面贯彻落实党中央、省委、市委部署要求，对高新区深入学习宣传贯彻党的二十大精神进行全面部署，动员全区上下更加深刻领悟“两个确立”决定性意义，增强“四个意识”、坚定“四个自信”、做到“两个维护”，在新征程上全面推进中国式现代化“高新”实践，为苏州建设社会主义现代化强市做出新的更大贡献。全会审议通过《中共苏州市虎丘区委关于深入学习贯彻党的二十大精神在新征程上全面推进中国式现代化“高新”实践的决定》，书面审议《中共苏州市虎丘区委常委会2022年度落实全面从严治党主体责任情况的报告》。　（党政办公室　杨军）

2022年12月12日，中国共产党苏州市虎丘区第十二届委员会第五次全体会议举行（丁翃彪　摄）

【党工委会议（区委常委会会议）】 2022年，召开47次区党工委会议、52次区委常委会会议。

1月9日，高新区党工委书记、虎丘区委书记毛伟主持召开高新区党工委2022年第1次会议（十二届区委第24次常委会会议）暨应对新冠肺炎疫情工作领导小组会议。会议传达学习习近平总书记系列重要讲话精神，传达学习市委近期重要会议活动和调研精神，传达学习省、市维稳工作动员部署会精神，听取近期全区疫情防控工作情况汇报，听取2021年苏州高新区南北挂钩和对口帮扶支援合作工作情况汇报，审议《中国共产党苏州市虎丘区委员会工作规则》《苏州高新区党工委（虎丘区委常委会）议事决策规则》，研究通过有关干部人事事项和部分区领导分工。

1月22日，高新区党工委书记、虎丘区委书记毛伟主持召开高新区党工委2022年第2次会议（十二届区委第27次常委会会议、2022年第2次区党政联席会）暨平安高新区建设领导小组第一次全体会议。会议传达学习习近平总书记系列重要讲话和指示批示精神，传达学习第10次市委常委会会议精神，听取2021年度全区党风廉政建设和反腐败工作情况汇报、研究通过2022年重点任务，听取区第十二届纪律检查委员会第二次全体会议暨全区领导干部警示教育大会方案和全会报告起草情况汇报，审议通过《关于调整区（工）委平安高新区建设领导小组组成人员的通知》《区（工）委平安高新区建设领导小组工作规则》《区（工）委平安高新区建设领导小组办公室工作规则》《区（工）委平安高新区建设领导小组专项工作协调小组组成方案》，学习贯彻上级安全生产和应急管理会议精神，审议通过《苏州高新区“十四五”安全生产规划（2021—2025）》《苏州高新区“十四五”应急体系建设和防灾减灾救灾规划（2021—2025）》《苏州高新区（虎丘区）“十四五”社会消防救援事业发展规划》，听取关于调整苏州高新科技招商中心有限公司组织架构方案情况汇报，研究通过有关干部人事事项。

1月30日，高新区党工委书记、虎丘区委书记毛伟主持召开高新区党工委2022年第3次会议（十二届区委第28次常委会会议、十二届区委全面深化改革委员会第9次会议）。会议传达学习习近平总书记系列重要讲话和指示批示精神以及第12次市委常委会会议精神，传达学习十四届省纪委二次全会、十三届市纪委二次全会精神，学习贯彻全国、全省、全市宣传部长会议主要精神，听取2021年全区意识形态工作情况和当前意识形态领域形势汇报，听取2022年高新区动员大会和2021年度高新区企业表彰建议方案汇报，听取全区北京2022年冬奥会和冬残奥会期间信访应急保障工作方案汇报，审议通过《高新区促进中小企业“专精特新”高质量发展行动计划》，听取贯彻落实《关于更加有效发挥统计监督职能作用的意见》精神情况汇报，听取关于《苏州高新区教育人才计划实施细则》修订情况汇报，审议通过《关于进一步落实工业用地提质增效工作的若干意见（试行）》，听取2022年经营性用地上市计划及第一批上市地块推进情况汇报，听取2021年度综合考核相关结果汇报。

2月12日，高新区党工委书记、虎丘区委书记毛伟主持召开高新区党工委2022年第4次会议（十二届区委第29次常委会会议、十二届区委全面深化改革委员会第10次会议）暨应对新冠肺炎疫情工作领导小组会议。会议传达学习习近平总书记系列重要讲话和指示批示精神，传达学习省委第九巡视组对苏州市开展涉粮问题专项巡视情况反馈会议精神，听取近期全区疫情防控工作情况汇报，审议通过《2022年高新区党工委、管委会工作任务分解方案》《2022年区领导挂钩联系重点项目制度方案》《关于加强苏州高新区规划建设管理的指导意见》《苏州高新区规划设计方案审批管理实施细则》《苏州高新区政府投资非经营性工程项目集中建设管理办法（试行）》《苏州高新区城市维护一体化改革实施方案》。

2月15日，高新区党工委书记、虎丘区委书记毛伟主持召开高新区党工委2022年第5次会议（十二届区委第30次常委会会议）暨应对新冠肺炎疫情工作领导小组会议。会议学习贯彻省、市疫情防控有关工作会议精神，明确区领导应对疫情防控分工方案。

2月23日，高新区党工委书记、虎丘区委书记毛伟主持召开高新区党工委2022年第6次会议（十二届区委第31次常委会会议、2022年第3次区党政联席会）暨应对新冠肺炎疫情工作领导小组会议。会议传达学习习近平总书记重要文章精神，听取疫情防控相关情况汇报，审议通过《苏州高新区危险化学品安全风险集中治理实施方案》，听取当前经济运行情况汇报，听取近期产业招商工作情况汇报。

3月5日，高新区党工委书记、虎丘区委书记毛伟主持召开高新区党工委2022年第7次会议（十二届区委第32次常委会会议、2022年第4次区党政联席会）。会议传达学习习近平总书记系列重要讲话和指示批示精神，传达学习市委主要领导调研全区精神和第18次市委常委会会议精神，听取近期走访服务重点企业情况汇报，审议通过《苏州高新区（虎丘区）贯彻落实江苏省统计局第3统计督察组督察反馈意见整改方案》，听取苏州高新区第二批省级环保督察交办问题情况汇报，听取狮山金融创新中心自持资产盘活利用方案汇报，听取苏州狮山大剧院运营方案汇报，审议通过《区党政班子党员领导“两在两同”基层联系点制度》，研究通过2021年度全区市管领导干部考核等次、区管领导班子、部分领导干部考核等次和有关干部人事事项。

3月12日，高新区党工委书记、虎丘区委书记毛伟主持召开高新区党工委2022年第8次会议（十二届区委第33次常委会会议、2022年第5次区党政联席会）暨应对新冠肺炎疫情工作领导小组会议。会议传达学习习近平总书记在全国两会期间有关重要讲话精神和全国两会精神，传达学习第19次市委常委会会议精神，审议通过《苏州市虎丘区人大常委会2022年工作要点》《政协苏州市虎丘区常务委员会2022年工作要点》《苏州市虎丘区政协2022年度协商工作计划》，学习贯彻全国、全省、全市组织部长会议精神，听取近期疫情防控相关情况汇报，听取近期走访服务重点企业情况汇报，学习贯彻全省党内法规工作会议精神，听取关于贯彻落实市委主要领导调研高新区指示精神工作任务分工方案汇报，传达学习十三届市委第一轮巡察动员部署会精神，听取1—2月全区经济运行情况及重点项目开工情况汇报，审议通过《中共苏州高新区工委、虎丘区委常委会2022年工作要点重点任务分解方案》，审议通过《关于加强新时代检察机关法律监督工作的实施办法》，听取苏州高新区科技创新和人才工作会议方案和拟表彰单位名单相关情况汇报。

3月14日，高新区党工委书记、虎丘区委书记毛伟主持召开高新区党工委2022年第9次会议（十二届区委第34次常委会会议、2022年第6次区党政联席会）暨应对新冠肺炎疫情工作领导小组会议。会议研究部署当前全区疫情防控各项工作。

3月19日，高新区党工委书记、虎丘区委书记毛伟主持召开高新区党工委2022年第10次会议（十二届区委第35次常委会会议、十二届区委全面深化改革委员会第11次会议）暨应对新冠肺炎疫情工作领导小组会议。会议传达学习习近平总书记系列重要讲话和指示批示精神，传达学习第20次市委常委会会议精神，听取近期疫情防控相关情况汇报，听取2021年度苏州市对全区综合考核结果情况分析汇报，审议通过《关于加快打造人才发展现代化强区全面推动产业创新集群发展的意见》《苏州高新区产业创新集群发展三年行动计划》《苏州高新区四大特色产业创新集群工作方案》，审议通过《苏州高新区关于推动文体旅商农融合促进消费升级的若干意见》，听取关于苏州高新区第三次国土调查主要数据情况汇报，审议通过《太湖科学城国际创新社区项目建设建议方案》。

3月26日，高新区党工委书记、虎丘区委书记毛伟主持召开高新区党工委2022年第11次会议（十二届区委第36次常委会会议、十二届区委全面深化改革委员会第12次会议）暨应对新冠肺炎疫情工作领导小组会议。会议传达学习第21次市委常委会会议精神，听取近期疫情防控相关情况汇报，传达学习中央第二生态环境保护督察组督察江苏省动员会精神，听取关于区关工委2021年工作情况和2022年工作打算汇报，学习贯彻国家、省、市老干部局长会议精神，学习贯彻省、市特殊困难群体救助帮扶和妇女儿童权益保障问题专项排查整治工作部署会议精神，审议通过《苏州高新区深化提升安全生产专项整治三年行动实施方案》，解读苏州市总部经济政策，传达学习虹桥国际开放枢纽建设工作现场会精神，解读苏州市贯彻落实建议，审议通过区级国有企业2022年度招聘计划方案，审议通过《关于深化高新区纪检监察体制改革的实施方案》，审议通过干部统筹选配工作方案。

4月2日，高新区党工委书记、虎丘区委书记毛伟主持召开高新区党工委2022年第12次会议（十二届区委第37次常委会会议、十二届区委全面深化改革委员会第13次会议）暨应对新冠肺炎疫情工作领导小组会议。会议传达学习习近平总书记系列重要讲话和指示批示精神，传达学习苏州市两会精神，听取近期疫情防控相关情况汇报，学习贯彻国家、省、市安全生产电视电话会议精神，审议通过《苏州高新区数字人民币试点深入推进行动方案》。

4月9日，高新区党工委书记、虎丘区委书记毛伟主持召开高新区党工委2022年第13次会议（十二届区委第38次常委会会议、十二届区委全面深化改革委员会第14次会议）暨应对新冠肺炎疫情工作领导小组会议。会议传达学习第23次市委常委会会议精神，听取全区党的建设相关工作情况汇报，听取近期疫情防控相关情况汇报，审议通过《中共苏州高新区工委、管委会关于做好2022年乡村振兴重点工作　加快率先基本实现农业农村现代化实施意见》《关于完善调整区领导挂钩联系乡村振兴工作制度的通知》，审议通过《高新区河道水治理三年攻坚行动方案（2022—2024年）》，听取关于调整区预防和打击非法集资工作领导小组及建立区防范和处置非法集资工作协作机制情况汇报，审议通过《苏州高新区国有企业股权投资基金试行办法》，听取关于理想汽车第三代半导体项目情况汇报。

4月16日，高新区党工委书记、虎丘区委书记毛伟主持召开高新区党工委2022年第14次会议（十二届区委第39次常委会会议、2022年第7次区党政联席会）暨应对新冠肺炎疫情工作领导小组会议。会议传达学习习近平总书记系列重要讲话和指示批示精神，传达学习第24次市委常委会会议精神，学习贯彻上级统一战线工作会议主要精神，听取近期疫情防控相关情况汇报，传达学习全国巡视工作会议、中央和省委巡视动员会精神，审议通过2022年全区巡察工作要点和巡察工作计划，听取一季度经济运行情况汇报，听取区级财政支出应用场景汇报，审议通过《苏州高新区新冠疫情防控居民生活必需品应急保供方案》，听取关于调整狮山人才电子服务卡适用对象汇报。

4月29日，高新区党工委书记、虎丘区委书记毛伟主持召开高新区党工委2022年第16次会议（十二届区委第41次常委会会议、2022年第9次区党政联席会）暨应对新冠肺炎疫情工作领导小组会议。会议传达学习习近平总书记系列重要讲话精神，传达学习第26次省委常委会会议、第25次市委常委会会议精神，传达学习苏南片区文明城市创建工作座谈会会议精神，听取近期疫情防控情况汇报，听取防汛抗旱工作情况汇报，解读《信访工作条例》，学习贯彻省、市打击整治养老诈骗专项行动部署会议精神，听取关于设立苏州高新区科新智能科技有限公司开发龙山智能科创园项目方案汇报，部署当前工作。

5月10日，高新区党工委书记、虎丘区委书记毛伟主持召开高新区党工委2022年第17次会议（十二届区委第42次常委会会议、2022年第10次区党政联席会）暨应对新冠肺炎疫情工作领导小组会议。会议传达学习习近平总书记系列重要讲话和指示批示精神，传达学习市委主要领导调研高新区精神和第27次市委常委会会议精神，听取近期疫情防控情况汇报，传达学习全市金融工作会议、预防和打击处置非法集资工作领导小组全体（扩大）会议、债券领域风险防范处置工作机制会议精神，学习贯彻省、市巩固政法队伍教育整顿成果推进全面从严管党治警常态化长效化工作会议精神。

5月21日，高新区党工委书记、虎丘区委书记毛伟主持召开高新区党工委2022年第18次会议（十二届区委第43次常委会会议、十二届区委全面深化改革委员会第15次会议）。会议传达学习习近平总书记系列重要讲话和指示批示精神，传达学习第29次、第30次市委常委会会议精神，学习贯彻习近平总书记在庆祝中国共产主义青年团成立100周年大会上重要讲话精神，听取市、区两会建议提案办理工作计划汇报，听取区自建房安全隐患排查整治工作情况汇报，审议通过《关于加强苏州高新区城市道路挖掘审批与监督管理工作的意见》，听取区“三区三线”划定情况汇报，研究通过有关干部人事事项。

5月27日，高新区党工委书记、虎丘区委书记毛伟主持召开高新区党工委2022年第19次会议（十二届区委第44次常委会会议、十二届区委全面深化改革委员会第16次会议）。会议传达学习省委主要领导调研高新区精神，围绕“勇于自我革命、全面从严治党”进行专题学习交流，传达学习国务院稳住经济大盘电视电话会议精神和省政府主要领导讲话精神，传达学习省委国安委会议和全省党委国安办主任会议精神、审议通过《苏州高新区党工委（虎丘区委）国家安全委员会2022年工作要点》，审议通过《2022年度区（工）委领导班子落实意识形态工作责任制主要职责任务》《2022年度区（工）委领导班子成员意识形态工作责任清单》《2022年度全区意识形态工作重点任务清单》，审议通过《2022年苏州高新区区级督查检查考核计划》，学习贯彻苏州市市域社会治理现代化试点工作迎检推进会会议精神，听取区委深改委2021年工作汇报、审议通过区委深改委2022年工作要点和2022年度区领导联系重点改革任务，听取全区“十四五”期间计划新增投资项目能耗情况分析汇报，听取火炬中心综合评价工作有关情况汇报，审议通过“2022高新欢乐购”系列促消费活动方案，专题研究统一战线工作。

6月2日，高新区党工委书记、虎丘区委书记毛伟主持召开高新区党工委2022年第20次会议（十二届区委第46次常委会会议、2022年第11次区党政联席会）。会议传达学习习近平总书记系列重要讲话和指示批示精神，传达学习第31次、第32次市委常委会会议精神，传达学习市政府稳定经济增长会议精神，学习贯彻全国、全省、全市安全生产月活动启动视频会议精神，听取全区山水资源保护利用工作推进情况汇报，听取《苏州高新区青年人才驿站管理办法》修订情况汇报。

6月11日，高新区党工委书记、虎丘区委书记毛伟主持召开高新区党工委2022年第21次会议（十二届区委第47次常委会会议、十二届区委全面深化改革委员会第17次会议）。会议传达学习习近平总书记系列重要讲话和指示批示精神，传达学习第33次市委常委会会议精神，传达学习市政府稳定经济增长会议精神，传达学习中央、省委和市委人大工作会议精神、听取区人大常委会党组关于区委人大工作会议建议方案汇报，听取2022年（第十四届）苏州国际精英创业周高新区分会场活动暨第二届高新区科技创新周活动建议方案汇报，听取关于中央第二生态环境保护督察组督察江苏省反馈会精神及区整改方案制定情况汇报，审议通过《苏州高新区关于优化人才购房的若干意见》，听取关于加强重点企业动态服务工作情况汇报，听取2022年企业人才优购工作方案和合著花园人才房相关情况汇报，听取关于斯维登集团中国总部项目情况汇报。

6月18日，高新区党工委书记、虎丘区委书记毛伟主持召开高新区党工委2022年第22次会议（十二届区委第48次常委会会议、十二届区委全面深化改革委员会第18次会议）。会议传达学习习近平总书记重要文章《坚定不移走中国人权发展道路　更好推动我国人权事业发展》精神，传达学习第34次市委常委会会议精神，听取当前经济运行情况和下一步重点工作建议汇报，听取关于常态化疫情防控最新政策解读汇报，听取关于进一步厉行节约强化财政支出管理工作汇报，审议通过《苏州高新区开展无证建筑补充办证工作方案》。

6月26日，高新区党工委书记、虎丘区委书记毛伟主持召开高新区党工委2022年第24次会议（十二届区委第50次常委会会议、十二届区委全面深化改革委员会第19次会议）。会议传达学习习近平总书记系列重要讲话和指示批示精神，传达学习省委十四届二次全会、省党代会和第35次市委常委会会议精神，审议通过《中共苏州市虎丘区委关于新时代坚持和完善人民代表大会制度、加强和改进人大工作的实施意见》，听取全区网信工作有关文件起草编制情况汇报，传达学习河南郑州7·20特大暴雨灾害调查报告精神，听取区防汛情况汇报，审议通过《苏州高新区（虎丘区）妇女发展规划（2021—2025年）》《苏州高新区（虎丘区）儿童发展规划（2021—2025年）》，审议通过《苏州高新区“十四五”生态环境保护规划》，审议通过《苏州高新区政府投资非经营性工程项目集中建设资金管理办法》，审议通过《党的二十大苏州高新区维稳安保工作总体方案》。

7月2日，高新区党工委书记、虎丘区委书记毛伟主持召开高新区党工委2022年第25次会议（十二届区委第51次常委会会议、2022年第12次区党政联席会）暨应对新冠肺炎疫情工作领导小组会议。会议传达学习习近平总书记系列重要讲话和指示批示精神，听取近期疫情防控情况汇报，审议通过《苏州高新区（虎丘区）开展企业合规改革工作的实施方案》《苏州高新区稳住经济大盘工作方案》《高新区资源规划建设管理委员会建议方案》。

7月9日，高新区党工委书记、虎丘区委书记毛伟主持召开高新区党工委2022年第26次会议（十二届区委第52次常委会会议、十二届区委全面深化改革委员会第20次会议）。会议传达学习第37次和第38次市委常委会会议、全省扎实做好项目前期工作积极扩大有效投资电视电话会议精神，以及《关于坚持我国宗教中国化方向做好全市宗教工作的实施方案》精神，审议通过《关于贯彻〈中国共产党统一战线工作条例〉的实施方案》《关于贯彻落实南京大学苏州校区建设工作领导小组会议精神的实施方案》《苏州高新区关于全面推进数字高新区建设的实施方案》《苏州高新区关于进一步推进光伏发电开发利用的实施方案》《苏州高新区关于加快绿色低碳产业发展的若干意见（试行）》《高新区清理规范城镇供电行业收费明确电力接入工程建设管理实施办法（试行）》，听取高新区征收（拆迁）工作情况、高新区河道水治理三年攻坚行动进展情况汇报，审议通过《关于政府购买民办义务教育学校学位的实施方案》，听取关于苏高新创投、融联基金将所持合芯苏州股权置换至合芯科技议案汇报。

7月16日，高新区党工委书记、虎丘区委书记毛伟主持召开高新区党工委2022年第27次会议（十二届区委第54次常委会会议、十二届区委全面深化改革委员会第21次会议）。会议传达学习习近平总书记系列重要讲话和指示批示精神，审议通过《关于新时代加强和改进思想政治工作的实施方案》《关于推动党史学习教育常态化长效化的实施方案》《关于深化拓展新时代文明实践中心建设的实施意见》，传达学习全国全省全市安全生产电视电话会议精神、听取上半年安全生产工作情况汇报，审议通过《苏州高新区既有建筑安全动态管理工作机制》。

7月23日，高新区党工委书记、虎丘区委书记毛伟主持召开高新区党工委2022年第28次会议（十二届区委第55次常委会会议、十二届区委全面深化改革委员会第22次会议）。会议传达学习习近平总书记重要文章《把中国文明历史研究引向深入　增强历史自觉坚定文化自信》精神和第39次市委常委会会议精神，学习贯彻近期省市基层党建相关工作部署会会议精神，听取关于国务院办公厅、省政府办公厅督查激励事项争取情况和十二届区委第一、二轮巡察发现共性问题汇报，审议通过《苏州高新区海绵城市专项规划（2020—2035年）》《苏州高新区“十四五”城镇燃气发展规划（2020—2025年）》《苏州高新区综合交通“十四五”发展规划》《苏州高新区直属国有企业住宅用地竞拍专题会议议事规则》，学习贯彻市委主要领导关于区国资国企发展有关批示精神，部署当前工作，研究通过有关干部人事事项。

8月6日，高新区党工委书记、虎丘区委书记毛伟主持召开高新区党工委2022年第30次会议（十二届区委第57次常委会会议、十二届区委全面深化改革委员会第24次会议）。会议传达学习习近平总书记在中央统战工作会议上重要讲话精神，传达学习第42次市委常委会、全市数字人民币试点工作半年度推进会会议精神，传达学习省委全面依法治省委员会、市委全面依法治市委员会会议精神，审议通过区委全面依法治区委员会相关文件，审议通过《苏州高新区深化应急管理综合行政执法改革实施方案》《苏州高新区2022年深化“放管服”改革打造一流政务环境工作方案》《苏州高新区关于进一步加强审管联动的实施办法》《关于大力发现培养选拔优秀年轻干部的实施细则》。

8月13日，高新区党工委书记、虎丘区委书记毛伟主持召开高新区党工委2022年第31次会议（十二届区委第58次常委会会议、十二届区委全面深化改革委员会第25次会议）。会议传达学习市委主要领导近期调研高新区精神，审议通过《关于新时代推进全区国有经济布局优化和调整的工作意见》《关于全面加强国有企业监管的实施意见》《苏州高新区“十四五”卫生健康发展规划》和苏州市集成电路创新中心（二期）项目投资方案。

8月20日，高新区党工委书记、虎丘区委书记毛伟主持召开高新区党工委2022年第32次会议（十二届区委第59次常委会会议、十二届区委全面深化改革委员会第26次会议）。会议传达学习习近平总书记系列重要讲话和指示批示精神，以及第43次和第44次市委常委会会议精神，围绕深入学习《习近平谈治国理政》第四卷和《习近平经济思想学习纲要》进行专题学习交流，听取当前有关重点工作情况汇报，审议通过《苏州高新区扎实推进长三角一体化发展2022年工作要点》《苏州高新区（虎丘区）优化营商环境创新行动2022》《苏州高新区建立健全生态产品价值实现机制试点工作方案》《苏州高新区关于加快建立健全绿色低碳循环发展经济体系的实施意见》，听取关于胜利精密申请纾困信托延期情况汇报。

8月27日，高新区党工委书记、虎丘区委书记毛伟主持召开高新区党工委2022年第33次会议（十二届区委第60次常委会会议、十二届区委全面深化改革委员会第27次会议）。会议传达学习第45次市委常委会会议精神，围绕深入学习《习近平谈治国理政》第四卷和《习近平经济思想学习纲要》进行专题学习交流，解读《关于支持苏州新兴服务业高质量发展的若干政策（试行）》、听取区服务业招商和发展有关情况汇报，听取关于深入推进"信访突出问题攻坚化解年"行动、美中医药开发协会SAPA2022国际医疗器械和前沿技术创新与合作峰会相关情况以及区人大常委会关于贯彻落实党中央《关于加强地方人大对政府债务审查监督的意见的工作方案》起草情况说明汇报，研究通过有关干部人事事项。

9月3日，高新区党工委书记、虎丘区委书记毛伟主持召开高新区党工委2022年第34次会议（十二届区委第61次常委会会议、2022年第13次区党政联席会）。会议传达学习习近平总书记系列重要讲话和指示批示精神，传达学习第46次市委常委会会议精神，学习贯彻中央统战工作会议精神，传达学习苏州市大型活动疫情常态化防控备案工作相关要求，审议通过区2022年度综合考核系列文件，听取第38个教师节表彰庆祝活动和区教育发展中心启用、南大陶行知教师教育学院苏州分院揭牌事宜汇报，听取关于中国高岭土有限公司相关情况汇报，审议通过《苏州高新区直属国有企业投资监督管理办法和苏州高新区投资决策委员会议事规则》，审议通过《关于新设苏州光子产业发展有限公司的建议方案》。

9月15日，高新区党工委书记、虎丘区委书记毛伟主持召开高新区党工委2022年第35次会议（十二届区委第62次常委会会议、十二届区委全面深化改革委员会第28次会议）。会议传达学习习近平总书记系列重要讲话和指示批示精神，传达学习近期有关会议和活动精神，学习贯彻省、市当前意识形态领域形势通报主要精神，审议通过《关于贯彻落实党委（党组）意识形态工作责任制的实施意见》，听取1—8月全区经济运行情况分析汇报，审议通过《关于实施苏州高新区年轻干部教育管理监督"青廉工程"的工作方案》《苏州高新区"十四五"农业农村现代化发展规划》《关于"十四五"开展农村人居环境整治提升行动全面推进生态宜居美丽乡村建设的实施方案》，学习贯彻第九次全国信访工作会议和全省信访工作会议精神，审议通过《高新区跨行政区域河流交接断面水质考核办法（试行）》。

9月24日，高新区党工委书记、虎丘区委书记毛伟主持召开高新区党工委2022年第36次会议（十二届区委第63次常委会会议、十二届区委全面深化改革委员会第29次会议）。会议传达学习习近平总书记系列重要讲话和指示批示精神，传达学习第48次和第49次市委常委会会议精神，听取关于深化全国文明典范城市常态长效建设工作情况汇报，审议通过《关于建立重大民生政策统筹协调机制的工作意见》《苏州高新区全民健身实施计划（2021—2025年）》。

9月30日，高新区党工委书记、虎丘区委书记毛伟主持召开高新区党工委2022年第37次会议（十二届区委第64次常委会会议、2022年第14次区党政联席会）暨应对新冠肺炎疫情工作领导小组会议。会议传达学习习近平总书记系列重要讲话和指示批示精神，以及第50次和第51次市委常委会会议精神，听取近期疫情防控相关情况汇报，传达学习中央、全省党的二十大维稳安保工作相关会议精神，审议通过《关于贯彻〈中国共产党政法工作条例〉的实施办法》，传达学习国家、省、市安全生产电视电话会议精神，听取当前全区安全生产工作情况汇报，研究通过有关干部人事事项。

10月9日，高新区党工委书记、虎丘区委书记毛伟主持召开高新区党工委2022年第38次会议（十二届区委第65次常委会会议、2022年第15次区党政联席会）。会议传达学习习近平总书记系列重要讲话和指示批示精神，以及第52次市委常委会会议精神，学习贯彻全市稳外贸稳外资促消费工作推进会议精神和全市农贸市场改造提升推进会会议精神，听取中细软集团总部项目情况和区新一代雪亮技防工程项目实施方案汇报。

10月31日，高新区党工委书记、虎丘区委书记毛伟主持召开区党工委2022年第40次会议（十二届区委第67次常委会会议）。会议传达学习十三届市委第54次常委会会议暨市委常委会专题调研高新区工作会议、《关于全面建设太湖科学城的工作意见》精神，听取高新区贯彻落实市委常委会专题调研工作会议精神任务分解方案汇报，围绕市委常委会专题调研工作会议精神进行工作部署。

11月14日，高新区党工委书记、虎丘区委书记毛伟主持召开区党工委2022年第42次会议（十二届区委第69次常委会会议、十二届区委全面深化改革委员会第32次会议）。会议传达学习习近平总书记系列重要讲话和指示批示精神，传达学习第57次市委常委会会议精神，围绕学习贯彻党的二十大精神、推动高质量发展走在前列进行学习交流，审议通过《关于认真学习宣传贯彻党的二十大精神的通知》《关于做好学习贯彻党的二十大精神宣讲工作的通知》《苏州高新区推动新兴服务业高质量发展2025行动计划》《苏州高新区“十四五”教育事业发展规划》《关于进一步深化预算支出管理的实施意见》《关于新形势下加强全区反恐怖工作的实施方案》《苏州高新区（虎丘区）本级政府投资建设项目审计监督管理办法（试行）》。

11月21日，高新区党工委书记、虎丘区委书记毛伟主持召开区党工委2022年第43次会议（十二届区委第71次常委会会议、2022年第16次区党政联席会）。会议传达学习习近平总书记在二十届中央政治局常委同中外记者见面时讲话精神，3名同志围绕学习贯彻党的二十大精神、推动高质量发展走在前列进行学习交流，听取近期疫情防控情况汇报，听取关于进一步贯彻落实市委、市政府《关于全面建设太湖科学城的工作意见》有关情况汇报，听取全区防范化解金融风险工作情况汇报，审议通过《苏州高新区金融风险化解委员会工作规则》《苏州高新区金融风险化解委员会办公室工作细则》。

11月26日，高新区党工委书记、虎丘区委书记毛伟主持召开区党工委2022年第44次会议（十二届区委第72次常委会会议、十二届区委全面深化改革委员会第33次会议）。会议传达学习习近平总书记对河南安阳市凯信达商贸有限公司火灾事故做出重要指示精神，传达学习第58次市委常委会会议精神，传达学习省委吴政隆书记关于安全生产工作批示精神、全省全市安全生产电视电话会议精神、听取当前安全生产工作安排汇报，审议通过《苏州高新区国资国企高质量发展三年行动计划》，审议通过《苏州高新区（虎丘区）共青团基层组织改革实施方案》，听取关于苏高新金控及苏高新股份同比例增资苏州高新创业投资集团有限公司事宜汇报。

12月7日，高新区党工委书记、虎丘区委书记毛伟主持召开区党工委2022年第45次会议（十二届区委第73次常委会会议、十二届区委全面深化改革委员会第34次会议）暨应对新冠肺炎疫情工作领导小组会议。会议传达学习习近平总书记在党的十九届七中全会第二次全体会议上重要讲话精神，传达学习省委全会和第59次市委常委会会议精神，听取近期疫情防控情况汇报，听取高新区工委（扩大）会议暨虎丘区委十二届五次全体会议方案和相关文件起草情况汇报，审议通过《关于全区基层党组织学习宣传贯彻党的二十大精神实施方案》，听取全区消防安全工作情况和冬季安全生产专项治理行动安排汇报，审议通过《苏州高新区促进楼宇经济高质量发展的若干措施》，听取关于创维集团新能源总部项目和禾迈股份光储电子苏州总部项目情况汇报，研究部署当前工作，审议通过有关案件处分事项。

12月17日，高新区党工委书记、虎丘区委书记毛伟主持召开区党工委2022年第46次会议（十二届区委第74次常委会会议、十二届区委全面深化改革委员会第35次会议）。会议传达学习习近平总书记系列重要讲话和指示批示精神，传达学习第61次市委常委会会议和市委主要领导调研科技创新企业精神，听取区人大常委会、区政协党组2022年度工作情况、区两会准备情况汇报，审议通过区两会相关文件，听取关于2022年虎丘区政府民生实事项目完成情况和2023年虎丘区政府民生实事项目候选项目安排情况汇报，审议通过《关于强化机制推进产业创新集群和新兴服务业细分领域发展的实施方案》，听取2022年区本级预算调整方案和2023年区本级财政总预算汇报，审议通过《苏州高新区债务风险应对准备金方案》。

12月28日，高新区党工委书记、虎丘区委书记毛伟主持召开区党工委2022年第47次会议（十二届区委第75次常委会会议、十二届区委全面深化改革委员会第36次会议）。会议传达学习习近平总书记系列重要讲话和指示批示精神，传达学习第63次至第65次市委常委会会议精神，传达学习省委、市委外事委会议精神，听取全区外事工作情况汇报，听取冬季安全生产专项治理行动进展情况和元旦春节期间安全生产防范工作安排建议汇报，审议通过《关于进一步完善我区国有建设用地使用权转让、出租、抵押二级市场管理的若干意见》《苏州市虎丘区深化国防动员体制改革实施方案》，听取区政府、区法院、区检察院工作报告起草情况和区法院党组、区检察院党组2022年度工作情况汇报，审议通过《虎丘区2022年国民经济和社会发展计划执行情况与2023年国民经济和社会发展计划草案的报告》，听取全区经济工作会议方案和区主要领导讲话起草情况汇报。

（党政办公室　朱晓华）

【其他全区重要会议】 全区领导干部务虚会　于2022年1月15日召开。高新区党工委书记、虎丘区委书记毛伟在会上强调，要深入贯彻落实中央、省、市决策部署，对标对表先进地区，不断寻求新跨越新突破，提升区域发展能级，结合区域发展实际，抢抓重大机遇，放宽视野格局，善于谋划思路、拿出创新举措，围绕“两区两前列”总体目标定位，强化贯彻落实，加强发现问题解决问题能力，又稳又快又好地把区党工委管委会决策部署变为高质量发展生动实践。

全区“防风险、守底线”工作专题会议　于2022年1月22日召开。高新区党工委书记、虎丘区委书记毛伟在会上强调，要提高思想认识，强化问题导向，坚决扛起高新区使命担当；要聚焦重点领域，深入开展排查整治，推动全区安全生产形势持续平稳向好；要深入开展矛盾排查化解，提前主动做好工作，切实维护社会大局稳定；要坚持底线思维，落实“四早要求”，从严从紧织密扎牢疫情防控网；要完善工作机制，压实工作责任，全面营造安全稳定社会大局；要切实加强作风建设监督，严格遵守中央八项规定精神，确保节日期间风清气正。

全区工作动员大会暨作风效能建设大会　于2022年2月9日召开。高新区党工委书记、虎丘区委书记毛伟在会上强调，全区上下要强化机遇意识，坚定发展信心，按照“稳字当头、稳中求进、全面向好”十二字方针，自觉在全局中审视自身发展、认清重要地位，要改进作风、提升效能，充分激发干事创业火热激情，把一流作风体现到扛起职责使命、主动担当作为、优化政务服务、创新工作思路、优化政治生态上来。

科技创新和人才工作会议　于2022年5月29日召开。高新区党工委书记、虎丘区委书记毛伟在会上强调，高新区作为科技创新主战场、高端人才集聚区，更应切实担负起时代使命，进一步提升发展标杆，要坚持以产业创新集群建设为重点，打造环太湖科创圈产业创新引领区，完善聚才用才体制机制，建设人才发展现代化强区，加强组织领导，凝聚起做好科技人才工作强大合力。

全面深化三大功能片区建设推进大会　于2022年6月19日召开。高新区党工委书记、虎丘区委书记毛伟在会上强调，要深入贯彻落实国务院和江苏省关于促进国家高新区高质量发展意见要求，积极抢抓长三角一体化、环太湖科创圈、沿沪宁产业创新带、省域市域一体化等战略机遇，持续深化体制机制改革，全力推进三大功能片区建设，全面激发区域发展内生动能，奋力谱写“两区两前列”崭新篇章。

国资国企高质量发展大会　于2022年8月22日召开。高新区党工委书记、虎丘区委书记毛伟在会上强调，全区各地各部门，尤其是国资国企战线，要进一步明确发展方向、聚焦重点难点，强化责任担当、激发实干力量，坚决做强做优做大国有资本和国有企业，为高新区推进“两区两前列”建设，打造全市产业科创主阵地做出新的更大贡献，以实际行动迎接党的二十大胜利召开。

全区教育工作会议　于2022年9月8日召开。高新区党工委书记、虎丘区委书记毛伟在会上强调，要认真学习领会习近平总书记关于教育重要论述，贯彻落实全国和省、市教育工作会议精神，对照人民群众对优质教育更高需求，更加重视教育，优先发展教育，进一步擦亮“全市一流、全省领先”的“高新教育”品牌，为加快“两区两前列”建设注入更加强劲动能。

优化营商环境暨重点项目建设推进会　于2022年10月6日召开。高新区党工委书记、虎丘区委书记毛伟在会上强调，全区上下要以习近平新时代中国特色社会主义思想为指导，深入落实全省、全市优化营商环境会议精神，按照市委、市政府部署要求，抢抓四季度黄金时间，迅速行动起来，以更强担当、更实举措和更优作风，持续优化营商环境，奋力加快重点项目建设，全面奋战四季度，全力完成全年目标任务，努力为全市发展大局勇挑重担、多做贡献，以实际行动迎接党的二十大胜利召开。

光子产业创新集群建设推进会　于2022年10月7日召开。高新区党工委书记、虎丘区委书记毛伟在会上强调，高质量推进光子产业创新集群建设要基于服务国家战略和产业升级需要，结合自身资源禀赋，明确产业发展方向，抢占发展制高点，把科技创新摆在更加突出位置，以科技创新驱动产业大发展。

传达学习贯彻党的二十大精神会议　于2022年10月26日召开。高新区党工委书记、虎丘区委书记毛伟在会上强调，要把学习宣传贯彻党的二十大精神作为当前和今后一个时期首要政治任务，深刻领悟“两个确立”决定性意义，坚定捍卫“两个确立”，坚决做到“两个维护”，把党的二十大绘就宏伟蓝图变为现实，奋力谱写新时代中国特色社会主义更加绚丽华章。深刻理解“五个牢牢把握”的丰富内涵，坚决做到入脑入心，秉持“发展高科技、实现产业化”初心使命，更好地为苏州建设社会主义现代化强市增光添彩。

全区城市更新工作会议　于2022年11月9日召开。高新区党工委书记、虎丘区委书记毛伟在会上强调，要加强组织领导，进一步在工作落实上下功夫；要坚持科学高效，进一步在机制模式上下功夫；要做好系统规划，进一步在谋篇布局上下功夫；要坚持项目化推进，进一步在加快推进上下功夫；要强化要素保障，进一步在持续发展上下功夫。

太湖科学城建设工作专题部署推进会 于2022年11月14日召开。高新区党工委书记、虎丘区委书记毛伟在会上强调，要深入贯彻落实市委市政府最新决策部署，以更高站位、更大格局推动太湖科学城建设，加强规划引领，巩固提升生态人文优势，不断增强产业科创核心竞争力，加快打造科技创新策源地、成果转化地、人才富集地，全力建设一流太湖科学城，为环太湖科创圈、沿沪宁产业创新带建设做出更大贡献。（党政办公室 张肖千）

重要决策和部署

【重要决策】 打造特色产业创新集群 2022年3月23日，中共苏州高新区工委（虎丘区委）印发《苏州高新区产业创新集群发展三年行动计划》，提出7个方面举措：夯实主体地位，强化创新企业集群；推进产才融合，集聚创新人才队伍；提升创新能力，加快载体平台建设；加速产城融合，构建区域创新网络；聚焦创新需求，优化金融服务支撑；壮大数字经济，提升集群发展质效；激发创新活力，推动创新生态优化。

探索基本实现农业农村现代化 2022年4月18日，中共苏州高新区工委（虎丘区委）、管委会（区政府）印发《关于做好2022年乡村振兴重点工作加快率先基本实现农业农村现代化的实施意见》，提出4个方面意见：聚焦乡村农业发展，促进农业现代化；开展乡村建设行动，促进农村现代化；坚持共同富裕导向，促进农民现代化；加强党对“三农”工作领导，促进城乡融合发展。

南京大学苏州校区建设 2022年7月14日，中共苏州高新区工委、管委会印发《贯彻落实南京大学苏州校区建设工作领导小组会议精神的实施方案》，提出3个方面任务：强化服务保障，确保如期建成世界一流大学校区；深化校地合作，加快形成具有竞争力和影响力创新集群；注重招才引智，全力打造高水平人才平台。

数字高新区建设 2022年8月2日，中共苏州高新区工委、管委会印发《苏州高新区关于全面推进数字高新区建设的实施方案》，提出全力实施数字高新区“1234N”发展策略，并提出5个方面任务：打造数字经济新优势，加快数字社会建设步伐，提高数字政府建设水平，营造开放、健康、安全数字生态，以强有力工作机制推动数字高新区建设。

优化营商环境 2022年8月28日，中共苏州高新区工委（虎丘区委）、管委会（区政府）印发《苏州高新区（虎丘区）优化营商环境创新行动2022》，提出坚持以习近平新时代中国特色社会主义思想为指导，对标先进一流，深化营商环境创新试点改革，以公平竞争市场环境、高效便利政务环境、开放包容人文环境、公正透明法治环境，着力建设市场化、法治化、国际化一流营商环境，为加快推进“两区两前列”建设，着力打造全市产业科创主阵地提供强有力支撑。

提升新时代政法工作质量和水平 2022年9月30日，中共苏州高新区工委（虎丘区委）印发《关于贯彻〈中国共产党政法工作条例〉的实施办法》，提出七个方面具体要求：把握新时代政法工作总体要求，加强区（工）委对政法工作领导；加强区（工）委政法委员会领导，加强政法单位党组（党委）领导，严格重大事项请示报告制度，完善统筹协调机制，强化监督和责任。

三大功能片区建设 2022年10月31日，中共苏州高新区工委（虎丘区委）、管委会（区政府）印发《狮山商务创新功能片区建设推进方案》《浒墅关先进制造功能片区建设推进方案》《太湖科学城功能片区建设推进方案》，提出三大功能片区建设指导思想、总体目标、工作任务及工作要求，助力全区形成三大功能片区相互促进、互补融合、协同错位发展格局。

打好污染防治攻坚战 2022年11月22日，中共苏州高新区工委、管委会印发《关于深入打好污染防治攻坚战的工作方案》，提出七个方面主要任务：强化减污降碳协同增效，加快推动绿色高质量发展；加强污染物协同控制，深入打好蓝天保卫战；加强流域协同治理，打好碧水保卫战；加强源头和过程协同施策，保障土壤安全；加强生态安全和环境风险协同管控，深入打好生态环境安全保卫战；加强突出环境问题和群众诉求协同化解，深入打好群众环境权益保卫战；提升生态环境治理体系和治理能力现代化水平。

共青团基层组织改革　2022年11月29日，中共苏州高新区工委、管委会印发《苏州高新区（虎丘区）共青团基层组织改革实施方案》，提出4个方面改革举措：改革团的工作力量选用机制，打造忠诚干净担当团干部队伍；改革团的组织设置和动员机制，建设青年身边共青团；改革团员发展和教育管理机制，推进全面从严治团工作；推动地方和基层完善党的领导机制和支持保障，增强基层党建带团建实效。

（党政办公室　张肖千）

表4　高新区工委（虎丘区委）重要文件（2022）

序号	文号	文件名称
1	苏高新委〔2022〕24号	中共苏州高新区工委（虎丘区委）关于加强党的全面领导奋力夺取疫情防控阻击战全面胜利的通知
2	苏高新委〔2022〕26号	中共苏州高新区工委（虎丘区委）、管委会（区政府）关于通报2021年度平安高新区、法治高新区建设先进集体和先进个人的决定
3	苏高新委〔2022〕44号	中共苏州高新区工委　管委会关于确定2022年“苏州高新区狮山科技创新创业领军人才”（人才项目路演类）的通知
4	苏高新委〔2022〕46号	中共苏州高新区工委（虎丘区委）关于印发苏州高新区产业创新集群发展三年行动计划的通知
5	苏高新委〔2022〕47号	苏州高新区工委　管委会关于明确2022年苏州高新区科技工作重点指标目标任务的通知
6	苏高新委〔2022〕50号	中共苏州高新区工委　高新区管委会关于表彰2021年度苏州高新区人才科技优秀企业、单位、项目、个人的决定
7	苏高新委〔2022〕52号	中共苏州高新区工委（虎丘区委）　管委会（区政府）关于做好2022年乡村振兴重点工作加快率先基本实现农业农村现代化的实施意见
8	苏高新委〔2022〕59号	中共苏州高新区工委　管委会关于公布苏州高新区第七届“魅力科技人物”的决定
9	苏高新委〔2022〕99号	中共苏州高新区工委　管委会关于确定2022年“苏州高新区狮山科技创新创业领军人才”（第一批专家集中评审类、第二批人才项目路演类）的通知
10	苏高新委〔2022〕103号	中共苏州高新区工委　管委会关于印发贯彻落实南京大学苏州校区建设工作领导小组会议精神的实施方案的通知
11	苏高新委〔2022〕119号	中共苏州高新区工委　高新区管委会关于印发苏州高新区全面推进数字高新区建设实施方案的通知
12	苏高新委〔2022〕136号	中共苏州高新区工委（虎丘区委）、管委会（区政府）关于印发苏州高新区（虎丘区）优化营商环境创新行动2022的通知
13	苏高新委〔2022〕152号	苏州高新区（虎丘区）关于表彰2021—2022学年度基础教育奖励获奖者的决定
14	苏高新委〔2022〕178号	中共苏州高新区工委（虎丘区委）印发《关于贯彻〈中国共产党政法工作条例〉的实施办法》的通知
15	苏高新委〔2022〕190号	中共苏州高新区工委　高新区管委会关于确定2022年“苏州高新区狮山科技创新创业领军人才”（第二批专家集中评审类、第三批人才项目路演类）的通知
16	苏高新委〔2022〕199号	中共苏州高新区工委　高新区管委会关于印发深入打好污染防治攻坚战工作方案的通知
17	苏高新委〔2022〕215号	中共苏州高新区工委　高新区管委会关于印发苏州高新区（虎丘区）共青团基层组织改革实施方案的通知

【深化改革】　2022年，中共苏州高新区工委（虎丘区委）全面深化改革委员会办公室（简称“区委深改办”）贯彻中央和省委、市委改革决策部署，着力推进改革攻坚、改革落实。制定年度改革工作要点，组

织召开十二届区委全面深化改革委员会会议28次、区深改办专题会议21次。区领导领衔18项重大改革项目，全区承担4项国家级改革试点和区本级31大项改革任务。配合市委改革办做好太湖金墅退圩还湖改革调研，配合苏州大学做好长三角一体化背景下城市行政改革调研等，形成一批有价值调研成果，获市委主要领导肯定。择优选送基层改革经验，《探索功能片区改革　激发内生发展动能》刊发于《苏州改革》第21期，获市委主要领导批示肯定。发布供应链服务平台“全链通”、企业创新积分制试点、“有事好商量”民生实事协商行动等改革工作经验，被中央电视台、《人民日报》《国际商报》《人民政协报》等媒体报道刊载。（研究室　吴玥）

组织工作

【概况】　2022年，中共苏州高新区工委（虎丘区委）组织部［简称“区党工委（区委）组织部”］深入贯彻落实新时代党的建设总要求和党的组织路线，以迎接学习宣传贯彻党的二十大为工作主线，落实全国、全省、全市组织部长会议精神，在学思践悟中凝聚思想共识，在主责主业中把握职责定位，统筹推进干部、党建、人才各项工作，为全区高质量发展提供坚强组织保证。全年发展党员265名，35岁以下人数144名，比例54.3%；大专以上文化程度人数255名，比例96.2%；女性人数113名，比例42.6%；生产工作一线人数230名，比例86.8%。重点在全区两新组织、高知识群体中发展党员。实施发展对象和新党员标准化培训工作，完成培训新党员735名、发展对象431名。开展民主评议党员活动，参评支部1915个，参评党员19995名，党员参评率98.3%。截至2022年年底，全区有直属党委（工委）23个，下设基层党委60个、党总支104个、党支部1947个。有党员30527名，其中，女性党员11325名，占党员总数37.1%；35岁以下党员10828名，占党员总数35.5%；高中及以上文化程度党员26187名，占党员总数85.8%。

【基层党建】　2022年，区党工委（区委）组织部落实新时代江苏基层党建“五聚焦五落实”深化提升行动计划和苏州市“基层党建提质增效年”行动，组织全区基层党组织和广大党员推荐出席党的二十大代表候选人推荐人选。开展“党代表话十年”“喜迎二十大　争当治理先锋”社区书记寄语等活动，组织集中收看党的二十大开幕式。制定印发全区基层党组织学习宣传贯彻党的二十大精神“1+6”系列实施方案，明确学习教育“基层书记说”系列微视频、两新党组织“三讲四进”等4大类18项主题活动，推进基层党组织书记党的二十大集中轮训。巩固党史学习教育成果，建立区党政班子党员领导“两在两同”基层联系点制度，确定41个书记项目，夜袭浒墅关纪念碑入选省红色地名，“地图上的党史”线上学习平台2.0版本上线“苏周到”App。聚焦打造全市产业科创主阵地总定位，加强产业创新集群党建工作，组建高端医疗器械等4个综合型党委，创新开展党建引领高端医疗器械产业集群建设“十个一”行动，链接省科技厅、省药监局等资源，助力获批全省唯一高端医疗器械技术创新中心，高端医疗器械产业营收规模年均增速超30%。开展“三个一线”行动，成立260个专项行动支部，推动2700余名党员干部下沉一线，两新党组织抗疫稳产行动获央视、人民日报客户端等关注报道，馨泰花苑小区防疫经验获《市情研究》刊载。发挥“党建惠企十条”政策效能，启动“阳光能量站”惠企直通车项目，“当当服务”“首贷直通车”“红色天际线”等3个项目入选市党建惠企案例集。深化全市首个乡村振兴党委引领作用，推进西塘河红色产业联盟建设，加强校地合作，创新建设南京大学马克思主义学院乡村振兴实践教育基地，打造“树山新三宝”（梨花讲坛、南大课桌、创客小坞）品牌，驻村第一书记直播带货做法获《新华日报》关注。出台《关于进一步深化党建扎根工程的若干举措》，明确优化社区规模等10项举措，建立692个网格党组织，组建8800余名海棠先锋（网格员、楼栋长）队伍，6家红色物业获评市级及以上示范点。扎实推进新业态新就业群体党建工作，成立全市首个非遗直播党支部，打造“北斗星”货车司机党建品牌，总结推广“四向工作法”获省委组织部肯定，积分“五入”特色做法获央视专题报道。擦亮“周新民党建工作室”品牌，提档升级工作室微信号、视频号，更新丰富展陈内容，推进“两中心一研院”（党支部书记工作室孵化中心、“周周开讲”直播中心、两新党建研究院）建设，《“两新”党建工作如何“破局”》获中组部党员教育电视片三等奖。推进“先锋群像”培育计划，明确分类遴选建库、领办重点项目等8条培育路径，山石网科党委书记、科达科技党委书记获评江苏省“苏网先锋”先进个人。做好第四批区级“海棠花红”先锋阵地推荐遴选工作，命名功能配套齐备、作用发挥充分、管理制度健全先锋阵地31个。推进“3+N”暖心驿站体系建设，高标准打造海棠驿站130余个，“红悦天街”获评苏州市首批示范暖蜂驿站。

【机关党建】 2022年，区党工委（区委）组织部紧扣“围绕中心、建设队伍、服务群众”职责定位，全面加强机关党的建设。截至2022年年底，区级机关党工委直属29个机关单位，其中党委建制4个、党总支建制16个、党支部建制9个，基层党组织108个，党员1623名。其中，在职党员1314名，占80.9%；离退休党员309名，占19.1%；女性党员553名，占34.1%。制定机关党组织学习宣传贯彻党的二十大精神工作方案，明确3大类12项主题活动，开展“一起学习”主题诵读和阅读沙龙活动，组织“学习达人”挑战赛，1名机关党员获评苏州市一等奖并代表苏州市参加江苏省总决赛。指导21个机关党组织开展调整与改选，充实领导班子65名，打造研究室、应急管理局等4个“海棠花红”先锋阵地。创新实施企业服务“阳光计划”，做实机关党建“阳光能量站”惠民助企品牌，举办5场“阳光直播间”专项政策辅导，惠及企业80余家。推进“在职党员进社区”活动，疫情防控期间构建纵向到底“片长—组长—点长”三级网格塔群，成立“一点两区”“交通卡口”等94个机关行动支部，动员机关、企事业党员下沉支援303个小区，制定关心关爱抗疫一线志愿者4条举措，相关做法获《人民日报》客户端等报道。

【干部选拔任用】 2022年，区党工委（区委）组织部加强干部队伍建设统筹谋划，落实《干部选拔任用条例》等规定，优化调整领导班子，提升班子整体功能。优化副处职干部无任用推荐，重点掌握一批群众公认度较高、工作业绩突出干部，形成较为完善的选人用人机制。坚持好中选优，优中选强，注重选拔政治素质过硬、经受斗争考验、善于驾驭局面的优秀干部担任党政正职。全年调整干部331人次，其中提拔104人。发挥党组织的领导和把关作用，做好区人大、政府、政协及浒墅关镇、通安镇换届工作，选举产生新一届区镇两级人大、政府、政协领导班子。严肃换届纪律，组织领导干部及有关人员签署承诺书、发放严肃换届纪律提醒卡、播放宣传纪录片、开展“每日一问”答题等形式，宣传换届纪律要求。出台《关于大力发现培养选拔优秀年轻干部实施细则》，完善年轻干部培养选拔常态化、“选育墩管用”全链条机制，选派年轻干部到艰苦地区和重要岗位历练，到国家部委和省、市机关挂职锻炼。组建疫情防控青年突击队，选派年轻干部赴隔离点、火车站、高速卡口等急难险重岗位担任点位长，32名表现突出的年轻干部提拔担任科级职务。启动“美美与共”院地合作挂职培养工作，首批10名优秀年轻干部进行“互培互挂”锻炼，深化院地合作共建。举办第八期青年干部研修班，开展年轻干部统筹选配工作，打通“三支队伍”交流渠道，拓宽选人用人视野。

【干部教育培训】 2022年，区党工委（区委）组织部以高素质专业化干部队伍建设为目标，制定并印发《2022年全区干部教育培训工作要点》等文件，出台《全区领导干部上讲台实施办法》《干部教育培训组织调训实施办法》等实操办法。打造年轻干部教育培训“凌云”工程，围绕新入职人员、工作满三年人员、青年干部、领导干部等不同类型干部，实施“新羽计划”“丰翼计划”“展翅计划”“领航计划”等X套系列培养方案，开展差异化教育培训。成立“产教研联合体”，发布集成电路、光子产业等5个产业创新集群教学图谱，构筑“共建共享”干部教育培训格局。全年共举办线下主体班11期，双月论坛7次，培训人员7890余人次。

【干部监督管理】 2022年，区党工委（区委）组织部推进经济责任审计工作，研究制定党政领导干部经济责任审计计划，跟踪了解执行情况。按照市委组织部统一部署，组织开展处级领导干部集中填报个人有关事项。选树“三项机制”典型案例，累计报送典型案例25个，5个案例入选市委组织部《苏州市“三项机制”典型案例选编》。对苏高新集团等9家单位开展选人用人专项检查，健全完善《苏州高新区直属国有企业人员管理指导意见》，规范国有企业选人用人工作。执行“双签字”“职数预审”“凡提四必”等工作制度，做好干部任前审核工作。

【人事工作】 2022年，区党工委（区委）组织部紧扣人事工作服务全区队伍建设、服务全区发展大局工作目标，聚焦选好、育好、管好年轻人才，打造高素质、专业化、年轻化队伍。截至2022年年底，全区共有机关事业单位工作人员2631名（不含教育、医疗卫生机构）。其中，机关1179名，事业1452名；男性1751名，女性880名；90后年轻干部379名，85后年轻干部824名；研究生学历809名，占比30.7%。开展2022年度事业单位定岗特选工作，突出专业化、精准化要求，科学设置岗位和专业，选聘优秀应届毕业生61名。加强疫情防控人员力量储备，专项招聘疾病预防控制中心紧缺人才7名。举办人事业务能力提升培训班，组织编印《苏州高新区人事管理业务工作手册》。创新启动建设“架构统一、数据共享、业务协同”一体化管理平台，打通干部、人事、工资业务流程，推动人事管理信息化工作。健全派驻区外人员备案制度，加强对相关人员组织领导和日常管理。常态开展新录用人员培训班，提升新录用人员政治意识、党性意识、纪律意识和履职能力。做实做优“导师制”人才培养模式，从各单位选定65名“思政导师”“业务导师”“生涯导师”与71名新录用人员结对，搭建人才培养快车道。关注名校优才成长动态，深入各用人单位听取分管领导、结对导师评价意见，把握好青年干部成长黄金期。

【综合考核工作】 2022年，区党工委（区委）组织部做好迎市考准备工作，开展2021年度区考工作，将“市考”、区级“三年行动计划”考核结果计入区考成绩，实施结果运用［评选出10个高质量发展先进单位（地区）、2个高质量发展进步单位及19名担当作为好干部］。修订起草2022年度综合考核《实施办法》等5个文件，构建三考融合、三方发力、三维提升“333考核体系”。建立督查激励事项跟踪管理考核、减分项监测预警提醒及半年评估预扣分3项工作机制，加大考核日常管理和监督力度。开发建设区综合考核管理系统，对指标设定、评价计分等进行规范化管理，实现综合考核线上运行。

【人才工作】 2022年，区党工委（区委）组织部坚持党管人才原则，优化人才工作机制，提升人才工作水平，获批市级以上领军人才（团队）103个，数量列全市第二，获评苏州市人才科技工作先进地区。开展人才学习贯彻党的二十大精神系列活动，引导全区人才把党的二十大精神转化为干事创业强劲动能。构建更有吸引力的人才政策体系，发布“人才支持产业创新集群18条”，修订产业紧缺人才、青年人才生活补贴，博士后登峰计划等10项政策。压实“一把手”抓“第一资源”责任，召开高新区科技创新和人才工作会议，明确人才工作发展目标及重点任务。实施区领导挂钩联系高层次人才服务制度，常态化走访联系人才企业，听取意见建议，帮助人才解决实际困难。做优人才发展生态，设立外国人来华工作、居留单一窗口，成为全市第二个“全链条”办理外国人来华工作许可区级办理点。全年累计投资人才项目106个、金额4.48亿元，设立总规模20亿元科创天使基金，为人才项目提供“首贷”的“人才通”产品，贷款额度提高至200万元。年内，评选出首批“红色工匠”“最美医务团队”“最美医务工作者”，集中表彰“引才突出贡献单位”“大院大所先进个人”“魅力科技人物”等单位和个人。

【老干部工作】 2022年，区党工委（区委）组织部坚持以习近平新时代中国特色社会主义思想为指导，深入学习贯彻全国、全省、全市老干部工作会议精神和中办发〔2022〕31号文件精神，全面推动老干部工作高质量发展。截至2022年年底，全区有离休干部15名，离休干部遗属29名，离休干部平均年龄92.93岁；退休四套班子老领导37名，平均年龄72.02岁。组织离退休干部听取学习中组部老干部局及省委老干部局关于贯彻党的二十大精神宣讲离退休干部网上专题报告会。举办离退休干部党支部书记“学习二十大　银龄心向党”培训班，邀请苏州大学教授围绕《二十大后我国宏观经济形势与应对》开展讲座，组织参观苏州市智能制造中心。组织离退休干部党支部开展“迎接二十大　学习二十大　当好新征程银发先锋”主题党日活动，参与“迎接二十大 奋进新征程”线上培训班。指导通安镇、康养集团新建怡养通安老年公寓临时党支部。七一前夕邀请全国优秀党务工作者周新民、全市离退休干部先进个人王明猷等4名“银发先锋”先进典型拍摄“对党说句心里话”视频。推进各领域老党员志愿服务工作，“王明猷志愿服务工作室”年服务217次。打造“周听月谈”老党员工作室，完善“怡养·乐龄党群服务中心”“馨风老书记工作室”等一批离退休干部党建工作示范平台。创新“党建+养老”模式，打造“党建+公益”特色品牌，开展“党建引领夕阳红”系列公益行动。探索在“党建扎根工程”中发挥老党员作用机制，120余名老干部志愿者加入社区网格员、楼栋长队伍，助力疫情防控、调解基层矛盾。组织引导老干部关心关注青少年健康成长，参与青少年思想道德建设，开展“朝夕结对助成长”活动，成立“五老”帮教队。举行“爱心结对，传递温暖”活动，向特困遗属、区特殊教育学校、中小学校困难学生捐赠善款、学习用品共计5万余元。举办老干部情况通报会、庆重阳座谈会、“学习二十大　银发展风采”书画摄影展、“喜迎二十大　奋进新征程”王坚书法作品展。各类展览共展出作品300余幅。细化落实“致敬　守护”离退休干部精准服务提质行动，成立离休干部特别关爱小组，做好老干部困难帮扶、走访慰问等工作，帮扶特困离退休干部及离休干部遗属63名，发放帮扶资金14万元。开展老干部“体检报告解读”专题咨询会，制定个性化健康建议清单。依托“银龄云课堂”开展疫情防护指南线上贴心提示，引导老干部提升健康素养，增强自我保健能力。做好疫情防控期间老干部精准服务管理，向离退休干部发出“战‘疫’从我做起　坚持就是胜利”号召，通过电话、微信多种方式做好对重点老干部慰问工作，发放暖心防疫包150余件，及时为10余名异地、空巢及有特殊困难离退休干部解决配送药品、就医住院、医药费报销等实际困难。探索、共享老干部活动阵地开展老年教育创新做法，在区离退休干部活动中心成立老年大学老干部分校和书画兴趣团队，组织推荐老干部参加省、市各类书画、摄影、太极等文化康体活动。共享活动阵地，形成区镇两级贯通、条块结合、覆盖城乡“银发先锋”阵地集群，为老党员搭建集党建活动、学习教育、邻里议事等多功能于一体红色载体。（组织部　刘婷）

宣传工作

【概况】 2022年，高新区宣传思想文化条线始终坚持以习近平新时代中国特色社会主义思想为指导，紧扣迎接学习宣传贯彻党的二十大工作主线，按照党中央和省委市委区工委工作部署要求，坚持围绕中心、服务大局，坚持守正创新、敢于斗争，坚持统筹协调、系统推进，承担举旗帜、聚民心、育新人、兴文化、展形象使命任务，为在新征程上全面推进中国式现代化高新实践提供强大思想保证、精神动力、舆论支持和文化支撑。

【理论建设】 2022年，高新区突出思想理论建设，健全理论武装工作体系，加强党委（党组）理论中心组学习，常态长效推进党史学习教育，深化“飞燕新语”理论宣讲品牌建设，组织开展基层党员冬训、“百名局长百场宣讲”“百姓名嘴”等品牌活动900余场，引导全区上下领悟“两个确立”决定性意义，更加坚定自觉拥护“两个确立”、做到“两个维护”。开展理论研究阐释和实践经验总结，围绕光子产业集群、环太湖科创圈等课题，推动理论研究成果转化。区工委理论中心组举办党的二十大精神专题学习会，赴中共苏州独立支部旧址和“习近平新时代中国特色社会主义思想指引下的苏州实践”主题展参观学习。组建区工委宣讲团开展集中宣讲，发挥党校、新时代文明实践中心作用，推出系列融媒报道，推动党的二十大精神走进基层、走进群众。

【意识形态工作】 2022年，高新区坚持底线思维，掌握意识形态工作领导权、主动权。制定实施意识形态工作“三张清单”，出台区《关于贯彻落实党委（党组、工委）意识形态工作责任制的实施意见》《区级机关党组织意识形态工作规范（试行）》等工作举措。常态化开展区级巡察工作，对9家区级单位开展意识形态工作专项检查。举办全区意识形态工作能力提升专题培训班，夯实工作基础，提高工作水平。强化宗教、网络、学校等重点领域意识形态管理，做到重点政治风险隐患、各类重点人员管控到位。开展整治非法宗教活动、遏制宗教渗透蔓延等工作，加强宗教、邪教向中小学幼儿园等领域渗透防范。完善网络舆情应急处理方案，成立党的二十大舆情保障工作专班，制定实施《关于做好党的二十大网络安全保障工作的实施方案》等工作举措。部署区舆情监测系统、区网评管理系统，累计通报处置网上各类重点舆情信息1500余条。

【对外宣传】 2022年，高新区围绕中心服务大局，巩固壮大主流思想舆论。做好习近平新时代中国特色社会主义思想宣传阐释，聚焦区工委、管委会中心工作，统筹网上网下、内宣外宣，推动媒体深度融合发展。区融媒大厦启用，新华日报苏州分社入驻。紧扣党的二十大主题主线，加强与央媒、省媒等主流媒体对接合作，全年市级以上发稿2万余篇。围绕“奋进新征程　建功新时代”“学习宣传贯彻党的二十大精神”“聚集千亿级产业创新集群”等主题，设置专题专栏42个，编发《苏州高新》报纸22期、报道文章4200余篇，“苏州高新区发布”微信公众号发布新闻资讯1500余条，苏州高新区新闻网发稿3500条，政务微博发稿4000余条。围绕苏绣、运河、民乐三张名片，宣传文化旅游资源。搭建推特、脸书等海外账号平台，提升国际传播和交流活动能力，扩大海外主流媒体传播范围和影响。

【精神文明建设】 2022年，高新区强化价值引领，提升社会文明程度。坚持社会主义核心价值观，常态化、制度化开展理想信念教育，推进“强国复兴有我”主题宣传教育活动，组织“喜迎二十大 理论进万家”主题宣讲活动。深化新时代文明实践体系内涵建设，以全区6家新时代文明实践分中心（所）、65家实践站为载体，实施“时代新人”培育工程，推动志愿服务提质拓面、新时代文明实践工作落实落细。培育新时代社会文明风尚，开展各类公益宣传活动，引导反对浪费、崇尚节约、文明交通、文明礼仪等文明行为。深化先进典型培育，发挥“高新区时代新人”等典型引领作用。年内，李成辉、王俊获评“江苏好人”，潘炜、周振飞、李麟青获评“苏州好人”。

【文明城市建设】 2022年，高新区以文明典范城市建设为目标，高质量推进文明创建工作。优化常态长效创建机制，把握常态长效核心要义，组建常态化创建工作专班，重点围绕农贸市场及周边居民小区进行专项测评，开展部分老旧小区全面体检，形成反复抓、抓反复常态长效创建工作态势。开展基础设施、居民小区、交通秩序、市场环境、农村环境、创建氛围六大提升行动，提高全区文明城市常态长效建设工作水平，提升各板块各部门文明城市创建工作水平和成效。加大督查整改力度，在日常专班督查整改基础上建立约谈机制，督促限时落实整改，全年累计完成测评报告14862张、上传问题图片58824张，发出整改意见33620条。（宣传部　陆斌）

统战工作

【概况】 2022年，高新区统一战线以党的二十大精神为指引，顺应新时代统战工作新要求，围绕中心、服务大局、精准发力、压实责任，推动各项统战工作向纵深发展。把学习宣传贯彻党的二十大精神作为首要政治任务，开展“同心聚力　献礼二十大”等系列特色主题教育。强化统一战线成员“四个意识”“四个自信”“两个维护”。召开区工委统战工作会议、统一战线工作领导小组会议等，部署全区统战工作。制定《区党工委贯彻落实〈中国共产党统一战线工作条例〉实施方案》等文件，把握新时代统战工作努力方向和工作重点，呈现团结、奋进、开拓、活跃良好局面。

【民主党派工作】 （参见第83页）

【民族宗教工作】 2022年，高新区坚持党对民族宗教工作全面领导，调整区工委民族宗教工作领导小组成员单位，将民族宗教工作纳入属地板块党的建设考核中，推动民宗领域各项政策措施落细落实。建立健全重点隐患“议难事”机制，推进宗教活动场所安全隐患排查整治。落实三级网络、两级责任制度，形成主体在县、延伸到乡、落实到村、规范到点管理体系。建立宗教场所安全风险数据库，按照“一家一册”完成安全风险评估报告工作。推进安全生产专项整治三年行动，对照安全生产大检查15条硬措施、宗教领域15项主要内容，深入宗教场所开展各类安全风险隐患排查。采取部门巡查、领导检查、督促属地排查、“四不两直”抽查等方式，不定期、不定时对各场所进行安全检查。强化对宗教活动场所既有建筑排查鉴定，开展B级建筑和自建房再排查。走访督查宗教活动场所，实地了解宗教场所疫情防控工作情况。深化“红石榴家园”建设，推动民族团结进步示范区示范单位创建。指导狮山街道创建全省民族团结进步示范区，指导狮山街道、馨泰社区创建全省“红石榴家园”，指导狮山街道、何山社区、青山绿庭社区创建全市民族团结进步示范基地。

【非公有制经济领域统战工作】 2022年，高新区发挥统战性、经济性、民间性优势，坚持信任、团结、服务、教育、引导工作方针，以引领、赋能、聚力、共赢为宗旨，为促进“两个健康”发挥积极作用。提高政治站位，实现理想信念常态化，加强对民营企业家政治引领，打造民营企业“思政大课堂”教育品牌。打造“导师+讲堂”模式、“智库+院所”模式、“履职+梯队”模式。实现政治教育系统化，定期开展沉浸式教育，紧扣“两个健康”工作主题，加强民营企业家社会主义核心价值观培育，弘扬新时代企业家精神。加强示范引领，实现非公党建专业化，组织企业家赴党建标杆企业学习考察，实现以党建引领助推企业发展。优化营商环境，搭建促企发展“六大平台”，打造政企、校企、法企、银企、企企、院企对接平台。通过“书记面对面”、惠企政策宣讲会、民营企业大走访等主题活动，发挥企业家参政议政职能，打造联商共建模式，创新构建亲清政商服务站，建设政商大“廉”动监督保障平台。开展“党建引领聚合力　共建融合促发展”对接交流活动，区工商联与苏州农商银行高新支行签订战略合作协议，探索打造“会长+行长”合作模式。加强内外资企业交流互动，提升产业链本地化配套能力。发挥百家大院大所集聚优势，助力民营企业与大院大所合作。以“四好”商会创建工作为抓手，加强商会党的建设，以党建带会建，推进商会组织规范化、制度化建设。年内，浒墅关商会、枫桥商会获评全国“四好”商会。

【港澳台统战工作】　2022年，高新区加强爱国主义教育，促进苏港两地文化交流。9月24日，苏州香港同胞联谊会高新区分会成立，“家在苏州　香聚高新”首届在苏香港同胞家庭日活动在苏州乐园举行，吸引在苏香港同胞约200人参加。打造“香聚高新”联谊品牌，在苏绣小镇建立首批苏港国情教育基地，打造以参访交流、社会观察和公益服务为主要内容精品阵地。配合做好庆祝香港回归25周年暨苏州香港同胞联谊会成立大会相关工作，推荐16名在区香港同胞参加苏州香港同胞联谊会。推进台资企业智改数转，加速台资企业数字化、网络化、智能化发展进程。对接企业技术需求与高校院所成果，提升台资企业核心竞争力，促进苏台企业优势互补。紧贴两岸青年就业创业需要，创建两岸青年双创园，促进两岸青年共同发展。组织台商台胞开展困难学生助学圆梦项目和台资企业爱心捐赠等社会公益活动，选派台湾青年参加第二期长三角港澳台青年国情研习班，组织台商代表到大陆投资考察。

【侨务工作】　2022年，高新区以凝聚侨心、汇集侨智、发挥侨力、维护侨益为工作目标，适应侨情变化新常态，在为侨服务、涵养资源、载体建设、联络联谊等方面取得积极成效。深化侨务助力同心聚才工作，依托海归人才创新季、海归创业大赛、“政绘英才路”等平台，吸引20余个国家4000余名海内外高层次人才到高新区对接洽谈。加强侨联自身建设，织密工作网络，召开高新区第七次归侨侨眷代表大会，选举产生区侨联新一届委员会和领导班子，聘任本届侨联委员会顾问、海外顾问、海外委员，更大范围增加侨务工作基本面、覆盖面、服务面。加强涉侨阵地建设，建有省级新侨创新创业基地3家，省级侨文化交流基地1家，市级侨文化交流基地5家，区级涉侨载体6个，社区侨之家5家，覆盖生物医药、新材料、新能源、文化创意等重点领域500余家涉侨企业。提升为侨服务能力，打造工作品牌。侨联组织坚持老侨、新侨工作并重原则，定期走访调研侨资企业、走访慰问困难老归侨群体，了解侨情信息和侨胞需求，为侨企侨胞等提供“一站式+全流程”服务。年内，苏州创业园在中国留学人员创业园区孵化基地竞争力报告中，排名列全国第六、全省第一；在侨务工作进三区工作中获评江苏省委统战部优秀等次。　（统战部　顾寅清）

政策研究

【文稿起草】　2022年，高新区（虎丘区）研究室（深改办）服务区党工委（区委）、区管委会（区政府）中心工作，承担区党工委、管委会重要会议、对上汇报和对外交流等相关文稿服务重大任务。负责起草区党工委、管委会主要领导在区两会、全区工作动员大会、区（工）委工作会议、区争先进位工作动员部署会等各类重要会议上讲话材料29篇，起草完成区党工委、管委会关于加快三大创新集群发展情况、市委主要领导调研高新区指示精神贯彻落实情况、南京大学苏州校区建设及校地合作情况等对上汇报材料34篇，起草完成区党工委、管委会主要领导在SAPA2022国际医疗器械和前沿技术创新与合作峰会、第二届中国（苏州）天使投资生态峰会、2022江苏—法国经贸合作交流会等对外活动致辞66篇。全年牵头起草各类综合文稿506篇136万字，在服务区党工委、管委会科学决策中发挥重要作用。

【调查研究】 2022年，高新区（虎丘区）研究室（深改办）围绕区党工委（区委）、区管委会（区政府）重大决策部署开展调查研究。围绕医疗器械产业创新集群发展、一流产业创新集群建设、光子产业发展等区党工委、管委会重点工作开展调研，《苏州高新区集成电路产业发展的实践与思考》刊发于《调研通报》第84期，获市委主要领导批示，《高新区集成电路产业发展的分析与研究》收录于《中国新经济发展报告》。围绕北京、上海等多地政府元宇宙布局、朝阳区国际人才社区建设等先进城市经验做法开展调研，提出工作建议。围绕基层工作经验探索开展调研，《关于苏州高新区就业政策的评估报告》获区党工委主要领导批示关注，《苏州高新区竹园路片区城市更新案例概述》入选省城市更新与农村人居环境整治提升典型案例。全年牵头起草各类调研材料12篇24万字，其中编发内刊《高质量发展动态与参考》3期、《高质量发展研究与探索》6期。 （研究室 吴玥）

机构编制管理

【基层整合审批服务执法力量改革】 2022年，高新区召开基层“三整合”改革工作现场会，聚焦关键环节进行再研究、再部署，推动镇（街道）管理体制改革工作提档升级，完成苏州市基层集成指挥中心标准化试点建设项目立项，提升基层党的建设、审批服务、综合执法、网格治理等治理能力，集成指挥“1+4”模式运行顺畅。围绕“放管服”改革和优化营商环境目标要求，优化相对集中许可权改革，协调理顺个体工商户登记办理机制。推动国家级开发区赋权工作，分两批次赋予浒墅关经开区行政审批事项40项。推行政府权力清单制度，梳理编制区、镇两级行政权力事项清单，建立全区行政权力事项库并开展试运行，探索开展权力和责任“一表两清单”编制工作，逐步厘清区、镇（街道）职责边界，依法开展动态调整。年内，狮山、横塘街道获评苏州市基层“三整合”改革先进单位。

【综合行政执法体制改革】 2022年，高新区完善以农业农村、文化市场、交通运输、市场监管、城市管理、应急管理6个领域为主综合执法队伍体系。按照中央、省委、市委有关要求，将劳动监察、资源规划、城建监察、城市管理、交通运输、农林水利、文化市场、卫生监督、应急管理等9支队伍293名编制纳入省库锁定管理。探索加强基层执法力量新模式，推动农业农村、市场监管领域执法骨干下沉至基层综合行政执法局挂任副局长，确保下放事项顺利承接、有序衔接。

【机构编制资源配置优化】 2022年，高新区扎实做好对上争取工作，争取省市教育编制统筹调剂，新增编制824名，缓解全区教育系统缺编问题。对上争取科级机构和职数，区山水资源规划保护中心升格正科，狮山街道行政审批局、综合行政执法局、集成指挥中心及人事管理服务中心等4家单位升格副科，新增科级领导职数11名。调整优化机构职能体系，重点调整优化大数据管理、山水文旅资源、应急管理等9个领域职能体系，保障数字政府建设，推动山水文旅融合发展，完善区镇贯通应急管理工作体系。

【机构编制服务保障】 2022年，高新区加强机构编制服务保障，推进相关领域机构建设，新建区智能制造融合发展中心、狮山商务创新区管理中心等4家事业单位。统筹全区116名事业编制保障公办中小学教师队伍建设，持续扩大教育、医疗卫生领域编制资源供给。通过统筹调剂加强区集成指挥中心、公园和绿化管理处、文体和旅游发展中心等单位工作力量配备。

【机构编制监督检查】 2022年，高新区分类实施机构编制事项审批程序，针对不同事项调整进行科学、充分分析论证，确保机构编制事项调整符合区域发展实际。管住管好用活机构编制，根据部门用人实际及政策性安置要求做好全区机关事业单位人员调整、统筹选配、军转干部安置等用编审批，保障按计划分配军队转业干部稳妥安置。开展全区机构编制业务暨基层体制机制改革创新培训班，组织区级机关各部门、各功能区、镇（街道）约60名工作人员参加培训，邀请省委编办、市委编办相关领导就事业单位分类改革、开发区规范化管理、事业单位法人监管等内容进行集中授课，提升工作人员机构编制业务能力和基层体制机制改革创新水平。

【事业单位登记管理】 2022年，高新区加强事业单位监督管理，执行年报公示制度，着重规范事业单位登记管理行为，提升事业单位公益服务水平，全年办理登记事项105次。高标准落实机构编制统计工作，加强与组织人事部门数据互通，提升统计数据质量，为机构编制调整提供数据保障。

【探索“功能片区+街道”管理模式】 2022年，高新区推进开发区体制机制创新优化，探索“功能片区+街道”管理模式。立足功能区与镇（街道）资源禀赋和产业特色，研究制定《全面深化三大特色功能片区融合发展的实施方案》，指导推动各片区制定具体推进方案，构建狮山商务创新功能片区、浒墅关先进制造功能片区、太湖科学城功能片区发展新格局，明确片区功能定位、管理范围及体制机制，构建精简高效组织架构及履职体系。相关改革做法获市委主要领导批示肯定。

（编办　陆静）

巡察工作

【概况】 2022年，高新区巡察机构坚持以习近平新时代中国特色社会主义思想为指导，深入学习贯彻党的十九大、二十大精神，落实中央、省市区委关于巡视巡察工作部署要求，坚守政治巡察定位，坚持围绕中心、服务大局，健全监督体系，稳步推进全年巡察工作，用好巡察利剑和问责利器，切实发挥监督保障执行作用。

【政治巡察】 2022年，高新区巡察机构制定全区巡察工作计划，出台年度巡察工作要点，为全年巡察工作指明方向、提供遵循。准确把握巡察职责使命和内涵定位，围绕区委中心工作和重点任务，精准聚焦国企改革、基层治理等重点工作开展政治监督。完成十二届区委第二轮、第三轮巡察工作，实现对新一届区委直属经营类国企巡察任务全覆盖。探索以基层治理为重点专项打法，为完善社区治理体系做出巡察贡献。扎实做好巡察反馈工作，向新一届区委前两轮被巡察单位反馈问题404个，向纪检监察机关移送问题线索66条，形成专题报告20篇，为区委决策提供有益参考。

【巡察监督】 2022年，高新区巡察机构配合市委巡察机构同步开展对市、区两级人社部门、市场监管部门和国有企业巡察，在监督重点、监督路径、方式方法等方面加强协作联动，做到信息共享共用、问题相互印证。选派7名巡察干部整建制参加市委对全市生态环境领域巡察，强化人员交流互动，为市县联动提供人才支撑。做好市委巡察指导督导整改落实工作，剖析原因、制定措施、明确责任，切实推动问题整改。深化“巡纪审”联动五项机制，规范操作流程，形成系统集成、协同高效监督体系。定期组织召开巡察启动工作沟通协调会，发送征求意见函31件，梳理存在问题，明确监督重点，助力驻点巡察工作高质高效。

【巡察整改】 2022年，高新区巡察机构完成对十一届区委第十轮巡察整改情况督查评估工作，确保巡察反馈条条整改、件件落实。配合市委巡察机构上下联动，通过全面自查和现场督查相结合方式，对十一届区委48家被巡察党组织开展巡察整改制度建设和执行情况专项督查，提升巡察治本作用。梳理汇总十二届区委前两轮巡察发现问题，提炼总结共性问题清单并做好通报工作，推动对照整改、系统治理。加强监督力度，区纪检监察机关针对巡察移交问题线索，“第一种形态”处置17件，“第二种形态”处置25件，巡中成案1件。（巡察办　相逸丞）

党校工作

【概况】 2022年，中共苏州高新区工委（虎丘区委）党校（简称“区工委党校”）以习近平新时代中国特色社会主义思想为指导，坚持“党校姓党”根本原则，紧贴区党工委、管委会中心工作和全区经济社会发展大局，以发挥干部培训、思想引领、理论建设、决策咨询为目标，以建好基本设施、建强基本队伍、健全基本制度为突破，做实干部教育培训，努力探索教学科研新路径，把好办学评估质量关，为高新区扛起“东园西区”责任担当提供坚强思想政治保证和人才智力支持。全年共计举办各类培训班34期，累计培训学员3000余人次。根据课堂教学和评估反馈结果，获得较好社会反响。

【干部教育培训】 2022年，区工委党校真抓实干、务求实效，做优主体班次，搞好专题培训，开展联合办学。以补齐新任职干部政治站位和领导力短板为目标，举办2022年度正科职干部任职培训班；以贯彻习近平总书记关于经济金融条线工作赋能高质量发展指示精神为主线，举办高新区金融赋能高质量发展专题培训班；以加强新入职人员政治观念和纪律意识为靶向，举办2022年度高新区新录用人员培训班；以选、培、用相结合为原则，举办第八期青年干部培训班；以提升办公室办文办会、统筹协调等业务素能为宗旨，举办全区2022年党政机关文秘培训班。为规范机关、事业工作人员人事和工资管理，举办2022年高新区人事业务能力提升培训班；为准确把握纪检监察干部在党的自我革命中职责任务，举办全区纪检监察干部综合业务能力提升培训班和镇（街道）、村（社区）纪检干部综合素能提升班以及2期纪检监察干部综合素能提升班；为提高党的意识形态工作建构、实践和传播能力，举办全区意识形态工作能力提升专题培训班；为更好应对网信安全和信息化挑战，举办全区网信工作能力提升专题培训班；为新形势下推进更高水平平安法治建设，举办高新区政法系统干部能力提升培训班；为提高商会组织建设水平，举办高新区工商联商会秘书处能力提升培训班。举办防疫员培训班、2022年满天“新”青年人才成长训练营、全区旅游品质提升训练营、全区新一代企业家理想信念培训班、全区民族宗教工作培训班、全区信访干部培训班、全区政法系统优秀青年干警培训班、全区妇联干部培训班、全区基层党务干部培训班、2022年知识产权保护中心预审员上岗培训班、全区行政执法部门负责人法治培训班、全区机构编制业务暨基层体制机制改革创新培训班。

【科研咨询】 2022年，区工委党校课题研究围绕习近平新时代中国特色社会主义思想为主要内容，注重与社会经济发展和全区现实需要相结合，获批立项全省党校系统调研课题1项、苏州市党校系统协作课题2项。注重科研与决策咨询工作协作交流，参加学习贯彻党的二十大精神暨第六届“智论苏州”高层论坛等学术交流会议。重视发挥学员作用，引导青干班学员参与调查研究，形成医疗器械产业图谱、集成电路产业图谱、数字经济产业图谱、绿色低碳产业图谱、光子产业图谱等一系列调研成果。创设《攀高》干部教育培训刊物，打造具有高新区特色创新产业智库。

【红色阵地建设】 2022年，区工委党校以办学质量评估为抓手，以质量立校作为根本目标，把办学质量评估整改成果转化为推动党校高质量发展强大动力。建立健全《科研工作奖励办法》《校务委员会议事决策规则》《关于进一步加强从严治校的若干规定》《干部教育培训管理办法》《师资培养方案》等制度，覆盖教学、科研、培训、后勤、人事各方面，确保各项工作有章可循、有据可依。在党性实训室打造学习党的二十大精神实境课堂，“数”说党的二十大报告重要论断，讲好红色故事、提升培训实效、实现思想引领，教育引导广大党员干部自觉把思想和行动统一到党的二十大精神上来。（组织部　刘婷）

档案史志工作

【综合档案管理】 2022年，高新区综合档案工作树立以人民为中心档案“大服务”理念，完成国家综合档案馆业务建设评价工作，完善档案馆业务建设台账，修订档案馆指南和全宗卷，依法开展档案执法检查、档案工作年度评价与进馆工作三合一工作。截至2022年年底，接待查档2539人次，利用4905卷件次；复印8597页，外借人数73人。做好异地查档工作，接入苏州市民生档案查阅平台，实现长三角地区异地查档，全年服务异地档案调阅和出具证明8人次。对区内6家机关单位开展现场综合测评，指导机关文书档案移交进馆，接收行政审批局2007年至2020年文书档案1095件，原郊区民政局文书档案9卷，原郊区卫生局文书档案11卷，社会事业局1994年至2002年文书档案121卷，社会事业局2003年至2020年文书档案15471件，原高新区卫计局2016至2018年文书档案6300件。年内，苏州高新区（虎丘区）档案馆获评江苏省示范档案馆。

【地方志编撰】 2022年，高新区地方志工作创新档案、志鉴编研成果。打磨《苏州高新区（虎丘区）年鉴2022》品牌，统筹协调2022版年鉴组稿、撰稿、校审、出版事宜，配合完成《江苏年鉴》《苏州年鉴》等供稿任务。指导部门志、乡镇志等专志专史编撰出版，组织做好《阳山志》《浒墅关志》等旧志点校工作，指导协助《苏州市虎丘区人大志》《苏州市虎丘区政协志》等部门志编纂出版，配合完成《苏州对口帮扶铜仁志》《江苏新方志提要》供稿任务。年内，《狮山街道志》完成终审稿约80万字，《枫桥街道志》同步启动。

【党史工作】 2022年，高新区党史工作深入学习贯彻党的二十大会议精神，组织开展全体党员干部为期3天专题培训，组织“喜迎二十大”征文比赛。结合“喜迎二十大、档案颂辉煌”等档案、方志主题宣传活动，做好党史宣教工作。挖掘区内红色资源，申报党史教育基地。深化党史编研成果，配合市党史工办红色资源保护立法调研，梳理排摸汇总高新区红色资源情况，形成高新区红色资源调研报告。加强档案局（馆）与退役军人事务局、人武部等部门联动，留存征集复制一批革命英雄事迹史料。年内，何山烈士陵园获评苏州市首批党史教育基地，《苏州高新区（虎丘区）革命老区发展史》获评2019—2022年度全市档案文化精品评选二等奖。

【城建档案管理】 2022年，高新区城建档案工作完成城建档案接收进馆，开展城建档案利用服务，做好档案数字化工作。截至2022年年底，完成验收项目120个，7210卷，建筑面积3725774.1平方米；完成接收项目136个，7890卷，建筑面积3212428.26平方米；收集光盘219张，声像档案征集照片3439张，征集视频时长5.75小时。完成内部编研资料《苏州高新区（虎丘区）档案馆2022年档案利用典型事例汇编》《苏州高新区（虎丘区）档案馆建设声像档案图例精选2022》，配合市馆完成数据异地备份移交和《城建大事记——苏州高新区（虎丘区）1999—2021》《镜头看变化·献礼二十大》《“档案颂辉煌·献礼二十大”城建档案编研成果征集展示》等。（党政办公室　张肖千）

2022年，苏州高新区（虎丘区）档案馆获评江苏省示范档案馆（档案馆　供图）

苏州市虎丘区人民代表大会

综　述

【概况】 2022年，苏州市虎丘区人民代表大会常务委员会（简称“区人大常委会”）发挥人民代表大会民主主渠道作用，创新开发区人大工作体制机制，探索功能片区人大工作新路径，在践行全过程人民民主中取得新成效。全年举行常委会会议10次，召开主任会议6次，听取和审议“一府一委两院”工作报告28项，做出决议决定和审议意见24项，依法任免国家机关工作人员75人次，开展执法检查5次，组织视察调研23次，撰写各类调研报告18篇，为做好人大工作奠定良好基础。

【重大事项讨论决定】 2022年，区人大常委会依法行使监督权、人事任免权、对重大事项决定权，审议“一府一委两院”工作报告，推动“一府一委两院”依法行政、公正司法。做出关于批准虎丘区2021年本级财政决算的决议、关于批准调整2022年度区本级财政预算的决定、关于补选苏州市虎丘区第十二届人大代表的决定、关于批准《苏州市虎丘区第十二届人民代表大会常务委员会代表资格审查委员会关于补选代表资格审查和代表变动情况的报告》的决议、关于召开苏州市虎丘区第十二届人民代表大会第二次会议的决定。

【人事任免】 2022年，区人大常委会坚持党管干部原则和人大依法任免相统一，依法行使人事任免权。执行任前法律考试制度，规范拟任职人员发言、无记名投票、颁发任命书、向宪法宣誓等程序，增强被任命干部法治意识、公仆意识及责任意识。全年任免国家机关工作人员75人次。

【特色创新工作】 2022年，区人大常委会立足区域全面深化三大功能片区建设实践，围绕镇（街道）人大（工委）如何对功能片区内政府工作实施更高效监督课题，以一切让人民知情、一切让人民参与、一切让人民监督为目标，建立政情通报会、“三步走”建议督办、任后监督三项机制。创新功能片区内监督工作及代表工作新做法，探索代表活动“轮值制”，加强功能片区代表“家站点”建设，强化代表监督网格化、专业化、互动化；建立“3+N”工作机制，探索功能片区人大工作新路径，获全国人大常委会副委员长批示肯定。建立人大代表政情通报会机制，拓宽代表知情议政渠道。围绕经济发展、安全生产、营商环境等热点问题，选取民营企业发展情况等4项全区性工作、南京大学苏州校区和狮山广场建设等8项专题性工作，向全体人大代表开展政情通报，激发新一届代表履职热情和履职责任感，实现代表知情议政零距离。建立“三步走”建议督办机制，彰显全过程人民民主风采。建立任后监督机制，放大民意传递效果。开展被任命国家行政机关工作人员任后监督工作，听取区城管局、科创局、商务局3名局长完成年度工作任务、贯彻执行人大决议决定、办理代表建议、落实民生实事项目等情况履职报告，做出评议意见。将调研中代表和群众反映集中1—2条具体意见建议，以“民意传递单”形式提出，畅通民情民意传递渠道，回应群众期盼，促进政府工作。

（人大常委会办公室　金简兮）

重要会议

【虎丘区第十二届人民代表大会第一次会议】　于2022年1月6—8日举行。会议应到代表262名，其中第一次、第二次全体会议实到代表255名，第三次全体会议实到代表257名。大会安排包括不是区代表的虎丘区政府组成人员，不是区代表的区有关部门负责人，不是区代表的区人大常委会机关副科级以上干部，不是区代表的区国有公司主要负责人列席会议。特邀不是区代表的二级巡视员、副厅级干部，管委会副主任列席会议。大会邀请中国人民政治协商会议苏州市虎丘区第九届委员会全体委员、部分离退休老干部、部分进驻区内条线单位、有关进区机构负责人及部分高校、企事业单位负责人列席开幕式，还邀请12名公民旁听区政府工作报告。会议听取和审议虎丘区人民政府工作报告、虎丘区人大常委会工作报告、虎丘区人民法院工作报告、虎丘区人民检察院工作报告，审议虎丘区2021年国民经济和社会发展计划执行情况与2022年国民经济和社会发展计划草案的报告、虎丘区2021年民生实事项目完成情况和2022年民生实事项目候选项目草案形成情况的报告、虎丘区2021年财政预算执行情况及2022年本级财政总预算草案的报告，并通过以上各项报告的决议。会议选举高晓东为区十二届人大常委会主任，选举邢文龙、陶冠红、金玉平、潘宜顺为区十二届人大常委会副主任，选举马雪刚、王永忠、王奇学、边晓然、吕飞、朱勇、孙逸馨、杨洪波、何若鸥、闵大勇、宋丽雅、张建群、张洪良、陈凌云、金海兴、周建华、庞家豪、孟晓瑜、荣继发、姚兰、顾君、徐兴华、陶雪芳、曹伦华、章晨、屠澄、董薇、董立户、蒋建清、濮晴春为区十二届人大常委会委员，选举宋长宝为区人民政府区长，张瑛、虞美华、吴旭翔、赵红、吴剑、何宁、沈琰为区人民政府副区长，选举施华为区监察委员会主任，选举韦炜为区人民法院院长，朱文瑞为区人民检察院检察长。会议期间，收到代表提出建议、批评、意见110件。其中，经济发展方面12件，科技创新方面5件，城乡建设方面23件，生态文化方面12件，社会治理方面29件，民生改善方面29件。

2022年1月6日，苏州市虎丘区第十二届人民代表大会第一次会议举行（丁达祥　摄）

【区十二届人大常委会会议】　2022年，虎丘区第十二届人大常委会召开10次会议（区十二届人大常委会第一次至第十次会议）。

虎丘区第十二届人大常委会第一次会议　于2022年1月8日举行。会议审议通过区十二届人大常委会各工作委员会组成人员名单、区十二届人大常委会代表资格审查委员会名单，进行有关人事任命。

虎丘区第十二届人大常委会第二次会议　于2022年3月14日举行。会议听取和审议区政府、管委会关于2021年度环境状况和环境保护目标完成情况、区人大有关工作委员会关于规范性文件备案审查工作情况报告，审议通过《区人大常委会2022年工作要点》，审议通过有关人事任免事项。

虎丘区第十二届人大常委会第三次会议　于2022年5月31日举行。会议听取和审议区政府、管委会关于2021年度自然资源国有资产情况、区监察委员会关于开展廉政教育工作情况报告。会议组织全体区人大常委会组成人员，各镇、街道人大负责人，及部分区人大代表专题学习省委人大工作会议及《中共江苏省委关于新时代坚持和完善人民代表大会制度　加强和改进人大工作的实施意见》精神。

虎丘区第十二届人大常委会第四次会议　于2022年6月28日举行。会议听取和审议区政府、管委会关于2021年本级预算执行和决算草案情况审计工作报告，审查和批准区政府、管委会关于2021年本级财政决算报告。会议听取和审议区政府、管委会关于执行《中华人民共和国环境保护法》情况报告，听取区人大常委会执法检查报告，审议通过有关人事任免事项。

虎丘区第十二届人大常委会第五次会议　于2022年7月29日举行。会议听取和审议区政府、管委会关于2022年上半年国民经济和社会发展计划执行情况、2022年上半年本级财政预算执行情况、区十二届人大一次会议代表建议、批评和意见办理情况、区人民检察院关于检察公益诉讼工作情况报告，审议通过《区人大常委会关于对被任命的国家行政机关工作人员开展任后监督工作办法（试行）》，审议通过有关人事任免事项。

虎丘区第十二届人大常委会第六次会议　于2022年10月26日举行。会议审查批准区政府、管委会关于2022年度本级财政预算调整报告，听取和审议区人民法院关于优化法治营商环境工作情况报告，审议通过《苏州市虎丘区人民代表大会常务委员会议事规则（修订草案）》《苏州市虎丘区人民代表大会代表建议、批评和意见的处理办法（草案）》，审议通过有关人事任免事项。

虎丘区第十二届人大常委会第七次会议　于2022年11月22日举行。会议听取和审议区政府、管委会关于2022年区民生实事、重点项目完成情况、关于加强公共卫生体系建设有效提升疾病防控能力工作情况、关于农村土地有偿退出利用和管理工作情况报告，听取和审议被评议法官检察官履职情况报告并进行履职测评，审议通过有关人事任免事项和《关于补选苏州市虎丘区十二届人大代表的决定（草案）》。

虎丘区第十二届人大常委会第八次会议　于2022年12月20日举行。会议听取和审议区政府、管委会关于2023年本级财政预算（草案）、2023年民生实事项目候选项目草案形成情况报告，审议通过《区十二届人大常委会代表资格审查委员会关于补选代表资格审查和代表变动情况的报告》的决议（草案）、《关于补选虎丘区十二届人大代表的决定（草案）》，审查批准区政府、管委会关于2022年度本级财政预算调整报告，审议通过有关人事任免事项。

虎丘区第十二届人大常委会第九次会议　于2022年12月27日举行。会议审议通过《关于召开区十二届人大二次会议的决定（草案）》《区十二届人大二次会议建议议程（草案）和建议日程（草案）》《区十二届人大二次会议各项建议名单（草案）》、区十二届人大常委会工作报告（草案），听取区十二届人大二次会议筹备工作情况报告，审议通过有关人事任免事项。

虎丘区第十二届人大常委会第十次会议　于2022年12月29日举行。会议审议通过《苏州市虎丘区十二届人大常委会代表资格审查委员会关于补选代表资格审查和代表变动情况的报告》的决议（草案）。

【区十二届人大常委会主任会议】　2022年，虎丘区第十二届人大常委会召开6次听取“一府两院”专题报告主任会议（虎丘区十二届人大常委会第一次主任会议至第六次会议）。

虎丘区第十二届人大常委会第一次主任会议　于2022年5月19日召开。会议听取区人大常委会各工作机构关于年度调研课题进展情况汇报。

虎丘区第十二届人大常委会第二次主任会议　于2022年6月21日召开。会议听取区政府、管委会关于安全生产工作情况和关于全区科技创新工作情况汇报。

虎丘区第十二届人大常委会第三次主任会议　于2022年7月15日召开。会议听取区政府、管委会关于2022年度区民生实事项目、重点项目进展情况和关于政府债务情况汇报。

虎丘区第十二届人大常委会第四次主任会议　于2022年8月26日召开。会议听取区政府、管委会关于开展中小学课后服务工作情况汇报。

虎丘区第十二届人大常委会第五次主任会议　于2022年9月28日召开。会议听取区政府、管委会关于产业项目全生命周期跟踪监管工作情况汇报。

虎丘区第十二届人大常委会第六次主任会议　于2022年10月21日召开。会议听取区政府、管委会关于高新区全域网格化联动治理工作情况汇报和关于全区产业、科技招商引资工作情况汇报。

（人大常委会办公室　金简兮）

人大监督

【经济发展监督】　2022年，区人大常委会以服务中心大局、助推高质量发展为出发点，依法履行监督职能，开展调查研究，做好中心工作，为全区经济社会高质量发展做出应有贡献。听取和审议国民经济计划执行、财政预算等各项报告，围绕国民经济和社会发展，强化责任落实，加大对重点支出预算执行和政策实施情况监督力度。聚焦全区招商引资工作，听取和审议全区招商引资情况报告，围绕科技招商、产业招商，从加强组织领导、加强工作措施保障、优化营商环境等方面对招商引资工作提出具体意见建议。听取和审议全区科技创新工作情况汇报，着力营造良好创新创业环境。落实区领导挂钩联系重点企业、重点单位和重点项目工作安排，跟踪服务20家企业、15家单位及10个重点项目，协调解决企业发展和项目推进过程中存在困难。开展区属国有企业调研，鼓励国有企业继续在民生改善中担当作为。

【民生事业监督】　2022年，区人大常委会发挥人大代表专业优势和密切联系群众桥梁纽带作用，成立6个对口工委牵头监督小组，全程监督人民代表大会票决产生16项年度区民生实事项目实施情况。监督小组强化问题导向，通过实地视察、专题调研等方式，确保项目实施符合民意。听取全区安全生产工作情况汇报，强化主体责任，加大对重点领域排查力度、处罚力度，提高安全生产违法成本。听取全区科技创新工作情况汇报，优化创新创业环境，加大科技项目和院所平台招引，完善人才引育机制，推进重大创新平台建设。听取全区开展中小学课后服务工作情况汇报，创新课后服务体系，重构课后服务课程，深化课后服务评价，提升课后服务水平。听取全区产业项目全生命周期跟踪监管工作情况汇报，做好产业事前服务管理，强化土地出让事中事后监管，延伸产业项目用地事后监管。听取全区公共卫生体系建设工作情况汇报，结合监督情况，从健全协同机制、加强队伍建设、强化要素保障等方面，加大对公共卫生体系建设监督力度。

【生态环境监督】　2022年，区人大常委会听取和审议区政府、管委会关于2021年度环境状况和环境保护目标完成情况，指出在大气污染治理、治水控源截污、垃圾分类、噪声污染等方面具有突出问题，建议利用城市更新契机，加大产业布局调整，培育绿色产业，加快调整能源结构，发展环保科技，加大环境执法力度，实行入河排口“一口一策”制，提升排水管网设施修复，提升养护管理水平。组织开展《江苏省河道管理条例》《中华人民共和国环境保护法》贯彻实施情况现场督查，实地查看佳世达精密工业有限公司治理项目、新区污水处理厂迁建和综合改造工程项目，督促强化标本兼治，加强大气、水、土壤污染防治和农村环境整治，打好污染防治攻坚战。围绕乡村产业现状、产业提升、产业融合等主题，调研智慧农业工作、乡村产业振兴发展工作、农村土地有偿退出后利用和管理情况，打造一批农业产业特色、乡村文化内涵、完备旅游功能为一体乡村旅游示范工程，展现农文旅产业发展风貌。

【执法情况检查】 2022年，区人大常委会围绕群众关心热点问题，开展相关法律法规贯彻实施情况执法检查5次。开展贯彻落实《苏州市供水条例》情况专项执法检查，实地检查水岸年华小区二次供水情况及上山水源地，了解供水用水和水源保护工作，推动供水设施改造管理维护，做好供水保障工作，夯实水源地保护。开展贯彻落实《中华人民共和国环境保护法》情况专项执法检查，实地察看金墅港水源地水质生态修复工程，其中包括生态环境构建工程、水生植物种植工程和配套管护工程，督查佳世达精密工业有限公司表面涂装工艺挥发性有机物治理。检查发现部分部门缺乏法律宣传意识，企业实施原料源头替代和治理提升改造与节能改造有脱节。督促相关部门整改加强生态环境保护，改善环境质量，推动法律法规贯彻实施。开展贯彻落实《苏州市生活垃圾分类管理条例》情况专项执法检查，依法监管和社区自治相结合，发挥小区物业在生活垃圾分类中积极作用，带动更多居民养成自觉分类习惯。开展贯彻落实《江苏省河道管理条例》情况专项执法检查，实地察看狮山街道、通安镇等数条清淤河道，督查主管部门完成河道清淤工作，落实河道环境提升工作，实现河清水美工作要求。全面开展安全大排查大整治，加强与政府职能部门联系，督促将安全防范措施落到实处，为实现事故起数、死亡人数双下降目标提供保障。（人大常委会办公室　全简兮）

代表工作

【代表履职平台建设】 2022年，区人大常委会推进代表“家站点”迭代升级。以提高代表综合素质、增强代表履职能力、发挥代表作用为目标，按照“重规范、有特色、求实效”总体要求，开展代表之家、代表联络站、代表联系点等代表履职平台迭代升级，实现全区各镇（街道）至少建立1家综合性人大代表之家，不断推动建成数量不限代表联络站、代表联系点。推进特色化代表“家站点”进村、进社区、进企业、进集宿楼、进大院大所，因地制宜、凸显特色，发挥代表“家站点”作用。围绕优化代表服务保障、深化数智应用、规范代表进站履职、拓展载体功能等方面创新创优，鼓励培育基层人大特色品牌，打造“狮声汇聚　塘虞之治”、木桥公寓“满天星”联系站、“两代表一委员”进社区、“驻村督导员”进网格、清华·樊登“人大代表智融学习吧”、“绣美镇湖”等基层人大工作品牌。

枫桥街道木桥公寓“满天星”人大代表联络站（人大常委会办公室　供图）

【代表履职保障服务】 2022年，区人大常委会强化代表履职服务保障，紧扣代表履职需要，举办区人大代表初任培训、代表履职培训，通过开展多层次、精准化全员培训，提升代表履职能力，扩大代表对常委会、专委会工作参与渠道，组织代表开展会前集中视察，邀请代表列席常委会会议、主任会议，听取意见建议，做到倾听民声、了解民意、汇聚民智，激发代表履职动力。坚持“主任接待日”和代表接待选民制度，深化闭会期间代表活动，推动相关问题解决，以办理成效取信于民。建立政情通报会机制，拓宽代表知情议政渠道，围绕4项全区性工作和8项专题性工作，向全体人大代表开展政情通报，激发新一届代表履职热情和履职责任感，实现代表知情议政零距离。

2022年9月23日，东渚街道人大工委举办代表履职培训活动（人大常委会办公室 供图）

【代表议案建议办理】 2022年，区人大常委会收到第十二届人大一次会议代表建议112件（包括闭会期间建议2件），交由区人民政府及有关部门和单位办理。其中，由区政府及其部门主办108件，由区党群系统及其他组织主办4件，涉及24家主办单位、33家协办单位。规定期限内承办部门书面答复率100%；代表对承办单位办理工作表示满意有112件，满意率100%；代表建议中所提问题“已办成或已采纳”106件，当期办成或采纳率94.6%；“暂无条件办”6件。创新“三步走”（听办理计划、督办理过程、查办理实效）建议督办机制，探索办理工作中先沟通、重调研、共会商、后答复做法，邀请代表全面参与办理全过程，做到办前沟通了解诉求、明确重点，办中沟通理清思路、找准方向，办后沟通说明情况、回应反馈。（人大常委会办公室 金简兮）

表5 虎丘区第十二届人大一次会议建议（2022）

序号	建议名称	建议人
1	关于通安镇兴贤路修缮的意见建议	吴雪春
2	关于通安镇达善花园增设公交站点的意见与建议	刘婷婷
3	关于加快规划、设计、建造地铁线的建议	范骏骅
4	关于苏锡路通安段道路升级改造的建议	王华新
5	关于促进医疗机构优质服务、规范护工服务收费与管理的几点建议	吴雪良
6	关于规范通安镇秦岭路及周边道路教练车行驶的建议	蒋佳伟
7	关于优化保障民营中小企业发展环境的几点建议	吴炆皜
8	关于推进区域文旅跨界融合发展的建议	苏　桦
9	关于动迁安置小区安装充电桩的建议	於传俊
10	关于适当提高退役军人医疗救助待遇的建议	俞春方
11	关于拓展我区农村集体土地用房治理途径的相关建议	俞春方
12	关于加强未成年人安全保护的建议	张黎星
13	关于加大对苏绣产业保护发展力度的建议	张黎星
14	关于垃圾分类投放定时定点问题的建议	周　威
15	关于设置环卫工人休息场所的建议	周　威
16	关于扩大污水管网覆盖和提升污水处理能力的建议	汤　俊
17	关于创新机制，尽快建立我区医疗应急救治基金的建议	林　梅
18	关于加快完善新能源汽车充电桩建设工作的建议	金蓓艺　史　婧
19	关于增加社区活动的建议	程林岐　李秋影　杨永忠
20	关于建立完善住宅小区治理联动管理机制的建议	曹　静
21	关于解决共享电动车跨区收费事宜的建议	王　伟

续表

序号	建议名称	建议人
22	关于消防车通道违法停放车辆联动处置的建议	武英战
23	关于标准化建设社区“儿童之家”的建议	杨雪华　施燕璟
24	关于解决学校课后延时服务放学高峰期间道路交通拥堵的建议	朱喜平
25	关于缓解高新区东部到科技城交通压力的建议	李　莉　宋拥军
26	关于政府为媒介推动光伏新能源的使用，打破用电困局的建议	王丰彦
27	关于新增往返于龙池景区和灵岩山间公交线路的建议	吴兢晴
28	关于深入推进驻地军人子女教育优待工作的建议	万成才
29	关于加强学龄前儿童保育服务的建议	李秋影
30	关于加强企业周边违章停车管控的建议	杜　慧　冯伟华
31	关于加强对居民乱扔垃圾行为的执法整治和适当增加清洁屋开放时段的建议	周志强　陈　洁
32	对社会居民生活/教育培训消费型预充值卡设立监管账户和机制的建议	韩飞忠
33	关于运用保险工具降低电梯运维成本、提高电梯运行安全的建议	高　峰
34	关于改善中小型企业员工停车困难问题的建议	金　君
35	关于“苏高新党建”服务器效率提升，提高区域党建信息化的建议	茅文波
36	关于“原长风机电地块新建小学建筑设计增加接送学生场地”的建议	石俊杰
37	关于在“高质量发展考核指标”中加入“亩均固定资产投入值”的建议	石俊杰
38	关于对高新区老旧小区提档升级改造的建议	孙晓敏
39	关于改善苏州国际教育园北区地铁站“最后一公里”出行的建议	周　燕
40	关于“聚合区内企业优秀平台及应用，加快推进数字化转型”的建议	钟珂烨
41	关于推进高新区中小学通学定制巴士的建议	丁国蓉
42	关于加强高端会计人才培养的建议	段　姝
43	关于严格执行交通法规的建议	李伟萍
44	关于将苏州高新区北俞街统一由属地政府管理的建议	陆建清
45	关于在苏州高新区北俞街开展机动车停车位收费的建议	陆建清
46	关于当地政府进一步优化营商环境的建议	翁　浩
47	关于逐步实现学前教育优质资源均衡化的建议	杨晓英
48	关于大力培养康养专业人才的建议	朱国文
49	关于苏州学府实验小学校校门口增设非机动车停车区域的建议	单国红
50	关于增加公交班车解决企业上下班出行方便的建议	范建根
51	关于政校企共建产业人才学院解决企业用工难的建议	顾正明
52	关于调整国际教育园北区305公交车线路的建议	李　华
53	关于高龄及失能老人医养结合的多层次养老方案建议	李梅芳
54	关于优化横塘辖区居民就诊公交方案的建议	李梅芳
55	关于加快推进高新区城市更新的建议	骆　敏
56	关于优化地铁三号线石湖北站周围非机动车停放问题的建议	吴丽荣
57	关于用好辖区军队离休干部资源、打造军地共建共享党建和国防教育红色基地的建议	张慧军
58	关于科学合理设置区内中小学教室灯光建议	章　晨

续表

序号	建议名称	建议人
59	关于加快推进狮山商务创新区内小学新校建设的建议	赵政贤
60	关于增设迎宾路与昌普路十字路口红绿灯的建议	周丽萍
61	关于定销商品房质保维修的建议	朱明亮
62	关于电瓶车停放充电的建议	朱兴华
63	关于加快城市更新的建议	何利民
64	关于加快推进虎丘区各类机构开展0—3岁幼儿托育服务的建议	江伟达
65	关于优化竹园路两侧绿化景观，打造景观示范道路的建议	江伟达
66	关于进一步加强精细化管理，规范大型商圈、地铁出入口周边等区域的非机动车停车的建议	吕　飞
67	关于进一步完善中心城区路边早餐供应管理的建议	荣继发
68	关于推动苏州高新区法律服务行业高质量发展的建议	谈海圣
69	关于开展优秀的传统文化昆曲体验进美育课堂的建议	王　臻
70	关于完善公交线路的建议	吴莉萍
71	关于提高竹园路学校路段（新区一中、新区实小）路灯照明亮度的建议	徐　青
72	关于加快公交站台电子显示屏建设的建议	徐汝华
73	关于加强教育和科研水平的建议	余苗荣
74	关于推进数字化农贸市场建设的建议	张洪良
75	关于进一步完善垃圾分类清洁屋管理的建议	张璟瑜
76	关于在玉山路、三慧街交叉口设置红绿灯的建议	朱晓琴
77	关于房屋出租人切实履行出租房安全责任的建议	曹　彦
78	关于拆除苏州大学附属第二医院（浒关院区）周边危楼的建议	谷春伟
79	关于地铁3号线延伸的建议	谷春伟
80	关于“如何快速响应国家政策碳中和”的建议	陈晓敏
81	关于“推进企业社会责任建设工作”的建议	陈晓敏
82	关于“如何缓解教育资源分配不均等引起的教育机会起点差异”的建议	陈晓敏
83	关于“垃圾分类落地”的建议	陈晓敏
84	关于“将苏州高架上同向黄实线换成反光白线”的建议	陈晓敏
85	关于缓解高新区朝霞街上学放学时段交通拥堵的建议	姚叶红
86	关于支持区域内原料药产业高质量发展的建议	许学农
87	关于原料药企业和产品通过国际认证后予以奖励的建议	许学农
88	关于保税区建设高架或隧道的建议	周燕燕
89	关于加大对农村基础设施投入的建议	张春雷
90	关于通浒路工程建设的建议	张春雷
91	关于把敬恩实小以西、新浒幼儿园以北（含西面）空地建成有人管理的停车场的建议	周　荔
92	关于把敬恩实小一期、二期之间的区间通道纳入学校内部用地的建议	周　荔
93	关于农村住房规划建设的建议	朱春华
94	关于提高对电动车违法行为管理的建议	韩　静
95	关于健全完善科技城（东渚街道）东部社区居家养老服务的建议	汤志炜

续表

序号	建议名称	建议人
96	关于加强对高层建筑电梯的规范管理的建议	汤志炜
97	关于增加免费公园数量 提升配套服务质量的建议	陈　静
98	关于违法停车整治的建议	陈庭珊
99	关于进一步推进我区安全应急产业发展的建议	徐　强
100	关于聚焦浒墅关经开区（浒墅关镇）配套设施建设整合建设先进制造功能区的建议	刘　涛
101	关于推进《中国家庭教育促进法》知晓率的建议	徐　瑛
102	关于尽快解决老旧小区停车难和电梯故障等问题的建议	张凤亭
103	关于进一步打造区域引才名片　形成强劲合力的建议	张　欣
104	关于《加强对装修建筑垃圾监管及堆放》的建议	钱国清
105	关于发挥多元社会力量，促进职业教育新突破的建议	王惠芳
106	关于全方位保障就业工作体系建设的建议	张晓伟
107	关于加强区域知识产权高层次人才选拔和分类培养的建议	张　欣
108	关于加快运河文化带（高新区段）建设的建议	裘红英
109	关于长江花园小区房屋（部分）外墙修缮的建议	裘红英
110	关于增设公交站点，方便百姓出行的建议	潘　丽
111	关于建立健全既有建筑房屋管理体制机制，保护居民群众生命财产安全的建议	俞春明
112	关于加大对新建中小学校增加校园文化建设投入的建议	朱伟英

高新区管委会（虎丘区政府）

综　述

【概况】　2022年，高新区管委会（虎丘区政府）（简称“区政府”）按照“疫情要防住、经济要稳住、发展要安全”重大要求，团结依靠全区人民，围绕打造全市产业科创主阵地目标，埋头苦干、奋勇前进，推动现代化建设迈出坚实步伐。坚持疫情防控和经济社会发展同谋划、同部署、同推进，最大限度保护人民群众生命安全和经济社会正常运转。设职能机构有区经济发展委员会、区教育局、区科技创新局、区社会事业局、区财政局、区人社局、区住房和建设局、区城管局、区城乡发展局、区商务局、区文化体育和旅游局、区退役军人事务局、区应急管理局、区审计局、区行政审批局、区市场监督管理局、区国资办、区统计局。全年实现地区生产总值1766.17亿元，比上年增长3%；一般公共预算收入182.06亿元，比上年增长0.2%，其中税收收入155.63亿元，税比85.5%；规模以上工业总产值3602.47亿元，比上年增长3.7%；全社会固定资产投资579.59亿元，比上年增长5.1%，其中工业投资96.94亿元，比上年增长6.5%；进出口额427.41亿美元，比上年下降2.2%，其中出口额284.5亿美元，比上年增长1.9%；实际使用外资及港澳台资当年新增（部口径）8.05亿美元；社会消费品零售总额630.94亿元，比上年增长0.3%。　（编办　陆静

经济发展委员会　陆晓东）

【政府信息公开】　2022年，区政府落实《苏州高新区（虎丘区）全面推进基层政务公开标准化规范化工作实施方案》，对全区46个政务新媒体进行每周检测，确保常规更新、菜单功能、栏目更新、互动回应、行文规范、商业行为、运营状态等方面依法依规。区政府本级全年收到政府信息公开申请48件，未发生纠错或诉讼案件。持续推进网站普查工作，省市政府网站测评通过率100%。　（党政办公室　潘忠云）

【建议提案办理】　2022年，区政府坚持区领导重点督办制度，14件重点建议提案由区党政领导亲自督办。区主要领导召开督办会议，推进建议提案办理工作高品质落地见效。市、区两级交办342件建议提案全部办理完成，满意率100%、答复率100%。年内，建议提案综合性特点更加突出，超过半数涉及多个部门。主办、协办单位各司其职、分工合作，确保件件有人抓、有人管。克服疫情影响，在市、区两会结束后，对建议提案进行预交办，对承办单位全流程做好服务指导，确保事前共同商议、事中跟踪督办、事后及时评估。

（党政办公室　沙莎）

【信件办理】　2022年，区政府收到各类来信3279件，其中苏州阳光“数字信访”1317件、市公众监督886件、市长信箱389件、市委书记信268件、区领导交办信39件、区长信箱82件、其他信件298件。

（政法委　李启新）

【政务督查】　2022年，区政府印发《2022年苏州高新区区级督查检查考核计划》，把党工委、管委会年度工作任务分解方案作为贯穿全年督查工作主线，

不断提升督查成效。上线运行电子督查办理平台，单独设立重点项目进度模块，每月定期报、有重要进展随时报，为党工委、管委会领导掌握实时动态进度。全年编发《领导批示及办理情况》12期、《督查通报》《督查专报》21期，办理领导批示交办事项397件，协调处理国务院“互联网+督查”工单、人民来信及各类交办事项537件，交办率100%、答复率100%。

（党政办公室　沙莎）

【政务信息】　2022年，区政府坚持文稿质量为核心竞争力，优化选题机制，建立党政信息骨干团队“飞虎队”和挂职交流制度，提高信息深度挖掘能力，及时向上级反映高新区经济社会发展特色做法和社情民意。全年编发《高新信息》106期，被省委、市委、市政府录用1274条信息，录用量比上年增长40%。其中，《苏绣传承发展面临三方面困难》《警惕未过审影视剧变身“有声书”“广播剧”死灰复燃》被中共中央办公厅采用。

（党政办公室　孙晶晶）

【营商环境建设】　2022年，区政府贯彻上级优化营商环境工作各项部署要求，落实省市优化营商环境条例和优化营商环境创新行动。深化营商环境创新试点改革，着力打造市场化、法治化、国际化营商环境，推动营商环境整体水平系统性提升。制定出台高新区（虎丘区）优化营商环境创新行动，围绕打造公平竞争市场环境、高效便利政务环境、开放包容人文环境、公正透明法治环境，明确50项具体行动内容。完善工作推进和监督评价机制，成立全区优化营商环境工作领导小组，聘任50名营商环境监督员和20家营商环境智库，将优化营商环境工作纳入全区高质量发展综合考核体系。围绕苏州市打造最优营商环境、最佳比较优势营商环境服务品牌，加强营商环境工作宣传推介，帮办代办工作列入全省营商环境基层联系点项目。年内，“首贷直通车”、项目审批“三零”服务等案例入选苏州市“百企话营商”案例汇编。

（经济发展委员会　陆晓东）

【政府自身建设】　2022年，区政府落实中央八项规定精神，整治形式主义、官僚主义，严肃查处群众身边不正之风，深入实施挂钩帮扶联系点制度，广泛开展调查研究，切实为基层纾困减负。坚持依法行政，加快建立权责统一、权威高效依法行政体制，自觉在法治轨道上推动各项工作。加强审计监督，推动政府性债务化解、权力规范运行、工程规范建设等工作。年内，区级财政预算执行和其他财政资金收支情况审计项目获评江苏省优秀审计项目。　（年鉴编辑部）

【政府民生实事项目】　2022年，区政府践行以人民为中心发展思想，克服疫情等因素影响，紧抓工作节奏，16个方面民生实事项目（教育文体方面、医疗养老方面、就业社保方面、生态环境方面、人居环境方面、农业农村方面、公共交通方面、便民服务方面等）均完成目标并发挥惠民实效。其中，城乡居民医疗保障、交通出行便利化、惠民促就业援企助用工、河道环境提升工程4个项目超额完成全年目标任务。

表6　高新区民生实事项目情况（2022）

序号	项目内容
	一、粮食安全应急保供
1	建设粮食应急配送中心3家、应急供应点25家、应急投放点29家，形成日均粮油配送800吨、日均粮油库存1000吨流通能力；举办粮食应急保供培训和演练，提高粮食应急保供单位在粮食紧缺状态下应对能力；开展节粮减损宣传，提高爱粮惜粮认识，强化厉行节约、反对浪费消费观念

续表

序号	项目内容
	二、食品安全保障服务
2	食品经营单位风险排查：对750家重点食品生产经营单位开展食品安全风险隐患排查，对100家实施先进管理体系的重点食品生产经营单位进行跟踪评价与指导服务；积极鼓励和引导不少于30家食品生产经营单位采取透明厨房、明厨亮灶等管理方式，提升食品安全社会共治水平
3	食堂用餐安全培训与指导服务：新增辅导50家企事业单位食堂等重点单位实施先进管理体系；组织全区生产经营单位开展宣传培训，全年培训对象不少于1000家次（10000人次），提升辖区集体用餐食品安全水平，切实降低食品安全事故发生概率
	三、早餐供应便民工程
4	推进早餐进社区、进园区、进工厂，为居民提供更丰富、更高质、更健康、更便捷早餐供应
	四、健康管理及康复服务
5	慢性病协同管理服务：全面构建整合型医疗卫生服务体系，为居民提供高质量基本医疗服务，开展慢性疾病筛查6万人次、慢病协同服务签约健康管理1万人次，提供家庭病床服务300张
6	康复辅助器具配置：建成2个康复辅助器具社区租赁服务点，为500名辅助器具租赁覆盖范围内残障对象和有需要60岁以上老年人提供辅具租赁、健康知识培训，保障有需要居民就近获得康复辅具服务
	五、城乡居民医疗保障
7	实施区居民医疗保险、大病补充保险、意外伤害及身故保险，提升医疗保障水平，实现全区参保率99.5%，让居民共享医保惠民政策红利，减少区内居民因病致贫、因病返贫现象
	六、体育健身资源优化
8	完善区内体育设施布局配置，优化提升新区公园、枠山公园2个体育公园，实现镇（街道）体育公园全覆盖，建成运河（浒墅关段、狮山段）步道标识系统，推动5所学校体育场地有序向社会开放，提升公共体育服务水平，完善“十分钟体育健身圈”建设
	七、人才公寓保供服务
9	建设“创业者乐园，创新者天堂”，筹措人才公寓6000余套，为在高新区创新创业人才提供优质安居环境
	八、人居环境综合提升
10	对竹园路进行综合改造，改造面积9.6万平方米，通过口袋公园、绿地整理、设施更新等方式激活存量绿地空间，优化绿地空间景观效果和功能需求；结合路灯、综合杆改造、道路交通优化等方式，盘活道路两侧及地铁站点周边停车资源，规范沿街非机动车停放秩序，优化人行道通行效率，为市民“P+R”出行提供便利
	九、交通出行便利化
11	停车便利化：新增停车泊位2000个，其中公共停车泊位300个、共享停车泊位200个，实现供需动态平衡，缓解停车难问题
12	区域公交路线优化：深入分析区域公交发展情况，调研区内产业及人口布局、道路基础设施布局，掌握区内公交客流特征和公交运力供给情况，新辟、优化、调整线路10条次
13	公共自行车站点新增与优化：围绕公交系统及新建项目周边进行站点补缺及调整，对住宅小区、企业等周边进行加密，新增15处站点，更新10处站点，更新公共自行车超2000辆，缓解市民行路难问题
14	智能交通畅行服务：完善信息采集体系，通过精准车道级流量监控，优化全区信号灯配时，提高路口通行能力，增设智能行人过街信号灯、高架上匝道信号灯、交通微诱导屏等设施13处，保障道路交通安全和畅通，提升驾驶人畅行体验
	十、青少年身心关爱工程
15	教室亮化工程：对区内6所学校400余间教室进行灯光改造，改善教室视觉环境、缓解学生用眼疲劳
16	学生心理健康服务：设立高新区学生心理健康服务站，建设标准沙盘游戏咨询室，发挥1个市级和2个区级心理健康教育名师工作室引领作用，推动心理教育资源均衡发展，为有心理困扰学生提供及时、专业心理辅导援助，为学生身心健康保驾护航
	十一、教育资源布局优化
17	新建科技城第五实验幼儿园、和祥幼儿园，扩建枫桥中心小学塔园路校区，年内竣工交付，新增学位2000余个，扩大优质教育资源供给

续表

序号	项目内容
	十二、养老服务品质提升
18	社区与居家养老：新建1个社区日间照料中心、完成老年人家庭适老化改造100户，提升养老服务品质，强化老年人所需医疗、预防、护理、心理等服务
19	老年智能手机培训：对区内有强烈学习愿望60岁以上老年人，结合常见生活场景开展以智能手机运用为主培训，计划开展90场培训，培训4500名老人，举办重阳节全区老年人智能手机运用大赛，帮助老年人了解新事物、共享新科技
	十三、电梯安全评估及增设
20	对公共场所、住宅小区250台老旧电梯进行安全评估，及时查找和发现安全隐患，采取修理、更换等整改措施，消除影响电梯安全运行风险隐患，保障人民群众乘梯安全；推进老旧小区增设电梯工作，落实财政补贴政策，改善居住条件、提高居住品质
	十四、城镇燃气“瓶改管”建设
21	开展居民通气改造，完成8个商业街区天然气管道配套建设，完成青灯村、九图村特色田园改造区域内农村天然气管道配套建设，提升管道天然气覆盖率
	十五、惠民促就业　援企助用工
22	惠民促就业：开展职业技能项目制培训1200人以上；落实区稳定就业补贴、特色产业就业补贴及一次性创业补贴等政策，落实“重点人群”就业帮扶；开发基层公共服务岗位帮扶“双困”高校毕业生就业；开展创业培训500人以上，推动新建大学生创业企业350家以上；新增1—2家市级创业孵化基地；举办60场公益性招聘专场；开展个性化、专业化就业创业指导服务
23	援企助用工：新建4家人力资源合作基地和16家技能人才培养输出基地；加大“就在苏州乐享高新”网络引才平台推广力度，制定不少于10条校园引才路线；鼓励联合举办定向班、苏高新班；开展人力资源提升品牌活动，搭建人力资源服务产品供需对接平台；落实区一次性用工扶持补贴等惠企政策，缓解企业用工难题
	十六、河道环境提升工程
24	进行枫津河、长亭河、大新河等15条河道清淤，保障防洪排涝、灌溉供水、水务通航等各项河道功能，提升城乡河道水环境面貌，改善区域生产条件和居住环境

【特色小镇建设】　2022年，区政府持续巩固特色小镇创建成效，生命健康小镇、浒墅关绿色技术小镇通过省级特色小镇创建年度考核。年内，苏绣小镇入选2022年全国非遗与旅游融合发展优选项目非遗旅游小镇，获评第二届省级特色小镇“双创”大赛创新成果改革奖，被江苏省发改委推荐作为优秀小镇在2022年国际城镇绿色发展大会上做经验分享。

（经济发展委员会　鞠丰刚）

重要会议

【区政府常务会议】　2022年，召开22次区政府常务会议。

1月19日，虎丘区政府区长宋长宝主持召开区政府2022年第1次常务会议（区深改办2022年第1次专题会议），会议审议《关于加强苏州高新区规划建设管理的指导意见（试行）》《苏州高新区规划设计方案审批管理实施细则（试行）》《苏州高新区政府投资非经营性工程项目集中建设管理办法（试行）》《苏州高新区城市维护一体化改革实施方案（试行）》。

3月18日，虎丘区政府区长宋长宝主持召开区政府2022年第3次常务会议（区深改办2022年第3次专题会议），会议审议通过《关于加快打造人才发展现代化强区 全面推动产业创新集群发展的意见》，审议通过《苏州高新区产业创新集群发展三年行动计划》《苏州高新区四大特色产业创新集群工作方案》，审议通过《苏州高新区关于推动文体旅商融合促进消费升级的若干意见》，听取关于苏州高新区第三次国土调查主要数据情况汇报，听取关于有效应对疫情鼓励区内餐饮业市场主体购买营业中断损失险政府给予一定补助汇报，审议通过《太湖科学城国际创新社区项目建设建议方案》。

3月28日，虎丘区政府区长宋长宝主持召开区政府2022年第4次常务会议（区深改办2022年第4次专题会议），会议审议通过《苏州高新区数字人民币试点深入推进行动方案》，审议通过关于支持做好国家级人才申报工作建议方案，研究部署当前疫情防控相关工作。

4月8日，虎丘区政府区长宋长宝主持召开区政府2022年第5次常务会议（区深改办2022年第5次专题会议），会议审议通过《中共苏州高新区工委管委会关于做好2022年乡村振兴重点工作加快率先基本实现农业农村现代化的实施意见》《关于完善调整区领导挂钩联系乡村振兴工作制度的通知》，审议通过《高新区河道水治理三年攻坚行动方案（2022—2024年）》，听取关于调整区预防和打击非法集资工作领导小组及建立区防范和处置非法集资工作协作机制情况汇报，审议通过苏州高新区国有企业股权投资基金工作机制。

5月13日，虎丘区政府区长宋长宝主持召开区政府2022年第7次常务会议（区深改办2022年第6次专题会议），会议审议通过《关于加强苏州高新区城市道路挖掘审批与监督管理工作的意见》《关于进一步加强统计基层基础工作的意见》《苏州高新区外商投资股权投资企业试点办法》，听取防止耕地“非粮化”稳定粮食生产工作情况汇报。

6月9日，虎丘区政府区长宋长宝主持召开区政府2022年第8次常务会议（区深改办2022年第7次专题会议），会议听取2022年区本级预算执行情况汇报，听取关于区级机关公务交通补贴实施数字人民币发放汇报，审议通过《苏州高新区（虎丘区）妇女发展规划（2021—2025年）》《苏州高新区（虎丘区）儿童发展规划（2021—2025年）》，审议通过《苏州高新区关于优化人才购房的若干意见》，审议通过《高新区排水设施一体化运营管理绩效考核实施办法》《关于加强苏州高新区排水设施建设管理工作的意见》，审议通过《苏州高新区“狮山产业紧缺人才计划”实施细则》《苏州高新区“狮山博士后登峰计划”实施办法》《苏州高新区博士后预备站管理办法（试行）》。

6月15日，虎丘区政府区长宋长宝主持召开区政府2022年第9次常务会议（区深改办2022年第8次专题会议），会议审议通过《苏州高新区政府投资非经营性工程项目集中建设资金管理办法》，听取关于进一步厉行节约强化财政支出管理工作汇报，审议通过《苏州高新区“十四五”生态环境保护规划》，审议通过《苏州高新区开展无证建筑补充办证工作方案》，听取关于鼓励重点企业保生产、稳发展两项措施情况汇报。

6月24日，虎丘区政府区长宋长宝主持召开区政府2022年第10次常务会议（区深改办2022年第9次专题会议），会议审议通过《关于进一步加强高新区城市规划建设管理工作的实施意见》《高新区资源规划建设管理委员会建议方案》《苏州高新区关于加快绿色低碳产业发展的若干意见（试行）》《苏州高新区加快培育和发展高新技术企业实施办法》和高新区与南京大学苏州校区共建协议，听取《苏州高新区关于进一步推进光伏发电开发利用的实施方案》起草情况和关于防疫物资保障相关情况汇报。

7月4日，虎丘区政府区长宋长宝主持召开区政府2022年第11次常务会议（区深改办2022年第10次专题会议），会议审议通过《苏州高新区既有建筑安全动态管理工作机制》《苏州高新区海绵城市专项规划（2020—2035年）》《苏州高新区“十四五”城镇燃气发展规划（2020—2025年）》《苏州高新区综合交通“十四五”发展规划》《苏州高新区关于全面推进数字高新区建设的实施方案》《苏州高新区关于进一步推进光伏发电开发利用的实施方案》《高新区清理规范城镇供电行业收费明确电力接入工程建设管理实施办法（试行）》《关于政府购买民办义务教育学校学位的实施方案》，听取关于苏高新创投、融联基金将所持合芯苏州股权置换至合芯科技议案汇报。

7月22日，虎丘区政府区长宋长宝主持召开区政府2022年第12次常务会议（区深改办2022年第11次专题会议），会议听取关于2022年上半年高新区消防安全形势分析、高新区社会保险基金专项整治工作汇报，审议通过《苏州高新区关于促进新时代人力资源服务产业高质量发展的实施意见》《苏州高新区深化应急管理综合行政执法改革实施方案》《关于加强区直属国有企业竞拍住宅用地监管的通知》。

8月11日，虎丘区政府区长宋长宝主持召开区政府2022年第13次常务会议（区深改办2022年第12次专题会议），会议审议通过《关于新时代推进全区国有经济布局优化和调整的工作意见》《关于全面加强国有企业监管的实施意见》，传达学习江苏省统计局《统计造假不收手不收敛问题专项纠治工作方案》精神，审议通过《苏州高新区“十四五”卫生健康发展规划》，部署当前工作。

8月17日，虎丘区政府区长宋长宝主持召开区政府2022年第14次常务会议（区深改办2022年第13次专题会议），会议审议通过《苏州高新区扎实推进长三角一体化发展2022年工作要点》《苏州高新区（虎丘区）优化营商环境创新行动2022》《苏州高新区建立健全生态产品价值实现机制试点工作方案》《苏州高新区关于加快建立健全绿色低碳循环发展经济体系的实施意见》《苏州高新区关于支持光子产业创新集群建设的若干政策（试行）》。

8月31日，虎丘区政府区长宋长宝主持召开区政府2022年第15次常务会议（区深改办2022年第14次专题会议），会议听取苏州高新区第八届体育运动会筹备工作情况汇报，审议通过《苏州高新区“十四五”乡村振兴规划》《关于“十四五”开展农村人居环境整治提升行动全面推进生态宜居美丽乡村建设的实施方案》《苏州高新区（虎丘区）水土保持规划实施情况考核工作联席会议制度》《苏州高新区（虎丘区）生产建设项目水土保持监督工作细则（试行）》《高新区跨行政区域河流交接断面水质考核办法（试行）》，听取关于进一步深化“散乱污”企业（作坊）专项整治工作情况汇报。

9月21日，虎丘区政府区长宋长宝主持召开区政府2022年第16次常务会议（区深改办2022年第15次专题会议），会议听取全区债券基金工作推进情况汇报，审议通过《关于建立重大民生政策统筹协调机制的工作意见》《苏州高新区全民健身实施计划（2021—2025年）》《苏州高新区关于进一步加强文物安全工作的实施意见》，听取关于贯彻落实《苏州市完善重要民生商品价格调控机制实施办法》和关于落实一次性留工培训补助情况汇报。

10月17日，高新区管委会主任、虎丘区政府区长宋长宝主持召开区政府2022年第17次常务会议（区深改办2022年第16次专题会议），会议审议通过《苏州高新区一刻钟便民生活圈建设实施方案》，听取关于进一步强化地方政府性债务管理相关工作汇报、审议通过政府性债务相关文件，审议通过《苏州高新区地质灾害防治“十四五”规划》《关于区居民医保相关政策及征缴方式调整方案》《中共苏州高新区工委（虎丘区委）审计委员会成员单位联络员制度（试行）》《中共苏州高新区工委（虎丘区委）审计委员会办公室会议制度》《中共苏州高新区工委（虎丘区委）审计委员会成员单位工作协调推进机制》《关于建立健全审计查出问题整改长效机制的实施意见》。

11月2日，高新区管委会主任、虎丘区政府区长宋长宝主持召开区政府2022年第18次常务会议（区深改办2022年第17次专题会议），会议审议通过《关于新形势下加强全区反恐怖工作的实施方案》《关于深入打好污染防治攻坚战的工作方案》，听取关于为教育专项编制教师缴纳年金建议方案汇报，听取全区儿童友好城市建设工作开展情况汇报，审议通过《苏州高新区建设儿童友好城市三年行动计划（2021—2023年）》《苏州高新区关于推进儿童友好城市建设的实施意见》，审议通过《苏州高新区推动新兴服务业高质量发展2025行动计划》。

11月11日，高新区管委会主任、虎丘区政府区长宋长宝主持召开区政府2022年第19次常务会议（区深改办2022年第18次专题会议），会议审议通过《关于进一步深化预算支出管理的实施意见》《苏州高新区“十四五”教育事业发展规划》，听取全区火灾隐患整治工作情况督查汇报，审议《苏州高新区促进楼宇经济高质量发展的若干措施（试行）》，审议通过《关于进一步深化全域网格化联动治理规范化建设的实施意见》《关于建立餐饮油烟污染执法协作配合工作机制的实施意见》，听取关于加快推进苏州高新区早餐工程建设汇报，审议通过《苏州高新区（虎丘区）本级政府投资建设项目审计监督管理办法（试行）》《苏州高新区院所平台管理团队保障激励办法（修订）》。

11月23日，高新区管委会主任、虎丘区政府区长宋长宝主持召开区政府2022年第20次常务会议（区深改办2022年第19次专题会议），会议审议通过《苏州高新区数字政府建设三年行动计划（2023—2025年）》《苏州高新区推进数字政府“一网通用”建设实施方案（2023—2025年）》《苏州高新区推进数字政府“一网通办”建设实施方案（2023—2025年）》《苏州高新区推进数字政府“一网统管”建设实施方案（2023—2025年）》《苏州高新区信息化项目建设管理办法（试行）》《苏州高新区国资国企高质量发展三年行动计划》《苏州高新区（虎丘区）共青团基层组织改革实施方案》《苏州高新区“十四五”美丽城镇建设实施意见》《推动高新区（虎丘区）与央企合作发展的工作方案》，听取关于启动第三届“双12苏州购物节·高新欢乐购”促消费活动汇报。

12月8日，高新区管委会主任、虎丘区政府区长宋长宝主持召开区政府2022年第21次常务会议（区深改办2022年第20次专题会议），会议审议通过《关于进一步完善我区国有建设用地使用权转让、出租、抵押二级市场管理的若干意见》《关于加快推动房屋建筑领域分布式光伏发电设施建设的管理办法（试行）》《苏州高新区森林防火“十四五”规划（2021—2025）》《关于规范选聘区级机关法律顾问的办法》，听取关于将枫桥工业园金枫路357号资产分割转让相关事宜汇报，审议《全区烟花爆竹禁放区域调整实施方案》。

12月15日，高新区管委会主任、虎丘区政府区长宋长宝主持召开区政府2022年第22次常务会议（区深改办2022年第21次专题会议）。会议听取2022年区本级预算调整方案和2023年区本级财政总预算汇报，审议通过《苏州高新区债务风险应对准备金方案》，听取关于2022年虎丘区政府民生实事项目完成情况和2023年虎丘区政府民生实事项目候选项目初排情况汇报，审议通过《关于强化机制推进产业创新集群和新兴服务业细分领域发展的实施方案》。

（党政办公室　朱晓华）

【全区经济运行分析会议】　2022年，召开7次全区经济运行分析会议。

2月25日，高新区召开全区一季度经济运行分析会。会议强调，要按照市委、市政府部署要求，全面落实“稳字当头、稳中求进、全面向好”十二字方针，进一步对标找差，比学赶超，保持“实”的干劲、鼓足“闯”的勇气、激发“拼”的劲头、发扬“争”的精神，迎难而上、勇毅担当、锐意进取，确保一季度工作开门红，奋力谱写“两区两前列”崭新篇章。

5月15日，高新区召开全区二季度经济运行分析会。会议强调，全区上下要按照“疫情要防住、经济要稳住、发展要安全”总体要求，围绕“稳字当头、稳中求进、全面向好”目标定位，坚定信心、迎难而上，全力保障经济运行平稳有序。

8月4日，高新区召开全区半年度经济运行分析会。会议强调，要认真落实好党中央“疫情要防住、经济要稳住、发展要安全”重大要求，围绕“稳字当头、稳中求进、全面向好”目标定位，紧盯三季度关键期，着力推动全区经济运行保持健康平稳常态，确保圆满完成全年目标任务，为全市发展大局多做贡献。

9月5日，高新区召开1—8月全区经济运行分析会。会议强调，要咬定目标毫不动摇，深入贯彻落实"疫情要防住，经济要稳住，发展要安全"重大要求，铆足干劲、迎难而上、奋力冲刺，努力完成全年目标任务，推动高质量发展再上新台阶。要做实做细重点工作，紧盯关键环节，强化监测预警，及时查漏补缺，多措并举做好应统尽统、督促服务等工作，大力推动优势指标巩固提升、弱势指标迎头赶上。要深入挖掘存量潜能，优化存量企业服务，盯紧重点领域重点企业，千方百计抓外贸外资、抓有效投资、抓消费回升。要充分激发增量活力，持续招大引强，大力招引龙头型、总部型、旗舰型项目，推动项目早投产早见效，加快一流产业创新集群建设。要加强区域整体策划，抓好低效土地腾退，优化空间布局，做好做优产业、配套、功能等统筹规划，切实提升区域功能内涵、形象品质。要加快推进项目建设，进一步强化项目推进统筹协调，加强审管联动、前后协同，切实解决实际问题，想方设法打通痛点、难点、堵点，跑出项目推进"加速度"。

9月27日，高新区召开全区三季度经济运行分析会。会议强调，要锚定目标任务，科学分析研判，切实把规划落实到项目和各项经济指标上；要实事求是、科学严谨地做好统计工作，确保统计结果真实准确、完整及时；定期开展企业调研和回访，准确掌握企业情况，及时了解企业需求，帮助企业解决问题，推动企业增产增效；要加大招商引资力度，推动达成更多投资意向，强化服务保障，助力现有企业更多项目落地建设；要不断优化营商环境，推动政策红利直达快享，让更多企业享受高新区发展红利。

11月28日，高新区召开全区经济运行分析会。会上，经发委等部门、各功能片区分别汇报1—10月主要指标完成情况，1—11月份及全年预计情况、存在问题及具体工作举措，2023年年预期目标。

12月29日，高新区召开全区经济运行分析会。会上，经发委等单位汇报全年工作完成情况、存在问题，明年开门红目标及举措；各功能片区汇报全年工作完成情况、存在问题，2023年开门红目标及举措。

（党政办公室　张智鹏）

政务服务

【概况】　2022年，苏州高新区（虎丘区）行政审批局（简称"区行政审批局"）贯彻落实"放管服"改革要求，为经济社会发展做好服务保障。区政务服务中心共办理事项14.8万件，日均办理579.7件，各为民服务中心、便民服务中心、政务服务分中心共办理事项379.6万件。收到企业群众赠送锦旗20面，群众满意率超98%。年内，区行政审批局获评江苏省文明单位、苏州市政务服务系统第四届"双争双创"主题活动为民服务工作先进集体、法治高新区建设先进集体、三八红旗集体等。

【政务服务优化】　2022年，高新区深化"放管服"改革。制定《苏州高新区2022年深化"放管服"改革打造一流政务环境工作方案》，推出"准入即准营"改革，印发《苏州高新区"准入即准营"改革实施方案（试行）》，在10个行业试点实行。深化"一业一证"改革，打造民生小店、公用市政服务、新市民、创业就业一件事，实现入学、身后、军人退役一件事全流程线上办理。建成全市首个帮办代办线上平台。扩大"跨区域通办"，完成台州市行政服务中心升级合作，签订盐城市亭湖区异地通办合作协议，开展工业园区、姑苏区政务"惠"通协作项目，开展常熟市、姑苏区、相城区、工业园区政务一体化合作，提升跨区域通办便利度。强化三级政务服务联动，全区各政务服务中心、分中心、为民（便民）服务中心从16个方面实现一体化管理。制订《苏州高新区（虎丘区）行政许可事项清单》，公布《苏州高新区村（社区）公共服务事项清单（2022年）》109项，建立政务服务中心进驻事项负面清单制度。优化“一门一窗一次”办理，开设政策服务事项专窗，包含区级18个部门“放管服”22条、“苏政”40条、“苏政办”22条事项。推进“一刻钟服务圈”，将政务服务一体机布设到各镇（街道）、村（社区）政务站点和创业园，实现基层服务网点自助服务全覆盖。

【审批效能提升】 2022年，高新区落实《市场主体登记管理条例》，提升线上线下服务能力，加强线上全链通、线下一窗式建设，升级全程电子化登记辅导功能，提高企业网上申报通过率，全面推行线上预约、即到即办、免费邮寄办服务。推进政银合作，截至2022年年底，建成银行政务服务驿站专窗13个。深化跨区通办通取，实现市场主体登记“全城通办”，营业执照和审批文书“全城通取”。建立与姑苏区行政审批局企业跨区迁移“一件事”办理机制，在全省率先办结“打包一次办”大型企业分支机构信息变更业务。制订“踏勘即发证”方案，创新企业准营许可事项“现场踏勘+审批+许可决定+制证+送达”五合一审批模式，在人力资源、出版物零售等五个领域对符合踏勘要求当场审批并签发许可证。升级“社会组织登记一件事”服务范围，创新社会组织成立登记“在线验资”线上全流程服务。实行受疫情影响企业综合计算工时工作制审批，对255家单位推行告知承诺制审批。优化文化市场审批效能，办结时限提速约40%。

【项目建设审批】 2022年，高新区推进“拿地即开工”常态化，建立工程建设项目全链审批服务管理制度。召开全链审批协调会26次，保障省市级重大项目按期开工建设。实现“拿地即开工”项目19个，平均用时10.89个工作日，7个项目实现1天内“多证联发”。推进审管联动助力道路挖掘精细化管理，建立道路挖掘全流程审管规范机制，制定《苏州高新区城市道路挖掘审批与监督管理工作意见》，细化审管职责和管控要求。出台《苏州高新区挖掘城市道路审批事项报批指南（暂行）》，确定第二批年度信用审批试点范围。提高市政公用接入效率，推行“电水气暖讯视”联办试点改革，出台《苏州高新区关于推进“电水气暖讯视”协同报装的实施方案（试行）》，实现一表申请、并联审批、联合踏勘、一同接入，其中创业园四期项目用时1.5个工作日完成联合办理。

【企业服务升级】 2022年，高新区健全企业服务体系，制订《关于建设高新区企业服务体系的方案》，实施科技创新型企业领航工程计划，举办“狮子山学堂”“太湖路演中心”“领航游学”“独角兽领航营”系列活动，开展政策宣讲、路演等各类培训116场次。12月19日，挂牌成立苏州高新企业服务有限公司，汇聚市场服务资源，精准赋能科技型企业发展，聚力打造苏州企业服务新标杆。成立区优化营商服务联合会、“独角兽”联盟，挂牌江苏省生产力促进中心苏州高新区科技创新型企业集成服务中心、海归创新创业长三角（江苏）服务中心等，上线2.0版企业综合服务平台，实现各类政策信息和服务资源一键直达、智能推送。承接办理9个部门270项企业服务事项，服务企业16900家次。开展2022年国家高新技术企业申报927家，申报量比上年增长11.42%，获批580家，通过率62.6%。申报2022年江苏省民营科技企业

2022年12月19日，苏州高新区政企服务品牌“苏新办”发布会举行（丁翊彪　摄）

1244家，比上年增长15.2%。申报2022年省级工业企业技术中心22家，获批20家，比上年增长186%。设立人才服务专窗，联合开展人才项目申报37项，服务人才1.3万人次。推进12345“尚贤”人才服务热线建设，依托区人才问答知识库、专家库解决人才诉求。

（行政审批局　张永）

外事及港澳台事务

【外事工作】　2022年，高新区推动区域外事工作，加强出访管理，保障招商引资。全年累计办理因公临时出国（境）团组申报8批次31人（含招商小分队5批次20人）。坚持底线思维，推进涉外风险防范。全年累计服务30余家涉外企业，申办APEC商旅卡46人次。拓宽国际渠道，拓展多元对外交流。深化经贸对外交流，举办2022江苏—法国经贸合作交流会、2022苏州—新加坡经贸合作座谈会、2022苏州中日韩高层次人才项目路演大赛等活动。加强中外文化融合，承办2022苏州国际日—中日韩工艺文化展系列活动开幕式，启动第三届中日韩文化体育嘉年华系列活动。促进青少年友好交流，创新发布长三角中日韩青少年交流合作机制，相关内容入选省委外办“小而美”项目（全省共30个，全市共2个）并获资金支持。举办中日韩青少年绘画巡展活动，吸引1000余名中外青少年参与。推进友好城区建设，加强与日本熊本市合作交流，探讨以点对点友好结对项目，助推友城关系提质增效。

（商务局　胡源远）

【港澳台交流】　2022年，高新区着力打造“香聚高新”在苏香港同胞联谊品牌，广泛凝聚文化共识。在苏绣小镇建立首批苏港国情教育基地，推荐16名在新区香港同胞参加苏州香港同胞联谊会，承办首届“家在苏州　香聚高新”在苏香港同胞家庭日活动，吸引在苏香港同胞约200人参加。成立苏州香港同胞联谊会高新区分会；做好内地香港同胞常态化培养、考察工作，推荐市港澳政协委员1名，推荐苏州香港同胞联谊会副会长兼秘书长1名。促成枫桥街道康佳社区与香港工会联合会吴清清社区服务处结为友好单位，建立市民互访、节日互动和共建互帮机制。加深海峡两岸民间交往，增进两地市民友谊。根据两岸青年就业创业需要，创建5000平方米两岸青年双创园，搭建台湾青年在大陆创新创业、就业生活、交流联谊平台。举办台商新春座谈会暨“登阳山　攀高峰”活动、“两岸一线牵”台商刺绣文化之旅、第五届“高新杯”台商羽毛球友谊赛等活动，打造春季台商联谊会、夏季两岸青年交友会、秋季中秋台胞团圆会、冬季冬至亲子园游会对台交流“四季”活动品牌。承办2022海峡两岸（苏州）青年文化月，建立两岸交流高端平台，苏州民族管弦乐团、高新区文体中心获评江苏省对台交流基地。

（统战部　顾寅清）

2022年12月9—18日，高新区招商团队出访欧洲（商务局　供图）

2022年8月19日，第二届海峡两岸青年文化月开幕式举行（杨炎橙　摄）

机关事务管理

【办公用房管理】　2022年，高新区加强党政机关办公用房管理。及时更新维护党政机关办公用房信息数据，针对党政机关单位因工作需求或人员变动、办公用房格局改变等情况，及时现场测量办公用房数据，绘制电子图，上传至江苏省党政机关办公用房管理信息系统；开展党政机关楼堂馆所专项督导，组织开展区级党政机关单位办公业务用房自查自纠；贯彻落实自建房排查整治工作，组织各乡镇（街道）对自管、自有机关办公用房基本情况和安全状况进行自查。

（党政办公室　罗苍松）

【公务用车管理】　2022年，高新区加强车辆安全保障，规范公务用车使用，加强车辆运行管理，有序组织开展区内重大调研、接待、考察等任务车辆运行线路及车辆保障工作，全年完成区领导调研、视察用车任务400余次，完成重大招商接待、参观、考察接待150余次，累计出动公务车辆2万余次，安全行驶约70万千米。加强公务车辆监督检查，全年共检查全区党政机关公务车辆172辆，事业单位业务用车249辆。开展节假日“清风行动”公务用车专项检查5次，开展全区40家配备党政机关公务用车单位明察暗访。

（党政办公室　张云洲）

【行政经费管理】　2022年，高新区加强行政经费管理。做好餐饮成本控制，根据就餐人数、预设菜单，科学合理采购每日食材，在源头上减少浪费；做好垃圾源头减量，推进“大碗换小碗”，适量盛装，设置餐饮垃圾实时监控点、称重台，曝光浪费行为，开展“光盘行动”，推进机关单位建立“光盘打卡”小程序专用账号；做好财务支出压减，对年度预算进行重新核算，压减不必要开支，压缩2023—2025年中长期财政预算；灵活运用科技大厦各楼层会议室、科技会堂等会议资源，统筹优化安排各类会议、大型活动服务保障，执行办公用房装修装饰相关规定要求，坚持办公家具共享共用，彻底清理核查、盘活各单位沉淀、闲置、低效资产资源，有效缩减费用支出。　（党政办公室　罗苍松）

中国人民政治协商会议苏州市虎丘区委员会

综　述

【概况】　2022年，中国人民政治协商会议苏州市虎丘区委员会（简称“区政协”）发挥专门协商机构作用，围绕中心、服务大局，坚持发扬民主和增进团结相互贯通、建言资政和凝聚共识双向发力，切实履行政治协商、民主监督、参政议政职能，推动政协事业创新发展。全年共召开全体会议1次、常委会议7次、主席会议10次、党组理论学习中心组专题学习会12次，举办政情通报会4次。区政协九届委员会共设中国共产党、无党派、共青团、工会、妇联、工商联、台联、侨联、文艺、科技、经济、农村、教育、医卫、民族、宗教、特邀人士17个界别。有政协委员253名、政协常委38名。区政协机关设办公室（研究室、委员联络工作办公室）及提案委、经济科技委、社会事业委、城乡建设和农业农村委、港澳台侨委（民族宗教委）、文化文史委6个专门委员会，下设浒墅关镇政协工委、东渚街道政协工委、镇湖街道政协工委、通安镇政协工委、狮山街道政协工委、横塘街道政协工委、枫桥街道政协工委7个镇（街道）政协工作委员会。

【团结合作】　2022年，区政协加强与区内各民主党派、工商联、无党派人士和人民团体联系与合作，健全各党派团体在政协履职尽责机制，召开党派团体政协履职座谈会3次，征求对政协工作意见建议。搭建平台，邀请各党派团体参与调研视察、专题协商、民主监督等重点工作。重点安排党派团体大会发言，联合开展考察调研，健全沟通交流机制，支持鼓励针对全区经济社会发展中重要问题建言立论、献言献策。党派团体委员在各类协商议政会上发言20余次，提交集体提案17件、个人提案106件、社情民意信息100余条。加强上下联动、协同履职，组织国家、省、市、区四级政协委员开展联合视察活动，经科委与市政协经农委联合视察太湖光子中心建设工作。加强对基层政协工委联系指导，鼓励政协委员到各镇（街道）、社区（村）成立委员工作室。全年累计建成20余个委员工作室，推动委员更好联系服务群众。

【凝聚共识】　2022年，区政协依托区内商会、协会、院所平台、校友会等资源，成立民营企业家、智慧谷（科研院所）、一家亲（台企）、日企、欧美企业“聚力高新”五大协商议事联盟。构建“五个一”工作机制（出台一个工作规则、明确一个活动场所、建立一个工作机构、制定一份工作计划、完善一套工作制度），开展联络联谊、专题协商、宣传推介活动，吸引更多人才、创新资源、优质企业落户高新区，最大程度凝聚海内外力量，助力区域经济社会高质量发展。全年累计开展联盟活动30余场次，参与企业280余家次。联合无锡市新吴区政协、常州市新北区政协、湖州市吴兴区政协、嘉兴市秀洲区政协共同建立跨区域协商机制，围绕环太湖区域发展重点和共同关注前瞻性、战略性问题，开展联合调研、联席协商、联动监督，推动基层政协工作深度融合，在文化交流中凝聚广泛共识，为推进环太湖区域高新区高质量发展贡献政协智慧与力量。

【文史宣传】 2022年，区政协准确把握新时代政协文史工作"两个转变"思路要求，创新开展文史工作，发挥文史资料存史、资政、团结、育人作用。举办"喜迎二十大 奋进新征程"书画摄影作品展，以书画团结联系各界，用艺术凝聚鼓舞人心，增强各党派团体和各族各界人士对中国共产党和中国特色社会主义政治认同、思想认同、理论认同、情感认同。加大宣传力度，讲好政协故事，开设"虎丘政协"视频号，以"委员风采""委员说"等形式展示政协履职实践和委员履职风采，全方位多角度展示政协在践行全过程人民民主中独特优势。《人民政协报》专题报道虎丘区政协履职情况10余篇。

【"书香政协"委员读书】 2022年，区政协深化"书香政协"委员读书活动，坚持线上线下协同推进，通过组建主题读书群、搭建线上平台、发布"书香地图"、打造"1+6+N"委员读书载体等方式，完善线上线下多层次立体化读书体系，为委员读书创造条件。坚持读书与履职相互促进，紧扣全区中心工作谋划读书主题，专业委员会围绕重点协商课题和履职要点，自选书目开展专题阅读；基层政协工委突出地域特色，开展精选主题读书活动。全年累计开展读书分享会、读书沙龙、读书研讨会等60余场次，推动"阅动高新"委员读书品牌建设。

（政协办公室　张锦虹）

重要会议

【区政协九届一次会议】 于2022年1月5—7日在狮山国际会议中心（主会场）和新城花园酒店举行。本次会议应到委员253人，实到243人，邀请出（列）席开（闭）幕式人员198人次，其中，邀请出席开幕式29人，列席开幕式157人，出席闭幕式12人。会议听取并讨论高新区党工委书记、虎丘区委书记毛伟在开幕式上讲话。听取并审议张国畅代表政协苏州市虎丘区第八届委员会常务委员会所做工作报告及周伟莨代表政协苏州市虎丘区第八届委员会常务委员会所做提案工作报告。与会委员列席虎丘区第十二届人民代表大会第一次会议开幕式，听取并讨论高新区党工委副书记、虎丘区委副书记、代区长宋长宝所做《政府工作报告》及其他报告。会议选举朱奚红为政协苏州市虎丘区第九届委员会主席，选举王宇、庄毅、周苏萍、施国华为副主席，选举孔杰峰为秘书长，选举丁磊、丁海平、王文良、包文杰、任锋、任月璋、刘先兵、孙培芳、杨正、杨粤涛、吴文权、张晶、张雷、陈婷、郑华英、赵荣全、钮金英、姚琴华、袁晓月、顾咏红、顾彩亚、徐征、徐立飞、高玉根、黄强、曹萍、龚震、蒋月霞、谢峻、谢明华、蔡斌、慧亮为常务委员。会议期间，委员共提交提案247件，经初步审查拟纳入立案程序223件。

2022年1月5日，中国人民政治协商会议苏州市虎丘区第九届委员会第一次会议举行（丁达祥　摄）

【区政协常委会议】 2022年，区政协九届委员会召开7次常委会议（第一次至第七次常委会议）。

九届第一次常委会议于1月7日召开。审议并通过有关人事事项，决定张雷任区政协办公室主任，王敏任区政协办公室副主任，曹萍任区政协提案委员会主任，顾小君任区政协提案委员会副主任，孙培芳任区政协经济科技委员会主任，赵宇任区政协经济科技委员会副主任，蔡斌任区政协社会事业委员会主任，李春梅任区政协社会事业委员会副主任，谢峻任区政协城乡建设和农业农村委员会主任，包剑平任区政协城乡建设和农业农村委员会副主任，吴文权任区政协港澳台侨（民族宗教）委员会主任，沈亮任区政协港澳台侨（民族宗教）委员会副主任，顾彩亚任区政协文化文史委员会主任，张剑清任区政协文化文史委员会副主任，单鸿伟任浒墅关镇政协工委主任，叶钟任东渚街道政协工委主任，冯燕芳任镇湖街道政协工委主任，吴东明任狮山街道政协工委主任，洪璐任横塘街道政协工委主任，邹斌任枫桥街道政协工委主任。

九届第二次常委会议于3月25日召开。协商并通过《政协苏州市虎丘区第九届委员会专委会分组、属地分组、界别分组名单》《政协苏州市虎丘区第九届委员会联系办法》《政协苏州市虎丘区第九届委员会委员履职考核办法（试行）》《区政协九届常委会2022年工作要点（草案）》《区政协2022年度协商工作计划》等系列文件。审议并通过有关人事事项，决定王一飞任通安镇政协工委主任，冯燕芳不再担任镇湖街道政协工委主任。聘任龚震、郭霞为区政协提案委员会兼职副主任，任峰、任月璋、万国峰、叶青青为区政协经济科技委员会兼职副主任，李麟青、张静为区政协社会事业委员会兼职副主任，徐敏、赵强为区政协城乡建设和农业农村委员会兼职副主任，金哲群、郑华英为区政协港澳台侨（民族宗教）委员会兼职副主任，祝倩、张尊杰为区政协文化文史委员会兼职副主任。

九届第三次常委会议于7月26日召开。听取区政府关于数字经济发展工作情况通报，审议并通过《完善数字经济生态体系，助力区域产业科创主阵地建设》专题协商报告，审议并通过有关人事事项，决定张燕任浒墅关镇政协工委主任，单鸿伟不再担任浒墅关镇政协工委主任，聘任徐征、张蔚为区政协城乡建设和农业农村委员会兼职副主任，谢明华为区政协港澳台侨（民族宗教）委员会兼职副主任。

九届第四次常委会议于8月19日召开。听取区政府关于2022年上半年度全区经济和社会发展工作情况通报，听取区党政办关于九届一次会议提案办理情况通报，传达贯彻区党工委（区委）工作会议精神，审议并通过《关于加强区党政有关部门单位与区政协专门委员会对口联系工作的实施意见》《中国人民政治协商会议苏州市虎丘区委员会提案办理协商办法》《中国人民政治协商会议苏州市虎丘区委员会提案审查工作细则》《苏州市虎丘区政协提案质量评价办法（试行）》《苏州市虎丘区政协关于加强和改进调研工作的实施办法》《虎丘区政协委员履职服务与管理办法》《中国人民政治协商会议苏州市虎丘区委员会委员履职工作规则（试行）》《政协苏州市虎丘区委员会常委年度履职报告实施办法（试行）》《政协苏州市虎丘区委员会委员向专委会述职实施办法（试行）》《中国人民政治协商会议苏州市虎丘区委员会关于加强与各镇（街道）政协工委联系的制度》《中国人民政治协商会议苏州市虎丘区委员会全体会议大会发言工作规则》《中国人民政治协商会议苏州市虎丘区委员会协商工作规则》等系列工作制度文件。

九届第五次常委会议于10月13日召开。听取区政府关于集成电路产业创新集群建设情况通报，审议并通过《打造“芯”高地　擦亮“芯”品牌　全力助推集成电路产业跨越式发展》专题协商报告。

九届第六次常委会议于11月10日召开。深入学习贯彻党的二十大精神，听取区纪委关于党风廉政建设情况通报，视察区政府民生实事、重点项目——科技城第五实验幼儿园、纽威数控装备（苏州）股份有限公司。

九届第七次常委会议于12月27日召开。听取部分常委年度履职报告，讨论并修改《区政协九届委员会常务委员会工作报告（草案）》《区政协九届委员会常务委员会关于提案工作情况的报告（草案）》，协商并通过《关于召开区政协九届二次会议的决定（草案）》《区政协九届二次会议日程、议程（草案）》《九届二次会议临时党组组成人员建议名单（草案）》《九届二次会议秘书处秘书长、副秘书长和各组负责人建议名单（草案）》《九届二次会议邀请出席和列席人员名单（草案）》《九届二次会议分组办法及分组召集人建议名单（草案）》《九届二次会议各次全体会议主持人和报告人名单（草案）》，审议并通过《2022年度优秀政协委员、优秀提案和提案承办先进单位名单（草案）》，审议并通过有关人事事项，决定程沁任区政协办公室副主任、张锦虹任区政协办公室副主任、王骏任区政协经济科技委员会主任，杜衡任区政协文化文史委副主任、何明任镇湖街道政协工委主任，王敏不再担任区政协办公室副主任，孙培芳不再担任区政协经济科技委员会主任，张剑清不再担任区政协文化文史委员会副主任。

【区政协主席会议】 2022年，区政协九届委员会召开10次主席会议（第一次至第十次主席会议）。

九届第一次主席会议于1月7日召开。审议并通过有关人事事项，协商并确定区政协九届第一次常委会议召开日程、议程。

九届第二次主席会议于3月14日召开。协商并通过《区政协九届常委会2022年工作要点（草案）》等系列文件，确定九届一次会议重点提案，审议并通过有关人事事项，协商并确定区政协九届第二次常委会议召开日程、议程。

九届第三次主席会议于4月29日召开。听取区委统战部相关工作情况通报，专题协商人才工作，审议并通过《凝聚海内外创新型人才，助力区域经济社会发展》建议案。

九届第四次主席会议于5月12日召开。听取区检察院相关工作情况通报，专题协商检察院工作，审议并通过《加强高质量法律监督，开启检察事业新征程》建议案，协商并通过《区政协2022年度“书香政协　阅动高新”委员读书活动实施方案》。

九届第五次主席会议于7月6日召开。视察苏州康多机器人有限公司和高新区新一代信息技术产业园，听取区科创局相关工作情况通报，专题协商创新型企业培育工作，审议并通过《积极推进创新型企业培育，赋能高质量发展》建议案。

九届第六次主席会议于7月19日召开。审议并通过《完善数字经济生态体系，助力区域产业科创主阵地建设》专题协商报告，审议并通过有关人事事项，协商并确定区政协九届第三次常委会议召开日程、议程。

九届第七次主席会议于8月12日召开。视察创园壹号产业园、和枫产业园（一期），听取区资规分局、区住建局关于城市更新工作情况通报，专题协商城市更新工作，审议并通过《推动城市更新，高标准提升城市品质》建议案，审议并通过《政协苏州市虎丘区委员会提案办理协商办法》等系列工作制度文件，协商并确定区政协九届第四次常委会议召开日程、议程。

九届第八次主席会议于10月9日召开。审议并通过《打造“芯”高地　擦亮“芯”品牌　全力助推集成电路产业跨越式发展》专题协商报告，协商并确定区政协九届第五次常委会议召开日程、议程。

九届第九次主席会议于11月3日召开。视察苏州高新区第一初级中学校（珠江路校区）和苏州科技城实验小学校（科业校区），听取区教育局、区城管局相关工作情况通报，审议并通过《“双减”政策落实情况专题民主监督报告》《区政协民主评议区城管局工作的报告》，协商并通过《九届二次全会筹备方案》，协商并确定区政协九届六次常委会议召开日程、议程。

九届第十次主席会议于12月26日召开。讨论并修改《区政协九届委员会常务委员会工作报告（草案）》《区政协九届委员会常务委员会关于提案工作情况的报告（草案）》，协商并通过《关于召开区政协九届二次会议的决定》等系列草案，审议并通过《2022年度优秀政协委员、优秀提案和提案承办先进单位名单（草案）》，审议并通过有关人事事项，协商并确定区政协九届七次常委会议召开日程、议程。

（政协办公室　张锦虹）

政治协商

【概况】　2022年，区政协紧扣“产业+科创”发展定位，围绕全区经济社会发展大局，举行专题议政性常委会议和主席会议6次、“智汇高新”协商议事会4次、太湖科学城论坛1次、重点提案办理协商17次。聚焦完善数字经济生态体系、集成电路产业创新集群发展开展常委会议专题协商，形成2份专题协商报告报送区委，获区委主要领导批示肯定。围绕凝聚海内外力量、培育创新型企业、推进城市更新、开启人民检察事业新征程开展主席会议对口协商，形成4份建议案报送区政府，相关意见建议得到交办落实和回应。探索开展界别协商、专家协商、云端协商、网络议政，拓宽协商渠道，丰富协商形式。以“多维度助力中小微企业‘知产’战‘疫’”为主题开展云端协商议事会，帮助受疫情影响中小型科创企业纾困解难。围绕数字经济背景下苏绣的传承与发展开展云协商直播议事，以苏绣IP打造、数字化赋能为传统苏绣文化产业注入新活力。

【“智汇高新”协商议事会】　2022年，区政协聚焦集成电路、高端医疗器械、软件和信息技术、绿色低碳四大产业创新集群，分季度举办“智汇高新”协商议事会4次。邀请市政协相关领导、区党政领导、区职能部门、企业代表、专家学者、政协委员等，围绕产业创新集群发展现状、瓶颈困难、未来发展方向协商建言，提出一批有分量、可操作意见建议，形成4份建议摘编，为区委区政府科学决策提供有益参考。

【太湖科学城论坛】　2022年，区政协对太湖科学城专家咨询组进行扩容提质，聘请23名多领域专家学者担任咨询组成员。通过区委点题、政协出题、专家报题等多种形式，确定并完成8项年度调研课题，调研主题涵盖产业创新集群发展、山水景观生态、重大科技基础设施、城市功能提升等，形成8份智库专报报送区委区政府，为太湖科学城建设提供强有力智力支持。

2022年7月21日，助推高端医疗器械产业创新集群发展“智汇高新”协商议事会举行（丁翙彪　摄）

11月16日，区政协举办第二届太湖科学城论坛，为打造创新策源地、一流科学城提供决策咨询。12月7日，区政协召开太湖科学城专家咨询组年度总结会，通报太湖科学城专家咨询组优秀课题调研成果。

（政协办公室　张锦虹）

民主监督

【“双减”专项民主监督】 2022年，区政协聚焦“双减”政策落实情况开展专项民主监督，成立民主监督小组，选派民主监督员，听取情况通报、组织现场视察、开展座谈协商，形成专项民主监督报告，经政协主席会议审议通过后，报送区政府，推动“双减”工作深入开展，促进基础教育提质增效。

【民主评议】 2022年，区政协首次启动民主评议部门工作，成立专题民主评议小组，对区城市管理局开展民主评议。通过召开座谈会、组织现场视察、开展问卷调查等方式，广泛听取意见，提出四方面13条建议，促进区城市管理局不断改进作风、提高工作效能，有效推动全区城市管理工作实现新提升。

【视察调研】 2022年，区政协组织各专门委员会聚焦做优做实互联网产业生态、水环境系统治理、文旅融合发展、台企服务工作等主题，开展协商式监督和“回头看”工作。聚焦狮山广场、南京大学苏州校区建设等重点项目工程开展视察监督。

（政协办公室　张锦虹）

委员工作

【提案办理】 2022年，区政协九届一次会议期间拟纳入立案程序提案223件，内容涉及科技创新、经济发展、智能制造、富民增收、就业创业、环境保护、教育发展、文化建设、交通旅游、城市管理等方面，经审查，立案交办208件，立案率93.3%。确定重点提案17件，其中7件由区党政领导重点督办，10件由政协班子领导和专委会重点督办。年内，《关于系统谋划，务实实施，推动我区“智改数转”全面发力的建议》等10件集体提案和《关于加快建设高新区产业科创集群的建议》等15件个人（联名）提案获评2022年度优秀提案，区社会事业局等10家党政部门获评提案先进承办单位。

表7　**高新区政协优秀集体提案（2022）**

提案号	提案单位	提案名称
九届一次26号	民建苏州高新区（虎丘区）基层委员会	关于系统谋划，务实实施，推动我区“智改数转”全面发力的建议
九届一次30号	民革苏州高新区（虎丘区）基层委员会	关于“打造高质量人才聚集高地，助力区域经济可持续发展”的建议
九届一次32号	民革苏州高新区（虎丘区）基层委员会	关于实施城市更新行动　推动区域高质量发展的建议
九届一次114号	民盟苏州高新区（虎丘区）基层委员会	关于推动打造苏州高新区康养产业新高地的建议
九届一次14号	苏州高新区（虎丘区）无党派知识分子联谊会	关于加快提升中心城区水环境状况的建议
九届一次22号	苏州高新区（虎丘区）无党派知识分子联谊会	关于进一步加强苏绣小镇文旅融合发展的建议
九届一次15号	农工民主党苏州高新区（虎丘区）基层委员会	关于助推区域基层医疗水平高质量发展的建议
九届一次18号	致公党苏州高新区（虎丘区）基层委员会	关于将运河高新区段打造成大运河文化建设带核心展示区的建议

续表

提案号	提案单位	提案名称
九届一次94号	民进苏州高新区（虎丘区）基层委员会	关于太湖科学城水乡风貌保护及开发的建议
九届一次8号	九三学社苏州高新区（虎丘区）基层委员会	关于创新生态环境管理模式，助力区域经济可持续发展的建议

表8　　高新区政协优秀个人（联名）提案（2022）

提案号	提案个人	提案名称
九届一次123号	牛晓宇	关于加快建设高新区产业科创集群的建议
九届一次49号	叶青青	关于激活大院大所面向经济主战场优势、提升高水平科技成果转化效能、服务区域产业科创主阵地建设的建议
九届一次1号	沈红英	关于送孩子上学改善交通状况的建议
九届一次40号	龚　震	关于优化社区网格化治理的建议
九届一次4号	陈　婷	关于推行重点领域低碳发展推进绿色园区加快建设的建议
九届一次132号	韩振杰	关于推动“双创”主体融通发展的建议
九届一次193号	金福龙	关于加快推动数字经济融合发展的建议
九届一次79号	顾咏红	关于加强精装修住房监管的建议
九届一次70号	陆敏红	关于区义务教育优质均衡发展背景下加强均衡骨干教师数的建议
九届一次178号	钮金英	关于进一步做好“山水江南”助推美丽乡村建设的建议
九届一次11号	王　勇	关于“铁脚板+信息化”助力危化企业安全监管的建议
九届一次12号	江立新	关于金融赋能招商体系的建议
九届一次146号	缪佳一	关于在新业态就业群体中做好权益保障的建议
九届一次195号	蒋林明	关于推动综保区保税研发新业态发展的建议
九届一次106号	夏振平	关于发挥区域人才优势提升科技创新效能的建议

【社情民意工作】　2022年，区政协发挥社情民意信息“直通车”作用，将每双月最后一个星期日定为社情民意“连心日”，组织253名政协委员下沉64个基层社情民意联系点和33个界别社情民意联系点，常态化收集社情民意信息。组建社情民意信息员队伍，开展专题培训，加大社情民意信息征集和编辑力度。加强对社情民意信息现场督办。全年累计上报市政协社情民意信息260篇，被市政协录用并上报省政协97篇，被省政协录用并上报全国政协17篇。

（政协办公室　张锦虹）

镇（街道）政协工委创新工作案例

【镇湖街道政协工委创新案例】　2022年，高新区镇湖街道为推动生态宜居美丽示范村建设，营造生态美、环境美、人文美生态宜居人居环境，街道政协工委以创建三星级康居乡村、特色田园乡村建设为契机，开展“有事好商量”协商议事活动，鼓励村民加入美丽乡村共创共建，为建设美丽宜居乡村建言献策。街道政协工委在石帆村举办建设生态宜居美丽示范村专题协商议事活动，围绕农村人居环境整治、提升村容村貌开展交流讨论。建议加强培训，明确治理标准，加大巡查、监督工作；强化对村民宣传教育工作，提升村民素质，养成良好卫生习惯；加强村庄基础设施建设，包括改造农村厕所、治理生活污水、清理农业垃圾、整治房前屋后乱堆放、管理家禽散养，提升农村人居环境。委托西部市政公司对村公厕、绿化景观、路灯等公共设施进行长效管护，组建村内长效管护队伍，开展日常巡逻及应急问题处理。年内，镇湖街道获评苏州市农村人居环境整治工作示范镇（街道）、苏州市农业农村先进集体，石帆、马山、市桥等多个村获评苏州市农村人居环境整治示范村。

【通安镇政协工委创新案例】 2022年，高新区通安镇政协工委创新推出“12345”工作法，即重点打造“通”心协力工作品牌（一大品牌），聚焦推动乡村振兴、提升基层治理（两项重点），突出凝聚共识、凝聚智慧、凝聚力量（三个凝聚），建设民主政协、连心政协、智慧政协、书香政协（四型政协），实现思想根基更牢固、联系基层更紧密、工作机制更创新、协商议事更有效、服务中心更有力（五个目标），为经济社会高质量发展贡献政协力量。开展社情民意“委员连心日”活动，在通安镇设立区内首个政协委员“连心”工作总站，在各社区设立各具特色政协委员“连心”工作室，政协委员“连心”工作室以委员个人名字命名，开展服务为民活动。深化基层协商议事工作，创新协商议事工作机制，探索建立“有事好商量”“调研寻策协商交办督办”五步全程纪实机制，围绕乡村振兴、社区治理、生态保护、共同富裕等方面，精选五个贴近实际、主题突出项目开展全程纪实工作试点。拓宽助力乡村振兴和基层治理数字化手段，依托“苏州树山”智慧乡村平台和“家在通安”智慧社区平台，推动政协资源全面融入智慧乡村和智慧社区建设，对政协委员履职情况进行全程纪实，强化委员履职担当。开设线上社情民意收集方式，对收集到民意开展全程跟踪督办。开辟网上协商议事阵地，在常态化疫情防控形势下开展“云端”协商。构建网上政协委员工作室，畅通社区民意反馈渠道。推动“书香政协”建设，打造“通学二十大”品牌，定制发布“书香地图”，用好“连心书房”等优质载体，汇聚全镇读书资源，完善多层次立体化读书矩阵。深化委员读书活动，以读书提升履职质量，培育协商文化，提升协商效能。

【枫桥街道政协工委创新案例】 2022年，高新区枫桥街道政协工委联合街道各部门召开太湖大道高架桥下空间综合利用专题议事会，利用政协“有事好商量”协商议事平台，为太湖大道高架桥下综合改造方案建言献策。开展环境综合整治行动，对高架桥沿线卫生死角、绿化带内积存垃圾、长期停放无主车辆及被二手车贩长期占用桥下车位等开展集中清理，清理僵尸车2831辆及积存垃圾110余吨。科学盘活清整出空间资源，在整线开辟高架智能停车场8个，新增机动车停车位1100余个，增加沿线监控、道闸、地磁、消防、亮化等技防投入，改善新希望双喜乳业（苏州）有限公司等高架桥沿线120余家企业及周边居民停车难、停车秩序差等老大难问题。根据高架桥下空间特点，选择适宜植物种植，通过乔、灌、草合理搭配，有条件地段进行立体绿化施工，丰富整体景观效应。对有条件桥下空间，设置健身器材等，突出周边居民使用感受；综合运用现代设计理念和新型材料，丰富美化桥下空间。优化提升太湖大道高架桥下9个路口，总长度5.7千米，涉及绿化景观1万平方米，让高架桥下“灰空间”变身城市小公园，提升周边企业、居民满意度和幸福感。（政协办公室　张锦虹）

高新区（虎丘区）纪（工）委监委

综　述

【概况】　2022年，中国共产党苏州国家高新技术产业开发区纪律检查工作委员会（中国共产党苏州市虎丘区纪律检查委员会）、苏州市虎丘区监察委员会［简称“区纪（工）委监委”］围绕中心、服务大局，持之以恒推进全面从严治党，坚定不移正风肃纪反腐，加快推进廉洁高新区建设，党风廉政建设和反腐败工作取得新进展新成效。全区纪检监察组织共立案172件，其中，立案乡科级9人，采取留置措施9人，移送检察机关8人，给予党纪政务处分86人，追赃款挽回损失1860万余元。年内，万健获全国纪检监察系统嘉奖。

【纪检监察体制改革】　2022年，区纪（工）委监委深化国企纪检监察体制改革，设立派驻国企综合纪检监察组、派驻国企监察专员办公室，分别针对国有企业纪检监察机构、派驻国企纪检监察组制定工作指引，推行“室组企”联动监督办案工作机制，国企纪检监察机构立案数比上年增长46%。深化与中建国际建设有限公司、中移苏州（软件）有限公司等驻区央企在廉政教育、廉政风险排查、职务犯罪查处等方面合作，依托中建国际腾讯（苏州）数字产业基地项目，打造廉洁文化共建示范基地，深化双方在教育、阵地、纪检监察业务等方面的资源共享，推动监督互动、优势互补。

【纪检监察信息化建设】　2022年，区纪（工）委监委成立监督审查技术室，打造专兼结合技术人员团队，董杰获全国电子数据取证大赛个人一等奖、团体二等奖。高标准建成电子数据调查室和大数据查询研判中心（“一室一中心”），信息查询总量比上年增长220%，电子数据调查总量比上年增长527%。推动大数据应用与监督执纪执法深度融合，构建技术部门和办案部门合成化工作机制，在重点领域深入开展监督数据建模工作，大数据筛查对案件贡献率52.63%。

【纪检监察队伍建设】　2022年，区纪（工）委监委以规范化、法治化、正规化建设促进纪检监察工作高质量发展。坚持以业务引领培训、以培训促进业务，举办区、镇、村三级纪检干部培训班，覆盖1060人次；选派38名干部参与上级案件查办、留置专案集训、跟班锻炼等工作。召开年轻干部座谈会，创新推行“青蓝结对”导师帮带制度，加强年轻纪检监察干部教育管理监督。落实纪委工作条例、派驻机构工作规则、问题线索管理办法等规定，出台问题线索集中管理操作指引，完善执纪执法权力运行监督制约机制。开展审查调查安全月活动，抓好办案场所疫情防控和安全检查工作，确保审查调查安全零事件、零事故。以廉政教育工作开展情况为主题首次向区人大常委会报告专项工作，向区政协常委会通报党风廉政建设和反腐败工作情况，接受各方监督。执行纪检监察干部外出报备等制度，组织全覆盖谈心谈话，贯通“八小时内外”监督，防治“灯下黑”情况。

［纪（工）委监委　朱欣］

重要会议

【中国共产党苏州市虎丘区第十二届纪律检查委员会第二次全体会议】 于2022年1月28日在区（狮山）会议中心召开。出席会议区纪委委员13人，列席会议91人。区纪委常委会主持会议。全会深入学习贯彻习近平总书记在十九届中央纪委六次全会上重要讲话和中央纪委六次全会、省市纪委二次全会精神。高新区党工委书记、虎丘区委书记毛伟出席会议并讲话，强调要深入学习习近平总书记重要讲话精神，自觉对标对表，坚决扛起全面从严治党政治责任，切实把思想和行动统一到党中央和省委、市委决策部署上来。要坚定不移把“两个确立”作为最根本政治遵循，更加自觉地增强“四个意识”，坚定“四个自信”，做到“两个维护”。要深化运用党的自我革命历史经验，持之以恒打好自我革命攻坚战、持久战。要在新起点上谋划推进党风廉政建设和反腐败斗争，纵深推进全面从严治党，在革命性锻造中更好扛起新使命、谱写新篇章。全会审议通过施华代表区纪委常委会所做《围绕大局忠诚履职　奋力推进廉洁高新区建设　以实际行动迎接党的二十大胜利召开》工作报告。会议回顾总结2021年全区纪检监察工作，研究部署2022年工作任务，强调要坚定捍卫“两个确立”、坚决践行“两个维护”，全力拓展政治监督新成效；要推动同向发力、效应叠加，全力探索“三不”一体新路径；要持续纠治“四风”（形式主义、官僚主义、享乐主义和奢靡之风）、树立新风，全力彰显作风建设新作为；要落实上下联动、左右互通，全力提升政治巡察新质效；要促进系统集成、协同高效，全力激发监督体系新效能；要做到政治过硬、本领高强，全力展现干部队伍新气象。

2022年1月28日，中国共产党苏州市虎丘区第十二届纪律检查委员会第二次全体会议暨全区领导干部警示教育大会召开（丁达祥　摄）

【全区纪检监察工作务虚会】 于2022年12月13日召开。会议回顾总结2022年工作，谋划2023年工作重点和创新工作。会议强调，全区纪检监察系统要坚持以习近平新时代中国特色社会主义思想为指导，全面贯彻落实党的二十大精神，认真落实中央和省市区委部署要求，深入推进纪检监察工作高质量发展，为在新征程上全面推进中国式现代化“高新”实践提供坚强保障。会议要求，要对标对表党的二十大关于推进全面从严治党的战略部署，做到服务全局、前瞻思考、精准履职；要聚焦中心大局，在服务保障上持续发力，牢牢把握纪委监委在管党治党中职能定位，聚焦太湖科学城建设、加快实现高质量发展等区委中心工作，以更宽视野、更大格局找准监督保障执行、促进完善发展切入点；要聚焦主责主业，在正风肃纪反腐上持续发力，做深监督工作，系统施治一体推进“三不腐”，更好发挥政治巡察利剑作用；要聚焦能力提升，在自身建设上持续发力，不断加强规范化、法治化、正规化建设，确保执纪执法权正确行使，以自身过硬保障全面从严治党向纵深推进。

［纪（工）委监委　朱欣］

纪检监察

【政治监督】 2022年，区纪（工）委监委以实际行动践行“两个维护”政治使命。深入学习宣传贯彻党的二十大精神，具体化精准化常态化开展政治监督，紧扣“疫情要防住、经济要稳住、发展要安全”重大要求开展防疫监督、安全生产整治专项监督、政府债务管理协同监督，针对特殊困难群体保障、窗口单位作风效能等开展重民生、稳发展、强服务监督检查，聚焦“放管服”改革等“小切口”开展立项监督，切实保障中央和省市区委决策部署落地见效。开展“清风护航”行动，推进“见微思纪”主题宣教等三方面十项重点任务，保障全区上下以良好政治生态迎接党的二十大胜利召开。深化政治生态监测评估机制，加强对“一把手”和领导班子的监督，综合运用履责记实、清单管理、约谈提醒等方式，督促落实“两个责任”。全年问责党组织3个、党员干部28人，其中“一把手”干部17人，形成失责必问、问责必严常态机制。

【反腐惩恶】 2022年，区纪（工）委监委坚持惩治震慑、制度约束、提高觉悟一体发力，运用“四种形态”批评教育帮助和处理282人次，第一、二种形态占比92.2%。严肃查处一批不收敛不收手典型案件，并公开发布。坚持受贿行贿一起查，留置行贿人5人、移送检察机关5人，会同住建、市场监管等6个部门出台《关于对行贿人开展联合惩戒的工作指引》。构建“一书三督”［制发纪检监察建议书，办公室负责提醒督办，相关监督检查室负责检查督导，相关派驻纪检监察组、板块纪（工）委或国企纪检监察机构协助跟进监督］纪检监察建议闭环管理体系，针对农村集体“三资”（农村集体经济中的资金、资产、资源）监管等方面问题制发纪检监察建议书33份，推动完善工程建设、公车使用等方面制度16项，关于强化律师行业监督管理监察建议获评全市优秀建议。协助区党（工）委召开全区领导干部警示教育大会，依托“一案四说”（党委说责任、纪委说监督、案件承办人说纪法、身边人说警示）机制深化分层分类警示教育。举办苏州大运河廉洁主题艺术作品展、领导干部家庭廉政教育等系列活动，深入挖掘范成大等区内清官廉吏资源，筹建苏州大运河廉洁文化基地，发布“山清水秀　风清高新”廉洁文化观览线路，打造高景山廉洁文化主题园等基层廉洁文化生态圈，廉洁文化建设不断走深走实。

2022年5月30日，“清风自运河”苏州大运河廉洁主题艺术作品展举办（杨炎橙　摄）

【作风建设】 2022年，区纪（工）委监委健全常态化明察暗访、查处问责、通报曝光等机制，通报曝光典型案例32批次，“四风”问题成案率、处分率均居全市首位。重点整治形式主义、官僚主义，查处相关问题6起8人，严肃纠治“走过场”、不担当、不作为等突出问题。深挖细查反复性顽固性、改头换面、隐蔽隐性问题，严肃查处不吃公款吃老板、收受电子红包、打“擦边球”违规发放津补贴等问题22起，党纪政务处分34人。坚守重要节点，严查违规吃喝、节假日收送礼品礼金等问题16起24人。深化服务发展“三问”督查机制，督查南京大学苏州校区等省市区重点项目193个，推动解决问题150余个，相关督查报告获区党工委、管委会主要领导批示肯定。用好激励干事担当“1+5”制度体系，精准分析研判，出台改革创新廉洁风险备案工作指引，容错纠错、澄清正名15起，廉洁风险备案15例，旗帜鲜明支持全区党员干部在同心抗疫、服务企业等工作中放开手脚、勇闯敢试。

【群众身边腐败和不正之风整治】 2022年，区纪（工）委监委落实信访工作条例，强化重复举报和疑难复杂信访治理，扎实做好重点时期信访维稳工作。推广运用基层小微权力“监督一点通”平台，上线5个月访问量超33.2万人次，推动解决群众反映问题551个。全区受理检举控告类信访举报数量连续四年下降，万人信访率持续在全市保持低位。派出监察员办公室政务立案68件，比上年增长13.3%，案件指标位居市区前列。深入推进“亲清政商汇”线上平台和线下服务站建设，依托线上平台，发布新型政商关系“正面清单”、“负面清单”、清廉民企“运行清单”三张清单。联合区统战部、工商联创新打造商会型服务站“联商共建”模式，实现三大功能片区亲清政商服务站全覆盖，监督推动解决物流保畅等涉企诉求618个，相关工作获《人民日报》《中国纪检监察报》等媒体关注。紧盯群众身边不正之风和腐败问题，查处村级公墓、安监网格员、基层环卫等领域问题33起。

【第一监督职责履行】 2022年，区纪（工）委监委促进各类监督力量和资源有效整合，推动监督从“有形覆盖”向“有效覆盖”深度转变。用好清单管理、谈话提醒、约谈函询、督查问责等方式，加强对“一把手”和领导班子监督。启动年轻干部教育管理监督“青廉工程”，打造监督治理闭环、严管厚爱循环以及学思践悟链条“两环一链”工作体系，推动各地各单位为年轻干部选配廉政导师130余人，“青廉”教育覆盖年轻干部1020人次。严把选人用人政治关、廉洁关，回复党风廉政意见4639人次，对10人次提出暂缓或否定性意见。深化“巡纪审统”四方合作，组建13个巡纪审联动小组参与跟踪领导干部经济责任及专项审计等项目，加强会商会审，提高移送线索质量。深化与人大监督、民主监督、司法监督、群众监督、舆论监督有机贯通，加强与组织、财政等部门统筹协调，有效形成监督合力。［纪（工）委监委　朱欣］

2022年，区纪（工）委监委全域推进亲清政商服务站建设［纪（工）委监委　供图］

民主党派·工商联

中国国民党革命委员会苏州高新区（虎丘区）基层委员会

【组织建设】 2022年，中国国民党革命委员会苏州高新区（虎丘区）基层委员会（简称“民革高新区基层委”）围绕全区经济社会发展中心工作和疫情防控工作，依靠自身优势，在思想建设、组织建设、参政议政、社会服务等方面发挥作用。有市政协委员2名、区政协常委3名、区政协委员11名、区人大代表1名。有3个党支部党员58名，其中，大专以上学历98.2%，本科以上学历86%，三分之一具有硕士以上学历，系由民营企业家、律师、医生、教师、机关工作人员等各个社会阶层组成的代表性集体。

【参政议政】 2022年，民革高新区基层委组成提案调研组，完成《苏州高新区绿色低碳产业集群发展》《关于加强童傅故居保护和利用的建议》2篇集体提案。市、区两会期间，通过提案、建议等形式积极参政议政，围绕楼宇经济、太湖科学城建设、应对用电高峰等高质量发展关键问题，反映社情民意，体现民革党员责任意识。年内，《关于实施城市更新行动推动区域高质量发展的建议》《关于“打造高质量人才聚集高地，助力区域经济可持续发展”的建议》2篇集体提案获评区政协2022年度优秀（集体）提案。

【社会服务】 2022年，民革高新区基层委坚持服务党员，服务社会宗旨，参与社会服务工作，投身慈善公益事业。投入疫情防控一线工作，下沉社区支援核酸集中采样志愿者服务，向疫情防控捐款合计17万余元，保障疫情防控人力物力财力。发挥党员专业优势，开展公益活动，律师党员开展法律援助50余次，医生党员开展义诊活动30余次，惠及群众约1000人。年内，1名党员获评江苏省工艺美术行业十大工匠。

（统战部 顾寅清）

中国民主同盟苏州高新区（虎丘区）基层委员会

【组织建设】 2022年，中国民主同盟苏州高新区（虎丘区）基层委员会（简称“民盟高新区基层委”）对标“四新”“三好”新时代参政党建设要求，巩固思想基石，强化自身建设，优化组织队伍，提升履职实效，承担社会责任。班子成员9名，主委1名、副主委2名、委员6名，其中1名委员兼任秘书长，在班子成员以外设副秘书长1名。有4个支部，盟员人数106名，研究生以上学历盟员41.5%，女性盟员45.3%，平均年龄44.3周岁。盟员中市区两级政协委员15名，任民盟市委委员2名，其中常委1名。累计建成“民盟之家”阵地2个。12月，召开民盟苏州高新区（虎丘区）基层委员会第一次代表大会。年内，民盟高新区基层委一支部获评民盟苏州市委先进基层支部，1件集体提案获评2022年度优秀提案。

【参政议政】 2022年，民盟高新区基层委重点开展《关于打造一批专精特新民营企业的调研与建议》《关于碳达峰、碳中和引领高新区绿色发展的建议》

等调查研究，完成高质量调研报告2篇。盟员政协委员向政协会议提交大会发言材料2份、提案15份。

【社会服务】 2022年，民盟高新区基层委构建广大盟员联系民生桥梁与纽带，承担共同富裕使命，树立献爱心，传盟爱，勇担当良好形象，做好“民盟—名骏百盛爱心助学专项基金”“正华奖学金”“高新盟爱进万山”等社会服务品牌。在苏州高新区文昌实验中学举办“民盟—创迈爱心助学金”首期发放仪式，对文昌实验中学等4所中学25名学生发放总金额5万元爱心助学金。截至2022年年底，累计帮扶资金30万余元（含疫情防控期间捐资捐物），累计惠及受助学生120名。

（统战部 顾寅清）

中国民主建国会苏州高新区（虎丘区）基层委员会

【组织建设】 2022年，中国民主建国会苏州高新区（虎丘区）基层委员会（简称“民建高新区基层委”）团结带领全体会员，提高履职能力，结合疫情防控形势需要，创造性开展各项会务工作。届中调整领导班子，调整主委，副主委各1名，补充委员1名。有会员115名，有省政协委员1名，市政协委员3名，区人大代表3名，区政协委员15名。平均年龄47岁，本科以上学历88%，研究生以上学历35%，由经济界人士、专家学者、律师、政府工作人员等具有代表性社会阶层组成，系老中青相结合综合性民建基层组织。

【参政议政】 2022年，民建高新区基层委发挥民建经济界别特色优势，围绕经济发展建言献策，推动政策落实落地，为促进经济社会发展贡献民建智慧及力量。政协虎丘区九届一次会议召开期间，提交提案14件，其中集体提案2件、个人提案12件。完成2项课题调研——“进一步完善我区医疗器械产业公共服务体系，促进产业创新集群发展”“探索STEM教育环境下的多元劳动教育模式”，形成集体提案并提交。年内，民建高新区基层委获评民建苏州市委参政议政先进集体，1名会员获评民建苏州市委参政议政先进个人，1名会员受到虎丘区政协优秀政协委员表彰，《我国残疾儿童学前教育立法亟需完善》被全国政协综合采用，获评苏州市政协优秀社情民意信息，提案《关于系统谋划务实实施，推动我区“智改数转”全面发力》《关于推动“双创”主体融通发展的建议》获评政协优秀提案。

【社会服务】 2022年，民建高新区基层委做好疫情防控工作。会员企业康佳幼教集团与金羲智慧教育签订战略合作协议，发挥双方各自资源优势探索符合国情智慧幼儿教育课程，助推幼儿智慧教育高质量发展。开展认养梨树活动，联合宿迁市花园村民建省委助力乡村振兴实践基地建设。发扬爱心民建传统，开展思源基金募集工作，帮助脑瘫儿童家庭解困。

（统战部 顾寅清）

中国民主促进会苏州高新区（虎丘区）基层委员会

【组织建设】 2022年，中国民主促进会苏州高新区（虎丘区）基层委员会（简称“民进高新区基层委”）发扬优良传统，提高自身能力建设，带动履职尽责作为，开展社会服务，做好思想引导、汇聚力量、议政建言、服务大局等各项工作。设教育支部、综合支部、苏州高等职业技术学校支部、苏州市艺术学校支部4个支部，有主委1名、副主委2名、委员3名。会员共109名，其中教师会员59名、其他行业会员50名。市人大代表1名，市政协委员1名，区政协委员13名。

【参政议政】 2022年，民进高新区基层委认真学习各项方针政策，提高履职基本能力。结合自身特色优势，找准建言切入点、结合点、着力点，制订履职活动计划、安排调研课题建言议题。加强交流培训，以“同心圆梦　携手共进”为主题，围绕年度2项调研课题《关于提升协同创新效能，加快产业集群建设的建议》《关于在疫情防控常态化工作背景下进一步优化社区管理机制的建议》组织2次参政议政交流会，交流探讨撰写提案及社情民意措施，课题成果分别在市民进参政议政论坛及区政协各党派参政议政交流会上作汇报交流。围绕中心工作产业创新集群建设参政议政，重点提案《关于加快建设高新区产业科创集群的建议》受到区委主要领导督办，集体提案《关于提升核心区集聚辐射效应，建设一流太湖科学城的建议》入选区政协九届二次会议1号提案。集体提案《关于太湖科学城水乡风貌保护及开发的建议》受到关注，党派会员参加区政协太湖科学城论坛，交流协商调研成果。

【社会服务】　2022年，民进高新区基层委与民进南京大学基层委围绕“大运河城镇数字记忆资源建设”项目开展校地合作。实地调研浒墅关古镇，合力开发保护大运河档案文化资源。系统采集实物、图片、影像等运河文化史料进行编研整理，创新打造可交互、可视化数字平台，探索开发建设大运河城镇文化数字档案馆。组织开展送教进社区活动4次，社会服务老品牌“四点半学校”送教进横塘社区。高职支部、艺校支部发挥教师会员行业优势，送教进老年大学，担任志愿讲解员，参与昆曲进校园、进社区等活动，累计开展活动30余次。（统战部　顾寅清）

中国农工民主党苏州高新区（虎丘区）基层委员会

【组织建设】　2022年，中国农工民主党苏州高新区（虎丘区）基层委员会（简称“农工党高新区基层委”）以“矢志不渝跟党走，携手共进新时代”政治交接主题教育为指导思想，扎实开展各项工作。截至2022年年底，有支部6个党员183名，其中，市政协常委1名，市政协委员3名，区人大代表5名，区政协委员15名。

【参政议政】　2022年，农工党高新区基层委发挥建言献策主要职能。提交《关于创新短视频、直播等“互联网+”模式，赋能现代苏绣文化高质量发展的建议》《助力“中心”转“医院”，助推区域基层医疗水平高质量发展》集体提案2件，个人提案15件，社情民意约30篇，涉及环保、养老、新能源、传统文化教育等领域。申报调研课题并参与市委会重点课题调研，培养锻炼参政议政骨干队伍。形成《关于借助专业产业园区提升产业能级的建议》《三位一体医养结合居家养老新模式探讨》等调研报告。年内，《关于助推区域基层医疗水平高质量发展的建议》获评2022年度优秀集体提案，《助推高端医疗器械产业、生物医药产业创新集群发展》汇报获农工党中央主委批示，《当前疫情下对于“时空伴随者”管控仍存三方面问题亟需重视》社情民意被全国政协采用，多篇材料被农工党省委、市委采用。

【社会服务】　2022年，农工党高新区基层委参与市委会“书香农工”活动，设立读书专架。4月23日，开展“世界读书日”线上读书节分享直播活动。助力产业创新集群高质量发展，开展医工结合“五进”（进院所、进医院、进企业、进社区和进养老机构）活动，组织农工党医生考察中国科学院苏州生物医学工程技术研究所、医疗器械产业园、苏州心擎医疗技术有限公司、诺一迈尔（苏州）医学科技有限公司等院所企业。6月15日，举办“技术赋能绿色金融、行业携手责任担当”世界低碳日主题绿色低碳产业发展论坛。推进医药支部、科医支部义诊活动。捐款捐物，践行社会责任，多名党员在疫情防控期间向各地捐款、捐赠口罩等防疫物资。

（统战部　顾寅清）

中国致公党苏州高新区（虎丘区）基层委员会

【组织建设】 2022年，中国致公党苏州高新区（虎丘区）基层委员会（简称“致公党高新区基层委”）围绕中心、服务大局，在各项工作中展现致公智慧。有党员79名，大专以上学历100%，本科以上学历超90%，三分之一具有硕士及以上学历。主要以归侨、侨眷中中上层人士及其他有海外关系代表性人士组成，系企业家、机关工作人员、律师、教师、医师等各个社会阶层组成有代表性集体。有省人大代表1名，市人大代表1名，市政协委员2名，区人大代表1名，区政协常委2名，区政协委员10名（含常委2名）。致公党苏州市委员会委员1名，文化体育专委会主任1名，法制工作委员会主任1名。

【参政议政】 2022年，致公党高新区基层委履行参政议政职责，深入开展调研，建言献策，课题内容涉及数字经济、乡村振兴、运河文化、人居环境治理等多个方面。撰写社情民意30余篇。市政协社法委杨钧辉委员工作室揭牌启用，区政协钮金英健康咨询和服务工作站揭牌启用。年内，《关于进一步完善我市新能源车充电基础设施建设的建议》获评政协苏州市第十五届委员会第一次会议以来优秀提案，《关于进一步做好“山水江南”助推美丽乡村建设的建议》获评虎丘区政协2022年度优秀（个人）提案，《关于将运河高新区段打造成大运河文化建设带核心展示区的建议》获评虎丘区政协2022年度优秀（集体）提案，3名党员获评2022年度虎丘区优秀政协委员。

【社会服务】 2022年，致公党高新区基层委强化责任担当，汇聚党派力量，根植社会、面向基层、服务百姓，开展“志愿者进社区 助力基层防疫”“垃圾分类进乡村 引领文明新风尚”等社会服务活动。参加疫情防控工作，共捐赠款物约20万元。年内，致公党高新区基层委获评中国致公党江苏省委员会为“强富美高”新江苏建设做贡献先进集体，1名党员获评中国致公党江苏省委员会为“强富美高”新江苏建设做贡献先进个人。

（统战部 顾寅清）

九三学社苏州高新区（虎丘区）基层委员会

【组织建设】 2022年，九三学社苏州高新区（虎丘区）基层委员会（简称“九三学社高新区基层委”）履行参政党职能，做好组织建设、参政议政、社会服务等工作。有社员94名，平均年龄43.1岁。本科以上学历93名，占比98.9%；硕士以上学历64名，占比68.1%，其中博士学历25名，占比26.6%；系科技工作者、医疗卫生工作者、律师、民营企业经营者、机关工作人员等组成代表性集体。有省政协委员1名；市政协委员3名，其中常委1名；区政协委员13名，其中副主席1名、常委2名；市青联委员1名；区青联委员3名，其中常委1名。在苏州市九三学社十一届委员会中，九三学社高新区基层委4名社员当选委员，其中常委2名。年内，九三学社高新区基层委获评参政议政优秀基层组织，多名社员获评2021—2022年度国家知识产权局优秀青年、江苏省核与辐射十佳执法能手、苏州市魅力科技团队、苏州市最美巾帼科技人物、九三学社中央信息工作贡献奖、九三学社江苏省委参政议政能手、宣传思想标兵、社会服务先锋等称号。

【参政议政】 2022年，九三学社高新区基层委积极参政议政。省、市、区三级政协委员履职尽责，提交《关于加强江苏省农产品地理标志品牌化建设的建议》《关于优化社区网格化治理的建议》等全国及省市区政协提案20余份，其中《关于提高高校和科研院所科技成果转化效能的提案》被全国政协十三届五次会议作为重点督办提案。围绕经济发展、社会民生、科技创新等领域建言献策，报送《关于加强打击非正常申请专利行为的建议》《关于设立长三角知识产权法院的建议》等社情民意信息30余篇，其中，被九三学社中央采用16篇，全国政协采用2篇，省政协采用9篇。中标九三学社中央招标课题1项，九三学社江苏省委招标课题1项（被选作集体提案提交省政协全会），九三学社苏州市委招标课题3项（其中1篇被作为市政协全会大会发言稿）。推进“促进养老服务设施数字化建设”“打造医疗创新之谷”2项重点课题，形成调研报告并入选区政协集体提案。

【社会服务】　2022年，九三学社高新区基层委协助做好疫情防控工作。社内非公有制经济人士参与公益捐赠活动，捐款捐物折合人民币20万余元。开展“知识产权助力创新　九三学社与您同行”品牌社会服务活动。走访苏州世嘉科技股份有限公司、江苏百赛飞生物科技有限公司，发挥九三学社资源整合优势，助力医疗产业深度融入国际抗疫事业，推动经济发展。发挥科技界别社员优势，开展“科技赋能助力创新”主委项目。走访苏州纽迈分析仪器股份有限公司，发挥桥梁纽带作用，促成医工所与纽迈分析仪器股份有限公司开展院企合作。助推科技城医院挂牌南京大学医学院附属苏州医院，促进科技城医院内分泌科与鼓楼医院部分专家合作，深化附属医院重点培育项目，借助南京大学平台在医学科技创新、人才培养方面开展深入合作。利用“九三微课堂”平台，开展心理健康辅导等公益培训。（统战部　顾寅清）

苏州高新区工商业联合会［苏州高新区（虎丘区）总商会］

【组织建设】　2022年，苏州高新区工商业联合会［苏州高新区（虎丘区）总商会］（简称“区工商联”）全面传达学习省委、市委、区党工委工作会议精神，在市工商联和区党工委统战部指导下，着力发挥桥梁纽带作用，助力区内民营企业统筹做好疫情防控和复工复产工作，务实履行服务引导职能，构建新时代亲清政商关系，营造最优营商环境，奋力开创促进“两个健康”（非公有制经济健康发展、非公有制经济人士健康成长）工作新局面。

【参政议政】　2022年，区工商联强化信息宣传，扩大工商联及商会组织影响，及时上报各类政务信息、宣传报道。围绕党委和政协中心工作把握政策风向，紧扣经济社会高质量发展总命题，抓住“两个健康”主线，走访民营企业，发挥基层商会桥梁纽带作用，促进民营经济高质量发展。鼓励支持民营企业家人大代表、政协委员务实履职尽责，建言献策、参政议政。《高新区新一代企业家有了更好创业生态》被《新华日报》刊载。年内，区工商联获评构筑非公经济舆论阵地先进单位，《关于优化保障民营中小企业发展环境的几点建议》《关于缓解高新区东部到科技城交通压力的建议》《关于加强未成年人安全保护的建议》获评2022年区人大优秀代表建议，《薪火相传担使命　砥砺奋进新时代——探索苏州高新区新一代企业家培养新路径》作为政协虎丘区委第九届委员会第二次会议交流材料。

【服务企业发展】　2022年，区工商联开展“书记面对面”、惠企政策宣讲会、民营企业大走访等活动，收集企业意见建议52条，诉求办结率、满意率均100%。开展政企对接座谈会，发挥企业家参政议政职能，联合成立民营企业家协商议事联盟。联合打造“联商共建”模式，创新构建板块商会“亲清政商服务站”，建设政商大“廉”动监督保障平台。累计收集企业诉求96条，解决问题96个。组织30余家民营企业代表走访外资企业克诺尔集团，开展民企台企、民企与苏州欧洲商会、民企外企协商议事联盟对接交流活动，促成企业融合发展。加强与西安市雁塔区工商联互联互通，开展与张家港工商联、相城区工商联、吴江区工商联等单位交流对接活动，推动企业共同发展。开展“百企进南大”和西安交大产学研对接活动，组织企业家赴南京大学苏州校区参观交流，组织15家民营企业代表赴西安交大开展现场校园招聘活动。召开苏州高新区民营企业人才工作调研座谈会，召开大院大所联盟与民营企业座谈会，组织企业家代表走访浙江大学苏州工研院、清华苏州环境创新研究所等。联合苏州农商银行开展“党建引领聚合力 共建融合促发展”对接交流活动，与苏州农商行高新支行签订战略合作协议，探索打造“会长+行长”合作模式。联合江苏银行开展惠企政策宣传活动，打造服务民营企业优质品牌。深化“商法检”三方合作机制，完善商会商事纠纷诉调对接工作。调解案件319件，其中调解成功111件。制定《开展企业合规改革工作的实施方案》，推动组建第三方机制管委会，履行管委会办公室职责。办结企业合规案件2件，涉案企业3家，合规领域涉及安全生产、生态环境等多个方面。实施光彩类项目13个，公益类捐赠项目17个，累计捐赠金额1500万余元。开展“红围巾”送温暖走访慰问活动，走访浒墅关、枫桥等区域低保边缘和残疾住户。开展“万企兴万村”行动，组织苏州路之遥科技股份有限公司、中兴克拉科技（苏州）有限公司等民营企业与重点村开展结对帮扶。鸿海（苏州）食品科技股份有限公司、苏州绿叶科技集团有限公司等企业在苏州—铜仁东西部协作中发挥积极作用。印发《致全区商（协）会和民营企业的动员书》，引导民营企业参与疫情防控工作，保障集宿区核酸检测、防疫物资供应及企业生产物流顺畅。组织各类队伍150余个，参加志愿服务9600余人次。引导商会发挥作用，开展线上培训、线上招聘会等助企活动10余次。组织多家民营企业向各地捐款、捐赠口罩等防疫物资，新一代企业家代表赴云南红河哈尼族彝族自治州绿春县开展慈善助学活动。（统战部　顾寅清）

群众团体

苏州高新区（虎丘区）总工会

【基层组织建设】 2022年，苏州高新区（虎丘区）总工会（简称“区总工会”）扩大组织覆盖面，新增百人以上企业建会100余家，新增工会会员1.8万人，录入会员实名制数据库1.6万人，累计录入22.1万人。强化基层组织，提升服务能力。根据“会、站、家”三位一体工作思路，强化区、镇（街道）、社区服务站点建设，提高服务群众能力水平。加强队伍建设，培养高素质人才。定期举办工会主席“半月谈”“劳模先进沙龙”等活动，常态化开展座谈交流、现场观摩等沉浸式教育，激发基层工会内生动力和工会干部工作激情。优化服务方向。通过12345便民热线、寒山闻钟等渠道定期收集职工反馈问题，接待职工来访来电1286人次，缓解劳资矛盾。年内，浒墅关城际商圈劳动者驿站获评2022年苏州市工会工作创新成果奖。

表9 **高新区获评江苏省五一劳动奖和江苏省工人先锋号名单（2022）**

序号	奖项	单位（部门、个人）
1	江苏省五一劳动奖状	固德威技术股份有限公司
2	江苏省五一劳动奖章	陈玲玲［普尔思（苏州）无线通讯产品有限公司生产线长］
3	江苏省五一劳动荣誉奖章	长良直［NGK（苏州）环保陶瓷有限公司总经理］
4	江苏省工人先锋号	苏州大乘环保新材有限公司研发部
5	江苏省工人先锋号	万都底盘部件（苏州）有限公司研究所

表10 **高新区获评苏州市五一劳动奖和苏州市工人先锋号名单（2022）**

序号	奖项	单位（部门、个人）
1	苏州市五一劳动奖状	中移（苏州）软件技术有限公司
2	苏州市五一劳动奖状	苏州高新区人民医院
3	苏州市五一劳动奖状	苏州高新区实验初级中学
4	苏州市五一劳动奖状	苏州速迈医学科技股份有限公司
5	苏州市五一劳动奖状	苏州和林微纳科技股份有限公司
6	苏州市五一劳动奖状	苏州百胜动力机器股份有限公司
7	苏州市五一劳动奖章	刘大野（苏州高新物业管理有限公司安全保卫部主管）
8	苏州市五一劳动奖章	徐洪润（苏州高新区通安现代农业园发展有限公司副总经理）
9	苏州市五一劳动奖章	张　丹（苏州医疗器械产业发展有限公司党政办主管）
10	苏州市五一劳动奖章	张　蔚（苏州广林建设有限责任公司副总经理）
11	苏州市五一劳动奖章	汤永强（苏州中设建设集团有限公司党委副书记、副总经理）

续表

序号	奖项	单位（部门、个人）
12	苏州市五一劳动奖章	张霞（苏州天源服装有限公司业务一组组长）
13	苏州市五一劳动奖章	韩在萍（苏州中车轨道交通车辆有限公司客服驻点主管）
14	苏州市五一劳动奖章	熊文（苏州茂立光电科技有限公司财务部处长）
15	苏州市五一劳动奖章	薛静仪（苏州优科豪马轮胎有限公司行政管理部长、工会主席）
16	苏州市五一劳动奖章	钱晓丽（苏州高新区蔡梅英刺绣艺术中心刺绣工艺部技术指导）
17	苏州市五一劳动奖章	高进（苏州金合盛控股有限公司党委委员、副总经理）
18	苏州市五一劳动奖章	王诚［苏州高新区（虎丘区）卫生监督所支部书记、所长］
19	苏州市五一劳动奖章	李惠芬（苏州科技城医院护理部主任）
20	苏州市五一劳动奖章	束燕（苏州高新区人民医院第一党支部书记、护理部主任）
21	苏州市五一劳动奖章	杜颜（江苏省苏州实验中学第一支部书记、副校长）
22	苏州市五一劳动奖章	周丽平［苏州高新区（虎丘区）狮山、横塘街道办事处为民服务中心主任］
23	苏州市五一劳动奖章	王娟（苏州市世嘉科技股份有限公司董事长）
24	苏州市五一劳动奖章	闵大勇（苏州长光华芯光电技术股份有限公司董事长、总经理）
25	苏州市五一劳动奖章	周飞（苏州苏高新集团有限公司副董事长、党委副书记、总经理）
26	苏州市五一劳动荣誉奖章	姜南求（苏州艾福电子通讯股份有限公司总经理）
27	苏州市工人先锋号	国家税务总局苏州国家高新技术产业开发区税务局纳税服务科
28	苏州市工人先锋号	苏州市公安局苏州高新区分局（虎丘分局）枫桥派出所
29	苏州市工人先锋号	纽威数控装备（苏州）股份有限公司制造二部/现场装配/卧加装配组
30	苏州市工人先锋号	苏州高新区（虎丘区）城市管理行政执法大队枫桥中队
31	苏州市工人先锋号	苏州国家高新技术产业开发区消防救援大队狮山消防救援站
32	苏州市工人先锋号	苏州联讯仪器有限公司研发中心
33	苏州市工人先锋号	苏州新区高新技术产业股份有限公司安全管理办公室
34	苏州市工人先锋号	苏州高新区公共交通有限公司定向支援高新区人民医院疫情防控团队
35	苏州市工人先锋号	苏州科达科技股份有限公司制造一部
36	苏州市工人先锋号	苏州科技城医院检验科
37	苏州市工人先锋号	苏州浒墅关实验幼儿园高新区男幼师发展共同体工作室
38	苏州市工人先锋号	苏州长光华医生物医学工程有限公司仪器生产车间
39	苏州市工人先锋号	安弗施无线射频系统（苏州）有限公司天线运营制造车间
40	苏州市工人先锋号	苏州狮山广场发展有限公司工程部
41	苏州市工人先锋号	苏州天准科技股份有限公司生产二组

【劳模精神弘扬】 2022年，区总工会树立劳模典范，深化“三创争两提升”（创争先进党支部、创争模范职工之家、创争工人先锋号，提升政治引领力、提升群众组织力）。开展劳模选树工作，实施劳模支部“三创争两提升”工程，发挥党员和劳模先锋模范作用。举办劳模先进座谈会，发挥工会各类宣传阵地及各级劳模、工人先锋号、职工之家等先进集体和个人示范带动作用。弘扬劳模精神，开展“礼赞新时代 追梦复兴路”劳模工匠宣讲活动，形成关心劳模、尊重劳模、学习劳模良好氛围。年内，莱克电气股份有限公司工会获评江苏省非公有制企业党建带工建“三创争两提升”活动示范单位。

【职工劳动竞赛】 2022年，区总工会强化专项培训，助力经济发展。开展“雏鹰训练营”培训，以“金德工匠”培养体系，提高班组长、一线产业工人技能水平；构建培训、练兵、比武链条式职业技能发展模式，提升产业工人职业素养。擦亮“高新匠领”技能提升品牌，培育优质人才，累计培养享受国务院特殊津贴大师4人，江苏省企业首席技师、大工匠、乡土“三带”（带领技艺传承、带强产业发展、带动群众致富）人才约90人，姑苏高技能重点（突出）人才、领军人才130人，高技能人才5.95万人。助力举办2022年城市维护行业技能竞赛、健康达人技能竞赛、妇幼健康服务技能竞赛、“健康苏州杯”依法执业、诚信服务技能竞赛等劳动竞赛，提升职工专业知识水平。

【职工权益维护】 2022年，区总工会提升区域集体协商能力，签订集体合同920份、工资专项合同881份、女职工专项集体合同690份。深化维权服务作用，抓实抓细劳动关系领域维护政治安全工作，依托高新区总工会职工法律援助中心畅通职工诉求表达渠道，引导职工依法合理维护自身权益，妥善解决职工多样化、多元化需求，化解劳动关系矛盾。保障优秀产业工人任职、评优评先平等权益，保障各类编外职工、劳务派遣工同工同酬等权益。开展各类女性特色课程大课堂，女职工参加人数210名。年内，区总工会获评2022年全国总工会“尊法守法·携手筑梦”服务农民工公益法律服务行动成绩突出集体、全国职工新《安全生产法》知识竞赛答题暨安全文化宣传活动优秀单位、2022年苏州市工会集体协商技能竞赛团体一等奖、2022年全市工会安全生产和劳动保护技能竞赛团体二等奖等。

【困难职工帮扶】 2022年，区总工会深入基层，了解全区困难职工人数，困难帮扶（送温暖对象一类）68人。开展送温暖常态活动，春节期间组织开展“工会常伴·贴心送暖”活动，发放物资6.2万元，发放慰问金及慰问品。开展“金秋助学”活动，帮助6名困难职工缓解子女就学压力，累计发放救助金8500元。落实特殊困难救助办法，对符合条件724名工会员工发放医疗救助金65.45万元，大病补助工会会员116名。

（总工会　谈莫妍）

共青团苏州高新区（虎丘区）委员会

【组织建设】 2022年，共青团苏州高新区（虎丘区）委员会（简称“区团委”）结合县域共青团基层组织改革要求，强化青少年思想引领，夯实共青团组织建设，引领青年建功、服务青年成长，打造青年发展型县域，为“两区两前列”建设汇聚青春力量。全区有团（工）委66个，团总支71个，团支部1864个，团员22627人；全年发展团员1150人，有各级少先队组织38个，少先队员75774人，少先队辅导员1958人。年内，苏州高新技术创业服务中心（苏州创业园）团委书记沈思含获评2021年度全国优秀共青团干部，国家知识产权局专利局专利审查协作江苏中心审查员孟阳获评2021年度全国优秀共青团员，苏州心擎医疗技术有限公司科学与创新部总监徐嘉颢获评第21届全国青年岗位能手，苏州姚建萍刺绣艺术有限公司刺绣设计师姚卓获评江苏好青年，通安镇团委副书记许琴获评江苏省优秀青年志愿者。

【青少年思想引领】 2022年，区团委综合开展学习党的二十大精神，庆祝建团100周年。抓好“青年大学习”网上主题团课，平均参学率100%。举办线下宣讲交流活动50余场；依托青年之家、青年学习社、联青服务站等青年阵地开展“学习二十大　永远跟党走　奋进新征程”主题学习交流活动40余场；组建青年讲师团、红领巾巡讲团，开展主题宣讲活动20余场。紧扣青年特点，利用“高新青年汇”新媒体平台推出学习产品20余个，联合开展“学习二十大　青说映红心”短视频征集活动，分年龄组推出学习视频，提高青少年学习能力。加强共青团宣传能力建设，提升新闻媒体报道层级与数量。年内，区团委获得中央及省市级媒体报道200余次。

【青少年权益维护】 2022年，区团委出台《苏州高新区（虎丘区）共青团基层组织改革实施方案》，推进县域共青团基层组织改革。以推进智慧团建、非公团建等重点工作为契机，加强社会领域、非公领域团组织建设，推动各级团组织规范落实“三会两制一课”（支部大会、支部委员会、团小组会，团员教育评议制度、团员年度团籍注册制度和团课）、团员发展、团支部对标定级、团员先进性评价等工作，推动从严治团工作。加强机关、事业、企业、学校等各领域团建，依托苏州网约车青春加油站高新区1号店、红悦天街爱“新”青年休息站，做好新业态、新就业青年群体服务。打造100家360度青年之家，营造青年“一刻钟共享生活圈”。召开共青团苏州高新区（虎丘区）第二次代表大会，落实“一专一站两联”工作机制，构建“十站十组”团代表联络站工作体系，149名区团代表全部入驻团代表联络站。举办基层团干部能力素质提升培训班、青马工程班、少先队骨干辅导员培训班，培训团干部、少先队员及优秀青年约150人。与南京大学团委、东南大学团委、哈尔滨工业大学团委等高校院所团组织开展团建合作。深化全团带队工作，开展面向少先队员教育实践活动，推进少先队社会化工作，首批成立社区少工委（少先队工作委员会）11家，实现中小学校社区校外少先队组织全覆盖。

【青年创新创业】 2022年，区团委助力青年人才招引，推动“校园苏州日”、东南大学引才工作站建设。建成青年人才驿站11家，覆盖全区三大功能片区，累计为3000余人次青年人才、200余家企业提供服务。推动青年“双创”工作，打造“青春梦工场”全周期服务体系，举办“让全国看见你”路演活动、“智汇苏高新——青春梦工场”青年创新创业大赛，覆盖青年创客5000余人次。深化“对话青商”品牌，开展青年企业家中党史学习教育、周边互访学习活动。开展“繁新计划”高校暑期大学生实践活动、“满天新”青年人才成长训练营，实现课堂学习、参观调研、城市体验、入职培训、素质拓展、青年交友、青年分享有机融合。

【青年志愿服务】 2022年，区团委依托苏州高新区（虎丘区）青年志愿者协会，做好“小青新”志愿服务品牌。围绕“战‘疫’青春”项目，招募5000余名志愿者加入疫情防控，首创“小青新”采样马甲，助力区域核酸采样并在全市推广。实施“大学生志愿服务乡村振兴计划”“青绘乡村”项目，开展手绘乡村、巡河护河等服务活动，助力乡村振兴及文明典范城市创建。围绕“第一时间救援”项目开展互动式急救及应急培训70余场，累计服务市民6000余名。围绕“五色花”项目开展精准助残服务，通过入户、陪护、筛查、讲座等多渠道，实现阳光助残约5000人次。开展“拜托啦！暑假”青少年暑托班项目，开设暑托班站点106个，累计整合课程资源721节，服务青少年约1400名。完善青少年“立体关护”服务体系和“12355”青少年权益维护工作机制，升级重点青少年网格走访、智能预警、帮扶介入全流程，改善以事实无人抚养儿童为重点困境青少年成长环境。聚焦15户家庭事实无人抚养儿童“梦想改造+”关爱计划，与“希望家长”建立结对帮扶关系。开展99公益日“蒲公英计划”项目，参与1200人次，筹集善款1.8万元。年内，“五色花”公益助残志愿项目获评2022年江苏省青年志愿服务项目大赛二等奖，“第一时间救援”急救大行动项目获评2022年江苏省青年志愿服务项目大赛三等奖，区青年志愿者协会获评2022年苏州市优秀青年志愿服务组织，镇湖实验小学校作品《莫欺》、高新区第三中学校作品《一路有你》获评第七届苏州市中小学生自我保护情景剧三等奖，科技城外国语学校作品《青春不止于沉默》、高新区第三中学校作品《亚当的苹果》

获评青少年生命健康主题优秀剧目，“青绘乡村”项目获评2022年苏州高新区十佳志愿服务项目。

（团委　廖子琰）

苏州高新区（虎丘区）妇女联合会

【概况】　2022年，苏州高新区（虎丘区）妇女联合会（简称“区妇联”）以学习宣传贯彻党的二十大精神为主线，号召广大妇女及各级妇联干部进一步增强发展紧迫感、使命感，聚焦党政所需、妇女所急、妇联所能，紧扣引领服务联系职责，全面打造“慧绣高新”工作品牌，实施初心向党、时代建功、幸福家庭、平安逐梦、活力提升五大行动，推动妇女儿童各项事业发展。

【妇女思想引领】　2022年，区妇联坚持党建带妇建，深化“组组联动”机制，推动党建与业务工作融合发展。围绕强组织、增活力、促发展主线，做好“高新巾帼说”思想政治领航品牌，举办“巾帼大学习　今天我来读”“永远跟党走　高新巾帼说”微宣讲比赛、“我奋斗　家国美”故事汇、“巾帼心向党　献礼二十大”妇女书画作品展等活动，开展“我和党旗合个影”等网络主题宣传。举办“清风住我家　传承好家风”优秀家风作品征集、寻找“最美家庭”等系列主题活动，弘扬社会主义核心价值观。挖掘推选三八红旗手（集体）、巾帼文明岗、巾帼示范基地等各类先进典型，增加全国三八红旗手1名、省最美家庭2户，省五好家庭、绿色家庭各1户。

【妇女创新创业】　2022年，区妇联实施巾帼助力高质量发展三大行动，打造三大品牌，引领广大妇女在创新创业最前沿、乡村振兴第一线做出贡献。实施科技创新巾帼行动，举办“智汇苏高新　融慧她创力”女性创新创业大赛、“巾帼智享荟　助力‘新’经济”科技女性联盟分享沙龙、女性科技人才进校园和女大学生暑期创业就业训练营等系列活动。举办“慧聚高新绣芳华”女性专场云招聘，实施巾帼家政培训项目。举办家政明星赛，促进家政服务业能力提升。推动乡村振兴巾帼行动，促进美丽庭院、美丽菜园建设，创新美丽庭院建设与新时代文明实践、妇女议事会相结合举措，重点打造西京村、华盛社区等村落，建设市级美丽庭院250户。深化巾帼志愿服务行动，组织动员广大巾帼志愿者参与疫情防控、文明创建、平安建设等工作。年内，区内2名女性获评苏州市最美巾帼科技人物。

【妇儿民生保障】　2022年，区妇联完成区“十四五”妇女儿童发展规划编制工作，统筹谋划儿童友好城市建设工作，出台《苏州高新区建设儿童友好城市三年行动计划（2021—2023年）》《苏州高新区关于推进儿童友好城市建设的实施意见》，文昌社区、康佳社区、华通社区等6个社区通过市级儿童友好示范社区验收。推进“三全社区”试点提质扩容，率先成立家庭教育指导服务中心及各镇（街道）家庭教育指导服务工作站，推广“1个中心、6个站点、53个社区家长学校”三级纵深家庭教育指导服务体系。组织开展科学家教知识微竞答、“案例家教十日谈”“好家风润人心”等系列活动。完成“99公益日”项目募捐，推进太湖村、秀岸村“美好家园一户一策微关爱”项目，累计开展“爱育未来”“平安社区”“一起·看”书屋等公益项目活动约300场。

【妇儿关爱服务】　2022年，区妇联加强妇女权益保障法律法规宣传贯彻工作，开展专项排查整治行动，落实村村到、户户进、人人访走访排查机制，落实困境妇女儿童一人一策帮扶关爱举措。推动将困境妇女儿童情况排摸、婚姻家庭纠纷排查化解，纳入区第二批全域网格化管理事项。优化“幸福益站”妇女一站式维权服务，完善“幸福心家”心理咨询服务体系。发挥与法院“虎法少年行”妇女及未成年人权益保护共建机制、与检察院未成年人罪错评估和教育矫治机制作用，委派家庭教育指导师参与涉未成年人案件调解。深化“妇女议事会+妇联执委+网格员”工作体系，推广“行走的议事会”模式，拓展群众利益诉求渠道，提高妇女民主参与程度。

【妇联改革创新】 2022年，区妇联深化妇联改革，发挥执行委员作用，壮大基层工作力量，锻造干事创业“生力军”。开展“四查四看”，制定补短板、强弱项重点工作任务清单。以蹲点调研摸实情，破解难题促发展为目标，采取入户走访、座谈恳谈、征求意见等多种形式开展调研。加强对新业态、新就业群体引领联系服务，新建非遗直播、云上苏绣、家政新媒体、人力资源服务等6家行业协会妇联及科技城商会妇联等2家商会妇联。注重优化执委结构，发挥执委作用，定期召开妇联主席、执委工作会议，实行妇联执行委员“1+1+10”联系制度，推动各级执委工作。举办妇联干部专题培训班、《男女平等基本国策》专题辅导走进党校、系列专题云课堂等活动，提升妇女思想觉悟与综合能力。（妇联　蒋嘉林）

苏州高新区科学技术协会

【概况】 2022年，苏州高新区科学技术协会（简称“区科协”）立足新发展理念，构建新发展格局，围绕争当表率、争做示范、走在前列要求，坚持“四服务”职责定位，学习贯彻中国科协第十次代表大会、江苏省科协第十次代表大会及苏州市科协第十四次代表大会精神，创新推进组织建设、阵地建设、科普惠民、科技服务、海智工程等工作。全区增加省市级科普教育基地2家。截至2022年年底，有省市级科普教育基地23家，省市级科普示范社区20家，企事业科协10家。

【科普阵地建设】 2022年，区科协引导各院所、科技企业建设或转化成科普设备和场馆，推动科技资源科普化。支持各类科技人才参加社会科普志愿工作，普及科技知识。提升企业科协能力，资助苏州科技城彭山实验小学航空模型和航空文化科普教育基地、东南大学苏州医疗器械研究院“微缩人体器官——器官芯片”科普馆建设。年内，苏州卫生职业技术学院科协“中小学卫生健康启蒙教育科普实践”项目入选江苏省科协提升高校科协服务能力计划，中国科学院苏州生物医学工程技术研究所入选江苏省示范企业科协，浙江大学苏州工业技术研究院科协“医疗器械主题特色科技经济融合发展”项目获2022年度市科技经济融合项目补助。

【科普宣传】 2022年，区科协组织5支科普服务团队，针对各社区老年人、青少年和社区居民开展医疗健康咨询、科技科普知识宣传等活动。组织学习《苏州市全民科学素质行动规划（2021—2035年）》，在“苏高新科技”公众号宣传行动规划，向公众普及全民科学素质重点工作。组织开展第二届“科普益起来”活动，征集、公示项目14个，其中科普基地建设类项目4个、科普活动类项目10个。组织100余名科普志愿者开展科普活动298次，受益公众55万人次，扩大科普社会影响力，提升“科普益起来”品牌创建效应。开展全国科技活动周暨市第34届科普宣传周活动，以“走进科技，你我同行”为主题，联合科技城彭山实验小学和苏州泽达兴邦医药科技有限公司开展“科学家精神点亮飞行梦”“走进中药世界——小草的奇妙旅行”科普活动。

【科技服务】 2022年，区科协指导科技工作者阵地建设，开展青年科技人才托举工程项目。南京大学苏州创新研究院科技工作者之家设置科技成果展示区、科技工作展示区和科技工作者交流区，搭建科技工作者开展学术交流、成果交流、思想交流和情感交流活动场所。苏州赛优诺科技产业发展有限公司发挥平台型创业服务机构资源整合优势，结合科技企业生命周期馆建设，打造加强科技工作者交流、服务企业成长与展示创新创业经历和成果一站式服务平台。年内，中科新声（苏州）科技有限公司以“科创中国”中国科学院声学研究所苏州电声产业创新基地名义入选中国科协首批科创中国创新创业孵化类创新基地，苏州康多机器人有限公司微创手术机器人关键技术及应用项目入选中国科协科创中国先导技术榜，苏州市产业技术研究院入选中国科协科创中国产学研融通组织榜，多名科技工作者入选江苏省创新达人、2022年度苏州市科协青年科技人才托举工程资助对象、苏州市魅力科技人物。

【海智工作】 2022年，区科协搭建聚集创新资源和产业要素融合交流平台，以获批江苏省海外人才离岸创新创业基地为纽带，依托国仟创投、南京大学苏州创新研究院等5个创新创业基地为主要阵地，促进海外人才和项目落地。举办南京大学生物医药校友创新高峰论坛、中国生物医学工程学会青年论坛等创新创业论坛3场；举办“智汇综保”日中科创路演大赛，推动科技经济融合发展。组织参加苏州市2022国际科学家苏州峰会，高海况无人船研发等4个项目参加峰会项目签约仪式。引导举办专业领域学术论坛，国仟医疗科技（苏州）有限公司围绕医疗器械开展学术论坛11次，南京大学苏州创新研究院举办创业培训6次。围绕数字经济、医疗器械、绿色低碳等重点发展产业链，以线下创新创业大赛和线上跨境视频项目路演等形式举办创新创业比赛及项目路演40次。引进苏州派德洛格生物科技、新一代重组人胶原蛋白医用组织工程技术、江苏东创氢能源科技等项目30个，其中注册落地21家。 （科协　曹静花）

苏州高新区归国华侨联合会

【组织建设】 2022年，苏州高新区归国华侨联合会（简称“区侨联”）团结侨界力量，推动社会发展。截至2022年年底，有委员19人，平均年龄40岁；大学本科以上学历100%，研究生以上学历61.1%。整体结构呈现年轻化、高知化趋势，体现国内与海外并重、老侨与新侨并重工作要求。建有省级新侨创新创业基地3家、省级侨文化交流基地1家、市级侨文化交流基地5家、区级涉侨载体6个、社区侨之家5个，覆盖生物医药、新材料、新能源、文化创意等重点领域涉侨企业500余家。

【以侨引智】 2022年，区侨联围绕发展大局和中心工作，加大海内外优质资源牵引，发挥侨界人才荟萃、智力密集、联系广泛优势，坚持“走出去”“请进来”相结合，推动高层次人才发展及项目落地。依托海归人才创新季、海归创业大赛、“政绘英才路”等平台，聘任首批“海归人才推荐官”，发布海归人才落地推荐地图，成立海归人才服务中心，建立“海归之家”4个，吸引20余个国家约4000名海内外高层次人才，落户项目1100个，为海内外人才交流构筑宽广平台，拓展引才聚才渠道。

【为侨服务】 2022年，区侨联树立以侨界群众为中心工作理念，依法维护侨胞利益，做好助侨惠侨工作，常态化开展侨企需求调查，梳理矛盾诉求。做好留学全过程服务，建立留学生数据库，联合多部门为留学人员提供行前指导、海外生活等方面服务保障；设立一站式服务平台，为归国留学人员提供项目申报、创业辅导、专业技术等零距离服务，降低企业时间成本与运营成本。组织企业参加苏州国际精英创业周活动，举办专项政策解读、科技型企业风险管理等活动20余场，服务项目人才2000余人次。

（统战部　顾寅清）

苏州高新区（虎丘区）文学艺术界联合会

【概况】 2022年，苏州高新区（虎丘区）文学艺术界联合会（简称“区文联”）团结带领广大文艺工作者，扩大文化交流，践行文艺惠民，推进文艺精品创作、文艺志愿服务及文联基层组织建设等重点工作。11月，召开区委常委会会议，调整文联领导班子，健全工作架构，吸纳熟悉文艺工作、精通文艺创作人员进入文联工作。有作家协会、书法家协会、摄影家协会、美术家协会、音乐舞蹈协会、收藏家协会及枫桥街道文联、浒墅关文联等8个团体会员。各协会发挥自身优势，广泛联系学校、社区及其他行业协会，构建传播矩阵，成立苏州市首个区级作协职工分会——苏州高新区作家协会职工分会、苏州高新区作家协会苏钢企业职工分会、苏州高新区作家协会苏州科技城医院职工分会，打造具有高远格局、本地特色公益性创作阅读组织。推动高新区作家协会少年文学院与高新区图书馆合作，开展“苏州高新区文学少年”评选活动、苏州高新区少年文学院创作能力提升班暨“星空杯”青少年写作采风营。区级各文艺家协会新发展会员39人，新晋加入市级文艺家协会13人、省级文艺家协会11人、国家级文艺家协会4人。截至2022年年底，有会员1000余人，其中国家级会员50人、省级会员109人、市级会员153人。

【文艺活动】　2022年，区文联举办苏州高新区第六届新春诗会、苏州高新区作协作家论坛（第十期）等活动。设立“徐惠泉艺术空间”，弘扬吴门画派传统文化。打造“枫桥名人工作室”“丽调工作室”“枫叶民乐团”，开展“陆衡国学堂”书法传承教师培训班。举办第五届书香里的江南时光（2022—2023年）跨年读书会。7—12月，举办“新时代颂　新征程图”喜迎党的二十大、庆祝建区30周年主题征文大赛，收到来稿360余件，推出成人组、学生组获奖作品各33篇。6—12月，举办“最江南”主题网络文学作品征文大赛，收到参赛作品500余部，评选出优秀现实题材作品20部，推动“江南文化”品牌建设。年内，共享“悦”读，感悟有礼——“作家导读，接力共读”活动获评苏州市第十七届苏州阅读节优秀活动奖。

【文艺创作】　2022年，区文联推动“人文丛书”文艺创作品牌。作家协会出版专著8部，组织编撰《江枫文丛》第四卷（9部作品）（春风文艺出版社出版）。浒墅关组织编撰的《浒墅关文丛》第一辑已出齐。枫桥街道文联开展《枫桥街道志》编撰工作。年内，作协会员顾唤华（顾七兮）作品《青砖黛瓦中国红》入选“学习二十大　青春著华章”主题征文活动小说类优秀作品，长篇小说《你与时光皆璀璨》获苏州市“五个一工程”奖；作协会员韩树俊获第一届刘成章散文奖黑马奖、“喜迎党的二十大　出彩驻马店文旅”创作大赛精美文案类三等奖。摄影家协会吴雪、陆卫东、何晓新、尹志明等4位会员作品入选江苏省24届摄影艺术展览；华晓忠作品入选江苏省迎接二十大新时代成就展；郭翔南获评2022影像十杰；钱强图文《岁月留痕　影像从心》在《中国艺术报》发表；郭翔南、吴雪、石春兰（与赵云合作）、华晓忠（与尹辉、朱卫东、陈坚合作）等8位会员的4个项目入选苏州市光影江南精品创作扶持计划。书法家协会沈建林作品《绿水青山》入选第四届中国画双年展苏州展，《绿水青山就是金山银山》入选新时代颂2022江苏省美术摄影主题联展，《树山春晓》入选长三角一体化中国画名家作品邀请展；张勇作品《人民卫士》被中国国家博物馆收藏；邓明海作品《手艺人》入选第四届全国粉画展，《秋痕》入选全国第六届中国画线描艺术展并获入会资格奖（最高奖），《江南人家》入选江苏第三届青年油画展；周筱影作品《天平山上白云间》入选第一届倪云林全国美术作品展；张勇作品《铁血军魂》、陈龙作品《山河无恙》、邓明海作品《清奇古怪》、彭维邦作品《收获的喜悦》入选江苏省第八届新人美术作品展，其中邓明海斩获新人奖（最高奖）。歌曲《暖融融》获苏州市“五个一工程”奖。

（文联　张斌）

苏州高新区（虎丘区）残疾人联合会

【概况】 2022年，苏州高新区（虎丘区）残疾人联合会（简称“区残联”）在残疾人精准帮扶、就业创业、康复提升、公共服务等方面搭建平台，构建全方位残疾人服务体系，推动残疾人事业高质量发展。有持证残疾人7300名，其中听力残疾人948名、视力残疾人886名、肢体残疾人3384名、言语残疾人24名、智力残疾人759名、精神残疾人1064名、多重残疾人235名。

【残疾人就业创业】 2022年，区残联培育残疾人创新创业领军人才及残疾人专业服务人才，在孵科技企业25家，其中残疾人创业科技型企业入驻15家、毕业企业3家。孵化的创业企业带动80余名残疾人实现就业。获投融资4家，认定江苏省民营科技企业5家，高新技术企业培育入库2家，高新技术企业认定1家。举办残疾人创新创业活动35场，残疾人就创业培训项目61场，入驻项目负责人获评江苏省自强模范、姑苏青年领军人才、姑苏天使领军人才、高新区科技领军人才等。打造云翼残疾人创就业线上云服务平台，为452名残疾人匹配就业岗位。开展“医康养融合 谋创新发展”苏州高新区首届康养产业交流活动暨“智汇苏高新”首届康养产业创新创业大赛，2个区级科技领军人才项目落地。组织适龄孤独症儿童参与孤独症儿童康复训练CAVE系统产品测评。打造电商创就业平台、直播短视频基地、康养电商平台一体残疾人电商直播综合服务平台。提供电商人才培养、电商创就业、产品测评体验及带货销售等服务，打造残疾人电商创业、就业、康复服务全产业链。开展电商培训5场、户外直播及带货直播实训活动35场，惠及学员154人次，培育短视频直播团队5个，实现短视频直播行业就业残疾人20余人。开展市残联残疾人用工政策解读直播活动1场，区残联减税降费政策解读直播活动1场，苏州市商务局直播活动1场，相城区残疾人招聘会直播带岗2场，苏州市区残疾人招聘会直播带岗1场，“海棠花红——善爱之家·党建联盟”结对“残疾人之家”直播活动1场，残疾人大学生创业群英会直播活动3天，创客秀直播活动2场，稳岗培训直播活动1场，户外直播带货活动2场。组织73名残疾人参加大学生就业群英会、电商直播及运营、非遗项目（苏绣）、档案管理等技能类及就业类培训。实名制新增培训73人、新增就业70人。完成350家残疾人用工单位按比例用工年审申报及1364名残疾人员工安置登记审核。年内，江苏省残疾人从事电商直播行业课题获评第四届江苏十佳网络公益项目。孵化的3个残疾人创业项目获评第二届苏州市残疾人创新创业大赛第一、第二届苏州市残疾人创新创业大赛第二、第二届苏州市残疾人创新创业大赛第三。10名残疾人获评苏州市残疾人职业技能比赛移动互联网小程序开发第一、苏州市残疾人职业技能比赛盲人按摩第一、苏州市残疾人职业技能比赛团体第一。

【残疾人社会保障】 2022年，区残联建立贫困残疾人精准识别及动态信息调查机制，对7300名持证残疾人开展基本状况调查，入户调查率95.6%。全方位了解最困难残疾人就业、康复、教育、托养、文化、生活等需求。实施困难残疾人“幸福亮居”无障碍环境改造项目，开展贫困残疾人家庭实地无障碍设施改造项目，排除水电气安全隐患、提升厨卫设施功能。设立区残疾人法律救助工作站，注册“普法助残”微信公众号，通过面谈、电话、短信、邮件、网络等方式为残疾人提供法律救助服务，推进“普法视频送到家 法助相伴在身边”品牌建设，发挥残疾人法律救助工作站普法宣传及援助作用。累计接听残疾群体电话咨询100余次、接待现场咨询50余次、提供法律帮助10余次。

【残疾人康复服务】 2022年，区残联围绕实现残疾人人人享有高质量康复服务工作目标，推进残疾预防、成人社区康复、辅具适配等工作，提高残疾人医疗及康复保障水平。优化残疾儿童康复服务，贯彻《关于进一步完善残疾儿童康复救助制度实施意见》，逐步提高残疾儿童康复补助标准。259名有康复需求残疾儿童享受限额内免费康复服务，康复补助经费219.9万元。为166名残疾人适配助听器、矫形器、人工耳蜗及其他类辅具，补贴金额105.3万元。联合苏大理想眼科医院开展“视力残疾早预防、光明巴士进社区”眼病筛查工程，筛查2595人，完成白内障手术92例。打造残疾康复服务优质品牌，线上举行“星星点灯”童星守护·先懂再爱——孤独症六一特别关爱活动及全国残疾预防日主题活动。推进残疾人康复项目实施，联合开展“关爱·畅通”残障人士排尿障碍公益助残项目，为残障人士提供排尿功能障碍问题专项公益义诊服务。完成狮山、横塘街道，科技城（东渚街道）2家残疾人社区康复示范点提升改造建设，为残疾人提供基本康复服务、辅具适配及租借、支持性服务、转介服务等康复服务。开展全民残疾预防科普宣传，确保全区精准康复服务率100%。年内，区残联多个项目获评苏州市成长护航工程示范项目、全市残疾人工作创新创优项目、苏州市科普项目。

【残疾人教育服务】 2022年，区残联做好121名适龄入学残疾儿童入学报名工作，9所学校（幼儿园）申报建设融合教育资源中心，完成教育、民政、卫健、残联四部门认定。截至2022年年底，有融合教育资源中心校（园）36所，进一步扩大融合教育资源中心服务覆盖面。调整优化苏州高新区特殊教育指导中心组成人员，理清指导中心工作思路，发挥指导中心作用，推进融合教育内涵建设。完成3名应届高校毕业残疾大学生就业落实工作，实现教育到就业无缝衔接，保障应届高校残疾人毕业生就业服务率100%。发放163名残疾学生及残疾人家庭子女教育补贴16.43万元，发放46人次非义务制教育残疾学生和贫困残疾人家庭子女生活补贴10.18万元。在江苏省特殊教育发展项目调研中，保障水平考核结果优秀、专业水平考核结果优秀。

【助残社会动员活动】 2022年，区残联结合《苏州市残疾人专门协会委员会工作规则（试行）的通知》要求，加强专门协会建设，完成第八次残疾人专门协会换届选举。组织协会成员参加调饮师岗位技能培训等专门协会能力提升培训。开展各类残健融合文体活动、红色电影《珠峰队长》无障碍观影活动及残疾人迎国庆系列主题活动。举办秀出自我、内心向阳——苏高新“轮椅天使”模特队成立仪式，成立苏州市第一支残疾人轮椅模特队。

（社会事业局　关雅之）

苏州高新区（虎丘区）红十字会

【概况】 2022年，苏州高新区（虎丘区）红十字会（简称“区红十字会”）弘扬“人道、博爱、奉献”红十字精神，依托“5·8”世界红十字日、世界急救日、“9·9”公益日等纪念日时间节点，开展宣传活动60余场。年内，区红十字会1个项目获评江苏省人道公益日公众筹款优秀项目。

【救灾工作】 2022年，区红十字会完善救援体系及应急预案建设，充实救灾力量，动员社会各界参与救灾。与应急救援局建立协同联动工作机制，参与应急减灾“百日攻坚战”活动及地震桌面推演活动。组织开展应急救援训练，参与多轮应急救灾演练训练。

【救护培训】 2022年，区红十字会开展应急救护培训“五进”工程，发放公益性应急救护培训项目经费10.8万元，提升居民自救互救能力和意识。创建“救在身边”救护新人培训品牌项目，多角度多层面拓宽培训受益群体，加强对集宿区、大型商超人群密集场所培训普及率，开展初一、高一新生专场应急救护培训。利用“互联网+”直播、云课堂等形式开展线上救护培训。实施市政府实事工程公益性应急救护百万培训项目，完成应急救护培训14944人，其中，普及培训13434人，初级救护员培训1510人。完成注册救护师资45人，新培训救护师资14人。组织开展首届应急救护技能竞赛，提升救护培训师队伍技能水平。年内，高新区代表队获评苏州市救护技能竞赛团体一等奖，4名成员获评苏州市红十字“应急救护能手”称号，多名成员获评心肺复苏单项比赛一等奖、二等奖、三等奖及创伤救护比赛二等奖、主题演讲一等奖。

【人道救助】 2022年，区红十字会按照《苏州市红十字会人道救助实施办法》，开展“红十字博爱送万家”活动，实施“婷羽”“玥毅”爱心接力定向捐赠救助困境学生等专项救助。以帮助群众解决最直接、最关心、最现实问题为出发点，发挥红十字会救急救难职责优势，聚焦受灾群众、大病患者等最易受损害群体改善生活境况，精准实施人道救助，发放人道救助金额30.9万元，惠及困难群众1650人次。年内，“5·8”人道公益日公众筹款项目获评江苏省优秀项目。

【造血干细胞和遗体（器官）捐献】 2022年，区红十字会召开全区造血干细胞捐献动员大会，运用新媒体宣传成功捐献者事迹，增强公众对造血干细胞捐献知识了解，营造全社会关爱生命健康良好氛围。全年150名造血干细胞志愿者入库，实现3例造血干细胞志愿者成功捐献。实现捐献遗体12人，角膜9人，器官捐献2人。实现捐遗登记58人次，其中遗体捐献52人、角膜50人、器官40人。开展造血干细胞捐献“志愿者保留”项目，保持与入库志愿者持续互动，打消捐献疑虑。累计完成血样检测入库150份，初配再动员成功8例，成功捐献造血干细胞3例。做好捐遗志愿者登记、管理和服务工作，设立捐遗登记站和咨询点，为居民提供捐遗政策和登记服务。科学管理捐遗志愿者档案库，全面理顺遗体（器官）捐献工作运作体系。做好捐遗志愿者人文关怀，为志愿者搭建沟通交流平台。

【无偿献血】 2022年，区红十字会加大无偿献血宣传力度，“6·14”世界献血日期间配合社会事业局开展大型公益宣传活动。全年有无偿献血4838人，总献血量1394500毫升，血小板15个治疗量。各级红十字会工作者、志愿者加入无偿献血队伍，充分调动机关干部、企事业单位职工和社区居民参与积极性和主动性。

【基层组织建设】 2022年，区红十字会组织3家综合医院和8家公立医疗卫生机构成立红十字组织，实现等级医院和公立医疗机构全覆盖。发挥龙华社区、浒墅人家社区、青春社区“博爱家园”作用，新建龙景、林枫苑博爱家园。建有社区红十字服务示范站8家，救护培训站点5个。贯彻落实新修订《中华人民共和国红十字会法》，规范组织建设、筹资救助、救护培训、宣传教育、志愿服务等方面工作流程。接受财政、审计等部门以及社会第三方机构审计监督。关心基层红十字会工作者能力培养，组织《红十字会法》解读、国际红十字运动基本知识普及、基层红十字会工作指导等专题培训，建立参观学习机制，提升队伍整体素质和业务能力。年内，应急救援队队长陈峰获评全国红十字志愿服务先进典型。

【红十字青少年服务】 2022年，区红十字会指导全中小学规范开展红十字会工作，将红十字青少年工作融入学生思想道德建设，开展国旗下讲话、新会员入会仪式、小会员走进社区走进养老院看望孤老等活动，培养青少年牢固树立社会主义核心价值观。注重示范引领，发扬省红十字示范校人道、博爱、奉献红十字精神，举行与对口帮扶地区手拉手爱心助学活动及“点亮希望，传递温暖”爱心捐书活动。加强校内防灾减灾宣传，开展防灾减灾宣传周活动。狮山实验小学教育集团、成大实验小学获评江苏省红十字示范学校。

（社会事业局　关雅之）

苏州高新区（虎丘区）关心下一代工作委员会

【概况】 2022年，苏州高新区（虎丘区）关心下一代工作委员会（简称“区关工委”）做好未成年人教育引导保护关爱工作，以“五老”队伍、大学生村官等志愿者队伍为骨干开展扶贫助学等公益活动，以校外教育辅导总站、中心站为主要阵地深化落实主题教育，以社会主义核心价值观为主旨开展各项青少年社会实践。截至2022年年底，全区有基层关工委179个，其中镇（街道）关工委6个、村（社区）关工委75个、企业关工委（站）42个、教育系统关工委43个、政法系统关工委（站）11个、农委系统关工委1个、区级机关关工委1个。达标“五有五好”社区（村）关工委56个。“双零”社区建设率100%。网吧义务监督员121名，“五老”志愿者695人。

【关工基层组织建设】 2022年，区关工委根据上级要求和区关工委实际需求，沿用倒挂职方式，调整充实区关工委办公室组织架构，加强基层年轻干部能力锻炼，以新岗位激发新作为。完善基层关工委组织建设，覆盖率100%。定期召开例会座谈，传达文件精神，研究、部署各时段重要工作。定期走访调研，实地考察，指导乡镇、街道关工委下基层，了解掌握村、社区关工委工作情况，多举措推进基层关工委工作。推广枫桥街道校企站三方共建做法，实现全区68家企业结对共建。

【关工主题教育】 2022年，区关工委围绕“老少心向党、筑梦向未来”主题教育，在广大青少年中开展相关活动。开展“缤纷冬日——共燃冬奥梦，童心向未来”主题系列活动；开展“相约赛场，一起来场趣味运动会”“盼你夺冠，一起来为冬奥选手喝彩”“畅想

镇湖实验小学编排情境舞蹈《绣韵向党》获评“喜迎二十大 筑梦向未来”江苏省老少同台节目展演特等奖（关工委 供图）

未来，一起来写我的冬奥梦”“童声助力，一起来当今日解说员”“图长姿势，一起来拷贝不走样”“舞动奇迹，一起来录制手势舞”“智多识广，一起来选冬奥智多星”等形式多样的冬奥专题教育活动。依托革命纪念馆、烈士陵园、爱国主义教育基地等阵地举办“四史”教育和爱国主义教育活动。开展党代会线上宣讲活动，组织“五老”宣讲团开展二十大精神进校园宣讲活动。年内，枫桥街道关工委“校企站情暖童心”视频获评校外教育辅导站优秀活动视频省级二等奖、市级一等奖，镇湖实验小学编排情境舞蹈《绣韵向党》代表苏州市赴南京参加江苏省关心下一代工作委员会老少同台节目展演并获评“喜迎二十大　筑梦向未来”江苏省老少同台节目展演特等奖。

【扶贫助困和关爱困境少年】　2022年，区关工委系统扶贫助学715人，发放助学助困资金51.65万元。建立高新区励志基金，开展爱心助学活动，13家企业捐款约40万元，受助学生128名。枫桥街道开展“爱心助学三年行动计划”总结感恩暨第二轮“爱心助学三年行动计划”启动活动，浒墅关经开区（镇）联合派出所开展爱心助学活动，教育局关工委常态化开展“在同一个蓝天下”赠书活动，促进苏州市阳山实验初级中学、阳山实验小学、民工子弟学校新浒小学合作和交流。（关工委　钟金燕）

【预防和减少青少年违法犯罪】　2022年，区法院、区检察院加强机关联动，创新适合未成年人普法宣传形式。区法院打造“虎法少年行”新品牌，组建青少年普法维权团队，开设普法专栏；区检察院联合部门、企业，成立“未爱绽放”网络保护联盟，协同开展未成年人网络安全治理工作，常态化开展线索举报和案件通报，协力营造清朗网络空间。共同严惩各类侵害未成年人违法犯罪，完善未成年人犯罪记录封存工作，建立各类涉少、涉家暴支持起诉联动机制、公益诉讼案件诉前会商机制，加强涉少审判工作协作，对4名未成年人被告人施予缓刑。定期开展家庭教育指导，开展家庭回访，了解犯罪未成年人学习及社区矫正情况，对父母开展家庭教育指导。依托太湖生态优势建立青少年绿色关护实践基地，打造寓教于乐“生态+普法”新阵地。通过法治进校园、检察官职业体验、少年“检令营”等载体，开展各类普法活动35次。依托专业社工组织对涉案、失管未成年人开展各类家庭教育指导活动14场。联合成立全省首家罪错评估委员会，完善严重不良行为未成年人教育矫治机制，对12名罪错未成年人开展帮教工作。

（法院　王峥
检察院　吴雪娇）

2022年，区法院开展“小小法官”活动，打造“虎法少年行”品牌（法院　供图）

法治·军事

政法委与综治

【网格化建设】 2022年，高新区遵循共建共治共享原则，开展网格化联动机制创新探索，提升社会治理体系和治理能力现代化水平，构建纵向贯通基层网格、横向联接全部职能部门联动工作体系，形成多网融合、一网覆盖网格化联动工作新格局。全区划分为6个一级网格、67个二级网格、692个三级综合网格和111个专属网格。以综治、公安、城管三网率先融合为基础，整合综治、公安、城管、城乡、环保、市监、应急等多部门网格力量，协同开展信息采集及排查管理工作。优化修订网格服务管理事项清单八大类185项。规范工作运作体系，以高效组织一件事、形成全流程闭环为目标，建立小事不出村（社区）微循环，大问题区镇联动、协同处置大循环。健全完善《苏州高新区全域网格化联动治理服务事项准入管理办法》《苏州高新区全域网格化联动治理工作考核办法》。自主研发、上线高新"e网管"App，提升问题事项处置闭环管理信息化、智能化水平。

【安全稳定工作】 2022年，高新区健全完善平安协调机制，设社会治安、市域社会治理等9个工作协调小组，召开小组第一次全体会议，印发工作规则文件，推动平安建设工作更加精细化、科学化。坚持以人民为中心、稳定压倒一切原则，做好各地各部门安保维稳工作。常态化开展"防风险、守底线、建清单、除隐患"专项行动，组织开展两轮重大涉稳群体性风险排查工作，挂牌督办十项重大涉稳风险隐患。落实风险防控四项机制，建立日报告、周研判、月评估、重点事项专项研判机制，处置多起风险矛盾。"331"领域未发生亡人火灾事故，道路交通亡人事故数、死亡人数比上年均降低约55%。深化科技赋能，围绕公共部位、居民小区、商贸场所、边界封控、货运通道重点部位，提升感知设备密度，强化后端算力算法，提升安保维稳、基础管控、治安打防等实战场景赋能广度、深度和精度。新建前端点位8721路，感知设备密度和后台算力比上年提高100%。

【扫黑除恶专项斗争】 2022年，高新区推进扫黑除恶常态化工作，开展《反有组织犯罪法》宣传工作，推进无黑城市建设。江苏省群众安全感测评数据显示，区内扫黑满意度列全市第三。保持违法犯罪高压严打态势，刑事案件破案率33.3%，接触式犯罪案件破案率约50%，累计破获严重刑事案件40起，破案率比上年上升26.1个百分点；电信网络诈骗案件破案数比上年上升139.5%，破案率比上年上升6.5个百分点。年内，江苏省苏州实验中学获评2022年苏州市无黑城市示范校园，马涧农贸市场获评2022年苏州市无黑城市示范市场。

【政法队伍建设】 2022年，高新区把党建工作和队伍建设相融合，推动作风整顿，巩固深化政法队伍教育整顿成果，组织开展政法系统优秀青年干警、政法干部培训。举办一线优秀政法干警压力管理集训，邀请纪委监委负责人员为政法干警做廉政报告，组织政法干警旁听职务犯罪庭审，提升政治素养和能力水

平。江苏省群众安全感测评数据显示，区内政法队伍满意度列全市第三。（政法委　李启新）

法治政府建设

【概况】　2022年，高新区法治建设工作健全政府机构职能体系，优化提升依法行政能力，实现法治虎丘区、法治政府、法治社会三位一体发展。抓好责任落实，全面强化法治建设工作。区委常委会专题学习传达党的二十大、中央全面依法治国等会议精神，把法治建设与全区经济社会发展规划同部署、同推进。区委理论学习中心组举行“学习习近平法治思想——统筹推进国内法治和涉外法治”专题学习会，区委党校把习近平法治思想课程纳入各类主体班次，增强各级领导干部运用法治思维和法治方式深化改革、推动发展能力。区委政法委组织开展学习贯彻习近平法治思想专题培训暨行政执法部门负责人专题法治培训班，区政法各单位通过学习会、报告会、培训班等多种形式，提升法治工作人员思想认识和法治素养。区主要领导主持召开区委全面依法治区、法治政府建设等会议，专题研究行政复议体制改革等工作。出台《法治高新区建设规划（2021—2025年）》《高新区法治政府建设实施纲要（2021—2025年）》等文件，各镇（街道）与管委会（区政府）签订2021—2024年法治政府建设目标管理责任书，各单位主要负责人填报《高新区党政主要负责人履行推进法治建设第一责任人职责工作纪实手册》、履职情况记录表，切实压紧压实推进法治建设责任。完善领导干部述法和民主测评工作机制，将领导干部述法和民主测评结果列入个人和所在单位年终考核项目。出台《关于健全体制机制统筹推进全面依法治区工作方案》，加强区镇两级法治建设工作衔接、备案、审查机制，将镇（街道）法治建设情况列入区域年终考核清单。制定2022年度法治督察工作计划，对重点领域、重点问题开展定期督察和不定期抽查，确保依法行政、规范执法，推动法治建设各项工作落到实处。

【依法决策】　2022年，苏州高新区（虎丘区）司法局（简称“区司法局”）参与地方立法工作，做好省市有关规章、法规、规范性文件意见征集与反馈，为《江苏省医疗保障条例（草案）》《苏州市市民体育健身条例（修正案）》《苏州市数据条例》等30余件立法性文件提供修改建议50余条。注重发挥专家学者、政府法律顾问和公职律师作用，推进重大行政决策规范化建设，组织召开全区重大行政决策评审会，确定13个重大行政决策项目，其中区级3个、部门级6个、镇（街道）级4个。持续跟进重大行政决策网上运行和后评估工作。

【规范性文件管理】　2022年，区司法局加强规范性文件管理，持续贯彻落实《江苏省司法厅关于规范规章和行政规范性文件备案工作的通知》《苏州市行政规范性文件制定和监督管理规定》，推广使用省级备案系统，加强行政规范性文件合法性审核、备案审查和定期清理工作，实现报备率、及时率、规范率均达100%。

【行政执法】　2022年，区司法局按照省市部署，推进行政执法“三项制度”（建立执法全过程记录制度、严格执行重大执法决定法制审核制度、推行行政执法公示制度）贯彻落实。重点抓好各部门“三项制度”配套制度修改完善工作，结合权力库调整，及时调整公示信息。落实音视频信息档案管理制度，加强执法决定、法制审核。抓好各镇（街道）制度制定、培训工作，实现区镇两级行政执法“三项制度”全覆盖。召开法治政府建设大会，对照省市要求全面梳理形成问题清单和整改任务清单。深化“放管服”（简政放权、放管结合、优化服务）改革工作，落实《苏州市虎丘区镇域相对集中行政审批服务工作实施方案》，做好事项承接和赋权工作，对各镇（街道）审批和公共服务工作开展专业指导，优化法治营商环境。出台《关于规范选聘区级机关法律顾问的办法》等文件，指导各单位规范落实政府法律顾问聘请工作。

【行政复议】 2022年，区司法局健全行政复议体制机制。健全案件审理机制，提升行政复议办案质量。受理行政复议案件55件，办结55件。完善行政复议受理中心（窗口）接待室、听证室、阅卷室、档案室等多处室功能，优化群众提交行政复议申请流程。在通过省级行政复议规范化建设合格单位验收基础上健全行政复议案件审理机制，提升行政复议办案质量。运用行政复议办案统计系统开展办案数据统计、信息上报工作，定期提交统计分析报告。

【行政应诉】 2022年，区司法局完善应诉提示机制，建立涉诉案件时报制度，印发行政应诉提示函，确保行政机关负责人出庭应诉率100%。联合区法院、区检察院共同构建八大机制，推动“行政复议+行政诉讼+行政监督”有效衔接，促进行政争议实质性化解。区法院全面推进全流程电子诉讼，实现民商事案件网上立案、繁简分流、异步质证、电子送达，当事人不到法院即可完成诉讼。据苏州市中级人民法院统计，全年全区一审行政诉讼结案43件，败诉5件，败诉率11.6%。

【行政执法监管】 2022年，区司法局制定落实《苏州高新区（虎丘区）2022年度行政执法监督工作计划》。开展生态环境、市场监管、安全生产、城市管理、道路交通等重点领域专项执法督察。不定期抽检各行政执法部门及综合执法体制改革镇（街道、开发区）行政执法“三项制度”实施情况、行政处罚法贯彻执行情况、涉企“免罚轻罚”清单、审慎包容机制落实情况。开展重点执法单位案卷评查工作，向被督察部门出具书面督察意见反馈书，督促部门整改提高。完成全区行政执法人员网上培训工作，强化行政执法人员队伍规范化建设。完善各部门处置问题联动机制，强化对基层执法工作指导，开展教育培训17期2900余人次。 （政法委 李启新）

公 安

【概况】 2022年，苏州市公安局苏州高新区分局（虎丘分局）（简称“区公安分局”）围绕党的二十大安保维稳主线，紧扣“五个一流”（一流目标定位、一流警务机制、一流科技装备、一流能力素质、一流担当作为）奋斗目标，锚定市县主战、派出所主防发展方向，推动防风险、保安全、护稳定、促发展各项工作全面提档升级，维护社会大局平安稳定。做好党的二十大、第五届中国国际进口博览会及各级两会等一系列重大安保维稳任务，超前预警、钝化化解不安定因素146项，化解率96.1%。确保政治安全案事件、暴力恐怖案事件、个人极端案事件、规模性群体事件4个零发生。运转执法监督管理委员会，完善执法管理中心、案管室两级执法监督体系，推动“三清”（警情日清零、案件月清仓、问题季清底）工作机制落实，实现现场处置提前监督、执法活动实时监督、案件流程全程监督，涉法信访投诉量比上年下降20%。年内，区公安机关27个集体获评全省公安机关执法示范单位，176人次获评全国优秀人民警察。

【社会治安管理】 2022年，区公安分局以创建全国社会治安防控体系示范城市为抓手，推进巡防改革，构建派出所、交警、巡特警多警种互补叠加一体化巡防体系。新建改建警务工作站9家，落实“四见措施”（见人、见车、见灯、见装备）和“1、3、5分钟”快反机制，提升街头见警率、管事率，违法犯罪警情15466起，比上年下降8.5%。根据道路交通事故减量控大目标，开展突出违法行为专项整治，加强“两客一危一货”（公路客运、旅游客运、危化品运输车辆及重型货车）重点企业风险通报和监督检查，道路交通亡

2022年3月27日，交警大队民警向群众宣传交通安全知识（公安分局　供图）

2022年9月1日，浒墅关派出所民警在学校门口开展护学岗工作（公安分局　供图）

人事故数比上年下降32.14%，死亡人数比上年下降31.03%。深化落实基层消防安全治理新机制，完成市区镇三级挂牌整治20处，全年未发生亡人火灾事故。强化易制毒、易制爆、剧毒等危险品安全监管，加强寄递行业检查监督，全年未发生危险品领域事故。

【刑事案件侦破】　2022年，区公安分局保持对突出违法犯罪高压严打态势，依托专业化打击改革开展合成化全链条打击。刑事案件破案率33.3%，接触式犯罪案件破案率约50%。开展夏季治安打击整治“百日行动”、涉娼违法犯罪打击整治、打击整治侵财犯罪“冬季攻势”等专项行动。行动期间累计破获8类严重刑事案件40起，5人以上娼赌案件2起。传统侵财案件发案数比上年下降33.4%，破案率比上年上升26.1个百分点；电信网络诈骗案件破案数比上年上升139.5%，破案率比上年上升6.5个百分点。

【禁毒工作】　2022年，区公安分局开展“清源断流”专项行动，从严从重打击各类涉毒违法犯罪活动，破获2021—177部督目标案件。开展“毒驾”查缉行动，全面排查旅游客运驾驶员和危化品驾驶员，全年未发生吸毒人员肇事肇祸案事件。加强399家易制毒化学品单位检查监督，全年未发生易制毒化学品和重点制毒设备非法流失等安全事故。以防范合成毒品危害及新列管毒品宣传为重点，开展“开学第一课”“全民禁毒宣传月”“七彩夏日”等主题禁毒宣传活动181场次。

【警务服务】　2022年，区公安分局持续深化公安政务服务“一网通办”工作，推动7家派出所窗口业务整合进驻板块便民服务中心，实现跨层级、跨部门、跨警种高频政务服务一窗式一起办、一件事一次办，公安政务服务满意率99.3%。拓展外国人服务站外延内涵，提供20余项政府涉外事务办理“一站式”服务，做优高层次人才“绿色通道”“人才服务专窗”亮点品牌。推动“十纵十六横”道路升级，完善多杆合一、标志亮化交通安全设施，提档升级智能交通建设，实现车道级流量监测，依托精准流量数据实现信号配时优化、区域联动控制。（公安分局　刘思君）

检　察

【概况】　2022年，苏州高新技术产业开发区（苏州市虎丘区）人民检察院（简称“区检察院”）依法履行四大检察职能，为打造苏州市产业科创主阵地、谱写“两区两前列”新篇章提供检察保障。21件办理案件入选市级以上典型案例（优秀）案例，其中4件入选最高人民检察院典型（优秀）案例、8件入选江苏省人民检察院典型案例，案件分析报告被市委、市政府主要领导批示3次。打造“精·心绣虎检”特色建院品牌体系，“苏绣检察”办案团队入选全市优秀办案团队，系统内1人入选全市检察机关青年精英人才，3名干警在全市检察业务竞赛中排名前三。1项最高人民检察院检察应用理论研究课题立项，1项最高人民检察院检察应用理论研究课题结项。年内，区检察院获评集体荣誉15项、个人荣誉23项。

【服务高质量发展】 2022年，区检察院着力优化法治化营商环境，牵头制定企业合规改革工作实施方案，建立知识产权企业合规专家智库，实现企业合规工作高层次统筹、多领域协作、全方位保障。改进涉企社区矫正对象监督工作，联合司法局创新设置企业法定代表人变更宽限期，明确涉企社区矫正对象可以跨省经营，保障企业稳定经营和业务拓展。创新发展服务产业，制定服务保障区域数字经济时代产业创新集群建设实施办法，落实13项举措保护创新企业合法权益。找准苏绣知识产权保护症结，对苏绣地理标志、外观设计专利、商标权、著作权方面问题提出检察建议，推动镇湖刺绣协会成员申请注册商标27件、发明专利20件、外观设计专利约100件。融入社会治理，针对办案中发现野生网红景点安全隐患、未成年人心理健康问题撰写社会治理分析报告14期，为相关问题治理提供决策参考。制发社会治理检察建议9份，推动诉源治理。（检察院　王歆瑶）

【司法为民理念践行】 2022年，区检察院介入培训机构突然关门、家长遭遇退费难问题，区分罪与非罪、参与调解、跟踪执行举措，帮助22名家长挽回损失67.3万元。解决电信诈骗跨省财产处置难点堵点，在一起电信诈骗案件中，全额挽回被害人损失102万元。建立信访领导包案制，运用公开听证、值班律师参与化解机制，减少群众信访诉累，接收、回复各类信访203件。协同相关部门开展无障碍环境综合治理工作，入选最高人民检察院优秀案例。发现流动油罐车、违停油罐车安全隐患问题，制发检察建议，形成专题报告，推动全市开展油罐车安全生产专项治理，入选江苏省人民检察院典型案例。对校园周边无底线营销食品、“三无”文具盲盒问题开展监督，推动未成年人“环境圈”净化。联合多部门与互联网企业，成立“未爱绽放”网络保护联盟，营造清朗网络空间。在全省率先建立青少年绿色关护实践基地，打造寓教于乐“生态+普法”新阵地。

2022年8月10日，检察院组织达善社区小朋友在青少年绿色关护实践基地开展鱼苗放流活动（检察院　供图）

【新时代法律监督】 2022年，区检察院强化刑事检察监督，批捕各类犯罪嫌疑人141人，起诉735人。把握“少捕慎诉慎押”刑事司法政策，落实认罪认罚从宽制度，适用率89.39%，不起诉182人。省市区三级检察机关多向联动、一体化办案，对全国首例制作、销售车辆检测作弊设备案，以污染环境罪提起公诉，启动刑事附带民事公益诉讼程序，索赔生态损害赔偿约3000万元。开展民事检察监督，民事支持起诉28件、民事和解息诉9件。强化民事执行工作监督，对一起十年未执行到位民事执行案进行调查核实，发现被执行人具备执行能力，促使当事人达成和解，助力案件快执快结。以大数据赋能法律监督，运用破产领域失信、限高及被执行人信息公示数据模型，制发类案检察建议20份。注重深化行政检察监督，完成行政争议实质性化解案件29件。开展土地执法领域专项监督，推动2.5万平方米土地恢复原状。开展公益诉讼检察，探索代表委员建议提案与公益诉讼衔接转化机制，推动公益诉讼检察与行政执法信息共享，强化社会各界参与公益保护。出台《生态环境资源公益诉讼替代性修复操作办法》，依托生态资源公益修复基地，通过替代性修复、劳务代偿、异地修复模式，强化生态损害修复效果。守护群众生命健康权，打击问题减肥胶囊、激素抑菌剂、添加违禁成分药酒犯罪，提起刑事附带民事公益诉讼9件，索赔公益损害赔偿金约1800万元。 （检察院　吴雪娇）

法　院

【概况】 2022年，苏州高新技术产业开发区（苏州市虎丘区）人民法院（简称“区法院”）围绕“努力让人民群众在每一个司法案件中感受到公平正义”目标，忠实履行宪法法律赋予职责，坚持服务大局、司法为民、公正司法，为经济社会发展提供有力司法服务和保障。受理案件17391件，审执结15657件，员额法官人均结案416件。

【刑事审判】 2022年，区法院审结刑事案件580件，判处罪犯727人。打击危害社会治安犯罪，审结严重暴力、涉枪涉爆、黄赌毒犯罪案件139件，1起案例入选江苏省扫黄打非典型案例。严惩危害民生犯罪，审结土作坊生产假酒、网上销售添加违禁成分减肥药、小区高空抛物等案件193件，保障群众餐桌安全、用药安全、头顶安全、出行安全。推进反腐败斗争，审结贪污贿赂、渎职犯罪案件3件。常态化开展扫黑除恶斗争，推进“黑财清底”行动，依法清剿“黑财”1.06亿元，刑事审判庭获评苏州市扫黑除恶斗争先进集体。开展打击整治养老诈骗专项行动，对虚构“环球币”项目、诈骗92万名被害人庞某，依法判处有期徒刑13年6个月，全额追赃挽损约8000万元。在全国法院打击养老诈骗专项行动推进会上，被江苏省高级人民法院作为亮点工作进行交流。

【民事审判】 2022年，区法院深入推进非诉讼纠纷解决机制，联合11家行政部门、行业组织构建以人民调解、律师调解、公证调解等驻院调解为主体，以劳动争议“六方联动”、商事纠纷“商会解决”等专业调解为延伸，推动更多纠纷在诉前化解，民审结民事案件6113件。防范化解金融风险，审结金融借款、民间借贷等案件1296件，涉及金额11.6亿元。针对无资质中介机构非法放贷、第三方支付平台成金融犯罪资金收付通道等乱象及时发送司法建议，避免触发系统性金融风险底线。化解群体性纠纷，妥善处理教育培训合同纠纷510件，保障“双减政策”顺利落地。提前介入群体性劳资纠纷处置18起，协助化解14起，涉及劳动者5511人。

【商事审判】 2022年，区法院树立“案案都是营商环境”工作理念，审结商事案件3158件。支持重点企业发展，审结涉多家重点企业案件57件。加大中小投资者保护力度，召开中小投资者座谈会，推出保护举措10项，激发投资市场活力。强化企业家权益保护，对6名企业家依法取保候审、适用缓刑，保障企业正常生产经营。加强企业合规指引，建立企业合规用工府院联动工作站，发布用工、知识产权等典型案例27篇，开展法律体检企业21家，帮助企业完善经营管理制度。开展物流运输行业专项调研，调研报告受到区委主要领导批示肯定。加强破产审判工作，审结破产案件13件，处置债权3.9亿元，引导7家产能落后、救助无望企业快速有序出清，帮助5家企业脱困重生。开发“破产流程导航平台”，优化案件办理流程，指导督促管理人规范履职，提升破产案件办理效率。

【行政审判】 2022年，区法院依法履行行政审判职能，监督支持依法行政，审结行政诉讼案件20件，审查行政非诉执行案件18件。针对涉公交三厂地块小学项目征收安置补偿系列案件，通过推动相关民事纠纷达成和解、协调行政机关在法律框架内解决相对人合理诉求方式，实现纠纷一揽子化解，保障项目顺利实施。深化司法与行政良性互动，参加重大项目建设、集中整治行动座谈11次，协助培训行政执法人员100余人次，提供行政执法疑难问题咨询10次。针对发现行政征收等领域存在苗头性、倾向性问题，通过司法建议、情况反映建言献策推动行政机关优化管理、有效应对，1篇情况反映受到市委主要领导批示肯定。

【执行工作】 2022年，区法院兑现胜诉权益，切实解决执行难问题，执结案件4339件，执行到位10.6亿元。开展天网行动等集中执行行动，实施搜查14次，拘传拘留15人、罚款25人，涉及金额17.5万元。坚持综合治理，联合各部门建立打击拒执工作机制，依法对薛某假借隐名产权恶意转移财产行为判处有期徒刑，并入选全市政法机关联合打击拒执犯罪典型案例。创新执行财产处置模式，完善财产拍卖机制，通过VR（虚拟现实技术）云看样等方式组织司法网拍427次，成交金额3.18亿元，溢价率24.1%，为当事人节约佣金948万元。（法院　王峥）

司法行政

【概况】 2022年，区司法局坚持以习近平新时代中国特色社会主义思想为指导，深入学习贯彻习近平法治思想，全面落实市、区政法工作、司法行政工作年度任务，扎实推进全面依法治区、司法行政工作，推动各项工作顺利进行，取得阶段性成效。

【法治宣传教育】 2022年，区司法局推进“八五”普法宣传，深化普法依法治理工作，聚焦三大重点丰富宣教形式。组织学习贯彻习近平法治思想专题培训暨行政执法部门负责人专题法治培训班。通过“线上+线下”方式，全方位、多层次、立体化开展第二届民法典宣传月活动。围绕法治素养提升做好宪法宣传教育，组织做好宪法宣誓活动，开展百万党员学宪法学法律考党章活动。聚焦精准普法提升工作效能。组织开展党政主要负责人履行推进法治建设第一责任人职责述职评议暨国家机关“谁执法谁普法”履职评议活动，强化年度普法联动重点事项跟踪督促及结果评价。开展普法宣传实地调研，结合苏州市开展省市法治文化阵地建设、“法律明白人”培育工作等第三方专项调查，查漏补缺，跟踪整改，确保重点普法工作落实到位。聚焦依法治理激活基层动能。新培育西渚社区、石帆村为全省第16批民主法治示范村（社区），提升省级民主法治示范村（社区）创建水平。依托基层网格化治理体系，每个网格培育2名“法律明白人”。完成1221名“法律明白人”培育工作，其中，1人获评全省百佳“法律明白人”，1人获评全省“法律明白人”培育先进个人。推动村（社区）援法议事活动，树山村“法小守”议事厅、万枫社区“阿万茶楼”议事厅获评全省援法议事范例。抓好法治惠民工程，狮山横塘司法所申报“打造用心解纷驾驶纠纷调解特色路径”项目入选2022年苏州市关爱民生法治行重点项目。聚焦法治文化建设，提升公民法治素养。优化法治文化阵地建设，实体化运作青少年法治宣传教育基地，完善政府、学校、社会、家庭共同参与青少年法治教育新格局。优化“大普法”联动，联合法院少年庭开设“虎法少年行”微课堂。联合老年大学、东渚街道举办“喜迎二十大，法治暖重阳”养老防骗系列普法活动，将法治元素融入传统节日和民风民俗活动。累计开展普法宣传活动340次，举行法治讲座237次，提供法律服务319次。组织普法志愿者940人，发放普法材料19.9万份。

【公共法律服务】 2022年，区司法局完善法律服务体系建设，强化法律服务供给能力，推动公共法律服务水平。贯彻落实《关于巩固提升村（社区）法律顾问工作的通知》，聚焦提供一站式、延伸式公共法律服务，为基层群众提供及时精准普惠公共法律服务。指导全区78个村（社区）法律顾问规范服务，组织村（社区）法律顾问开展预防养老诈骗、防范非法集资法制宣讲活动，开展村（社区）法律顾问业务培训，完善公共法律服务网络，提升公共法律服务效能。开展现场服务1642次，举办法治讲座200场次，覆盖群众5000余人次，参与矛盾纠纷调处81起，处理涉及村（社区）重大敏感性、群体性案件2起。

【人民调解】 2022年，区司法局开展多元调解，优化非诉纠纷化解机制，开展“大排查、大调解、促和谐”专项行动。聚焦群众关心、社会关注矛盾类型，关注影响社会稳定矛盾领域，着眼特殊困难群体救助帮扶和妇女儿童权益保障，加强对多发性、涉民生、涉众型等矛盾纠纷排查化解，将矛盾纠纷预防在先、发现在早、平息在小、就地化解，严防矛盾纠纷外溢上行，95%以上矛盾纠纷化解在乡镇（街道）、村（社区）以及企事业单位。推广“苏解纷”微信小程序，提供矛盾纠纷线上化解渠道。加强调解员队伍建设，组织调解员参与培训、技能大赛、典型案例和优秀卷宗评选，推进调解员实训基地建设。修订《苏州高新区人民调解个案补贴实施细则》《苏州高新区人民调解备案管理办法》，做好人民调解备案管理、个案补贴、人民调解员证下发工作。培育一批有效承接政府购买服务矛盾纠纷化解类社会组织，包括东吴国联民商事调解中心、枫笛公益服务中心、韵和公益法律服务中心等。健全行政调解工作机制。推动重点领域建立行政调解组织，设立行政调解室，规范行政调解工作流程，按照行政调解职责清单履行调解职能。建立行政调解与行政诉讼、行政复议以及其他非诉讼纠纷解决方式之间衔接机制。

【法律援助】 2022年，区司法局扎实开展法律援助工作，协调区内律师事务所统筹优质律师资源，强化法律援助力量，落实法律援助值班律师制度，做到应援尽援。加强对劳动争议、农民工欠薪等方面法律援助，推进刑事案件法律援助全覆盖。与信访部门、法院合作妥善引导并受理某企业群体案件，通过法律援助方式，引导信访人员诉讼解决纠纷，助力群体信访案件妥善化解。收到法律援助案件960件，常住人口万人受援率11.4%。

【社区矫正】 2022年，区司法局严格特殊人群管控，防范安全稳定风险，强化防控管控举措。通过蓝信App、微信等方式做好社区矫正工作，筑牢24小时电子监管围墙，做到社区矫正对象每日听声、每日见人。加大日常轨迹巡查力度，利用定位手机、电子腕带、监管平台、蓝信App、矫务通等远程技术对在册社区矫正对象进行信息化核查，开展信息化核查2000余人次，平台处理异常数据120余条，24小时处置率100%以上。依法依规处理异常问题，对13名违反社区矫正监督管理规定社区矫正对象做出训诫处罚。分批分层分阶段恢复走访、当面报告、集中教育和社区服务，有序回归社区矫正常态工作。做好值班值守、人员排查工作，每周报送“9+5”类社区矫正、安置帮教对象排查数据。对排查出重点社区矫正对象签订包管控、包教育、包转化责任书，重点安置帮教对象逐个签订帮教管理责任书，落实安全稳定工作举措。落实必接必送，防止源头脱管，定期开展危险性评估，确保高、中风险对象纳入重点管控范围；每月请求公安机关协查下落不明刑释人员，切实消除安全隐患。加强重点社区矫正对象思想道德教育、法律法规教育、警示谈话教育，实现教育一个人、触动一家人、影响一片人工作目标。降低社区矫正对象重新犯罪风险，开展针对性社会适应性帮扶活动，帮助社区矫正人员融入群体、回归社会。

（政法委　李启新）

仲　裁

【劳动争议仲裁】　2022年，高新区仲裁院受理劳动争议案件1263起，比上年下降8.34%。当期仲裁结案1286件，结案率97.06%，比上年上升2.18%。劳动人事争议调解成功率75.53%，仲裁终结率59.95%，终局裁决率38.59%，为劳动者挽回经济损失3408.72万元。年内，4家单位获评苏州市金牌劳动人事争议调解组织。

【仲裁管理机制创新】　2022年，高新区仲裁院深入探索智慧仲裁建设，以技术赋能提高仲裁办案质效，打造从立案到审理，从线下到线上，从普通到简易，从同步到异步，多环节、多层次智慧仲裁模式。实现线上远程开庭“互联网+”庭审模式，疫情防控期间保持在线庭审，解决当事人无法到庭困扰。创新开启“问诊清单+异步质证”新机制，当事人通过微信公众号完成在线举证质证，突破时空双重维度限制，提高案件审理效率。增设线上、邮寄立案新渠道，提供二维码下载全套申请材料模板。　（人社局　刘军）

人民武装

【概况】　2022年，苏州市虎丘区人民武装部（简称“区人武部”）贯彻省军区、军分区党委扩大会精神，强化党管武装、紧抓练兵备战、夯实动员基础、严守政治纪律、安全底线，推进基层规范化建设，全面发展武装工作。

【军事训练】　2022年，区人武部抓牢主责主业，狠抓训练“四个落实”（人员上要落实、时间上要落实、内容上要落实、训练效果上要落实）。着力抓好战备法规，贯彻落实机制，落实两级武装部和民兵应急分队值班制度，确保指挥系统顺畅，确保出现问题有效应对、及时处置。以新颁发训练大纲为依据，完成年度训练任务409人次，组织参加上级演练，集中备勤训练考核。

【国防动员】　2022年，区人武部采取包干到片方法，精细开展潜力调查工作，科学合理完成1770名基干民兵整组任务，编组方案作为样板经验在全市推广。优先安排落实任务分队演训，提高分队遂行任务能力，联合地方相关部门完成疫情防控、抗震救灾、抗洪抢险等实兵演练。年内，接受江苏省民兵工作全面检查考评，综合成绩排名前列。

【征兵工作】　2022年，区人武部落实早计划、早部署、早着手征兵工作，开展征兵宣传教育活动，全区村（社区）干部带头深入一线，开展面对面宣传工作。提高征兵工作质量标准，把好体检关、政考关、廉洁关，完成年度新兵征集任务，大学毕业生比例71%。

【后勤保障】　2022年，区人武部坚持重心向下、精准指导、常态督导，全面推进基层武装部达标建设，规范基层武装阵地建设标准。高质量研发兵网融合民兵指挥信息系统，探索民兵与地方应急力量统筹公用新模式。按照标准发放民兵训练补助，联合应急管理局探索民兵应急装备纳入地方应急体系保障做法。

（人武部　彭睿宇）

人民防空

【概况】　2022年，高新区人民防空工作按照市、区两级人防工作部署和要求，围绕有效履行“战时防空、平时服务、应急支援”使命任务，遵循人民防空建设与经济建设协调发展、与城市建设相结合原则，构建战时能力强、平时作为大现代人民防空体系，做好人民防空各项工作。年内，区人民防空办公室获评苏州市人防工作创新创优先进单位。

【人防工程建设与管理】 2022年，高新区滨河路人防停车场投入使用，总投资4.98亿元，建筑面积39798平方米。完善管理地下人防空间项目，提升便民服务水平。年内，一项地下人防工程获评苏州市十大典型人防惠民项目。

【人防指挥通信建设】 2022年，高新区落实人防指挥所通信设施设备维护管理人员，提高服务保障能力，做到基本能担负战备工作。结合“5·12”防震减灾日宣传活动，各乡镇（街道）组织各社区居民开展应急避险教育。开展“9·18”防空警报试鸣，城区警报音响覆盖率100%，鸣响率100%。11月8日，区人防办、镇湖街道协调举行马山村人口疏散基地揭牌仪式，基地设有指挥区1处、生活区6处、保障区4处，具备战时疏散指挥、临时安置、物资储备、医疗保障和运输保障功能，可接收安置人口约2700人。

【人防宣传教育】 2022年，高新区开展学习宣传人防法律法规宣传教育活动。为小学和初中学校发放人防知识教材和人防知识教育视频光盘，累计发放教材和光盘22149册（套），中小学民防教材订阅量100%。建设成大实验小学人防宣传体验馆。年内，成大实验小学获评江苏省人防知识教育示范学校，高新区第二中学获评2022苏州市人防教师授课评比活动中学组二等奖，高新区文星小学校获评2022苏州市人防教师授课评比活动小学组二等奖。

（住房和建设局　孙波）

2022年，成大实验小学人防宣传体验馆建成（成大实验小学　供图）

经济管理

宏观经济运行管理

【经济运行调度】 2022年，高新区全面落实“疫情要防住、经济要稳住、发展要安全”重大要求，高效统筹疫情防控和经济社会发展，应对复杂严峻外部宏观环境和疫情反复等超预期因素影响，推动经济社会平稳健康发展，经济发展质量稳步提升。制定落实全区稳住经济大盘工作方案，成立全区“保生产、稳发展”工作领导小组和工作专班，建立稳定供应链产业链、物流保障、企业疫情防控等工作专班，开通助企纾困热线，出台“纾困解难21条”“稳岗惠企10条”、鼓励餐饮业市场主体购买营业中断损失险等区级惠企支持政策，帮助市场主体恢复信心。强化经济运行预警预测和分析研判，加大企业走访服务和生产要素保障力度，深化重点企业一企一策服务机制作用，支持企业稳产能、增技改、争订单、拓市场、促营销，全区经济呈现恢复向好、持续回升态势。

（经济发展委员会　陆晓东）

【固定资产投资】 2022年，高新区完成全社会固定资产投资579.6亿元，比上年增长5.1%，增幅高于苏州市3.6个百分点，总量实现历史新高。从投资结构上看，基础设施投资持续发力，全年完成基础设施投资93.7亿元，比上年增长36.7%。中检、中软等省市重大项目加快推进，高技术产业投资比上年增长41.6%。受到高技术产业投资、工业投资持续发力，产业投资比上年增长36.4%。从投资主体看，国有投资和民间投资均实现双增长，增速分别为7.1%和7.9%，民间投资增速高于国有投资0.8个百分点，带动固定资产投资加速释放。工业投资持续发力，全区完成工业投资96.9亿元，比上年增长6.5%，其中技术改造投资53.4亿元，比上年增长13.7%，占工业投资比重55%，比上年增长3.6个百分点。

【重点项目建设】 2022年，高新区各部门联动会审、会商、会诊、会办，服务项目落地，推动科美诊断、梓森科技等前期项目提前开工；通过苏链通平台、企业定期走访、五方云会审、全链审批周会等方式有效保障项目建设，狮山生物药、百胜动力等18个项目实现“拿地即开工”，长光华芯、瑞玛精密、纽威数控等18个项目竣工投产。苏州中建国际总部、苏州天准科技工业视觉装备、中国检验认证集团苏州检验检测基地、中软国际（苏州）软件开发及集成测试中心4个项目被列入江苏省重大项目计划，实现近五年来零的突破，均在半年度实现提前开工，全年完成投资24.33亿元，完成年度投资计划218.8%。37个重点项目被列入苏州市重点项目计划，年内全面开工，全年完成投资313.3亿元，完成年度投资计划119.8%。152个区重点项目总投资2552.2亿元，全年完成投资490.1亿元，完成年度投资计划100.9%。省市重点工业项目方面，高新区入围江苏省重大工业项目4个，全年完成投资10.55亿元，完成率114.2%，其中纽威数控三期项目竣工投用，怡道生物、梅里埃项目土建完工。入围苏州市重大工业项目9个，全年完成投资21.91亿元，完成率117%，其中纽威数控三期、光羿电致变色膜一期竣工投产。

【重点项目资金争取】 2022年，高新区紧盯国家项目投资政策窗口期，发挥重大项目牵引撬动作用，挖潜重大项目源，动态完善区级重大项目储备库，科学运用中央预算内投资、地方政府专项债券、政策性开发性金融工具、部分领域设备购置与更新改造贷款财政贴息、制造业务中长期贷款、基础设施REITs等上级政策资金工具支持，着力破解项目要素制约。科锐花园、黄浦花园一期、科技城片区排水管网修复、华润燃气老旧管道更新改造等4个项目获批中央预算内资金3398亿元，太湖科学城、南京大学教育园区等9个项目获批地方政府专项债券额度6.72亿元，南京大学苏州校区、高博软件学院分别获批8亿元、2000万元设备购置与更新改造贷款贴息额度，梓森科技生产研发及总部项目、珂玛材料先进材料生产基地项目分别获批1.6亿元、2.7亿元制造业中长期贷款。

（经济发展委员会　鞠丰刚）

表11　高新区入围江苏省重大项目计划项目（2022）

序号	项目名称	项目类型
1	中国检验认证集团苏州检验检测基地	新开工
2	中软国际（苏州）软件开发及集成测试中心	新开工
3	苏州中建国际总部	新开工
4	苏州天准科技工业视觉装备	新开工

表12　高新区重点实施项目（重大科创载体）（2022）

序号	项目名称	项目类型
1	苏州中科地星产业创新研究所	新开工
2	苏州大学卫生与环境技术研究所	新开工
3	苏州市集成电路创新中心	续建

表13　高新区重点实施项目（制造业项目）（2022）

序号	项目名称	项目类型
1	长兴电子二期光阻干膜生产项目	新开工
2	斯尔特半导体设备及封测总部	新开工
3	大族集成电路封测华东总部	新开工
4	腾鑫半导体设备研发生产基地	新开工
5	新磊半导体外延晶片扩产、MBE工艺研发及产业化项目	新开工
6	苏州长光华芯半导体研究院	续建
7	矩浪科技机器视觉设备研发及生产基地	新开工
8	中科科仪高端仪器装备产业化项目	新开工
9	虎丘影像医学影像耗材生产项目	新开工
10	百胜动力舷外机生产基地及研发中心建设项目	新开工
11	克林威尔智能吸尘器新建项目	新开工
12	苏高新绿碳公司低碳示范园	新开工
13	伏泰信息研发总部	新开工
14	华邦光美地块改造（华邦光美医疗护理设备新建项目）	新开工

续表

序号	项目名称	项目类型
15	英示测量厂房改造项目	新开工
16	奥美材料科技平板显示材料二期扩建项目	新开工
17	联东苏高新创新港二期项目	新开工
18	联玮光电液晶显示及配套组件二期扩建项目	新开工
19	速腾电子研发生产总部	新开工
20	瑞玛精密三期扩建项目	续建
21	光羿科技总部和研发生产基地	续建
22	纽威数控三期中高端加工中心产业化项目	续建
23	英威腾研发中心	续建
24	佳祺仕自动化设备新建项目	续建
25	启航电子智能制造生产基地新建项目	续建
26	特瑞特机器人自动化设备新建项目	续建
27	莱克新能源汽车零部件新建项目	续建
28	沃尔斯影像设备新建项目	续建
29	环保产业园提升项目	续建
30	安捷利电子集成电路封装基板产线扩建技改项目	续建
31	西典机电汽车用母排新建项目	续建
32	吉威思科技过滤器新建项目	续建
33	纽威阀门生产自动化技改项目	续建
34	东泰精密研发大楼及厂房项目	续建
35	昊帆生物总部研发及生产基地	续建
36	京山轻机智能装备制造华东区总部	续建
37	莱克绿能微特电机、小家电生产项目	续建
38	兆威机电微型驱动、传动系统新建项目	新开工
39	赛默飞世尔生命科学产业基地	新开工
40	医疗器械产业园四期（医疗器械高端医护设备新建项目）	新开工
41	君康医疗空心纤维膜等扩建项目	新开工
42	阅微基因分子诊断试剂产业化项目	新开工
43	迈得诺医疗新建项目	新开工
44	德品医疗护理产品新建项目	新开工
45	思鹏生物制药关键原料新建项目	新开工
46	狮山生物医药创新基地（华能热电东地块）	新开工
47	虎丘影像医用照相器材新建项目	续建
48	长光华医全自动化学发光免疫分析系统项目	续建
49	怡道生物新型疫苗产业化基地	续建
50	梅里埃集团生物制品产业化基地	续建
51	浒墅关绿色技术小镇下城绿色产业基地（科栖实业高端智能装备产业化项目）	新开工

续表

序号	项目名称	项目类型
52	荣毅工贸机电配件扩建项目	新开工
53	ESR新材料产业园	新开工
54	雷允上改扩建项目	新开工
55	星河科技数创产业园	新开工
56	创捷传媒创意研发中心	新开工
57	希格玛智慧交通研发中心	新开工
58	苏州市集成电路创新中心二期（金鹰地块北）	新开工
59	阳山工业园改造（阳山绿色智能装备产业化基地）	续建
60	上市科创园二期项目（高新区自动生产装备产业基地）	新开工
61	狮山新兴产业基地	续建
62	亿聚得智能家居研产自我更新项目	新开工
63	福伸电机汽车零部件新建项目	新开工
64	新技术产业园改造（鑫狮电气自动化系统设备新建项目）	新开工
65	咖博士商用咖啡机研发与集成制造中心项目	新开工
66	珂玛材料先进材料生产基地	新开工
67	泰纳包装迁建项目	新开工
68	住友电工三期扩建项目	新开工
69	阿部商务印刷扩建项目	新开工
70	力生能源科技自我更新项目	新开工
71	上阳纸器包装三期扩建项目	新开工
72	科士达印务新建项目	续建
73	绿工机械燃气用品重建项目	续建
74	名硕电脑技改项目	新开工
75	肖特玻璃新型药用包装材料扩建项目	新开工
76	华昕科技技改项目	新开工
77	万都底盘技改扩建项目	新开工
78	NGK环保陶瓷技改项目	新开工
79	枫桥智能制造改造升级项目	新开工
80	康硕电子技改项目	新开工
81	爱普生技改项目	新开工
82	国巨电子车规系列电阻和高压电容技改项目	续建

表14 高新区重点实施项目（服务业项目）（2022）

序号	项目名称	项目类型
1	生荣产业园二期（生命健康小镇影像检测类医疗器械二期新建项目）	新开工
2	浒墅关运河文旅产业综合开发	续建

续表

序号	项目名称	项目类型
3	苏州金融小镇三期	续建
4	中国移动云资源新型基础设施建设项目	续建
5	中移动苏州研究院三期	续建
6	腾讯（苏州）数字产业基地	续建
7	灏华华东总部	新开工
8	中国通用技术长三角汽车工程研究院	新开工
9	凯菱绿色产业基地一期项目	新开工
10	大家保险康养产业集聚区	新开工
11	固德威双碳智慧能源研发全球总部和产业化项目	新开工
12	上市总部园K01K02K04K05地块	续建
13	沈苏自动化技术总部	新开工
14	科技城总部园二期	续建
15	宝爱捷高端汽车4S店	新开工
16	龙之梦酒店群及会议中心	续建
17	通安邻里中心	续建
18	绿宝广场三期	续建
19	狮山金融创新中心	续建
20	科技城李良济国药展示馆扩建项目	新开工
21	苏州太湖科学城	续建
22	苏州乐园森林世界	续建

表15　　高新区重点实施项目（房地产项目）（2022）

序号	项目名称	项目类型
1	龙惠花苑三期项目	新开工
2	中建国际国际家园	新开工
3	中建国际菁英人才社区	新开工
4	星河横塘产城融合	新开工
5	度假区动迁保障房	续建
6	通安动迁保障房	续建
7	狮山横塘动迁保障房	续建
8	高新区公租房新建工程	续建

表16　　高新区重点实施项目（重大生态保护项目）（2022）

序号	项目名称	项目类型
1	白荡污水处理厂二期扩建及提标改造工程	续建
2	浒东污水处理厂二期扩建及提标改造工程	续建

表17

高新区重点实施项目（重大民生工程项目）（2022）

序号	项目名称	项目类型
1	苏州高新区公共卫生中心	新开工
2	狮山横塘公交三厂地块小学	新开工
3	苏州大学附属第二医院浒关院区二期工程	续建
4	浒关幼儿园	续建
5	高博软件技术职业学院二期	续建
6	通安镇老旧小区外立面改造提升工程	续建
7	狮山文化广场	续建
8	南京大学苏州校区（西区）	续建
9	南京大学苏州校区（东区）	续建

表18

高新区重点实施项目（重大基础设施项目）（2022）

序号	项目名称	项目类型
1	浒关经开区新建道路工程	新开工
2	通浒路改造工程	新开工
3	马运河、前桥港、渚镇河闸站工程	新开工
4	昆仑山路下穿230省道	续建
5	马环连接线工程	续建
6	通浒路东延三期工程	续建
7	泰山大桥新建工程（一期）	续建
8	环阳山路西路改造及附近道路沟通二期工程	续建
9	轨道6号线新区段市政道路恢复工程	续建
10	南大基础设施配套项目	续建

表19

高新区前期重点工作项目（2022）

序号	项目名称	项目类型
1	华能苏州燃机创新示范机组项目	前期
2	科伦特电气新能源母排产业研发基地	前期
3	梓森科技高端凝胶漱口水等生产项目	前期
4	科美诊断试剂新建项目	前期
5	富士胶片欧文生物培养基等生产研发基地	前期
6	云学堂教育全球总部	前期
7	狮山李良济国医国药馆运营总部	前期
8	苏州高新康复医院扩建工程	前期
9	横山路北地块项目	前期
10	伟亚光电汽车坐舱曲面显示系统扩产项目	前期
11	速迈医学总部	前期
12	医疗器械企业总部上市基地	前期

国有资产监督管理

【概况】 2022年，高新区全面深化改革，加强国企监管，优化资源布局，不断提升服务区域发展大局能力。截至2022年年底，全区纳入国有资产统计年报汇编国有企业资产总额2847.8亿元；全区国有及国有控股企业实现营业收入209.6亿元，净利润4.3亿元。其中，区直属国有企业资产总额2105.8亿元，实现营业收入194.6亿元，净利润10.5亿元。

【国有资产布局】 2022年，高新区围绕打造产业创新集群和全市产业科创主阵地目标，统筹产业资源加速集聚，协同组建苏州光子产业发展有限公司，打造光子产业集群，形成“九大直属国企+两大中心”发展新格局，并设立数字经济、绿色低碳等专业化产业公司，加速推进重点产业发展。优化调整国企功能定位和主业结构，推动每家国企聚焦核心主业，深耕主业发展。聚焦重点产业方向，加大项目引育力度，全年区直属国企招引项目1800个，其中区内重点产业项目131个，注册资本66.5亿元。深化与央企、省市属国企合作，建立与央企合作发展工作推进机制，累计完成央企合作项目68个，省市国企合作项目43个。持续推动区直属国企登陆资本市场，发挥国企市场竞争优势，推动区内企业苏新美好生活服务股份有限公司成功挂牌上市。

【国有企业改革】 2022年，高新区深入实施国企改革三年行动，完成国企改革三年行动各项改革任务，持续巩固拓展改革成果，完善法人治理结构，健全市场化经营机制。印发实施《关于苏州高新区各功能区、乡镇（街道）深化国企改革的指导意见》，各功能区国资国企改革稳步推进，每个片区整合为3—5家一级国企，发挥城市建设主力军作用。浒墅关先进制造功能片区三大国企集团成立，狮山商务创新功能片区、太湖科学城功能片区国企整合效能持续提升。制定《苏州高新区国资国企改革发展“十四五”规划》《苏州高新区国资国企高质量发展三年行动计划（2023—2025年）》，召开国资国企高质量发展大会，细化分解指标。

【国有企业监管】 2022年，高新区持续健全以管资本为主的国资监管体系，制定《关于全面加强国有企业监管的实施意见》，推动构建国资监管大格局。修订出台《国资监管工作审批（备案）事项清单（2022）》《苏州高新区国资授权放权清单（2022）》，明确出资人职责，厘清出资人与企业职责边界。修订《苏州高新区直属国有企业投资监督管理办法》，明确区投资决策委员会议事规则，开展国有企业投资项目后评价工作，加强国企投资闭环监管。建立区直属国有企业经营投资尽职合规免责事项清单机制，提高广大干部职工担当作为和探索创新能力。加强债务规模动态监测，防范债务违约风险。全面排查国企贸易业务风险，建立健全风险防控机制。加强异地政信业务监管，推动区直属国企科学压降存续规模。（国资办　李琳）

【重点国有企业】 苏州苏高新集团有限公司　2022年，苏州苏高新集团有限公司（简称“苏高新集团”）全年实现营业收入191.54亿元，区内税收贡献13.86亿元。出台《苏高新集团“十四五”战略发展规划》，明确以城市建设、城市服务、产业园区为主业，以类金融业务为支撑，以战略性新兴产业为新动能“3+1+1”业务布局。成立人才发展集团、产业投资公司，旗下物业公司苏新服务在香港联交所主板挂牌上市。全年新建续建项目50个，其中市重点项目2个，完成投资总额148亿元。南京大学苏州校区西区等15个项目实现开工建设，高新区公租房等9个项目实现竣工。获评国家优质工程奖、中国建筑工程装饰奖等多个国家级荣誉，狮山文化广场、浒墅关古镇入选江苏省重点文化和旅游产业项目，科工[illegible]入选

狮山文化广场（苏州博物馆西馆区域）（朱卫东　摄）

江苏省绿色建筑发展专项资金项目。挖掘项目源670个，签约落地185个，新增内资注册资本96.42亿元；新增外资注册项目2个，到账外资9000万美元；去化各类载体约16万平方米。成功发行全国首单区县级优质主体企业债券、全国首批复工复产债、全国首单孵化器用途永续科创票据、江苏省首单续发型单SPV结构CMBS等创新融资产品。落实减免租金政策，为692户小微企业减免租金8853万元。年内，苏高新集团获评江苏省文明单位、苏州市工人先锋号、苏州市青年文明号等。苏绣小镇获评全国非遗和旅游融合发展优选项目“非遗旅游小镇”。

（苏高新集团　范盛）

苏州新区高新技术产业股份有限公司　2022年，苏州新区高新技术产业股份有限公司（简称“苏高新股份”）全年实现营业收入107.24亿元，区内税收贡献7.01亿元。公司下属苏高新绿色低碳产业示范基地项目作为苏州市唯一入选的超低能耗/近零能耗建筑示范项目，获江苏省绿色建筑发展专项资金；下属东菱振动公司获江苏省2022年专精特新中小企业认定；中国检验认证集团苏州检验检测基地项目、中软国际（苏州）软件开发及集成测试中心项目入选江苏省2022年重大项目名单，于年内全面开工建设；全地

2022年4月，全地下式净水厂狮山厂迁建项目实现投运（苏高新股份　供图）

下式净水厂狮山厂迁建项目实现投运；苏州乐园森林世界成功创建国家4A级旅游景区。年内，苏高新股份及下属公司获评中国风景园林学会科学技术奖、中国融资租赁榜成就奖、江苏省房地产开发行业综合实力50强企业、江苏省“扬子杯”优质工程奖等。

（苏高新股份　华雪）

苏州金合盛控股有限公司　2022年，苏州金合盛控股有限公司（简称“苏高新金控”）全年实现营业收入11.26亿元，区内税收贡献1.48亿元。苏高新金控以设立数字金融产业发展公司契机，依托金融小镇载体作用和狮山商务创新区金融资源集聚优势，着力推动全区数字金融产业高质量发展。苏高新金控招商团队全年引进搏迈星源、格非智能、麦种科技等13个早期人才项目，龙驰半导体、精微视达等46个产业项目。股权投资板块助力扶持普源精电等13家企业上市，并获评2021年度中国最佳创业投资机构TOP50、2022年中国政府引导基金50强、2021—2022年度中国新一代信息技术领域投资TOP30等。非银金融板块全年向区内638户投放各类业务38.5亿元，投放金额53.7%，区内新增授信529家，新增授信额度34.8亿元。金谷发展板块高水平运营高新区科技金融服务中心，获评全国首批科技金融创新服务中心。苏州金融小镇全年实现税收2.67亿元，累计引入各类投资机构约940家，集聚基金规模约2000亿元。

（苏高新金控　代少青）

苏州高新国有资产经营管理集团有限公司　2022年，苏州高新国有资产经营管理集团有限公司（简称“国资公司”）全年实现营业收入45.63亿元，区内税收贡献2.43亿元。做好疫情防控志愿服务、中小企业纾困解难等惠民惠企工作，共对115户承租户减免租金1319.34万元。按序推进区级民生项目，推进“三优三保”项目（东渚街道、通安镇）指标验收交易，做好区棚改项目全程资金管理，强化自持及代管资产运营管理，资产出租率100%。发挥国有资本引领和带动作用，截至2022年年底，累计对外投资参股企业29家。

（国资公司　杨菁）

2022年9月，中环西线北延工程竣工通车（苏高新交发　供图）

苏州高新城市交通发展集团有限公司 2022年，苏州高新城市交通发展集团有限公司（简称“苏高新交发”）全年实现营业收入2.05亿元，税收贡献0.33亿元。商业类企业营业收入1.37亿元。有轨电车全年安全行驶里程446.5万列千米，全年运送旅客507.94万人次。代建项目16个，项目投资总额约69亿元，完成总产值16.5亿元。中环西线北延、通浒路东延三期等重点项目顺利竣工通车，武夷山路西延、灵岩街改造等项目顺利开工。城市运营业务全年完成营业收入0.54亿元，承接科技城片区市政路灯、景观亮化等养护任务，苏高新交发特来电公司成立，苏州狮山国际会议中心电动汽车充电旗舰站启用，推动滨河路地下空间项目运营。检测业务稳步推进，全年签订合同130份，合同总额1.2亿元，完成检测产值0.43亿元，推出行业内首套检测过程信息化解决方案。年内，苏高新交发下属公司电车集团获评2022年度苏州市质量奖。

（苏高新交发　吴超驰）

苏州高新文旅集团有限公司 2022年，苏州高新文旅集团有限公司（简称“文旅集团”）全年实现营业收入2.7亿元，区内税收贡献0.35亿元。完成招商项目17个，注册资金总量超1亿元，其中注册资金超1000万以上、达到规上标准高质量项目6个。成立苏州高新文化产业公司，与上海大剧院合资成立狮山大剧院管理有限公司，与科技城管委会开展苏州198数字文化产业园共建合作，与南京大学出版社签订战略合作协议。打造“趣北”引力街区，实现龙山品牌全面提档升级。举办“珠穆朗玛的回响”艺术展、“清风自运河”廉政主题展、百位中国杰出人物肖像书画展等主题展览；举办首届太湖阅读马拉松、“星空杯”作文大赛、3V3篮球赛等各类赛事，共计举办文体活动约500场次，服务约190万人次。年内，文旅集团获评江苏省老少同台节目展演特等奖、亚洲最佳50家会议酒店等。苏州高新区文体中心获评江苏省对台交流基地。

（文旅集团　许婷）

2022年8月19日，“同心同行　青春力量”第二届海峡两岸青年文化月开幕，苏州高新区文体中心获评江苏省对台交流基地（陈拓　摄）

苏州医疗器械产业发展集团有限公司　2022年，苏州医疗器械产业发展集团有限公司（简称“医疗器械集团”）全年实现营业收入1.49亿元，区内税收贡献0.21亿元。落地动态血糖监测仪中星医疗、泰格医药下属医疗器械CRO企业泰格捷通、探头式激光共聚焦显微内窥镜精微视达等高质量项目，助力高新区累计集聚行业相关企业约900家，汇聚行业领军人才600余人次，获批医疗器械二、三类注册证1057张。落地中国信通院国家药监局智能化医疗器械研究与评价重点实验室、江苏省高端医疗器械技术创新中心等创新平台，推动苏州大学卫生与环境技术研究所成功开业，产业园四期创新基地封顶、六期狮山生物医药基地开工建设。年内，江苏医疗器械科技产业园获评2022年度全国科技成果转化贡献奖、全国创新医疗健康产业园区等。（医疗器械集团　朱冠群）

苏州高新集成电路产业发展有限公司　2022年，苏州高新集成电路产业发展有限公司（简称“集成电路公司”）以招商引资、产业投资、园区运营、企业服务、平台建设五大主业为发展锚点，围绕打造全国集成电路设计新高地目标，产业集群体量和质量不断提升。探索产业链党建新模式，联合行业企业成立联合党委；引进高质量项目70个，其中超1亿元项目28个，超50亿元项目1个；落地国家级创新中心1个、省级研究中心2个、市级创新联合体1个。

（集成电路公司　韩玉兰）

苏州高新产业招商中心有限公司　2022年，苏州高新产业招商中心有限公司（简称“产业招商中心”）围绕主导产业持续加大招商力度，引进高质量产业项目266个，投资规模超亿元产业类项目135个，签约龙驰碳化硅芯片及功率器件IDM研发生产总部、新磊半导体MBE工艺产业化及研发中心、中日智能制造华东产业化基地等多个投资规模超30亿元项目，以及太阳油墨中国区研发总部、安领生物总部、徕博科医药研发创新基地、中国汽研华东总部、EKPO中国区总部、西门子电气产品中国及东亚总部、日本岛津仪器高端质谱产线、斯维登总部等一批标杆项目。

（产业招商中心　雷震）

苏州高新科技招商中心有限公司　2022年，苏州高新科技招商中心有限公司（简称“科技招商中心”）科技招商取得成效。引进创新型企业1210家，比上年增长25%；引进高质量科技项目377个，比上年增长32%。斯科半导体、创维新能源等60余个重大科技项目和中科地星研究所、中芯聚源创新中心等30余个科技创新平台签约落户。苏大检测、艾迪康、迈志微等100余个重点科技项目开业。成立苏州高新科创天使创业投资管理有限公司、苏州高新科技成果转化有限公司、苏州高新知识产权服务有限公司3家子公司，各功能片区组建专业化招商公司，科技招商队伍进一步强化。（科技招商中心　黄成江）

民营经济管理

【概况】　2022年，高新区加大企业服务力度，高效统筹疫情防控和经济社会发展，推动民营经济高质量发展。5月16日，高新区民营企业座谈会召开。年内，区内企业阿特斯阳光电力集团股份有限公司入围“中国民营企业500强”名单，所属行业为C38电气机械和器材制造业，列全国第334名。

（统战部　顾寅清）

【发展壮大民营经济政策措施】　2022年，高新区制定出台《苏州高新区（虎丘区）促进中小企业“专精特新”高质量发展行动计划的通知》，挖掘和培育一批市场前景好、创新能力强、发展潜力大、综合效益高、核心竞争力强专精特新企业，加强政策引导和精准服务，引导中小企业走专精特新发展道路，提升中小企业专业化发展能力和大中小企业融通发展水平，推动中小企业健康发展。贯彻落实《中小企业款项支付条例》，开展《保障中小企业款项支付条例》政策专题讲座，开展防范和化解拖欠中小企业账款专项行动，切实维护中小企业合法权益。

【中小微企业公共服务体系建设】 2022年，高新区借助国家级、省级中小企业公共服务示范平台资源优势，为中小企业提供融资培训、政策讲解等专业化服务。打造"苏创大讲堂"公益性培训品牌系列活动，面向省内"双创"企业提供优质培训服务，提升企业创新能力，赋能企业转型升级；举办"一起益企"系列活动，为企业提供创业辅导、上市融资、政策讲解等服务，全年服务企业26408家次；开展"我为群众办实事、服务企业零距离"专题系列活动，全年开展19场专题培训活动，服务企业3000余家；协助江苏省工信厅举办"英才名匠"产业人才项目（医疗器械），开设12班次，服务企业约400家，开展培训3604人次。年内，区内企业太湖金谷（苏州）信息技术有限公司、工业和信息化部电子第五研究所华东分所获批国家级中小企业公共服务示范平台，苏州火炬创新创业孵化管理有限公司、苏州市软件行业协会、苏州市集合创业投资服务有限公司获批江苏省中小企业公共服务示范平台。

【重点民营企业选介】 苏州长光华芯光电技术股份有限公司　以研发半导体激光芯片技术及产品为核心，承接包括国家重点研发计划及发改委核心技术攻关等20项国家级科技攻关项目，属于集成电路产业链领域配套、工业"六基"领域——核心基础元器件和制造强国十大领域——新一代信息技术产业。公司核心技术覆盖半导体激光行业最核心领域，包括器件设计及外延生长技术等技术，拥有半导体激光行业国内外先进6英寸晶圆垂直整合生产线，获专利94项（发明54项）。获批姑苏半导体激光创新中心（国家级）、国家级博士后工作站、江苏省企业技术中心等研发平台、江苏省"小巨人"企业，获评教育部高等学校科学研究优秀二等奖、江苏省科学技术一等奖、人工智能科学奖二等奖。

莱克电气股份有限公司　以高速电机为核心技术，从事研发、制造和销售环境清洁与健康生活小家电企业。赋能产品智改数转工作，引领行业生态可持续发展，公司发展由单一产品、单一出口ODM经营模式转变为自主品牌、ODM/OEM出口和核心零部件三大业务协同发展混合型经营模式。主导产品包括莱克立式/手持多功能无线吸尘器、水离子涡扇吹风机、碧云泉台式免安装智能速热净水机、磁阻型无刷电机多功能智能食物料理烹饪机、三合一吸尘洗地机天狼星S680。企业形成高端家居环境电器品牌"莱克LEXY"、互联网家居环境电器品牌"吉米JIMMY"、高端健康净水饮水电器品牌"碧云泉bewinch"、高端厨房健康烹饪电器品牌"西曼帝克SieMatic"、网红厨电品牌"莱小厨LEXCOOK"五大自有品牌矩阵。自主品牌销售网络分布全国30余个省份、300余个城市，终端门店4000余家。

虎丘影像（苏州）股份有限公司　坚持医用图像打印输出细分领域，参与医用图像打印机和热敏胶片研发。主导产品包括医用图像打印机（含胶片）等，其中医用图像打印机属于高端医疗器械产业链，胶片属于工业"六基"领域中关键基础材料——医用级高分子材料。产品采用国内首创热敏成像技术，打破国外垄断，实现日本富士、美国锐柯医用图像打印机替代。坚持关键核心技术攻关，承接苏州市科技局重点产业技术创新项目，产品配套医学影像输出产业链，主导产品累计获得发明专利7项，实用新型专利14项，软件著作权2项。获评江苏省专精特新"小巨人"企业、江苏省潜在"独角兽"企业。

苏州珂玛材料科技股份有限公司　聚焦于工业"六基"领域先进陶瓷关键基础材料和核心基础零部件高新技术企业。承接国家科技重大专项（02）、国家国际科技合作、省成果转化等重大项目，掌握半导体装备用先进陶瓷零部件从材料到产品制造全工艺流程自主可控核心技术，获专利授权30项。先进陶瓷零部件关键性能指标持续发展，实现半导体装备用晶圆加热器、高纯氧化铝、高导热氮化铝、高纯烧结氧化钇部件等多项“卡脖子”国产替代，量产应用于国内国际主流半导体装备厂商14nm制程，5nm制程应用验证。获评江苏省“小巨人”“瞪羚”企业。

苏州速迈医学科技股份有限公司　聚焦口腔医学领域，主导产品手术显微镜属于“六基”产业技术基础领域和制造强国生物医药及高性能医疗器械领域。产品光学和机械关键性能指标保持高质量发展态势，关键创新技术3D影像手术显微镜实现进口替代，打破高端手术显微镜由德国蔡司、德国徕卡垄断局面。承接科技部中小企业创新基金项目2项、江苏省科技成果转化1项。获评高新技术企业、国家省市三级“瞪羚”企业、江苏省专精特新“小巨人”企业、江苏省民营科技企业、江苏省工程技术研究中心、江苏省科技成果转化专项、苏南国家科技成果转化示范企业。（经济发展委员会　钱润宇）

财　政

【概况】　2022年，高新区财政系统全面落实“疫情要防住、经济要稳住、发展要安全”重大要求，服务经济社会发展大局。全区落实减税降费超110亿元，惠及企业2.5万户。在落实好减税降费及退缓税基础上，完成一般公共预算收入182.06亿元，同口径实现正增长。

【财政预决算管理】　2022年，高新区在预算编制执行中厉行勤俭节约，不折不扣落实政府带头过紧日子常态化要求，压缩三公经费支出，部门项目支出从严从紧。出台《进一步厉行节约强化财政支出管理办法》《关于进一步深化预算支出管理的实施意见》，严格财政支出管理。改进预决算公开机制，持续规范各部门预决算公开内容，加大预决算公开力度，将各部门所属预算单位预算、决算及相关报表纳入公开范围，提高预决算公开准确性。扩大绩效评价覆盖范围，出台“1+6”系列文件，构建包含考核办法、事前评估、目标管理、过程监控、绩效评价、结果应用、部门整体全流程联动预算绩效管理矩阵，营造讲绩效、重绩效、比绩效、用绩效良好氛围。

【财政改革创新】　2022年，高新区全面上线预算管理一体化系统部门预算执行功能，完成政府预算、部门预算、单位预算、上下级预算无缝衔接、动态反映和有效控制，强化财政资金全生命周期管理。推进政府采购电子化改革，印发《新系统政府采购业务指引》，推动苏采云与预算一体化系统有效衔接，实现政府采购全流程管理，促进政府采购制度化、规范化、透明化运行。推进数字人民币试点，在财政补贴领域使用数字人民币支付，实现对公共资金全链路监控，提升政府资金效用；在工资发放领域推进全区机关和事业单位职工工资采用数字人民币发放，扩大数字人民币应用范围；在预算管理一体化系统中实现数字人民币国库集中支付。

【产业发展支出】　2022年，高新区聚焦产业创新集群建设，落实全区产业政策兑现，支持先进技术研究院、工业有效投入、软件信息、智能制造、生产性领军服务企业、科技领军人才、高企投入、商贸经济等36项政策完成资金兑现。支持培育创新主体，在培育科技型初创型企业、提高创业孵化能力、提高科技金融服务和产学研合作等方面加大精准服务力度，提高服务水平。支持引进科技人才，通过打造创新创业引才体系、创新创业育才机制、创新创业留才业态等措施，广开路径聚集高端人才，用“人才链”支撑“产业链”高质量发展。强化财政金融协同，放大财政资金杠杆作用，助力中小微企业解决“融资难”问题。组织开展江苏省普惠金融专项资金申报工作，动员符合条件企业申报，持续推进“高新贷”“海贸贷”，做好贷款评审、平台搭建工作，通过贷款贴息、风险补偿、基金投入等模式构建多层次支持体系，助力实体经济高质量发展。

【民生领域支出】 2022年，高新区持续优化支出结构，统筹有限财力保民生、保重点，全年民生支出占一般公共预算支出80.7%，比上年增长2.2%。出台《关于建立重大民生政策统筹协调机制的工作意见》，确保民生政策科学规划、统筹协调，促进民生支出与经济发展相协调、与财力状况相匹配、与实施条件相适应。保障疫情防控，保障隔离酒店、疫情物资、疫苗接种等常态化疫情防控费用，落实进口冷链食品集中监管、监管仓一线人员闭环管理核酸检测、消杀等费用。纾困养老服务事业，协调出台《关于下达民营养老机构一次性纾困补贴省级补助资金的通知》。探索创新康复辅助器具配置服务模式，让功能障碍者用较低价格享受到高端适用康复辅助器具产品和服务。稳定对公立医院扶持力度，落实基层医疗机构经费补助，提升基层医疗机构综合服务能力。聚焦教育公平，安排集团化办学专项资金，鼓励优质教育资源均衡发展。

【生态建设支出】 2022年，高新区安排生态建设资金1.8亿元，促进生态环境持续改善。在市级生态补偿标准基础上，基于实际情况对区级认定湿地村、公益林进行补贴。加大水环境治理力度，落实各级环境保护专项资金，用于太湖围网拆除、太湖蓝藻防治投入等水域保护工作。

【城乡建设支出】 2022年，高新区推动实现城市品质改善提升，支持马环连接线、通浒路东延项目（三期）、230省道昆仑山路节点改造工程、苏州高新区城市景观提升工程（一期）等项目建设，出台《苏州高新区政府投资非经营性工程项目集中建设管理办法》《苏州高新区排水设施一体化运营管理绩效考核实施办法》等多项政策。落实《苏州高新区支持全面推进乡村振兴的23条政策意见》措施，在夯实农业生产、助力农业科技创新、提升乡村建设等方面加大资金投入，提高农户与新型农业经营主体生产积极性。持续优化农村人居环境，持续改善村容村貌，推动康居特色村建设。

【重大项目支出】 2022年，高新区出台《集中建设资金管理办法》，规范工程项目实施流程，保障重大项目建设资金合规高效使用。加强项目财政资金管理，建成学校、医院、市政道路、隧道、动迁房、污水厂及景观绿化等工程建设估算指标系统，将建设项目投入资金控制在批复限额内。支持南京大学苏州校区、苏州博物馆西馆、苏州科技工业展览馆等重大工程项目建设，积极争取上级专项转移支付资金。抢抓太湖科学城发展机遇，通过从国家重大战略领域申报专项债券形式，为苏州太湖科学城南京大学教育园区项目提供资金保障。（财政局　张丽瑶）

税　务

【概况】 2022年，高新区税务系统坚持组织收入原则，优化税收营商环境，推进征管改革深化，加强干部队伍建设。国家税务总局苏州国家高新技术产业开发区（苏州市虎丘区）税务局（简称“区税务局”）共组织收入630.1亿元，其中税收收入286亿元，社保费收入126.3亿元，非税收入217.8亿元；完成一般公共预算收入155.6亿元。年内，区税务局获评全国节约型机关、2019—2021年度江苏省文明单位、苏州市工人先锋号。

【税费收入】 2022年，高新区税务系统依法依规组织税费收入，妥善处理好减与收、质与量、条和块、近和远关系，实现税费收入量质齐升。把控收入质量，加大重点领域监控力度，逐项排查重点税种收入疑点，做好收入统筹工作，更好发挥税收基础性、支柱性、保障性作用。结合区域经济发展新形势加强退税减税政策效应和重点行业、重点企业税源形势分析研判，为领导决策提供有益参考。

【减税降费】 2022年，高新区税务系统全面落实新一轮组合式减税降费政策，继续实施支持小微企业和个体工商户减税降费措施、个人所得税优惠政策，抓好增值税留抵退税、所得税汇算清缴等涉及退库工作，持续激发市场主体活力。累计兑现各类税收优惠110.7亿元，税收优惠占当期税收比重38.7%。全年办理留抵退税37.1亿元，比上年多退20.8亿元，新办留抵退税4452户；企业所得税汇缴惠及小微企业9630户，减免税7.1亿元；为225户高新技术企业办理减免税9.4亿元；研发费加计扣除2563户，减免税23.8亿元。

【优化税费营商环境】 2022年，高新区税务系统服务成色向全市通办优化，有效拓宽通办范围。4月，在99个高频涉税事项区域通办基础上，区税务局办税大厅成为全市51个通办成员单位之一；12月，实现延伸点全市通办，实现从全区通办到全市通办跨进目标。推进"零跑动"便捷服务，"最多跑一次"服务事项扩充至14类193项，233个办税缴费事项实现网上办理。推进办税"零跑动"服务，以专项推广培训、微信群在线指导等方式，向辖区内百余户涉税服务机构开展"零跑动"宣传；实时关注"零跑动"工作预警，加快线上受理处理时效。全年共处理业务事项11.9万笔。服务机制向"大纳服"转变，开展"百名税干连千企"活动，区税务局113名党员为主体，定点联络各行业、各板块、各规模重点企业，形成税企"一对一"长效联络服务机制。推进纳服、征管、属地管理联动机制，践行"大纳服"工作理念，升级专精特新"一户一策"专属服务，税务服务向"精细化"发展。年内，与爱丽思生活用品（苏州）有限公司签署单边预约定价安排，化解国际税收遵从风险、实现税企互信合作；制作中越两国关联交易与转让定价政策对比手册。12366高新区分中心全年呼入总量18.9万个，比上年增长7.9%；转人工语音量17万个，比上年增长15.3%；人工接听量16.3万个，比上年增长15.2%，话务质量排名在苏州市局多次通报中位于前列。

【税费征管体系建设】 2022年，高新区税务系统统筹推进改革任务，开展落实情况督办调研，分析堵点、难点和痛点问题，征管调研成果被《江苏税务》杂志录用。落实大企业国际税收专业化团队和土地增值税清算审核专业化团队实体化建设，探索制定土地增值税业务操作流程，增强重点领域风险监管力度。持续优化税费服务新体系，坚持税费兼重，加强社保非税管理，在宣传、服务、执法、监管等方面融入新一轮征管改革，定期通报进度；建立市县级专业纳服机构主导、延伸点补充，税费并重、线上线下融通、一体通办服务模式，撤销合并效用不明显科技城办税延伸点，强化狮山横塘税费服务功能。探索协同共治机制，组织区财政局等部门召开数据共享联席会议，畅通信息交流渠道。完善风险防控机制，建立税费政策确定性会商机制，完善重大风险集体审议流程，持续提高税务执法精确度。全流程防范增值税留抵退税风险，事前做好团队分类分级会审，事中管理重沟通、强应对，事后抽调专人组建团队，全年共对234户企业进行抽查，缴回已退税款0.16亿元。加强土地增值税台账质量管理，开展房地产交易税收重大风险调研，分析应对四重风险，完善土地增值税内部控制。提高"以数治税"能力，成立"青蓝"信息化专业团队，培养实战型数据人才，提升留抵退税审核效率及准度，关注发票电子化和智能审核特征，加强风险监管和防控。（税务局 杭颖）

金融监管

【概况】 2022年，高新区建立健全防范化解金融风险工作机制，成立地方党政主要领导负责金融风险处置机制。开展排查整治，强化预警监测，有效遏制非法金融活动。加强宣传教育，切实提升居民金融素养。完成金融领域党的二十大安保维稳有关工作，切实维护金融安全。加强信访维稳处置，稳妥化解上市公司、地方金融机构、非法金融活动等风险，全年全区无非法集资新增案件。

【金融风险管控】 2022年，高新区金融风险总体可控。完善体制机制，提升金融监管能力。建立地方党政主要领导负责金融风险处置机制，成立区金融风险化解委员会，负责全区防范化解重大金融风险工作统筹协调、部署推进、督促落实。贯彻落实《防范和处置非法集资条例》，调整区预防和打击非法集资工作领导小组，建立区防范和处置非法集资工作协作机制，统筹协调全区防范和处置非法集资工作。组建处非联合执法工作专班，整合执法资源，提高执法效率。制定《苏州高新区金融监管局党的二十大维稳安保工作方案》。加强排查预警，遏制非法金融活动。深入排查整治，开展二季度涉嫌非法集资风险集中排查，开展金融领域社会矛盾风险隐患拉网式大排查大起底大化解以及常态化监测，排查企业2千余次，约谈风险企业20余次，关停企业1家，迁出企业2家，提前释放风险。强化风险研判，落实风险四项防控机制，督促企业整改风险业务，保障居民资金安全。切实维护金融消费者权益，化解潜在金融风险苗头。落实线索处置，处理投诉举报类线索21件、信访类线索4件、市长信箱类线索1件，发送线索提示函2件，处理并反馈上级风险提示函5件。多手段、多渠道进行金融安全宣传。开展春节元旦期间集中宣传、半年度防范非法集资集中宣传、常态化防范金融风险宣传等活动。拓宽宣传方式，利用140余块电子屏、宣传栏循环播放宣传口号。发放传单、手册700份，张贴海报、展板260张。通过微信公众号推送宣传信息，组织防范非法金融活动宣传警示剧巡演。提高宣传覆盖面，开展进社区、进农村、进校园、进机关、进企业等多种场所宣传活动。针对重点社区、重点人员组织开展“平安苏州·防非同行”系列宣讲活动10余场。加强对养老领域金融诈骗、虚拟货币等新型非法集资形式警示教育，营造浓厚防范金融风险氛围。

（国资办　张伊雯）

【地方金融机构监管】 2022年，高新区全面落实全天候、全方位监测监管，确保区内持牌地方金融机构合规有序经营。截至2022年年底，辖区内有持牌地方金融法人机构17家，其中小额贷款公司9家、融资担保公司1家、融资租赁公司3家、保理公司1家、典当行2家、交易场所1家。强化持牌地方金融机构监管，开展地方金融组织非现场监测及现场专项检查。开展典当年审、小额贷款公司真实性核查、商业保理公司专项检查、交易所违规风险排查、融资担保专项资产管理检查、地方金融组织风险排查、“双随机、一公开”联合抽查及全覆盖现场走访检查等，深入排查持牌地方金融机构合规性及非法风险，了解持牌地方金融机构发展状况及难题。全年累计开展各项检查60家次。强化行业分类监管，根据监管办法对纳入正常类名单制管理的1家保理公司和2家融资租赁公司开展首次监管评级，对未纳入正常经营融资租赁公司开展整改并确认失联清单。政策引领地方金融组织持续健康发展。新设科贷公司1家，推动1家融资租赁公司成功接入苏州市综合金融服务平台。推动国有融资担保公司减费让利，加大“银政担”（银行、政府、担保机构）产品力度，助力市场主体纾困解难。

（国资办　段颖寅）

表20　高新区地方金融机构（2022）

序号	单位名称
	小额贷款公司
1	苏州市高新区东渚农村小额贷款有限公司
2	苏州市聚创科技小额贷款有限公司
3	苏州高新区鼎丰农村小额贷款有限公司
4	苏州高新区金屋农村小额贷款有限公司
5	苏州高新区通安农村小额贷款有限公司
6	苏州市新合盛科技小额贷款有限公司
7	苏州高新区国友农村小额贷款有限公司
8	苏州高新区鑫庄农村小额贷款股份有限公司
9	苏州市苏润科技小额贷款有限公司
	融资担保公司
1	苏州高新区中小企业融资担保有限公司
	融资租赁公司
1	苏州新合盛融资租赁有限公司
2	苏州高新福瑞融资租赁有限公司
3	苏州凯利莱融资租赁有限公司
	保理公司
1	苏州市聚鑫商业保理有限公司
	典当行
1	江苏徽商典当有限公司
2	苏州众联行典当有限公司
	交易场所
1	江苏国际知识产权运营交易中心

价格管理

【价格调控】　2022年，高新区落实价格调控目标任务，强化价格监测预警工作，较好完成价格调控工作相关任务。坚持开展全区重要民生商品价格监测工作，按照定人定时定点价格采集工作要求，对米面粮油、肉禽蛋奶等123种重要民生商品价格信息进行采集、分类，汇总形成价格分析周报。疫情防控期间，对辖区内14个价格采集点12种主要蔬菜价格开展每日价格监测与上报，严密监控重要民生商品价格动态。中秋、国庆、春节等重要节假日期间，做好与群众生活、节日消费密切相关重要民生商品和服务价格监测工作，开展市场调查工作，上报监测数据，紧盯价格异常波动情况、突发性事件以及苗头性、倾向性、潜在性问题，服务保供稳价，为全区加强宏观调控、稳定物价提供重要市场价格信息。

【物价补贴】　2022年，高新区根据苏州市价格指数通报和市政府《关于对困难群众实行物价上涨动态补贴办法的通知》要求，落实社会救助和保障标准与物价上涨挂钩联动机制，关爱社会弱势群体，保障困难群众生活，为启动物价上涨动态补贴机制时实际在册民政部门发放对象开展价格临时补贴发放。全年发放低保、低边、特困等困难群体物价补贴1078人、9.84万元，确保困难群众基本生活不受影响。

【价格机制改革】 2022年，高新区开展收费巡访工作，完善收费项目目录，加强行政事业性收费管理，规范收费行为，指导行政事业性收费单位和部分实行政府定价、政府指导价管理收费单位落实收费情况报告制度。采取收费、非税、票据三检合一方式，分部门、分单位，按照突出重点和兼顾一般原则，对相关收费单位2021年度收费情况进行巡访，梳理收费项目新增、删减和权属转移情况。督促各收费单位按照收费目录和收费标准执行，并公布《2021年苏州高新区行政事业性收费项目目录》。发布《关于实施工业企业资源集约利用差别化价格政策的补充通知》，深化工业企业资源集约利用综合评价改革，推进资源要素市场化配置，引导工业企业进一步转型升级。

【价格监管】 2022年，高新区开展涉企违规收费专项整治工作，排查交通物流、水电气暖、行业协会商会及中介机构等领域涉企违规收费问题，更新涉企违规收费问题台账，紧抓问题整改，推动降费减幅各项政策落实到位。开展转供电主体收费情况抽查工作，全面摸排辖区内各类转供电主体，梳理终端用户数量和用电价格情况。按照转供电主体不同类型，抽取辖区内5家各类型转供电主体开展调查，宣传清理规范转供电环节加价政策，引导终端用户监督，转供电主体自觉规范价格行为。加强教育收费管理工作，委托第三方审核单位对新浒学校教育收费定价开展成本审核，经征求学生家长意见，报管委会批准后完成新浒学校2022年秋季学费标准调整工作。参与全市民办中小学教育收费专项督查，加强全区民办中小学收费管理，全年完成区内4所公办幼儿园、4所非营利性（普惠性）民办幼儿园保育教育费备案工作。做好公共停车场收费管理工作，开展全区公共停车场收费管理专项整治行动、公共停车场收费价格行为"双随机、一公开"检查，对区内8家实行政府定价、政府指导价和市场调节价道路或公共停车场收费情况开展检查，全年完成区内52家实行政府定价、政府指导价管理停车场收费标准核定。

（经济发展委员会　严鹏飞）

市场监督管理

【概况】 2022年，高新区全面履行新时代市场监管工作职责使命，以党建引领推动市场监管工作高质量发展。年内，苏州高新区（虎丘区）市场监督管理局（简称"区市场监督管理局"）获评江苏省学法优胜单位，指导1起小微企业质量管理体系认证提升行动成果入选国家市场监督管理总局2022年度良好认证审核案例。

【市场主体登记】 2022年，高新区持续推进外资企业登记标准化、规范化工作，做精做深外资窗口全生命周期服务，加强外资企业电子营业执照发放，把人工跑路转化为数据跑路，打通外资企业电子签名难堵点，探索"容缺后补"机制，发挥联动优势，提升登记服务效能，最大程度方便企业。全年共登记外资企业899户（其中开业138户、变更489户、注销63户、备案153户、迁移39户，其他17户），开业投资总额15.42亿美元、注册资金8.41亿美元。

【市场主体"双随机、一公开"监管】 2022年，高新区通过统一发文部署跨部门抽查方式，帮助各单位健全"两库一清单"等基础性工作，推动"双随机"工作向纵深发展。全年共开展各类双随机抽查4462户，其中跨部门联合抽查1502户，完成省市两级考核要求；全区24家成员单位中参与双随机抽查单位22家，基本实现成员单位全覆盖，有效提升"双随机、一公开"监管影响力。

【信用监管】　2022年，高新区累计有29家全区联席会议成员单位，全年共推送行政处罚类涉企信息1654条、抽查检查类涉企信息7846条，失信联合惩戒信息63条，许可类涉企信息19.24万条，构筑起全区涉企信息归集共享网络。多举措提升全区企业年报率，保证区域经济活性指标，企业年报率96.5%。落实相关助企惠企政策，全面压缩各类信用修复流程，全年列入经营异常名录4500余户、移出1200余户，帮助企业提前结束行政处罚公示13户。

【商品合同监管】　2022年，高新区以促进企业诚实守信经营、助推社会诚信体系建设为抓手，通过开展多轮线上培训与“问需于企”实地走访工作，培育区级“守合同重信用”企业181家。组织开展房地产与教培机构格式合同审查，整改不公平格式条款155条，协助处理投诉举报53户。

【网络交易监管】　2022年，高新区利用省市局网监系统，推进网络挂标、网络监测、网络监管3项工作。全年办理网络类案件39件，罚款12万余元。针对“6·18”“双11”集中促销时段开展专项监测4次；对天猫、京东等电商平台内商户开展涉老“保健品”“非法渔具”等领域定向监测11次，实现由经验执法向技术执法转变。办理刷单炒信案件7件，罚款7.4万元，其中发现并参与办理“好评返现”案件，形成可推广复制经验。

【消费者权益保护】　2022年，高新区广泛开展放心消费创建工作，15家企业获评苏州市放心消费创建活动先进示范单位，比上年增长37%。完善线下购物无理由退货机制，签约线下无理由退货承诺商户8711家，新增1011家，受理无理由退货1721件。全年受理咨询、投诉、举报30098件，消费投诉经调解挽回消费者经济损失330万余元。

【计量标准化监管】　2022年，高新区标准化建设持续深化，全年推动辖区企事业单位完成各级标准制修订85项，其中国际标准1项、国家标准57项、行业标准27项，申报标准化项目7项。中核苏阀科技实业股份有限公司成功申报江苏省战略性新兴产业标准化试点项目，苏州市养老产业发展有限公司成功申报江苏省服务业标准化试点项目，行政审批帮办代办服务规范、基层集成指挥中心建设与管理规范成功申报苏州市地方标准。6家单位获首批苏州市标准化实践基地。帮助企业纾困解难，检定计量器具9.8万台，减免计量检验检测费用360万余元。

【特种设备安全监管】　2022年，高新区聚焦燃气压力管道、危化企业特种设备、人员密集场所电梯和大型游乐设施、事故易发叉车和起重机械设备等场所、领域，开展特种设备安全生产专项整治，推动企业特种设备安全主体责任落实。全年共检查特种设备生产、使用单位791家次，发现特种设备安全隐患847条，完成整改847条，登记受理各类设备施工告知2381件，办理特种设备使用登记4503台（件）。试行电梯监管“保险+服务+互联网”新模式，利用智慧监管平台实现实时风险监测，提升安全监管效率。

【产品质量安全监管】　2022年，高新区拓宽质量优势企业融资渠道。推动4家企业成功申请“苏质贷”，累计融资授信7500万元。传递认证信任，服务绿色发展。年内，2家企业通过苏州市首批内外贸产品“同线同标同质”认证，1家企业获批苏州市首批绿色产品认证证书，5家企业在全市质量提升微创新成果竞赛中获奖。区内企业雷允上药业集团有限公司获评苏州市市长质量奖，西门子电器有限公司获评苏州市质量管理优秀奖，14家企业获评苏州市质量奖，数量创历年新高；莱克电气绿能科技（苏州）有限公司获“江苏精品”品牌认证证书；6家企业获“苏州制造”品牌认证证书。

【食品安全监管】 2022年，高新区织密食品安全监管网络。全区28家农批市场均建立食品安全快速检测体系，全年开展快检22.7万批次，不合格按时处置率100%。开展食品抽检9859批次，发现问题率2.6%，问题处置率100%；抽检水平11.8批次/千人。辅导区内2家新办食品小作坊获评江苏省“名特优”小作坊。结合苏州市创建国家食品安全示范城市重点工作要求开展区域“守查保”专项行动，完成108户次生产企业、4026户次食品销售单位、5060户次餐饮服务单位、1090户次特殊食品生产经营单位全覆盖检查，对检查中发现风险问题完成处置率100%。

2022年7月3日，市场监管局执法人员开展食品安全检查（高雪梅 摄）

【药品和医疗器械安全监管】 2022年，高新区有序开展药品和医疗器械安全检查工作。完成药品经营企业和使用单位现场检查512家次，完成医疗器械经营企业和使用单位现场检查205家次，完成化妆品经营单位现场检查72家次，完成药品不良反应报告数857例，完成药品抽样检验32批次，完成国产普通化妆品备案后监督检查42个。开展药品经营企业疫情防控、“四类药”暂停销售、新冠病毒肺炎疫苗、新冠病毒抗原检测试剂、隐形眼镜、无菌植入医疗器械等各类专项检查13项。加强企业服务，开通绿色通道，帮助5家企业第一时间取得许可备案凭证并迅速投产，解决防控物资紧缺问题。配合江苏省药监局苏州检查分局对辖区医疗器械生产企业开展行许可证、产品注册现场核查，缩短企业取证时间。

【反不正当竞争整治】 2022年，高新区加大反不正当竞争执法、打击传销、公平竞争审查等领域专项整治力度，加强知识产权保护，为各类市场主体创造公平竞争市场环境。全年共办结案件1055件，罚没款1805万元。探索建立行政处罚事前警示、首次豁免、信用修复等多层次容错纠错机制，构建亲商安商富商服务体系。办理从轻、减轻、免于处罚案件360件，减免企业罚款3100万余元，切实减轻中小企业负担。

（市场监督管理局　姚宝伟）

审　计

【概况】 2022年，高新区审计系统创新审计方式方法，提升审计监督能力水平。全年审计发现主要问题303个，查出管理不规范资金31.63亿元，促进整改问题资金15.57亿元，提出审计处理意见和建议59条，制定出台审计相关文件9份。苏州高新区（虎丘区）审计局（简称“区审计局”）选育财政同级审项目获评2022年度全省审计机关优秀审计项目三等奖、全市优秀审计项目，被江苏省审计厅授予新修订审计法学习县级审计机关优秀组织奖。

【重大政策执行跟踪审计】 2022年，高新区审计系统落实“风险隐患累积在哪里，监督工作就延伸到哪里”要求，聚焦地方政府债务和隐性债务风险防范、优化营商环境、产业创新集群建设、国企改革等方面开展政策跟踪审计，完成政府隐性债务风险防范情况政策跟踪审计、经营性债务专项核查、国企债券专项审计调查以及融资平台公司经营性债务专项核查工作，为扎实防范化解各类债务风险、规范融资平台公司发展、统筹发展和安全提供可靠依据。聚焦网络安全工作，防范化解信息系统风险，围绕网络安全制度建设、信息系统等级保护情况，开展网络安全和信息化建设审计，压实主体责任，提高网络安全防护和信息化工作能力。

【财政审计】 2022年，高新区审计系统以促进提高资金绩效为着力点，以财政预算审计为主线，通过"财政+"等方式，结合预算执行审计和政府专项债券、惠民惠农财政补贴、财政预算绩效管理、科技创新资金使用等8个专题审计，实现一审多项、一审多果、一果多用模式。围绕深化预算管理制度改革新形势新要求，找准审计切入点，谋划审计方案，重点关注财政体制改革、党政机关"过紧日子"、财政资金提质增效、优化营商环境、推进数字经济和数字化发展等政策措施落实情况。通过揭示非税收入管理不规范、预算编制不科学、结转结余资金未及时收回、预算绩效管理有待加强等问题，推动财政资金规范管理，强化预算刚性约束，保证财政支出强度与预算绩效管理同步推进，促进财政资金用对用好。建立健全审计查出问题整改长效机制，促进整改主体责任全面落实。对审计整改推进较慢、成果不明显单位出具审计整改督促函，推动问题整改到位。

【投资审计】 2022年，高新区审计系统制定区本级政府投资建设项目审计监督管理办法，推动投资审计工作提质增效。完成对财政评审中心初步审核项目审计核查工作，涉及项目42个金额11.33亿元，节约财政资金1479.89万元，移交线索1条。完成马环连接线第二阶段、狮子山改造提升及地下空间第四阶段、南京大学苏州校区第三阶段等重大项目阶段性跟踪审计，完成《聚焦审计主责主业，助推重点项目建设》审计专报1份。完成京杭大运河苏州段堤防加固工程预算执行情况审计，提出基本建设程序、招投标行为、合同执行、概算执行率等方面问题，其中3条审计问题被写入市同级审计报告。

【经济责任审计】 2022年，高新区审计系统全年完成经济责任审计项目13个。其中涉及镇党政领导1人、区级预算单位领导9人、国有企业领导3人，上报区领导干部审计结果报告9篇，出具审计决定1份。累计发现主要问题145条，查处管理不规范金额3.79亿元。将民生实事纳入领导干部经济责任审计必审事项，提高民生资金使用效益。针对被审计单位厉行节约、落实"三重一大"制度、企业发展战略制定执行及风险管控、工程管理、资产管理等方面存在问题和薄弱环节，提出审计整改意见和建议35条。向纪委移送案件线索3条，实现巡察、纪检、审计监督协同融合。

【审计管理】 2022年，高新区审计系统坚持将党管人才落到实处，确保审计人才队伍政治思想坚定，提高审计服务管理水平。举办全区内审培训班，邀请审计署领导做专题辅导；制定"以审代训"管理办法，先后选拔14人参与国家审计项目全过程跟岗锻炼，提高内审人员专业水平。年内，选派1名审计干部参加十四届省委巡视，被省委巡视办授予2022年度优秀兼职干部。

【审计调研】 2022年，高新区审计系统扎实开展研究型审计，完成苏州市社会科学基金项目并顺利通过结项评审。推进"金审三期"工程建设，实现设备终端全覆盖。构建全区信息系统和网络安全审计数据库，探索搭建公车加油等审计模型，以科技创新激发审计活力。年内，撰写审计专报6篇，提炼反映风险隐患，梳理归纳审计查出共性问题。落实"三个区分开来"要求，加强对审计发现问题综合研判，做到具体问题具体分析。参与申报论文3篇，其中1篇获评全省内审协会研讨二等奖。 （审计局 张弛）

统　计

【概况】 2022年，苏州高新区（虎丘区）统计局（简称“区统计局”）强化统计服务保障能力，发挥统计监督职能，推进统计现代化改革。年内，在市统计局、国家统计局苏州调查队对各市（县、区）统计局统计调查工作综合评价中，区统计局专业评价、综合评价均获评优秀等次。

【统计调查】 2022年，区统计局执行国家统计调查制度，开展1729家“四上”单位一套表联网直报，及时催报、加强查询、严格审核，完成2021年统计年报和2022年统计定报各项工作，确保真实反映经济发展成效。推进1‰人口抽样、劳动力抽样、工业生产者价格、采购经理等各类专项调查20余项。组织开展5年一次住户调查大样本轮换工作，确保14个样本点140个住户开户成功，推进电子记账工作，准确反映居民收支变化。开展居民消费调查、综合满意度调查、总部经济调查、服务零售结构调查、市民满意度调查等一次性统计调查工作。

【统计监测】 2022年，区统计局加强主要经济指标监测预警，客观反映区域经济发展情况变化。围绕地区生产总值核算涉及38项基础指标，开展核算方法业务培训，定期监测年报各专业数据，做好有关数据收集整理和测算，提高年报数据对年初核算结果支撑度。加强与区经发委、商务局、住建局、城乡发展局等部门沟通协调，会商分析统计监测发现问题，及时做出预警。全面落实省市区高质量发展考核要求，做好市考共性指标解读分析，定期报送涉及高新区54项69个高质量考核共性指标进度数据和整体测算情况，分季度撰写监测分析报告，向区工委、管委会及有关部门提供意见建议。做好市级数字经济监测试点工作，完成苏绣小镇、苏州金融小镇等特色小镇监测任务。

【统计服务】 2022年，区统计局针对重点行业、重点领域，开展月度经济运行分析，第一时间编制月度《全区分行业重点企业统计快报》《相关经济指标变动情况简要分析》，收集整理月度《全市主要经济指标位次表》，为全区经济运行情况提供重要依据。针对全区年度经济目标任务开展重要指标分析，利用季度地区生产总值核算数据研究指标变动及走势，全面反映全区各行业对经济总量和三次产业结构支撑变化情况，每季度撰写《全区GDP情况分析汇报》。针对热点难点问题开展统计信息分析，宣传经济社会发展成效和统计改革发展成果，深挖本地工作特色、提炼归纳创新做法、反映当前问题，并撰写分析报告，其中《高新区中小微企业和个体工商户对纾困政策落实的建议》《关于加强高新区统计工作的汇报》《打造产业科创主阵地　构建数字经济新生态》《2022年“四上”单位年度入库情况简报》等多篇分析报告获区领导批示肯定。年内，累计报送《全区重点工业企业受疫情影响的快速调查报告》《本轮疫情对高新区企业生产经营及经济运行情况的影响》《下半年高新区经济运行存在的困难和挑战》《一季度主要行业运行情况与二季度趋势预判》等统计分析或报告约140篇，经济信息约60条，为党委、政府决策提供服务保障。编印《统计月讯》《工业月报》《统计年鉴》等统计资料，处办依申请公开、便民服务中心等平台来信来电来函，定期发布有关统计数据，公开政务信息。

【统计法治建设】 2022年，区统计局常态开展统计数据质量核查，督促指导企业建立健全统计原始记录、统计台账，实时跟踪监测企业上报数据，通过实地核查、电话核查、网络核查等方式加强统计数据质量管控。全年完成2000余家次企业单位数据质量核查和多方位指导工作。开展统计“双随机”执法检查30家，联合执法检查48家，配合市统计局完成统计“双随机”执法检查16家，其中5家单位被责令整改，统计数据质量得到市局肯定。开展统计造假不收手、不收敛问题专项纠治工作，全面清理纠正违反统计法律法规文件和做法，开展区统计信用“红名单”认定，落实领导干部违规干预统计工作台账制度，组织全区约1000家企业全部统计从业人员参与诚信统计承诺，筑牢防惩统计造假防线。

【统计基层基础建设】 2022年，区统计局推动印发《区党政办关于印发进一步加强统计基层基础工作意见的通知》，明确机构设置、人员管理与配备要求、经费保障、部门统计等方面规定，着力解决当前统计基层基础工作中突出问题。细化落实基层统计人员变动审批与备案制度，全年各街道统计人员稳定在35人，基本达到市统计局总体要求。全面开展统计系统能力本领提升年活动，组织统计负责人及新入职统计员参加菜单式业务培训，全年举办各专业业务培训200余人次，有效提高统计人员综合素质。加强“四上”单位入退库审批工作，严把出入库单位质量审核关，完成市局要求达标单位入库数目标任务，全区年度累计新增“四上”企业255家，完成退库企业98家，年度净增157家。

（统计局　憨瑞祥）

社会信用体系建设

【信用制度建设】 2022年，高新区印发《2022年苏州高新区社会信用体系建设工作要点》，明确全年工作总体思路、总体目标，提升公共信用信息系统应用服务水平，加快构建以信用为基础的新型监管机制，着力推动信用便民惠企，不断提升信用建设规范化、精准化、法治化水平，推动全区社会信用体系建设工作再上新台阶。

【信用信息“数据池”扩充】 2022年，高新区丰富信用数据资源，筑牢信用数据底座。上报全区“双公示”数据98833条，其中行政许可59973条、行政处罚38860条；归集共享行政强制、行政奖励、行政确认、行政裁决、行政监督检查等5类行政管理信用信息847条。强化信用承诺、合同履约以及应用反馈信息归集、公示、共享，形成业务闭环，报送涉及部门信用承诺数据40257条，涉及行政审批告知承诺、证明事项告知承诺、市场主体主动承诺等承诺类别，基本实现信用承诺类型全覆盖。深化自然人和法人信用信息归集共享，归集志愿者信息34万余条、自然人职业信息2.8万条、检查抽查信息6万余条、法人参保信息2万余条，持续破除信用信息归集壁垒。

【信用全流程监管】 2022年，高新区持续创新事前信用监管，在行政管理和公共服务中推行信用承诺制度，规范信用承诺书格式文本，将信用主体承诺和履行承诺情况纳入信用记录，并作为事中事后监管重要依据，为履行承诺信用主体提供便利措施，强化信用承诺信息全过程闭环管理。创新开展挖掘城市道路审批年度信用承诺制改革工作，发布《苏州高新区城市道路挖掘审批与监督管理工作意见》，针对小型开挖工程实施年度告知承诺制审批，通过简化申请材料，缩短审批时限，流程再造、简政放权，提高全区挖掘城市道路审批效率和服务质量。加强事中信用监管，推进公共信用综合评价，结合信用风险状况对监管对象开展行业信用评价，推进实施信用分级分类监管。完善事后信用监管，开展公益性信用修复培训，帮助失信企业加快整改失信行为、消除不良社会影响。建立企业信用修复工作机制，全年举办企业信用修复专题培训班2期，参加培训企业200余家。

【创新信用管理与服务试点】 2022年，高新区开展县级地区信用管理与服务创新试点工作，印发《跨越信用鸿沟　畅通金融活水　灌溉实体之渠　加快打造全国一流信用服务数字经济创新高地》服务试点方案。制定试点任务三年工作方案，建立长效工作推进机制，在区社会信用体系建设工作领导小组基础上组建创新信用管理与服务试点工作小组，确保试点任务落地见效。建立“信用+金融+产业”生态体系，推动信用经济与数字经济融合发展，梳理归集数字经济企业795家，实现以软件和信息技术产业为基础涉企信用信息全量归集，基本构建数字经济企业信用图谱，增强信用服务能力。

（经济发展委员会　李腾）

知识产权管理

【概况】　2022年，高新区增强知识产权工作创新能力，提升高新区知识产权综合实力，知识产权各项工作有序推进，知识产权各类指标基本完成。12月14日，苏州高新区知识产权保护工作推进会举行，国家知识产权局专利局专利审查协作江苏中心专利特派员工作站、苏州高新知识产权服务有限公司、苏州市知识产权保护中心高新区分中心揭牌，江苏省知识产权信息公共服务网点启动。年内，高新区被国家知识产权局认定为国家级知识产权强国建设示范园区，被商务部认定为知识产权服务领域特色服务出口基地。

【知识产权创造】　2022年，高新区专利授权数量14220件，比上年增长3.24%，其中发明专利授权2358件，比上年增长20.06%。全区万人有效发明专利拥有量142.55件，PCT专利申请375件。年内，苏州瑞派宁科技有限公司获评首届世界知识产权组织（WIPO）全球奖，苏州科达科技股份有限公司获评第二十三届中国专利奖银奖。

【知识产权保护】　2022年，高新区举办知识产权保护工作推进会，健全知识产权严保护、大保护、快保护、同保护工作机制。苏州市知识产权保护中心高新

国家知识产权专利局专利审查协作江苏中心（杨炎橙　摄）

区分中心揭牌并开始运营，成为苏州高新区知识产权创造、管理、保护和运用一体化一站式服务平台。组织参加全省知识产权系统全员学法活动，提升骨干知识产权专业能力。为区内涉及“337调查”等知识产权纠纷企业提供政策咨询等服务，协助企业维护合法权益。

【知识产权运营】 2022年，高新区高水平打造江苏国际知识产权运营交易中心，加强金融创新，加速实现知识产权“变现”。开展知识产权金融“入园惠企”活动，有效帮助企业创新发展和应对疫情冲击。年内，31家企业通过知识产权质押获得贷款3.74亿元。江苏国际知识产权运营交易中心有限公司申报项目获评苏州市知识产权金融创新奖项目。

【知识产权服务】 2022年，高新区深化国际交流，提升知识产权国际交流合作规模和水平。加强知识产权公共服务体系建设，1家机构入选国家知识产权信息公共服务网点，2家机构入选江苏省知识产权信息公共服务信息网点，1篇案例入选全国知识产权信息服务优秀案例。实施知识产权领军人才项目，新增创业领军人才2项，企业类创新领军人才3项。美国北维专利代理有限责任公司苏州代表处落户高新区，成为全国首批国家知识产权局批准设立的外国专利代理机构常驻代表处之一。

（市场监督管理局 姚宝伟）

开放型经济

综　述

【概况】　2022年，高新区围绕全区经济高质量发展总目标，统筹疫情防控和经济发展，推动稳外资稳外贸工作。外贸进出口2839.6亿元，总量列全市第四。完成新增合同外资及港澳台资17.5亿美元，总量列全市第四；实际使用外资及港澳台资8.05亿美元，总量列全市第三；全区新增外资及港澳台资项目193个，其中新设项目131个。

【自贸片区联动创新】　2022年，高新区贯彻落实省、市对苏州联动创新发展重点开放平台部署要求，推动各职能部门、各重点板块对国家、省、市推出各领域改革创新举措开展复制推广，蓄力自主创新，共促项目合作，重点围绕加快转变政府职能、推动贸易转型升级、深化金融领域开放创新以及推动创新驱动发展等领域开展制度创新。完成2021年全市联动创新区综合考核评价工作，总分列全市第二。开展2022年联动创新发展评价工作，共计完成全国、全省、全市复制推广事项28项，汇总上报自主创新5项，项目合作5项。高新区承接赋权开发区（自贸联动创新区）14项省级管理事项中，实现承接13项，继续推进承接1项。10月10日，区党政代表团赴苏州工业园区考察学习，实地调研规划建设、产业发展、科技创新等方面，全方位学习园区经验。（商务局　胡源远）

招商引资

【概况】　2022年，高新区持续加大产业招商和科技招商力度，提升企业服务水平，建立完善四级招商体系，推动一批优质项目落地建设，全区外资及港澳台资招引各项指标为历年最高。年内，新成立三大功能片区招商中心、光子公司，以及知识产权、科技金融、企业服务公司，进一步选优配强招商力量。

【利用外资及港澳台资】　2022年，高新区新增合同外资及港澳台资17.5亿美元，实际使用外资及港澳台资8.05亿美元，合同外资及港澳台资总量增长45.9%、实际使用外资及港澳台资总量增长55.5%，逆势增长受到《人民日报》头版报道。全区新增外资及港澳台资项目193个，其中新设项目131个。中大型项目支撑作用明显，合同外资及港澳台资超1000万美元项目27个，其中1亿美元以上项目5个。新认定省级跨国公司总部机构5家、新增数量列全省县区市第二，新增市级跨国公司总部机构8家，均为历史新高。彰显日资高地效应，累计引进日资企业700家。

【投资环境推介活动】　2022年，高新区举办多场投资环境推介活动。5月24日，高新区举行重大项目签约仪式，共52个项目完成签约，总投资约337亿元。会上，签约集成电路重点项目，包括长光华芯光电产业园、理想汽车功率半导体研发及生产基地、新磊半导体生产基地等；签约重大项目，包括德国爱尔铃克铃尔—彼欧氢燃料电池、香港ESR国际生命科学产业园、艾成科技第三代芯片封装材料、长兴电子二期等项目；签约总部项目，包括中建国际全球采购中心、阿特斯全球供应链总部、云学堂总部、百普赛斯南方基

2022年5月24日，高新区重大项目签约仪式举行（杨炎橙　摄）

2022年12月9—18日，高新区招商团队出访欧洲（黄浩　摄）

地和创新中心、安领生物总部、速腾电子研发生产总部、速迈医学总部、精控能源总部等。11月20日，苏州太湖光子中心建设推进会暨苏州高新区产业创新集群发展大会举行，苏州市光子产业联盟启动。会上，苏州市光子产业联盟启动，太湖光子中心协同创新平台启动。30个项目集中签约，项目涵盖光子、高端医疗器械、集成电路、软件和信息技术、绿色低碳五大产业创新集群。12月9—18日，高新区招商团队出访欧洲，举办中法、中德可持续发展合作交流会等多场招商推介活动，拜访企业及机构50余家，达成意向投资总额10.7亿美元，受到外交部官网与法新社、德国财经新闻网、欧洲华人卫视等海内外多家媒体报道关注。

【重大招商引资项目】　2022年，高新区引进高质量产业类项目266个，比上年增长22%，投资规模超亿元产业类项目135个，比上年增长64.6%。新签约新磊半导体MBE工艺产业化及研发中心等多个投资规模超30亿元重大项目，以及太阳油墨、斯维登等一批投资规模大、带动力强标杆项目，为全区高质量发展筑就新动能、新优势。阿特斯阳光、汉拿科锐动、岛津仪器等高质量存量企业持续增资扩产，存量项目潜力持续凸显。太阳油墨中国区研发中心、三菱化学共享服务中心等项目相继落户，川崎精密控制阀扩产、住友电工电子线扩建、科玛化妆品二期、骊住科技智能卫浴一期等项目顺利开工开业，BNCT医疗科技等一批优质日资项目成功引进，日资高地效应持续扩大。

（商务局　胡源远）

2022年12月29日，太阳油墨中国区研发中心开工仪式举行（丁翃彪　摄）

对外贸易

【概况】　2022年，高新区外贸进出口总额2839.6亿元，增长0.6%，总量列全市第四，增速列全市第六，规模占比保持稳定。完成服务贸易进出口总额13.14亿美元，总量列全市第六。

【货物贸易】　2022年，高新区累计实现外贸进出口总值2839.6亿元，占全市整体规模11%。其中出口

1892.1亿元，进口947.5亿元。贸易顺差944.6亿元，扩大20.6%。以美元计，高新区进出口427.4亿美元，其中出口284.5亿美元，进口142.9亿美元。外商投资企业实现外贸值2310.1亿元，占整体外贸总值81.4%。加工贸易方式进出口1736亿元，占同期区贸易总值61.1%。出口机电产品1787.2亿元，增长5.5%，占同期出口总值94.5%。重点企业服务方面，高新区强化外贸前30强企业带动作用，加大龙头企业“一企一策”外贸支持力度，加强存量生产型重点企业走访沟通。根据企业自报数据，全年区内外贸前30强企业实现进出口总额约325亿美元，占全区外贸总额75%以上，其中全年正增长企业数量16家，9家增幅在20%以上，有力推动重点外贸企业企稳回升。贸易促进方面，高效筹备组织区内951名专业观众参加第五届中国国际进口博览会，全区11家企业总部设有展位，采购商意向成交金额超1亿美元；组织区内企业参加第131届线上中国进出口商品交易会、“江苏优品　畅行全球”线上对接、医疗器械线上欧洲专场等国际国内大型贸易促进活动；指导企业用好“苏州RCEP企业服务中心”等平台载体；组织区内51家企业申报2022年度苏州市商务发展专项资金。进口货物防疫方面，守好进口货物（非冷链食品）企业防疫战线，持续高效运转区进口高风险非冷链集装箱货物检测和消毒工作专班，截至2022年年底，区内相关企业进口货物人员累计检测19.44万人次，受到《新华日报》《苏州日报》报道关注。

【服务贸易】　2022年，高新区完成服务贸易进出口总额13.14亿美元，总量列全市第六。根据商务部服务外包统计系统数据显示，全年完成服务外包接包合同额31.8亿美元，总量列全市第二；离岸执行额17.12亿美元，总量列全市第二，比上年增长4.54%；在岸执行额8.38亿美元，总量列全市第三，比上年增长15.07%。年内，高新区获批全国国家知识产权服务业出口基地，累计引进各类知识产权服务机构超100家，累计营业收入超50亿元，纳税超5亿元；区内3家企业入选2022年中国国际服务贸易交易会最佳示范案例。

（商务局　胡源远）

境外经济合作

【概况】　2022年，高新区企业境外投资项目共计25个。中方协议投资额6512.35万美元，比上年增长35.89%。项目主要投向越南、墨西哥、匈牙利、新加坡、德国、俄罗斯等国家，行业主要涉及专用设备、医疗器械、计算机、通信和电子设备、医药研发等领域，产业层次较高。截至2022年年底，全区共有118家区内主体在33个国家和地区累计投资186个项目（含分支机构），中方协议投资额14.41亿美元，其中新设项目147个、并购项目39个，中方协议投资额分别占总额48.89%、51.11%。

【境外投资】　2022年，高新区加强产能合作，扩展海外市场。完成境外投资备案企业9家，项目总投资额842.94万美元，中方投资额842.94万美元，其中申请新建类备案企业6家，投资金额189.52万美元，并购类备案2家，增资备案1家。主要投资地覆盖新加坡、西班牙、波兰、俄罗斯等国家（地区）。年内，阿特斯阳光电力集团股份公司境外投资规模列全区第一，分别在泰国、越南、印尼等国家投资设立太阳能电池及组件生产基地，中方协议投资额4.73亿美元。莱克电气、纽威阀门、胜利精密、固锝电子等区内企业分别在“一带一路”沿线国家和地区设立制造基地和销售主体。

（商务局　胡源远
经济发展委员会　钱润宇）

区域协调发展

【概况】　2022年，高新区贯彻落实长三角一体化发展国家战略，围绕一体化、高质量发展要求，抢抓环太湖科创圈和沿沪宁产业创新带“一圈一带”交汇点重大机遇，全面推动长三角一体化发展。贯彻落实区域协调发展战略，参与苏州市内全域一体化发展，加快提升区域发展能级。做好东西部协作铜仁万山区过渡期工作和南北挂钩（“五方挂钩”）工作，巩固拓展脱贫攻坚成果同乡村振兴实现有效衔接，助推受援地经济和社会事业高质量发展。年内，高新区获评2020—2021年度全省“五方挂钩”帮促工作先进单位。

【参与长三角一体化发展】 2022年，高新区制定出台《苏州高新区扎实推进长三角一体化发展2022年工作要点》，明确28项年度重点工作事项。太湖科学城列入国家沿沪宁产业创新带建设任务方案、江苏省沿沪宁产业创新带建设任务清单，太湖科学城、华能苏州燃机项目2个项目列入长三角一体化发展“十四五”实施方案重大项目库，南京大学苏州校区、中建国际等7个项目列入2022年苏州市长三角重点项目库，11个功能平台和重大项目列入虹桥国际开放枢纽北向拓展带建设实施方案苏州行动计划，累计20个项目列入上级各类重点项目库。牵头成立长三角G60科创走廊激光产业联盟、苏州市光子产业联盟，助力打造太湖光子中心建设。按照同等标准、错位发展、创新机制、国际一流理念，加快南京大学苏州校区建设，东区学术交流中心、教学楼、宿舍楼等主要建筑物主体建成、西区学生综合活动中心启动建设，实现首批本硕招生，揭牌成立智能科学与技术学院、智能软件与工程学院、集成电路学院、数字经济与管理学院4个新型学院、5个研究院，南京大学自旋电子器件与技术全国重点实验室获批，实现苏州市全国重点实验室零的突破，狮山量子计算与量子探测前沿实验室开工建设，南京大学国家集成电路产教融合创新平台苏州中心启动，助推名城名校深度融合发展。

【参与市域一体化建设】 2022年，高新区落实苏州市委、市政府《关于全面建设太湖科学城的工作意见》，完善编制太湖科学城发展规划，以苏州科技城为核心区域（约40平方千米），带动浒墅关片区加快转型发展，强化与吴中光福、相城望亭等毗邻地区协

2022年6月16日，长三角G60科创走廊激光产业联盟成立大会举行（杨炎橙　摄）

2022年8月25日，高新区、虎丘区与保护区、姑苏区协同发展签约仪式举行（杨炎橙 摄）

2022年9月17日，高新区与相城区协同发展合作备忘录签约仪式举行（杨炎橙 摄）

同创新发展，形成“两轴两带、一核多片”整体空间布局，打造科技创新策源地、高端产业集聚区、融合发展先行区、生态宜居样板区，增强太湖科学城辐射带动作用。先后与姑苏区、吴中区、相城区举行协同发展签约活动，签订协同发展合作备忘录等系列合作协议，在交通互联、产业合作、文旅融合和环境提升等领域加强联动发展。加快融入苏锡协同发展，推动太湖科学城与太湖湾科创带联动发展，加快提升与无锡以及市内周边地区交通互联互通水平，研究推进苏锡太湖隧道建设，推动轨交3号线新区城际站延伸至苏南硕放机场。（经济发展委员会 郭彬斌）

【东西协作】 2022年，高新区持续巩固东西部协作工作成果，对口协作铜仁市万山区继续重点做好社会帮扶、产业合作和劳务协作等过渡期工作。投建的苏高新农产品供应链示范基地、铜仁·苏州大厦和牙溪生态农场项目继续采取市场化运营方式，有效发挥巩固拓展脱贫攻坚成果同乡村振兴有效衔接作用。持续推进东西部劳务协作工作，累计帮助陕西、青海、贵州等西部地区3728名农村劳动力在高新区实现稳定就业。持续开展消费协作，通过东西部协作渠道和农产品批发市场，帮助中西部协作地区销售带贫农畜牧产品总额6214.52万元。

【对口支援】 2022年，高新区慈善总会考察团多次赴云阳县开展考察调研，实地参观校园环境、学生作品、教学成果和学校各种功能教室，召开座谈会并举行捐赠活动。区慈善总会向云阳高阳中学捐赠善款100万元，用于支持学校更新教学电子设备及教室智能化；向云阳职教中心捐赠25万元，用于支持开展介护人才增能项目；向云阳特教学校捐赠9万元，其中蒋国华专项奖学基金支持4万元，喜洋洋助学金配套支持5万元，支持该校3名升入高等院校学生顺利入学深造。

【对口帮扶】 2022年，高新区专题研究部署对口帮扶协作工作，区“五方挂钩”援建资金如期拨付，援建资金主要用于宿城区农业产业项目建设。协助宿城区在高新区日航酒店举办2022宿城（苏州）“双招双引”推介会。区派驻干部协调后方单位向宿城区驻村单位及困难群众开展新年慰问等活动，累计发放慰问品30余份、N95口罩6000余个，物资折款计1万余元。

（经济发展委员会 陆宏明）

海关监管

【概况】 2022年，苏州海关驻虎丘办事处共监管报关单46.84万份，其中进口21.36万份、出口25.48万份，监管货值465.59亿美元，进出口货运量97.92万吨，集装箱箱数13.25万箱次，实际入库税收62.99亿元。12月底进口整体平均通关时间27.9小时，压缩比65.97%；出口整体平均通关时间0.48小时，压缩比85.39%。年内，监管二科党支部“丝路卫士”党建品牌获评全国海关党建培育品牌。

【海关服务】 2022年，苏州海关驻虎丘办事处聚焦RCEP协定生效实施，引导企业办理RCEP原产地证书，享受税收优惠，全年受理放行RCEP项下享惠进口货物货值9亿元，累计为企业减免关税625万元。落实进出口税收优惠政策，持续推进选择性征税改革，全年累计办理内销选择性征税业务2614票，涉及货值12.12亿元，为企业节约资金7282万元。推进属地纳税人改革，选定川崎精密、西门子、康硕等3家企业为新增属地纳税人试点企业，做好“一企一策”差别化规范管理服务。落实简政放权改革要求，持续推进核查领域企业自查结果认可模式改革，组织“线上+线下”政策宣讲9次，实施一对一辅导企业9家，平均压缩企业盘库时间36小时/家，促进企业增排产能8000万余元，节约企业成本300万余元。推进综保区高水平开放高质量发展21项措施落地，推动扩大增值税一般纳税人试点范围，鼓励企业用好国际国内两个市场，开展增值税一般纳税人试点企业45家。支持省内首个“跨境电商网购保税进口+实体新零售试点”项目（1210进口）运行，全年监管放行出区清单1.91万份，销售商品3.68万件，销售金额786.65万元。推动全市首票跨境电商特殊区域出口海外仓模式（1210出口）落地，实现全市首家跨境电商B2B（商对商电子商务模式）、B2C（商对客电子商务模式）共4种出口监管模式全覆盖。推动“中欧班列+跨境电商”业务融合，全年跨境电商货物搭乘中欧班列出口34160件，总额约8720万元。年内，高新区跨境电商出口货值2.78亿元，比上年增长24.1%。

【出入境检验检疫】 2022年，苏州海关驻虎丘办事处提升查检执法规范化水平，加强商品检验查发工作，开展“国门绿盾2022”行动。全年累计完成报关单、核放单、内贸货物查验2216票（其中目的地事中查验299票），累计查获61票，超额完成目标任务。其中，高质量查获完成31票（含销毁2票、退运29票），占比50.82%。无查获4小时查验完成率继续保持100%。出具进口检验检疫证明519票，出具出境卫生证书14票。　（苏州海关驻虎丘办事处　张朋飞）

园区建设

浒墅关经济技术开发区

（参见第257页）

苏州科技城

【概况】 苏州科技城（简称“科技城”）是全国首家由科技部、江苏省政府、苏州市政府共建的大型研发创新基地。2022年，科技城完成一般公共预算收入29.85亿元，增长10.2%；全社会固定资产投资250.2亿元，增长32.6%，其中工业投资30.37亿元，增长20.3%；规上工业总产值458.81亿元，增长13.8%。苏州瑞派宁科技有限公司获评世界知识产权组织首届全球奖，姑苏半导体激光创新中心获批国家级创新中心，天准科技入选国家级企业技术中心，长光华芯高端医疗器械技术创新中心落户科技城，高功率单管芯片获评江苏省科学技术奖一等奖。

【招商引资】 2022年，科技城累计引进内资高质量产业类项目75个，增长21%；投资规模超亿元产业类项目40个，增长90.5%。中建国际全球采购中心、厨芯科技等总部类项目，矽行半导体、橡隆科技等上市公司投资项目，全球工业龙头阿特拉斯·科普柯、景途医疗等一批企业项目落地。全年新增注册外资及港澳台资4.92亿美元，增长69.1%；实际使用外资及港澳台资3.15亿美元；内资新增注册资金644.81亿元。

【项目建设】 2022年，科技城推进总投资567.7亿元的44个省市区重点项目完成时序进度。通用技术中国汽研华东总部、珂玛材料先进材料生产基地、兆威机电长三角总部等项目开工建设，虎丘影像总部大楼项目启用，克诺尔商用车系统中国区研发中心、欧儿里得中国研发生产总部、和研科技华东总部、泰格捷通等项目开业。

【产业发展】 2022年，科技城“清零”14个项目地块，腾出净地0.77平方千米；完成弘道新材、理想汽车半导体、太湖光子科技园启动区、苏州市产业技术研究院高新区创新基地等改造更新项目，盘活存量低效用地1.03平方千米。加快ESR高标准产业园、医疗器械园上市总部基地、光电科技园等总投资约150亿元的2平方千米高标准载体建设，精准布局光子、数字与智能、高端医疗器械等高水平产业创新集群。

【科技创新】 2022年，科技城西门子长三角人工智能共创实验室、深圳三東华东总部等86个高质量科技项目签约落地。南京大学首批4个新型学院、5大新型研究院揭牌成立，南京大学创新创业中心投用。引入中国科学院朱日祥院士团队等一批顶尖人才团队，获批领军人才125个，其中市级及以上40个。新引进创新型企业320家，省级以上研发机构16家。

【基础设施建设】 2022年，科技城推动太湖大道城市群、234千米城市“超级绿道网”、科学家公园等项目建设，实施科技城北部及智慧谷区域美化亮化工程，全方位提升核心区风貌品质。推进星悦里、星悦

苏州科技城太湖大道锦峰路口（宣传部　供图）

荟、雪世界等总面积约50万平方米商业载体建设，金茂·丰茂里开业，兰博基尼·玉屏店全新投用。太湖科学城高品质人才社区启动建设，9.3万平方米国际青年创新社区、壹棠高端人才公寓启用，27万平方米人才公寓完成升级改造，引入龙湖冠寓、朗诗寓进行品牌化管理。苏州科技城医院晋级南京大学医学院附属苏州医院，打造具有品牌竞争力国际医疗服务。

（科技城　顾妍萍）

苏州高新区综合保税区

【概况】　2022年，苏州高新区综合保税区（简称“综保区”）完成全社会固定资产投资8.98亿元，增长3.5%，其中工业投资6.47亿元，增长3.2%；规上工业总产值848.27亿元，增长6.5%。实现进出口总额193.62亿美元，其中出口119.13亿美元、进口74.49亿美元。年内，综保区获评发展绩效评估分类A类，综合成绩列全国第13位、东部第8位。打造面向新业态新就业货车司机群体“北斗星”党群服务中心（“司机之家”），获评2022年度江苏省最美工会户外劳动者服务站点。

【招商引资】　2022年，综保区加大产业招商力度，不断提升企业服务水平。新设外资及港澳台资项目4个，新增注册外资及港澳台资435万美元，完成实际利用外资及港澳台资2000万美元。完成内资企业注册资金5.16亿元，引进高质量产业类项目14个，引进投资规模超亿元项目5个。重点企业名硕电脑（苏州）有限公司实现产值735.2亿元，比上年增长9.2%。新磊半导体科技、元启动力、天蕊半导体、英诺科医疗、科耐尔医药、嘉米特自动化设备一批高质量产业项目落户，总投资约62亿元。

【项目建设】　2022年，综保区推进数字人民币应用场景建设，推广“跨境电商+数字人民币”模式。跨境电商实现全市首票出口海外仓模式数字贸易新业态，完成出口总货值8.77亿元，比上年增长526%，跨境电商9610出口业务列全市第一。创新数字人民币采购货款支付业务，贷款风险补偿型金融产品“海贸贷”创下三个全国第一（全国首笔用于跨境电商领域数字人民币贷款、全国首单跨境电商领域“数币”供应链金融业务、全国首单使用数字人民币支付国际班列物流运费业务贷款）。年内，综保区获批2022年苏州市跨境电商集聚区。

【产业发展】 2022年，综保区推动五大中心建设，融入国内国际双循环发展新格局。开展跨境电商“全球开店+全球海外仓”模式，完成跨境电商进出口业务15.4万票。开辟中欧（苏州）班列、东南亚卡航新路线3条，中欧班列开行503列，东南亚卡航发车426车次。加快开展检测维修业务，推动企业不断完善维修产业链，缩减维修周期及维修成本，加快加工贸易转型升级。重点企业名硕电脑（苏州）有限公司维修检测进出口额5.6亿美元，国内返修0.39亿美元。苏州捷德航空技术有限公司创新开展进口直升机全球检测维修业务，延伸产业链条，打造直升机全球维修“检测中心+直升机”综合体项目。

【科技创新】 2022年，综保区加快产业创新升级，坚持科技、人才、产业三位一体化发展，聚焦共性需求，为更多优质科技项目和创业人才落地发展搭建桥梁。保税研发创新中心集聚高端创新资源，壮大创新主体力量，完善聚才用才机制，打造“智汇综保”特色活动品牌，举办2022年智汇苏高新第二届创新创业大赛，实现“企业—海关”数据互通共享。聚焦科技企业培育，打造产业集群高地，提升科技人才工作。获批各级领军人才16人、国家级重大人才工程A类1个。获批苏州市“瞪羚”企业3家、江苏省“瞪羚”企业3家，江苏省潜在“独角兽”企业2家、江苏省级工程技术中心3家、国家高新技术企业11家。

【基础设施建设】 2022年，综保区推进现有载体维修工作，提升改造载体配置，对区域载体屋面、外墙、配套设施存在问题开展全面排查维修和翻新，理顺区域厂房管理与维护机制，提升载体使用功能，满足企业快速入驻需求。年内，完成北区厂房提升改造、遗留设施拆除及屋面墙面维修工作。

（综保区　陆亚瑾）

2022年7月19日，“创享保税　才聚高新”智汇苏高新第二届创新创业大赛举行（综保区　供图）

苏州盐城沿海合作开发园区

【概况】 苏州盐城沿海合作开发园区（以下简称“苏盐园区”）是苏州、盐城两市积极响应江苏沿海开发国家战略联合成立的共建园区。2022年，苏盐园区组织推进第二轮规划编制工作，完成园区产业发展规划、重点发展区域控制性详细规划、园区3.5平方千米新一轮环境影响评价编制等。全年完成营业总收入8亿元，比上年增长128.6%，超额完成大丰区年初下达全年指标（3亿元）；完成一般公共预算收入3000万元，比上年增长154%，超额完成大丰区下达全年指标（1327万元）；固定资产投资完成2.5亿元，比上年增长150%，超额完成大丰区年初下达全年指标（1.1亿元）。合计总投资101.3亿元，新增高新技术企业3家。

【招商引资】 2022年，苏盐园区与苏州市相关商会、协会对接，加强产业协作，先后在太仓市、相城区举办投资环境推介会，牵头成立盐城市苏州商会，举办园区项目集中签约暨开、竣工活动，持续扩大园区影响力和知名度。年内，新签约亿元以上项目12个，总投资48.5亿元。首次引进注册资本2000万美金新加坡外资项目和注册资本1500万欧元芬兰外资项目；成功签约瑞豪环境科技项目，总投资20亿元。

【项目建设】 2022年，苏盐园区内凯林格环保科技公司、美田新材料公司、金锐元公司等企业均实现当年开工、当年竣工、当年投产。年内，有10个亿元以上项目开工、6个亿元以上项目竣工。实行政企联系单制度，提升服务效率。瑞豪环境科技有限公司举行签约仪式，2个月内办结所有审批手续并开工建设。明确专班全流程服务、全链条跟进，支持邦州科技、雄昱工业设备、威尔普公司等一批项目加快开工建设，有效缩短审批时间。（苏盐园区　高宇）

2022年11月28日，苏盐园区举行项目集中签约暨开竣工活动（苏盐园区　供图）

数字高新区

信息基础设施建设与通信服务

【概况】 2022年，高新区推进数字基础设施建设，厚植数字经济核心产业沃土，夯实数字基础设施底座。全年新增5G（第五代移动通信技术）基站999个，累计推动运营商建成5G基站2998个，实现核心区域5G网络全覆盖。加快培育一批“5G+”工业互联网典型应用，推动5G应用从外围辅助向核心生产环节渗透，重点培育建设5G全连接工厂，3家单位入围江苏省“5G+”医疗健康应用试点项目。新增市级“5G+”工业互联网示范项目1个、5G城市融合应用项目4个。推进建设太湖国际信息中心建设，入选2022年度江苏省新型数据中心典型案例。联通工业互联网标志解析二级节点建设项目获得省专项资金支持，累计接入企业378家，累计注册量7.4亿个、解析量5.2亿个。

（经济发展委员会　李腾）

【中国电信苏州分公司高新区电信局】 2022年，中国电信苏州分公司高新区电信局新建5G基站494个（含共享），重点区域5G网络通达率98%以上；千兆光网覆盖实现“千兆到户、万兆入企”，城市千兆光纤网络覆盖率100%。年内，以数字城市建设为主线，发挥千兆光网、云计算、物联网、AI（人工智能）等信息化优势，保障区大数据局、教育局、城乡局、环保局等多条线信息化项目顺利实施及稳定运行，助力高新区推进“智改数转”，配合开展多场次智能化改造、数字化转型推进会，协助推进智能制造诊断、星级上云申报及企业供需对接等工作；联合区内企业中核苏阀、协鑫光伏、莱克电气参加第五届“绽放杯”5G应用征集大赛，获评全国总决赛二、三等奖，江苏区域赛决赛社会效益奖。

（中国电信苏州分公司高新区电信局　卢艺）

【中国移动通信集团江苏有限公司苏州新区分公司】 2022年，中国移动通信集团江苏有限公司苏州新区分公司新建5G基站约500个，完成高新区室外5G基本全覆盖。完成部分重点集团、党政军机关办公楼、大型商超、居民区、星级酒店5G室内深度覆盖；累计覆盖宽带小区数量近700个，覆盖楼宇230栋，家庭用户实现100%光纤到户；服务高新区移动通信用户60万，其中5G用户约23万、家庭宽带用户约17万，营业网点110余家。年内，推进“5G+”计划，推动5G与云计算、大数据、物联网、人工智能等新兴信息技术紧密融合，服务集团客户约1600家；举办“走进中国移动”“我为服务代言”客户建议征集等活动；探索“直播+服务”传播新模式，举办“为您心动移万次”抖音直播活动，提升“心级服务”品牌形象。

（中国移动通信集团江苏有限公司
苏州新区分公司　馨仪）

【中国联合网络通信有限公司苏州市分公司高新区分公司】 2022年，中国联合网络通信有限公司苏州市分公司高新区分公司新建5G基站494个，完成高新区室外5G全覆盖。完成重点商务楼宇、重点商超、政企部门、星级酒店、居民住宅区等口碑场景5G室内深度覆盖；新增覆盖宽带小区73个，新覆盖用户6.8万户，宽带覆盖率96%。完成老旧小区改造11个，覆盖区域100%，全部完成10GPON改造，全面具备千兆接入能力。助力数字高新区建设、苏州智慧乡村改革，树山村获评首批中国联通集团级数字乡村示范点，案例入选2022江苏省信息通信业乡村振兴十大典型案例名单。“文明苏高新、联通你我他”68人志愿服务团队持续开展“我为群众办实事”实践活动，获评2022年度江苏联通巾帼建功先进集体、2022年度中国联通集团级“巾帼文明岗”先进集体、苏州高新区2022年度驻区优秀服务保障单位。

（中国联合网络通信有限公司苏州市分公司高新区分公司　曹敏）

数字政府

【概况】　2022年，高新区构建一小组、一局、一中心、一公司工作格局和“领导小组+大数据局+街道板块”新型首席数据官组织体系，出台《苏州高新区新型智慧城市建设顶层规划（2022—2024年）》《2022年度苏州高新区新型智慧城市总体建设方案》《2022年苏州高新区数字政府建设工作要点》《苏州高新区数字政府建设三年行动计划（2023—2025年）》，对全区数字政府建设做出系统性谋划和全局性设计。构建以“一网通用、一网通办、一网统管”为核心数字政府运行体系，打造一批优政、惠民、兴业数字化应用场景。

【一网通用】　2022年，高新区完善数字政府“一网通用”创新体系，系统性增强“云、网、数、枢、安”五大核心能力。健全政务云资源体系，提升云资源统一纳管、动态调整和弹性服务能力，有效支撑区政务信息资源共享服务平台、区“一网通办”等跨部门、跨层级、跨区域应用运行安全。优化升级电子政务外网，促进业务系统向政务外网应迁尽迁，实现横向到边、纵向到底全覆盖，为全区5000余个用户提供政务网络通信服务。巩固区政务信息资源共享服务平台唯一主干地位，实现市、区、镇（街道）三级数据共享交换。打造公共平台枢纽，统筹推进技术融合、业务融合、数据融合，加快推出高新区城市生活服务总入口。强化网络安全体系，开展网络安全普查，举办“高新护盾2022”网络安全攻防应急演练活动。

【一网通办】　2022年，高新区加快推进政务服务“一网通办”，横向汇聚1000余项政务服务事项及500余项公共服务事项，形成网上办事统一入口，可网办率超97%，覆盖全区55个基层为民（便民）中心，累计归集办件数据82.3万件。加快推进“两个免于提交”，协调区级各单位开展第二批“两个免于提交”事项梳理，发布2022年版“两个免于提交”事项清单，完成20%市定目标。打造一批电子出证全流程线上审批业务流，自动生成办事过程文书、办结证照，实现电子印章实质应用，打通全流程线上办事最后一环。

【一网统管】　2022年，高新区搭建“一网统管”主题数据库，融合“一标三实”（标准地址，实有人口、实有房屋、实有单位）、网格基础数据和各单位业务数据，建设全区网格治理一张图。整合12345热线、数字城管、寒山闻钟论坛、网格化管理、物联感知等各来源的问题处办通道，深化区、镇、村、网格四级联动指挥平台建设，实现三层四级指挥调度体系的纵向贯通、横向联通。赋能综合执法，形成区级各领域综合行政执法队伍和板块综合行政执法局案件流程闭环。聚焦应急管理、城市管理等领域场景应用，加强大数据分析研判和风险预警信息流转处置。

【数字应用】　2022年，高新区围绕发展重点及居民企业实际需求，以数字政府建设引领数字社会发展，聚焦基础支撑、数据共享、经济发展、生活服务、社会治理等领域，分批推进新型智慧城市综合类项目建设，重点推进城市建筑信息模型BIM、城市信息模型CIM、新一代雪亮技防等项目建设。苏州高新区智慧乡村项目入选2022年数字江苏建设优秀实践成果及苏州市数字政府优秀案例，高新区国土空间规划信息化平台及数据整理项目获评2022地理信息产业优秀工程银奖。（党政办公室　顾建文）

【智慧政务】 2022年，高新区编制政务数据目录，实现市、区、镇（街道）三级数据共享交换。全年发布区级可共享信息资源3000余条，数据总量6.7亿条，每日更新量超152万条，发布量居全市第三位。打造智慧政务，编写《2022年高新区政务服务“一网通办”建设工作方案》《苏州高新区推进数字政府“一网通办”建设实施方案（2023—2025年）》，加快“一网通办”二期建设，接入苏州市平台，覆盖全区55个基层为民（便民）服务中心，累计归集办件82.3万件，事项可网办率96%。发布2022年“两免”事项清单，上线电子证照调用功能。启动全区企业数字底座建设，形成“一企一档”主题库，建成12个专题库，归集企业基本信息630万条数据。优化“互联网+监管”托底系统，建设招商项目全生命周期管理平台，做好工程建设项目联合审批平台运行保障。

（党政办公室　顾建文
行政审批局　张永）

【“场安码”信息管理系统】 2022年，高新区推进机关事务信息化标准化，构建以科技大厦楼群为服务对象，公共安全和公共卫生数字化管理服务系统“场安码”。1月上线，运行纳入物业月度考核，通过一线填报、条线监管、情况汇总反馈、整改完善等措施，在“人、场、网”合力，形成兼顾操作效率和安全感控轻量化数字工具，全方位闭环管控。

（党政办公室　罗苍松）

数字经济

【数字产业发展】 2022年，高新区数字产业迅速发展，数字产业创新能力有效提升。工信部电子五所华东分所牵头建设江苏省板卡集成电路和元器件适配验证中心签约落户高新区，中移软件联合南京大学苏州校区共同建设省级信创实验室获得江苏省工信厅专项资金支持。苏州科技大学获批江苏省区块链产业人才培训基地，山石网科工业安全软件创新应用研究院入选苏州市软件创新应用研究院。天准科技获批国家级企业技术中心；新增江苏省软件企业技术中心2家，累计6家，新增苏州市软件企业技术中心2家、累计15家。2家企业获评2022年江苏省重点领域首版次软件产品。年内，高新区入选全国工业互联网推动数字化创新领先城区，获批江苏省首批“5G+”工业互联网融合应用先导区培育对象，获批江苏省区块链技术创新与应用试验区、江苏省工业大数据应用示范区。

软件和信息技术服务业发展。成立软件和信息技术产业创新集群党委，全面推进软件和信息技术产业创新集群建设。制定出台全区软件和信息技术产业创新集群发展三年行动计划和工作方案，明确17项重点发展指标和30项重点任务。巩固原有云计算、大数据、应用软件、网络安全、工业互联网等优势领域，培育壮大人工智能、区块链、信息技术应用创新、集成电路设计等细分领域，加快布局工业软件、元宇宙等前沿领域，全年软件和产业创新集群营业收入300亿余元，集聚重点企业约300家。

加大企业培育力度。坚持引育并重，打造以上市企业、“独角兽”企业、专精特新企业、“头雁”企业为主体一流软件和信息技术企业矩阵。新增国家鼓励重点软件企业1家，实现该领域零的突破；新增江苏省规划布局内重点软件企业3家，累计10家。新增培育江苏省专精特新软件企业3家，累计4家。新增苏州市“头雁”企业3家，累计8家；新增“头雁”培育企业4家、累计9家。新增苏州市数字经济示范企业5家，累计9家。59家企业入选苏州市数字经济企业库，37家企业入选苏州市重点软件企业库，通过率列全市第一。

融合应用走深向实。发展人工智能、区块链、网络安全、信创等新兴数字产业。人工智能领域，入选工信部2021年人工智能产业创新任务“揭榜挂帅”项目1个、人工智能医疗器械创新任务揭榜入围项目2个，入选2022年江苏省人工智能融合创新产品3个、应用解决方案7个。入选2021年苏州市人工智能优秀供给能力名单3家，新增2022年苏州市人工智能应用场景示范项目3个。区块链领域，获批2022年江苏省区块链产业发展试点示范项目1个，新增2022年苏州市区块链产业发展试点示范项目3个。网络安全领域，新增工信部2022年网络安全技术应用试点示范项目1个，入选2022年江苏省工业领域数据安全防护优秀产品5个、解决方案1个。信创领域，企业入选2022年度江苏省信息技术应用创新优秀解决方案2个。信息消费领域，莱克电气获批2022年江苏省信息消费十大影响力品牌，2家企业入围江苏省信息消费重点领域优秀产品推广目录。

（经济发展委员会　李腾）

【产业数字化】　2022年，高新区全面推进智能化改造和数字化转型工作。全年实施智能化改造数字化转型项目744个，提前一年实现规上工业企业智能化改造数字化转型全覆盖工作目标。打造智能化改造数字化转型全要素公共服务平台，建立涵盖诊断中心、供需中心、案例中心、能力中心、申报中心等“一平台+五中心”线上综合服务系统，开发线上诊断服务、供需对接、标杆示范、结果分析及可视化展示等功能，实现全要素、全流程、可视化、数字化管理，全面提升供需对接效率，为企业智能化改造数字化转型提供精准服务。制定《汽车产业智能制造成熟度评估诊断和改造提升指南》，开展汽车行业智能制造能力成熟度评估。

企业智能化发展。持续强化示范标杆引领作用，引领企业智能化发展。莱克电气股份有限公司入选国家智能制造试点工厂揭榜单位，获批国家智能制造优秀场景企业2家，获批数量列全市第一。获批江苏智能制造领军服务机构2家，累计11家，累计数量列全市第一。新增江苏省示范智能车间7家、苏州市示范智能车间18家，累计省市示范智能车间152家。入选苏州市“智改数转”技术服务输出标杆企业1家、智能制造优秀服务商企业3家，数量列全市第一。

构筑工业互联网赋能体系。新增落户国家级工业互联网“双跨”平台2家，累计5家。支持并推动浒墅关经开区入选2022年度江苏省“互联网+先进制造业”特色产业基地。新增江苏省工业互联网标杆工厂2家，累计4家。新增江苏省星级上云企业137家，其中五星级4家、四星级26家、三星级107家。获批江苏省工业电子商务应用创新示范企业1家、江苏省两化融合管理体系贯标示范企业培育对象4家。新增苏州市第五批工业互联网重点平台1家、专业服务商7家、典型应用企业4家。加快推动数字人民币在工业企业及工业互联网平台等领域场景建设，实现全区规上工业企业数字人民币全开通。推动全区中小企业开展数字化能力评估，覆盖企业约1000家。

优化产业数字化生态氛围。召开各类数字经济活动，深化产业链协同创新。举办信创支撑构建信息技术领域新发展格局高端论坛、数字经济产业高峰论坛、苏州市新型显示产业创新发展峰会、江苏省工业互联网标识应用百场区县行暨苏州市工业互联网区县行（新区站）等活动，协助支撑苏州市工信局承办2022年中国实体经济论坛，持续营造数字产业良好发展氛围。强化联盟协会合作共赢，发挥省市联盟协会等社会组织作用，深化供需对接。4月，高新区经发委作为苏州市区级唯一代表，签约共建全省“工业软件+信创产业链”党建联盟，打造软件开源生态。联合苏州市软件行业协会打造区软件和信息技术产业创新集群赋能中心，加大区内企业服

2022年7月15日，太湖科学城论坛暨数字经济产业高峰论坛举行（丁翊彪　摄）

务力度。依托市、区两级工业互联网产业联盟，组织开展“进企业看标杆”活动，加强工业互联网宣传推广，加快中小企业数字化转型，助力企业愿转、会转、敢转。　（经济发展委员会　孙中友　李腾）

表21　　高新区省级示范智能车间（截至2022年）

序号	企业名称	序号	企业名称
1	莱克电气绿能科技（苏州）有限公司	15	歌拉瑞电梯有限公司
2	苏州纽威阀门股份有限公司	16	吉安汽车配件（苏州）有限公司
3	克诺尔车辆设备（苏州）有限公司	17	美视伊汽车镜控（苏州）有限公司
4	川崎精密机械（苏州）有限公司	18	万都底盘部件（苏州）有限公司
5	苏州西门子电器有限公司	19	美视伊汽车镜控（苏州）有限公司
6	苏州协鑫光伏科技有限公司	20	苏州金莱克汽车电机有限公司
7	苏州路之遥科技股份有限公司	21	苏州路之遥科技股份有限公司
8	安捷利电子科技（苏州）有限公司	22	苏州西门子电器有限公司
9	爱默生电梯有限公司	23	苏州佳世达电通有限公司
10	苏州阿特斯阳光电力科技有限公司	24	松下系统网络科技（苏州）有限公司
11	星恒电源股份有限公司	25	前途汽车（苏州）有限公司
12	腾辉电子（苏州）有限公司	26	苏州佳世达电通有限公司
13	国巨电子（中国）有限公司	27	莱克电气股份有限公司
14	苏州普源精电科技有限公司	28	万都底盘部件（苏州）有限公司

续表

序号	企业名称	序号	企业名称
29	苏州阿特斯阳光能源科技有限公司	43	名硕电脑（苏州）有限公司
30	苏州胜利精密制造科技股份有限公司	44	苏州华旃航天电器有限公司
31	苏州协鑫光伏科技有限公司	45	苏州固锝电子股份有限公司
32	名硕电脑（苏州）有限公司	46	安捷利电子科技（苏州）有限公司
33	力神电池（苏州）有限公司	47	苏州绿叶日用品有限公司
34	晶端显示精密电子（苏州）有限公司	48	爱尔铃克铃尔汽车部件（中国）有限公司
35	三菱化学聚酯膜（苏州）有限公司	49	苏州佳世达电子有限公司
36	梯梯电子集成制造服务（苏州）有限公司	50	固德威技术股份有限公司
37	苏州轴承厂股份有限公司	51	苏州瑞玛精密工业股份有限公司
38	苏州英威腾电力电子有限公司	52	苏州长光华芯光电技术股份有限公司
39	雷允上药业集团有限公司	53	莱克电气绿能科技（苏州）有限公司
40	苏州艾纽智能科技有限公司	54	毅嘉电子（苏州）有限公司
41	三菱化学聚酯膜（苏州）有限公司	55	晶端显示精密电子（苏州）有限公司
42	万都海拉电子（苏州）有限公司		

【数字天平法律服务工作室】 2022年8月31日，高新区举行数字天平法律服务工作室揭牌活动暨跨境电商法律风险应对研讨会，数字天平法律服务工作室由苏州国际商事法庭、苏州市虎丘区人民法院、苏州跨境电子商务协会三方合作共建，通过法官入驻现场指导，问需数字经济企业，构建数字经济法律风险预警机制，开展线上、线下涉外法律法规培训等法治宣传活动，并融合苏州国际商事法庭专业优势与经验，统筹对接中立评调中心、商事调解中心等涉外商事解纷平台，结合虎丘区法院属地司法便利条件，建立信息共通、资源共享、优势互补、多元共治数字经济立体保护网，为打造全国数字化引领转型升级标杆城市提供司法服务和保障。

（综保区　陆亚瑾）

【苏州高新区数字金融产业发展大会】 于2022年12月7日举行。会上，国家级科技金融创新服务中心、苏州高新数字金融产业发展有限公司揭牌，苏州高

2022年8月31日，数字天平法律服务工作室揭牌活动暨跨境电商法律风险应对研讨会举行（综保区　供图）

2022年12月7日，苏州高新区数字金融产业发展大会暨苏州高新数字金融产业发展有限公司揭牌仪式举行（杨炎橙　摄）

新区“数字贷”数字金融产品发布，首批贷款企业代表完成签约；入驻苏州金融小镇基金、金融服务机构进行集体签约；落户、投资数字金融企业进行集体签约。科技信贷产品“数字贷”按照“政府引导、市场运作、风险共担”原则，通过市、区联动贷款风险补偿方式，引导金融机构加强对区内数字经济企业融资支持，降低企业融资门槛及资金成本，推动区域产业和经济高质量发展。

【“海贸贷”】 2022年，区商务局、财政局、综保区联合制定《“海贸贷”风险补偿资金池实施方案》，缓解中小微外贸企业、跨境电商企业融资瓶颈，推进区外贸转型升级、跨境电商高质量发展。在苏州（高新区）跨境电商企业服务中心推动下，截至2022年年底，“海贸贷”专项金融产品授信余额6493万元，累计服务中小微外贸电商企业18家，其中，归还不续贷企业3家，新增贷款企业3家，户均授信余额360.72万元，平均贷款利率3.8%。6月28日，区内企业苏州拓达海客跨境电商科技有限公司获得中国建设银行苏州高新技术产业开发区支行发放300万元数字人民币贷款，其中首笔100万元被用于支付中欧班列国际铁路运输预缴费用。该笔贷款是全国首笔用于跨境电商领域的数字人民币贷款、全国首单跨境电商领域“数币”供应链金融业务、全国首单使用数字人民币支付国际班列物流运费业务贷款。（商务局　胡源远）

数字社会

【智慧城管】 2022年，“高新e网管”App成功上线。以一个App管好城市治理目标，开发网格治理、综合执法和业务集成三大功能模块，深化全域网格治理、推动移动执法办案、实现部分业务集成，支撑平战指挥、应急响应，数据分层分级赋能基层应用。年内，信息化系统“云绣”项目试运行，电脑端实现业务应用“一平台登录，一系统办理”，发挥平台智慧中枢作用；大屏端联通区、镇（街道）勤务指挥室，构建“一屏统览”数字驾驶舱，打造一体指挥体系。

（城管局　孔令劼）

【智慧公安】 2022年，高新区全域推进全区公安工作数字化转型，整合汇聚警务、政务、社会面各类数据329类53亿条，搭建“重点人员管控”“常暂住人口分析”等实战数字模型24个，优化升级云社区、数据中台等警务实战平台16个。围绕公共部位、居民小区、商贸场所、边界封控、货运通道等重点部位，持续提升感知设备密度，配强后台算力算法，提升数据赋能安保维稳、打防犯罪、基础管控、社会治理等广度、深度及精度。（公安分局　刘思君）

信息化系统“云绣”大屏端（马昊　摄）

【智慧法院】 2022年，高新区充分发挥电子诉讼全覆盖优势。疫情防控期间，实现74.5%庭审和100%执行约谈线上开展。深挖异步审判潜能，推动异步质证从民商事速裁案件向劳动争议、建设工程等疑难复杂案件延伸运用；打造全链条金融“智审”模式，实现互联网金融业务电子证据在线调取、数字化核验、全周期留痕，相关案件平均审理天数27天；探索数字档案建设，实现电子卷宗“一键归档”案件5217件，节约纸质卷宗42万余页，有效减少装卷人员及打印耗材投入；开发便携式巡回审判系统，对相邻关系纠纷以及当事人出行不便等案件开展就地办理，当场制作、送达文书，提升诉讼便利程度。年内，劳动争议“问诊清单+异步质证”创新机制获评苏州法院劳动人事审判示范项目一等奖。（法院　王峥）

【智慧教育】 2022年，高新区优化智慧教育平台功能服务。推进高新区智慧教育时空云平台三期建设，依照数据治教、数据治校、数据治学理念，实施个性化学、针对性教、精准化管创新设计，纳入高新区为民办实事项目。截至2022年年底，累计用户数量39.06万人，其中学生用户15.7万人、教师用户1.25万人、家长（社会）及机构用户约22万人。疫情防控期间，平台单日登陆最高1.2万人，单日浏览量最高153819次，用户浏览量累计194.04万次。提供线上教育中心上线视频资源23931件，其中，市级课程资源17964节，微课5967节，习题资源28643道。高新区共计66934名学生通过苏州线上教育高新区分中心上课，教师上传课件2840份，全面保障区域师生停课不停学。深化智慧教育项目评比创建。以创建省智慧校园为抓手，推进教育信息化建设，实现全区中小学智慧校园创建全覆盖。开展人工智能教学活动，全面提升中小学生人工智能认识水平。年内，苏州高新区第五初级中学校《云端学校：智慧教育新样态的实践与思考》入选2022年度国家级智慧教育优秀案例；全区共有7所中小学校被认定为首批苏州市人工智能教育实验学校。（教育局　方嘉莉）

【智慧文旅】 2022年，高新区智慧旅游系统优化完善，完成区内主要景区在江苏省智慧文旅综合管理平台、苏州智慧文旅数据中心市级平台公园监控和客流对接工作，包括监控视频接入、闸机客流接入等。苏州乐园森林世界、中国刺绣艺术馆景区、太湖国家湿地公园、大阳山国家森林公园实现虚拟地图、数字导览等服务功能。优化完善“苏州高新文化云”数字

高新区数字文体旅推荐官“枫灵Lynn”获评“江苏省文旅消费传播热事件”（文化体育和旅游局　供图）

“浒墅八景”大运河主题数字藏品（文化体育和旅游局　供图）

化平台，提供公共文化场馆线上免费预约服务；高新区图书馆利用Interlib图书馆集群自动化管理系统，全年借书53.09万册次，通借通还15.4万册次。年内，2022苏州树山梨花文化旅游节上，高新区数字文体旅推荐官“枫灵Lynn”发布，苏州市首个“元宇宙数字景区”项目“云游树山”在线发布。高新区首批文旅数字资产商品登陆阿里巴巴、腾讯平台，开通非遗作品、文创产品数字化呈现、数字化交易平台；第十一届苏州文化创意设计产业交易博览会上，由苏州高新文旅集团子公司苏州合方文化旅游产业发展有限公司、梁源数字艺术团队联合出品非物质文化遗产苏州核雕数字藏品发行；第二届运河文化艺术节上，以“浒墅八景”为蓝本制作首批大运河主题数字藏品发布。（文化体育和旅游局　曹涛）

农 业

综 述

【概况】 2022年，高新区实现农林牧渔总产值23150万元，比上年增加343万元。全年粮食总产量9375吨，比上年增加810吨，实现产值产量双增收。

【农业机械化】 2022年，高新区农业机械化发展财政资金总投入139.04万元，通过财政奖补、政策引导、宣传发动方式，农业机械化水平保持平稳。认定苏州市"全程机械化+综合农事"服务中心1家、果茶桑机械化示范基地2家、智能农机装备应用示范基地1家、优势产业机械化示范园1家、农机行业职业技能实训基地1家。全年新购置拖拉机2台、联合收割机1台、谷物烘干机5台，农机装备基本覆盖农业生产各主要环节。

【农产品品牌建设】 2022年，高新区推广农业生态绿色标准化生产，提升绿色优质农产品供给能力。新增加有机稻谷2个，完成树山杨梅、云泉茶、金墅水源米绿色食品续展3个，完成蕨、杨梅、稻谷、茶叶、笋等有机农产品换证7个。截至2022年年底，全区有绿色食品9个、有机食品9个、地理标志农产品1个，种植业绿色优质农产品91.95%。

【重大动物疫病防控】 2022年，高新区落实非洲猪瘟重大动物疫病防控措施。落实生猪屠宰企业非洲猪瘟检测、车辆备案、消毒制度，加强冷链物流禽肉产品分销检疫检验工作，设置宠物无害化处理收集点，严控动物疫病输入和传播风险。累计屠宰检疫生猪16.87万头，检疫冷藏动物产品1.83万吨，出具检疫证明8.74万份。生猪定点屠宰企业开展非洲猪瘟自检4154份，监督抽检828份，无害化处理病死猪及不合格产品283.08头，保证生猪产品准出安全。设置病死宠物集中收集点4处，无害化收集处理病死宠物99只，维护辖区公共卫生安全。开展消毒灭源行动和重大动物疫病专项监测工作，累计免疫犬猫3885只，发放消毒药物400千克，监测采样犬血清124批次、犬猫气溶胶及环境样本120批次、禽流感双拭子及环境样本50批次。举办犬集中免疫进社区活动2次，集中免疫犬只336只，确保全区未发生动物疫情。

（城乡发展局 曾有华）

树山三宝：杨梅、云泉茶、翠冠梨（张健 摄）

优质高效农业

【种植业】 2022年，高新区粮食播种面积2.1万亩，粮食产量9375吨，完成苏州市下达全区粮食种植面积1.9万亩任务。夏粮小麦种植0.6万亩，产量1850吨，比上年增加634吨。秋粮水稻种植1.5万亩，产量7525吨，比上年增加176吨。蔬菜播种面积4367亩，产量7370吨，比上年增加638吨。

【园艺业】 2022年，高新区果茶业主要有梨、桃、杨梅等品种，种植面积5950.7亩，总产量4301.3吨。茶叶种植面积2876.6亩，总产量19.03吨。

（城乡发展局　曾有华）

【林业】 2022年，高新区完成造林总面积455亩（含新增造林、退化林修改、低效林改造、更新造林和封山育林），完成森林抚育2500亩。加强林业有害生物防治，遏制防控美国白蛾、松材线虫等重大有害生物入侵扩散，释放周氏啮小蜂600万头、管氏肿腿蜂17万头、花绒寄甲17万头，采用“以虫治虫”方法防治主要林业有害生物，开展全区森林、湿地生态系统外来入侵物种普查工作。（资源规划分局　张轩）

科技现代农业

【智慧农业】 2022年，高新区打造共建共享、互联互通、各具特色智慧乡村品牌。智慧乡村项目（树山）获评2022年苏州市数字政府优秀案例、2022数字江苏建设优秀实践成果、2022年江苏省信息通信业助力乡村振兴十大典型案例，入选2022年中央网信办内刊典型案例。

【“互联网+”农业】 2022年，高新区累计有市级以上农业产业化龙头企业10家，其中3家为2022年新认定市级龙头企业，分别是水天堂食品生产有限公司、万家鲜食品有限公司和明治乳业（苏州）有限公司。年内，农业产业化龙头企业营业收入30亿元，不断壮大龙头企业队伍，引领乡村产业发展。

【现代农业产业园】 2022年，高新区有2家市级现代农业园区，入园企业（合作社、家庭农场等）24家。10月，通安现代农业园内新建“粮食生产全程机械化+综合农事”综合农事服务中心投入使用。

（城乡发展局　曾有华）

树山村茶园（宣传部　供图）

通安现代农业园内水稻（朱丽兵　摄）

生态绿色农业

【耕地轮作休耕】 2022年，高新区统筹粮食生产和太湖一级保护区生态环境压力，有序推进太湖一级保护区轮作休耕制度。2021—2022年，休耕轮作面积9257.19亩，休耕晒垡1731.66亩，轮作换茬7525.53亩，轮作换茬占比较2020—2021年提升54.27个百分点。市、区两级合计补贴资金370.29万元。

【高标准农田建设】 2022年，高新区落实关于高标准农田建设决策部署，瞄准高产稳产"吨粮田"建设目标，科学规划布局、强化财政支持，围绕农田标准化、生产机械化、环境绿色化要求，高起点、高水平推进高标准农田建设。结合市政府下达全区"十四五"期间1万亩建设任务，规划高标准农田面积1.18万亩。通安镇街西村高标准基本农田建设项目获评2022年度苏州市高标准农田示范项目。

【植物保护】 2022年，高新区有外来有害生物监测点11个，昆虫性诱智能电子测报设备27套，全覆盖涉农乡镇稻果蔬茶，聚点成网提升测报水平，累计发布病虫情报21期。

【病虫害绿色防控】 2022年，高新区按照市级绿色防控评价体系，对主要农作物抽样调查评价，农作物病虫害绿色防控覆盖率67.5%，受到苏州市植保站2022年农作物病虫害绿色防控整建制推进示范单位通报表扬。截至2022年年底，建成13个绿色防控示范区，包括9个水稻病虫绿色防控示范区、1个果树绿色防控示范区和3个茶叶绿色防控示范区。发布绿色防控宣传视频4篇，提升绿色防控效果。

【农产品质量安全】 2022年，高新区开展各类地产农产品质量安全监督抽检和风险监测工作，累计开展各类农产品快速检测2042批次，定量抽检各类地产农产品245批次（其中畜产品61批次、农产品184批次），合格率100%，全年未发生农产品质量安全事件。

【农膜回收利用】 2022年，高新区为促进农业生态文明建设，减少农业面源污染，保护和改善农村生态环境，制定下发《2022—2024年苏州高新区农药集中配送、农药包装物及农膜残膜回收处置实施方案》，以政府采购公开招标形式，选定专业第三方开展全区农膜残膜回收处置工作。设立回收网点6个，回收废旧农膜7.36吨，回收利用率96.53%。

【农作物秸秆综合利用】 2022年，高新区在农作物秸秆全量机械化还田基础上，试点推行水稻秸秆打捆离田利用，完成小麦秸秆还田利用0.6万亩，综合利用小麦秸秆0.21万吨。完成水稻秸秆还田利用1.35万亩，打捆离田利用0.18万亩，综合利用水稻秸秆0.57万吨。全年农作物秸秆综合利用率100%，水稻秸秆离田利用率12%。 （城乡发展局 曾有华）

休闲观光农业

【共享农庄（乡村民宿）】 2022年，高新区创新发展共享农庄"农业+"融合发展新模式、新业态。年内，大阳山共享农庄获评2022年度苏州共享农庄（乡村民宿）。截至2022年年底，高新区内共有共享农庄（乡村民宿）5家，分别为大阳山共享农庄、树间院共享农庄、苏浒共享农庄、苏州太湖湿地·净园共享农庄及云泉共享农庄。5家共享农庄全年累计接待游客103万人，实现综合营收4700万元，带动周边农产品销售387万元。

【大阳山共享农庄】 大阳山共享农庄位于江苏大阳山国家森林公园植物园景区内，西濒太湖，交通便利。总面积1100亩，其中农业生产面积600亩，包含

400亩绿色食品茶树基地及200亩果园。以“休闲农业+精品民宿”为特色，发挥区域及周边自然生态、田园风光优势。休闲功能区面积500亩，有特色民宿风情体验区、植物科普教育游览区、阳山农业种植采摘区、茶文化休闲展示区等。

【树间院共享农庄】 树间院共享农庄位于通安镇树山村村域，总面积142亩，其中茶树、梨树等种植区域140亩。以“生态田园+乡村民宿”为核心，依托树山村村庄基础及区域特色生态农业产业，融合现代化生态农业、休闲农业产业、乡村民宿，打造集“乡村精品民宿、山体揽胜、田园观光、农事体验、休闲旅游”等功能于一体共享农庄。休闲功能区有梨树种植区、茶树种植区、民宿休闲区、田园餐饮区等。

【苏浒共享农庄】 苏浒共享农庄位于浒墅关镇华盛社区内，总面积300亩，其中稻虾综合种养、菜园等农业区域260亩。以“生态种养+休闲农业”为核心，融合现代化生态农业、休闲农业产业、乡村民宿，建设集“绿色生态种养、稻虾共作示范、有机果品基地、乡村民宿体验、乡村休闲旅游”等功能于一体共享农庄。休闲功能区有稻虾综合种养区、菜园认养区、休闲体验区、民宿休闲区等。

【苏州太湖湿地·净园共享农庄】 苏州太湖湿地·净园共享农庄位于镇湖西部，总面积3810亩，其中农业生产面积210亩，包含110亩有机稻田及100亩果园。以净园雅居酒店为核心，配套有小动物观赏区、亲子游乐区；建有稻食文化展示馆、苏州世博新馆、大熊猫科普馆等，集展示、宣传、科普等功能于一体，展示当地民俗文化、稻食文化和农耕文化。

【云泉共享农庄】 云泉共享农庄位于树山生态村内，总面积277亩，其中农业生产面积136.9亩。经营项目主要包括云泉茶、翠冠梨和时令蔬菜采种，休闲功能区有食宿、梨园、茶园、蔬菜基地、游客中心、“双创”中心、木栈道等，集餐饮民宿、田园观光、农事体验、文化传承等多功能于一体。

【休闲农业精品村】 2022年，高新区镇湖街道马山村获评苏州市乡村休闲旅游农业精品村。马山村位于度假区（镇湖街道）最北面，紧邻太湖，共有4个自然村，村域面积1.5平方千米。年内，马山村推进农村道路改造，新建停车场、健身广场、公共卫生间，全面提升公共设施配套水平；开展“星级示范户”评选和美丽庭院、美丽菜园创建活动，鼓励激励村民参与环

树间院共享农庄（宣传部 供图）

苏州太湖湿地公园大熊猫科普馆（杭兴微 摄）

镇湖街道马山村（李冰洁　摄）

境提升工作；搭建文化舞台、农家书屋，丰富村民日常精神文明生活。打造马山有机水稻种植生态园和黄桃、葡萄等特色农产品种植基地，按照一自然村一特色要求因地制宜打造朱家弄、马山、石套里、郁舍特色文旅项目。整合马山游客中心、贡山岛等平台载体资源，推出太湖精品农旅融合旅游线路。结合镇湖大米、黄桃等特色农产品种植、采摘，定期组织开展农耕文化体验活动。（城乡发展局　曾有华）

工业·建筑业

工　业

综　述

【概况】　2022年，高新区实现全部工业总产值3903亿元，其中规模以上工业产值3602.5亿元，比上年增长3.7%；规模以上工业销售收入3673.9亿元，比上年增长1.1%；规模以上工业利税总额262.1亿元，比上年增长4.5%，其中规模以上工业利润总额214.1亿元，比上年增长2.4%。实现工业增加值808.75亿元，占地区生产总值比重45.8%。规模以上工业综合能耗138.99万吨标煤，其中工业用电量60.03亿千瓦·时。工业投资96.94亿元，比上年增长6.5%，其中技术改造投资53.35亿元，比上年增长13.7%，占工业投资比重55%，比上年增加3.6个百分点。

【工业结构优化】　2022年，高新区优化完善工业企业集约利用工作，共计调查工业地块1327个，实现全区工业宗地精准更新，对全区1066家有地企业、5008家工业企业共计5.37万亩工业用地评价覆盖，采集企业77个属性约45万条数据。高新区2021年度参评有地企业933家、暂缓参评84家、不参评49家。其中，参评有地企业占地4.35万亩，亩均税收33.94万元、亩均销售914.05万元。有地企业综合评价分类结果如下：A类企业200家，占18.76%，亩均税收67.21万元、亩均销售1713.27万元；B类企业377家，占35.37%，亩均税收18.11万元、亩均销售543.19万元；C类企业193家，占18.11%，亩均税收5.96万元、亩均销售250.34万元；C-类企业84家，占7.88%，亩均税收5.42万元、亩均销售174.39万元；D类企业79家，占7.41%，亩均税收1.77万元、亩均销售71.65万元。

（经济发展委员会　蒋亚诚）

【产业自主创新】　2022年，高新区聚焦“2+5”重点产业发展，强化企业创新主体地位，加强技术创新载体培育建设，支持行业骨干企业建设一批创新技术平台、新型研发机构，加快突破一批“卡脖子”关键核心技术，推动创新链、产业链、资金链、人才链四链融合。年内，获批江苏省企业技术中心22家、苏州市企业技术中心15家，累计市级以上企业技术中心266家。高新区企业苏州天准科技股份有限公司获批国家级企业技术中心，国芯科技汽车电子芯片工程研究中心、苏州科技大学工业智能低碳技术工程研究中心2家单位获批江苏省工程研究中心，苏州科技大学城市生活污水资源化利用技术国家地方联合工程实验室建设通过验收，累计有省级以上工程研究中心（实验室）16家。晟成光伏“基于PECVD&PVD技术的高效节能Topcon电池镀膜设备的研发”项目获批江苏省关键核心技术（装备）攻关产业化项目，累计获批省级关键核心技术（装备）攻关产业化项目5个。列入江苏省2022年企业重点技术创新导向计划项目18个、重点推广应用的新技术新产品目录5个。认定江苏首台（套）重大装备1家、苏锡常首台（套）重大装备3家。入围苏州市第四批先进技术研究院2家，获批数量列全市第一。获批“苏州制造”品牌登峰企业1家，入选“苏州制造”品牌培育库企业40家。

（经济发展委员会　孙中友）

【重点企业】 2022年，高新区超亿元工业企业408家，共计实现工业产值3403.1亿元，占全部工业产值比重87.2%。其中超100亿元企业2家、50亿—100亿元企业4家、20亿—50亿元企业23家、10亿—20亿元企业34家、5亿—10亿元企业59家。

（经济发展委员会 蒋亚诚）

表22 高新区销售收入前5强工业企业名单（2022）

序号	企业名称
1	名硕电脑（苏州）有限公司
2	苏州佳世达电通有限公司
3	罗技科技（苏州）有限公司
4	康硕电子（苏州）有限公司
5	莱克电气股份有限公司

表23 高新区利润总额前5强工业企业名单（2022）

序号	企业名称
1	克诺尔车辆设备（苏州）有限公司
2	苏州金像电子有限公司
3	固德威技术股份有限公司
4	苏州西门子电器有限公司
5	苏州纽威阀门股份有限公司

表24 高新区产值超5亿元工业企业名单（2022）

序号	企业名称	序号	企业名称
1	名硕电脑（苏州）有限公司	17	国巨电子（中国）有限公司
2	苏州佳世达电通有限公司	18	佳能（苏州）有限公司
3	罗技科技（苏州）有限公司	19	NGK（苏州）环保陶瓷有限公司
4	康硕电子（苏州）有限公司	20	苏州金像电子有限公司
5	固德威技术股份有限公司	21	苏州西门子电器有限公司
6	苏州协鑫光伏科技有限公司	22	莱克电气绿能科技（苏州）有限公司
7	莱克电气股份有限公司	23	埃赛克斯古河电磁线（苏州）有限公司
8	苏州佳世达光电有限公司	24	苏州乐轩科技有限公司
9	万都底盘部件（苏州）有限公司	25	松下汽车电子系统（苏州）有限公司
10	苏州晟成光伏设备有限公司	26	爱士惟新能源技术（江苏）有限公司
11	苏州纽威阀门股份有限公司	27	苏州宝化炭黑有限公司
12	苏州富士胶片映像机器有限公司	28	苏州英威腾电力电子有限公司
13	克诺尔车辆设备（苏州）有限公司	29	苏州晶银新材料科技有限公司
14	晶端显示精密电子（苏州）有限公司	30	星恒电源股份有限公司
15	乐辉液晶显示（苏州）有限公司	31	华昕科技（苏州）有限公司
16	力神电池（苏州）有限公司	32	纽威数控装备（苏州）股份有限公司

续表

序号	企业名称	序号	企业名称
33	苏州天准科技股份有限公司	70	苏州诚河清洁设备有限公司
34	世联汽车内饰（苏州）有限公司	71	雅马哈电子（苏州）有限公司
35	苏州范斯特机械科技有限公司	72	腾辉电子（苏州）有限公司
36	汉拿科锐动电子（苏州）有限公司	73	住友电工（苏州）电子线制品有限公司
37	苏州胜利精密制造科技股份有限公司	74	福莱盈电子股份有限公司
38	梯梯电子集成制造服务（苏州）有限公司	75	苏州统硕科技有限公司
39	华能苏州热电有限责任公司	76	苏州滨特尔水处理有限公司
40	精华电子（苏州）有限公司	77	苏州精控能源科技有限公司
41	中核苏阀科技实业股份有限公司	78	科德宝·宝翎无纺布（苏州）有限公司
42	赛默飞世尔（苏州）仪器有限公司	79	飞得滤机（苏州）有限公司
43	苏州兴业材料科技股份有限公司	80	苏州华润燃气有限公司
44	安捷利电子科技（苏州）有限公司	81	益逻触控系统（苏州）有限公司
45	苏州天源服装有限公司	82	太阳油墨（苏州）有限公司
46	毅嘉电子（苏州）有限公司	83	苏州首诺导热油有限公司
47	苏州西典机电有限公司	84	众达光通科技（苏州）有限公司
48	苏州固锝电子股份有限公司	85	爱丽思生活用品（苏州）有限公司
49	苏州科达科技股份有限公司	86	阿克苏诺贝尔防护涂料（苏州）有限公司
50	苏州苏尔寿泵业有限公司	87	栗田工业（苏州）水处理有限公司
51	苏州达方电子有限公司	88	苏州路之遥科技股份有限公司
52	苏州优科豪马轮胎有限公司	89	鸿硕精密电工（苏州）有限公司
53	天纳克汽车工业（苏州）有限公司	90	加贺沢山电子（苏州）有限公司
54	川崎精密机械（苏州）有限公司	91	苏州佳祺仕信息科技有限公司
55	松下神视电子（苏州）有限公司	92	魏德米勒电联接（苏州）有限公司
56	苏州天孚光通信股份有限公司	93	松下系统网络科技（苏州）有限公司
57	雷允上药业集团有限公司	94	爱尔铃克铃尔汽车部件（中国）有限公司
58	美视伊汽车镜控（苏州）有限公司	95	苏州勤美达精密机械有限公司
59	竹本油脂（苏州）有限公司	96	卡乐电子（苏州）有限责任公司
60	伟亚光电（苏州）有限公司	97	威卡自动化仪表（苏州）有限公司
61	苏州福田金属有限公司	98	东泰精密模具（苏州）有限公司
62	斯塔尔精细涂料（苏州）有限公司	99	达格测试设备（苏州）有限公司
63	凯硕电脑（苏州）有限公司	100	松下电子材料（苏州）有限公司
64	苏州市天灵中药饮片有限公司	101	苏州日电波电子工业有限公司
65	积水中间膜（苏州）有限公司	102	苏州南方混凝土有限公司
66	苏州旭光聚合物有限公司	103	科朗设备（苏州）有限公司
67	苏州聚力电机有限公司	104	天纳克（苏州）减振系统有限公司
68	苏州美昱高分子材料有限公司	105	霍丁格必凯（苏州）电子测量技术有限公司
69	苏州爱普电器有限公司	106	苏州安利化工有限公司

续表

序号	企业名称	序号	企业名称
107	普源精电科技股份有限公司	115	苏州恩斯克轴承有限公司
108	优耐铜材（苏州）有限公司	116	苏州鸿昱莱机电科技有限公司
109	苏州华启智能科技有限公司	117	通用电气高压电气开关（苏州）有限公司
110	苏州瑞玛精密工业股份有限公司	118	苏州方林科技股份有限公司
111	肖特玻璃科技（苏州）有限公司	119	苏州正济药业有限公司
112	倍雅电子护理制品（苏州）有限公司	120	艾蒂盟斯（苏州）压铸电子技术有限公司
113	金德精密配件（苏州）有限公司	121	苏州中化药品工业有限公司
114	苏州轴承厂股份有限公司	122	苏州市宏丰钛业有限公司

表25　**高新区省级以上工程中心（实验室）名单（截至2022年）**

序号	工程中心（实验室）名称	依托单位
1	城市生活污水资源化利用技术国家地方联合工程实验室	苏州科技大学
2	江苏省锂离子动力电池工程研究中心	星恒电源股份有限公司
3	江苏省动力学环境智能试验装备工程研究中心	苏州东菱振动试验仪器有限公司
4	江苏省先进光电医疗仪器工程研究中心	中国科学院苏州生物医学工程技术研究所
5	江苏省国产卫星遥感数据应用工程研究中心	苏州中科天启遥感科技有限公司
6	江苏省电子信息产品质量可靠性工程研究中心	工业和信息化部电子第五研究所华东分所［中国赛宝（华东）实验室］
7	江苏省生化传感与芯片技术工程研究中心	苏州科技大学
8	江苏省智能医用监护系统工程研究中心	美合实业（苏州）有限公司
9	江苏省智慧环境技术集成与应用工程研究中心	清华苏州环境创新研究院
10	江苏省生态道路技术产业化工程研究中心	苏州科技大学
11	江苏省分离净化材料与技术工程研究中心	苏州科技大学
12	江苏省高端纺织智造工程研究中心	苏州经贸职业技术学院
13	江苏省智慧光伏逆变器工程研究中心	固德威技术股份有限公司
14	江苏省建筑碳中和技术工程研究中心	苏州科技大学
15	江苏省工业智能低碳技术工程研究中心	苏州科技大学
16	江苏省汽车电子芯片工程研究中心	苏州国芯科技股份有限公司

表26　**高新区市级以上企业技术中心名单（截至2022年）**

序号	企业名称	级别
1	苏州天准科技股份有限公司	国家级
2	莱克电气股份有限公司	省级
3	苏州科达科技有限公司	省级
4	苏州兴业材料科技股份有限公司	省级
5	苏州宝化炭黑有限公司	省级
6	中外运高新物流（苏州）有限公司	省级
7	江苏苏钢集团有限公司	省级

续表

序号	企业名称	级别
8	苏州恒久光电科技股份有限公司	省级
9	苏州胜利精密制造科技股份有限公司	省级
10	苏州阿特斯阳光电力科技有限公司	省级
11	苏州轴承厂有限公司	省级
12	苏州建鑫建设集团有限公司	省级
13	纽威数控装备（苏州）有限公司	省级
14	苏州路之遥科技股份有限公司	省级
15	雷允上药业有限公司	省级
16	中核苏阀科技实业股份有限公司	省级
17	苏州东菱振动试验仪器有限公司	省级
18	苏州固锝电子股份有限公司	省级
19	苏州华旃航天电器有限公司	省级
20	亿和精密工业（苏州）有限公司	省级
21	克诺尔车辆设备（苏州）有限公司	省级
22	苏州市金螳螂怡和科技股份有限公司	省级
23	苏州市科远软件技术开发有限公司	省级
24	中铁二十局集团第一工程有限公司	省级
25	苏州东风精冲工程有限公司	省级
26	苏州西门子电器有限公司	省级
27	苏州协鑫光伏科技有限公司	省级
28	苏州天孚光通信股份有限公司	省级
29	苏州苏福马机械有限公司	省级
30	苏州长风航空电子有限公司	省级
31	苏州纽威阀门股份有限公司	省级
32	苏州百胜动力机械股份有限公司	省级
33	苏州医疗用品厂股份有限公司	省级
34	苏州中化药品工业有限公司	省级
35	苏州奥美材料科技有限公司	省级
36	苏州市世嘉科技股份有限公司	省级
37	苏州旭光聚合物有限公司	省级
38	星恒电源股份有限公司	省级
39	万都底盘部件（苏州）有限公司	省级
40	苏州富强科技有限公司	省级
41	苏州福莱盈电子有限公司	省级
42	世联汽车内饰（苏州）有限公司	省级
43	苏州胜禹材料科技股份有限公司	省级
44	江苏固德威电源科技股份有限公司	省级

续表

序号	企业名称	级别
45	苏州普源精电科技有限公司	省级
46	苏州市天灵中药饮片有限公司	省级
47	歌拉瑞电梯股份有限公司	省级
48	苏州云白环境设备股份有限公司	省级
49	苏州聚力电机有限公司	省级
50	金德精密配件（苏州）有限公司	省级
51	山石网科通信技术有限公司	省级
52	苏州世纪福智能装备股份有限公司	省级
53	腾辉电子（苏州）有限公司	省级
54	苏州英威腾电力电子有限公司	省级
55	安捷利电子科技（苏州）有限公司	省级
56	苏州伽蓝致远电子科技股份有限公司	省级
57	苏州鱼跃医疗科技有限公司	省级
58	苏州大乘环保新材有限公司	省级
59	东泰精密模具（苏州）有限公司	省级
60	菲斯达排放控制装置（苏州）有限公司	省级
61	中国高岭土有限公司	省级
62	苏州晟成光伏设备有限公司	省级
63	苏州明远汽车零部件制造有限公司	省级
64	创意塑胶工业（苏州）有限公司	省级
65	苏州和林微纳科技有限公司	省级
66	苏州晶银新材料股份有限公司	省级
67	苏州长光华医生物医学工程有限公司	省级
68	苏州瑞玛精密工业股份有限公司	省级
69	苏州恒瑞迦俐生生物医药科技有限公司	省级
70	苏州国芯科技股份有限公司	省级
71	苏州市伏泰信息科技股份有限公司	省级
72	苏州市晶协高新电子材料有限公司	省级
73	苏州奥凯高分子材料股份有限公司	省级
74	苏州方林科技股份有限公司	省级
75	苏州长光华芯光电技术有限公司	省级
76	苏州市欧陆杰电器有限公司	省级
77	苏州光韵达光电科技有限公司	省级
78	苏州市灵通玻璃制品有限公司	省级
79	苏州汉瑞森光电科技股份有限公司	省级
80	苏州莱特复合材料有限公司	省级
81	苏州西典机电有限公司	省级

续表

序号	企业名称	级别
82	英普亿塑胶电子（苏州）有限公司	省级
83	中交一公局第二工程有限公司	省级
84	苏州柯利达装饰股份有限公司	省级
85	苏州昊帆生物股份有限公司	省级
86	苏州勤美达精密机械有限公司	省级
87	苏州爱普电器有限公司	省级
88	苏州中兴联精密工业有限公司	省级
89	苏州朗坤自动化设备股份有限公司	省级
90	苏州勤堡精密机械有限公司	省级
91	苏州正济药业有限公司	省级
92	苏州佳祺仕信息科技有限公司	省级
93	达昌电子科技（苏州）有限公司	省级
94	苏州卓兆点胶股份有限公司	省级
95	苏州德品医疗科技股份有限公司	省级
96	新希望双喜乳业（苏州）有限公司	省级
97	苏州斯尔特微电子有限公司	省级
98	苏州珂玛材料科技股份有限公司	省级
99	苏州双金实业有限公司	省级
100	菲斯达精密工业部件（苏州）有限公司	省级
101	纽威石油设备（苏州）有限公司	省级
102	普尔思（苏州）无线通讯产品有限公司	省级
103	苏州博洋化学股份有限公司	省级
104	苏州中晟精密制造有限公司	省级
105	德宏电子（苏州）有限公司	省级
106	苏州艾福电子通讯股份有限公司	省级
107	苏州新长光热能科技有限公司	省级
108	苏州大森塑胶工业有限公司	省级
109	辉创电子科技（苏州）有限公司	省级
110	苏州柯利达装饰股份有限公司	省级
111	鸿硕精密电工（苏州）有限公司	省级
112	中移（苏州）软件技术有限公司	省级
113	沈苏科技（苏州）股份有限公司	省级
114	苏州泰思特电子科技有限公司	市级
115	苏州国芯科技有限公司	市级
116	苏州三光科技股份有限公司	市级
117	建大电子（苏州）有限公司	市级
118	苏州市创捷工业控制技术有限公司	市级

续表

序号	企业名称	级别
119	苏州市华芯微电子有限公司	市级
120	苏州捷美电子有限公司	市级
121	苏州市新的电工有限公司	市级
122	苏州瀚瑞微电子有限公司	市级
123	名硕电脑（苏州）有限公司	市级
124	易程（苏州）新技术股份有限公司	市级
125	苏州纽迈分析仪器股份有限公司	市级
126	固纬电子（苏州）有限公司	市级
127	国巨电子（中国）有限公司	市级
128	苏州井利电子股份有限公司	市级
129	苏州市大富通信技术有限公司	市级
130	易程（苏州）电子科技股份有限公司	市级
131	苏州晶讯科技股份有限公司	市级
132	苏州信达光电科技有限公司	市级
133	方圆化纤有限公司	市级
134	苏州汉达工业自动化有限公司	市级
135	苏州新苏化工机械有限公司	市级
136	苏州楚天激光有限公司	市级
137	苏州农业药械有限公司	市级
138	苏州尚科洁净技术有限公司	市级
139	苏州中科时代电子技术开发股份有限公司	市级
140	苏州市普金电力成套设备有限公司	市级
141	苏州苏净环保工程有限公司	市级
142	苏州电加工机床研究所有限公司	市级
143	苏州航天紧固件有限公司	市级
144	天纳克汽车工业（苏州）有限公司	市级
145	苏州市宝玛数控设备有限公司	市级
146	苏州市创建空调设备有限公司	市级
147	江苏振翔车辆装备股份有限公司	市级
148	苏州通锦精密工业有限公司	市级
149	苏州特铭精密科技有限公司	市级
150	苏州赫瑞特电子专用设备科技有限公司	市级
151	苏州向隆塑胶有限公司	市级
152	苏州市龙源电力科技股份有限公司	市级
153	苏州中航中振汽车饰件有限公司	市级
154	苏州盛域机电设备有限公司	市级
155	苏州雅泛迪铝业有限公司	市级

续表

序号	企业名称	级别
156	苏州市盛百威包装设备有限公司	市级
157	苏州恒坤精密电子有限公司	市级
158	苏州银河激光科技股份有限公司	市级
159	苏州市第二市政工程有限公司	市级
160	苏州水博士建材科技有限公司	市级
161	苏州航天特谱风能技术有限公司	市级
162	艾普斯电源（苏州）有限公司	市级
163	苏州小羚羊电动车有限公司	市级
164	苏州电器工业集团	市级
165	苏州安泰变压器有限公司	市级
166	苏州高创特新能源发展有限公司	市级
167	江苏亚太伟业智能科技有限公司（软件业）	市级
168	苏州华芯微电子股份有限公司	市级
169	苏州神州数码捷通科技有限公司	市级
170	易程（苏州）智能系统有限公司	市级
171	苏州博远容天信息科技有限公司	市级
172	苏州超锐微电子有限公司	市级
173	苏州敬业医药化工有限公司	市级
174	苏州宝化炭黑有限公司	市级
175	苏州市泰力达科技有限公司	市级
176	苏州友隆橡塑精密制造有限公司	市级
177	江苏泰尔新材料股份有限公司	市级
178	苏州爱乐美实业有限公司	市级
179	苏州文迪光电科技有限公司	市级
180	苏州钻石金属粉有限公司	市级
181	贝原合金（苏州）有限公司	市级
182	苏州沃伦韦尔高新技术股份有限公司	市级
183	美合实业（苏州）有限公司	市级
184	苏州力康皮肤药业技术开发有限公司	市级
185	苏州凯迪泰医学科技有限公司	市级
186	苏州浙远自动化工程技术有限公司	市级
187	苏州新协力机器制造有限公司	市级
188	苏州远东砂轮有限公司	市级
189	苏州电加工机床研究所	市级
190	中国兵器工业集团第二一四研究所苏州研发中心	市级
191	苏州兆科电子股份有限公司技术中心	市级
192	爱环吴世（苏州）环保股份有限公司技术中心	市级

续表

序号	企业名称	级别
193	江苏奇力康皮肤药业有限公司技术中心	市级
194	苏州爱科博瑞电源技术有限责任公司技术中心	市级
195	苏州东方水处理有限责任公司技术中心	市级
196	苏州新豪轴承股份有限公司技术中心	市级
197	苏州贝尔特光伏电子科技有限公司技术中心	市级
198	苏州东昇机电科技有限公司技术中心	市级
199	苏州苏净船用机械有限公司技术中心	市级
200	苏州凡特真空溅镀科技有限公司技术中心	市级
201	苏州士林电机有限公司技术中心	市级
202	安捷资讯科技（苏州）有限公司技术中心	市级
203	苏州格兰斯柯光电科技有限公司技术中心	市级
204	苏州苏媛爱德克机械有限公司技术中心	市级
205	苏州必信空调有限公司技术中心	市级
206	苏州茂立光电科技有限公司技术中心	市级
207	苏州嘉沁新能源有限公司技术中心	市级
208	苏州井上中鼎办公机器制品有限公司技术中心	市级
209	英瑟泰科精密注塑（苏州）有限公司技术中心	市级
210	力神电池（苏州）有限公司技术中心	市级
211	利诚服装集团股份有限公司技术中心	市级
212	苏州安特化妆品股份有限公司技术中心	市级
213	速讯光学科技（苏州）有限公司技术中心	市级
214	苏州藤堂精密机械有限公司技术中心	市级
215	光荣电子工业（苏州）有限公司技术中心	市级
216	吉安汽车配件（苏州）有限公司技术中心	市级
217	苏州昶兴科技有限公司技术中心	市级
218	苏州绿叶日用品有限公司技术中心	市级
219	东江塑胶制品（苏州）有限公司技术中心	市级
220	苏州富欣智能交通控制有限公司技术中心	市级
221	苏州沈苏自动化技术开发有限公司技术中心	市级
222	精华电子（苏州）有限公司技术中心	市级
223	苏州新和机械有限公司技术中心	市级
224	允昌科技（苏州）有限公司技术中心	市级
225	苏州普滤得净化股份有限公司技术中心	市级
226	苏州恒星医用材料有限公司	市级
227	苏州阿特斯阳光能源科技有限公司	市级
228	中铁十局集团第五工程有限公司	市级
229	哈斯曼制冷科技（苏州）有限公司	市级

续表

序号	企业名称	级别
230	江苏唯律机器人科技有限公司	市级
231	苏州易维迅信息科技有限公司	市级
232	苏州运宏电子有限公司	市级
233	莱克电气绿能科技（苏州）有限公司	市级
234	苏州聚天合金属科技有限公司	市级
235	众达光通科技（苏州）有限公司	市级
236	苏州奥塞德精密科技有限公司	市级
237	苏州咖博士咖啡系统科技有限公司	市级
238	苏州新区环保服务中心有限公司	市级
239	苏州博海创业微系统有限公司	市级
240	苏州美昱高分子材料有限公司	市级
241	苏州中车轨道交通车辆有限公司	市级
242	苏州卓汇自动化设备有限公司	市级
243	科塞尔医疗科技（苏州）有限公司	市级
244	华晓精密工业（苏州）有限公司	市级
245	毅嘉电子（苏州）有限公司	市级
246	苏州康多机器人有限公司	市级
247	协鑫集团有限公司	市级
248	中移（苏州）软件技术有限公司	市级
249	江苏未至科技股份有限公司	市级
250	苏州中科天启遥感科技有限公司	市级
251	苏州瑞泰信息技术有限公司	市级
252	苏州中材非金属矿工业设计研究院有限公司	市级
253	苏州华启智能科技有限公司	市级
254	苏州金立鑫特材科技有限公司	市级
255	苏州贝克微电子股份有限公司	市级
256	苏州精控能源科技有限公司	市级
257	苏州晟成智能装备有限公司	市级
258	博坤机电（苏州）有限公司	市级
259	苏州滨特尔水处理有限公司	市级
260	苏州隆士丹自动化技术有限公司	市级
261	苏州博瑞达高分子材料有限公司	市级
262	太阳油墨（苏州）有限公司	市级
263	苏州百丰电子有限公司	市级
264	苏州范斯特机械科技有限公司	市级
265	苏州万店掌网络科技有限公司	市级
266	苏州盖雅信息技术有限公司	市级

主导产业

【新一代信息技术产业】 2022年，高新区重点聚焦集成电路、工业互联网、大数据、云计算、区块链等优势领域，制定出台《苏州高新区电子信息产业创新集群培育实施方案》，推动新一代信息技术与实体经济深度融合发展，推进新一代信息技术产业创新集群建设，加快形成经济高质量发展新动能，全年实现新一代信息技术产业产值1560亿余元。截至2022年年底，引进南京大学苏州校区、中国科学院地理所、浙大工研院等一批大院大所，打造苏州创业园、太湖光子科技园、苏州市集成电路创新中心等一批特色载体，集聚中移云能力中心、国芯科技、山石网科、科达科技等一批重点企业。

【高端装备制造产业】 2022年，高新区聚焦建设智能制造创新引领先行示范区，以制造业提质增效和转型升级为目的，广泛开展工业互联网应用示范，加快推进制造业智能化转型，形成高端阀泵装备、数控机床产业和电加工机床产业、精密轴承设备、汽车零部件、轨道交通装备、金属3D打印装备、工业机器人等特色细分产业，全年实现高端装备制造产业产值1440亿元。 （经济发展委员会　孙中友　李腾）

新兴产业

【概况】 2022年，高新区出台《苏州高新区产业创新集群发展三年行动计划》，全面推进光子、高端医疗器械、集成电路、软件和信息技术、绿色低碳五大重点特色产业创新集群建设。全年工业战略性新兴产业产值1849.38亿元，占比51.3%，比上年提高4.5个百分点。获批江苏省战略性新兴产业专项资金项目2个，数量列全市第一，累计获批项目11个。区内企业苏州晟成光伏设备有限公司“基于PECVD&PVD技术的

新一代信息技术产业园（宣传部　供图）

高效节能Topcon电池镀膜设备的研发”项目获批江苏省关键核心技术（装备）攻关产业化项目，累计获批项目5个。

【光子产业】 2022年，高新区以国家战略需求为导向，启动建设世界级光子创新中心——太湖光子中心。聚焦光芯片及关键材料、光器件及模组、光子终端设备等核心领域，全面赋能光通信、光传感、光医学和光显示等光子应用行业，打造光子技术原始创新先导区、光子赋能产业升级引领区、光子产业自主可控示范区，加快打造千亿级光子产业创新集群。制定出台《光子产业集群发展三年行动计划》、“高光20条”光子专项政策等支持政策，设立武汉协同创新中心，成立长三角G60激光产业联盟、苏州市光子产业联盟，组建区光子专班、光子产业发展有限公司，设立总规模100亿元太湖光子产业投资基金，创新推出“光子贷”“光子宝”“光通讯专项基金”。优化升级太湖光子科技园投入使用，推进苏州光电科技园、太湖科学城国际创新社区建设，规划建设光子产业创新硬核区，加快布局创新平台和引进重大产业项目，先进化合物半导体光电子研发和工艺平台启动建设，光电芯片封装测试共性工艺平台启动布局，推进微纳光学加工、硅光集成、MOEMS微光机电系统工艺平台布局。长光华芯牵头建设的高功率半导体激光创新联合体入选苏州市首批创新联合体，实现35W高功率半导体激光芯片大批量生产出货。截至2022年年底，高新区集聚光子领域相关企业200余家，产业规模680亿余元，初步形成产业发展先发优势。

【医疗器械产业】 2022年，高新区继续推动高端医疗器械产业创新集群建设。苏州市生物医药和高端医疗器械集群入选工信部国家先进制造业集群，高新区获批江苏省高端医疗器械技术创新中心、苏州市高端医疗器械产业创新联合体。引进国家药监局智

2022年10月18日，“擎旗聚力 蓄势高新”苏州高新区高端医疗器械产业创新集群党委成立暨江苏省高端医疗器械技术创新中心揭牌仪式举行（丁弸彪 摄）

能化医疗器械研究与评价重点实验室等重大平台、医药研发CRO徕博科等产业创新项目。启动15万平方米狮山生命健康产业园（产业园六期）建设，加快推进38万平方米医疗器械产业创新基地（产业园四期）建设，全年集聚医疗器械相关企业900余家，新增二/三类医疗器械产品注册证101张。

（经济发展委员会　钱润宇）

【集成电路产业】　2022年，高新区集成电路产业实现营收162亿元。截至2022年年底，全区集聚集成电路产业相关企业170家，其中，上市企业6家（长光华芯、国芯科技、固锝电子、天孚通信、和林微纳、普源精电），“独角兽”及潜在“独角兽”企业6家，“瞪羚”企业9家，专精特新企业25家，高新技术企业58家，新增市级及以上科技领军人才10人。编制出台《苏州高新区推进集成电路产业创新集群发展工作方案（2022—2024年）》，打造全国集成电路产业“芯高地”。成立苏州高新集成电路产业发展公司，新增理想汽车功率半导体研发及生产基地、赛晶特色工艺制造线、天蕊半导体等集成电路重大项目32个，投资总额172亿元。新增斯科半导体、旭曦半导体、中芯沃达半导体等高质量科技项目53个。新增南京大学国家集成电路产教融合创新平台苏州中心、集成电路可靠性验证公共服务平台、长三角G60科创走廊激光产业联盟、苏州半导体激光创新研究院等9个高层次专业平台，苏州市集成电路创新中心二期开工建设。产业创新资源方面，长光华芯牵头申报获批苏州市高功率半导体激光创新联合体，苏州国芯科技牵头申报获批苏州市自主可控智能汽车电子芯片创新联合体。专业载体及产业服务方面，区有集成电路创新中心、苏高新软件园、中国苏州创业园、浒墅关上市科创园等专业载体共计48万平方米；苏州市集成电路创新中心二期共计20万平方米，总投资21亿元。

（商务局　胡源远）

苏州市集成电路创新中心（经济发展委员会　供图）

【软件和信息技术产业】 2022年，高新区成立软件和信息技术产业创新集群党委，制定实施推进软件和信息技术产业创新集群发展三年行动计划和工作方案，全面推进软件和信息技术产业创新集群建设，全年软件和产业创新集群营收超300亿元，集聚重点企业约300家。工信部电子五所华东分所牵头建设江苏省板卡集成电路和元器件适配验证中心签约落户高新区，山石网科工业安全软件创新应用研究院入选苏州市首家软件创新应用研究院。新增国家鼓励重点软件企业1家，实现该领域零的突破，新增江苏省规划布局内重点软件企业3家，培育江苏省专精特新软件企业3家，2家企业获评2022年江苏省重点领域首版次软件产品。新增江苏省软件企业技术中心2家、苏州市软件企业技术中心2家。37家企业入选苏州市重点软件企业库，通过率列全市第一。

苏高新软件园（杨炎橙 摄）

【绿色低碳产业】 2022年，高新区制定实施推进绿色低碳产业创新集群发展三年行动计划和工作方案，出台《苏州高新区加快绿色低碳产业发展若干意见（试行）的通知》《苏州高新区加快建立健全绿色低碳循环发展经济体系实施意见的通知》《苏州高新区建立健全生态产品价值实现机制（苏州）试点实施方案的通知》等区级指导性文件。全区集聚绿色低碳产业企业81家，涵盖清洁能源、清洁生产、节能环保、生态环境及绿色服务等绿色低碳核心产业。全年绿色低碳产业集群营业收入515亿元，比上年增长35.88%。

（经济发展委员会 钱润宇）

建筑业

综 述

【概况】 2022年，高新区建筑业发展势头良好，规模持续扩大。全区建筑业完成产值428.85亿元，比上年增长15%。新开工房屋建筑工程项目393项，建筑面积702.53万平方米，造价279.47亿元；新开工市政工程项目22项，造价9.9亿元；竣工房屋建筑工程项目324项，建筑面积403.82万平方米，造价163.59亿元；竣工市政工程项目12项，造价8.83亿元；在建房屋建筑工程项目329项，建筑面积1404.33万平方米，造价549.93亿元；在建市政工程项目17项，造价8.89亿元。建筑产业现代化各项任务顺利推进，坚持以规划设计条件为引领，图审部门把关预制装配率，强化质量安全把控。完成新开工装配式建筑面积321.74万平方米，比上年增长46%。完成苏州生命健康小镇、枫桥工业园现场评估验收，确保示范创建工作高标准落地。年内，南京大学苏州校区等6个项目（基地）获评江苏省建筑产业现代化示范项目。

【“质量月”系列活动】 2022年，高新区组织开展示范项目观摩活动。开展苏地2021—WG—18号地块“泊印澜庭”项目住宅精装修施工质量观摩，苏地2021—WG—76号地块“御璟峯”项目装配式住宅工程质量观摩。深入实施住宅工程质量信息公示制度，对五个住宅项目（苏地2021—WG—46号地块项目、苏地2021—WG—35号地块项目、苏地2021—WG—76号地块项目、苏地2021—WG—18号地块项目、苏地2021—WG—78号地块项目）开展质量信息公示。

（住房和建设局 孙波）

建筑市场

【建筑市场信用评价体系建设】 2022年，高新区推进完善建筑市场信用体系建设。贯彻落实《市住房城乡建设局关于进一步做好苏州市建筑业企业信用综合评价工作的通知》及相关补充通知文件精神，根据《苏州市建筑业企业信用综合评价标准》，按规定节点完成相关企业信用信息录入、审核等工作。丰富评价维度，创新各类市场行为、建设活动赋分纳入信用管理举措，引导企业诚信经营，确保建筑市场健康有序运转。加强宣传，准确传达信用评价工作要点，引导区内企业巩固基础分、争取奖励分，助力全区建筑业高质量发展。年内，区内企业苏州中设建设集团有限公司获评苏州市信用综合评价三季度建筑工程类第一名次。

【建筑市场营商环境优化】 2022年，高新区持续优化建筑市场营商环境。贯彻保姆式审批服务，改变审批服务方式，实施线上线下双线受理、同步审批，提升群众办事效率。各审批部门推行AB角制度，保证来电有人接，来件有人办，事事有回音。引导企业落实好过渡期防控措施，保障企业正常经营发展，确保在建重大项目如期交付。践行行业主管责任，持续开展企业走访，了解企业生产经营状况，帮助企业解决问题。深化改革加速投资建设项目落地。巩固加强系统对接，优化对接系统间数据传输回流即时性、准确性、完整性，推动施工图审查等业务系统对接工作，加强系统数据共享，统筹工改领导小组成员单位落实各项工作。竣工验收备案系统完成对接测试后上线，全年通过数据回流成功进入工改平台竣备项目33个。优化流程为审批服务赋能，发布《关于全面实施工程建设项目分段许可分段施工的通知》，全面实施桩基先行，常态化推进分段许可分段施工制度，让政策红利惠及各类建设项目；印发《关于房屋建筑工程分阶段竣工验收的指导意见》，明确房屋建筑工程分段验收原则、前提条件、实施程序，减轻企业验收压力，助力投资建设项目早开工早交付早投产。

（住房和建设局　孙波）

建筑质量安全

【建筑施工领域安全生产监管】 2022年，高新区落实建筑施工领域安全生产监管。印发《建筑施工领域实现“零事故”目标行动实施方案》《工程“零事故”安全监管白皮书》。印发《关于加强全区房屋市政工程智慧工地建设的通知》，强化建筑工地安全标准化、信息化。针对性出台《进一步加强高新区建筑起重机械安全管理若干规定》《关于进一步规范我区建筑工地动火作业的通知》《关于进一步加强高新区建筑施工消防安全管理的通知》《苏州高新区关于房屋建筑工程推广采用承插型盘扣式钢管脚手架的通知》《苏州高新区建设工程施工安全终止监督手续办理规定》《高新区建筑工地围挡施工管理规定》等，强化安全施工监管、事故风险源头管控和安全长效治理工作。

【建设工程质量管理】 2022年，高新区引导企业强化工程质量创优意识，建立创优目标管理工作机制，加强对创优项目挖掘推动，发挥优质工程示范引领作用。以现代化信息技术为手段，创新智慧工地与绿色施工、示范观摩、质量创优及标准化工地相融合举措，推进“智慧+工地”建设。年内，获评江苏省“扬子杯”优质工程奖21项，苏州市“姑苏杯”优质工程奖67项，中国建筑工程装饰奖15项。

（住房和建设局　孙波）

建筑企业

【建筑企业发展】 2022年，高新区优质企业数量持续增加。主要有建筑企业399家，其中特级资质2家、一级59家、二级134家、三级185家、不分等级19家。新增特级1家（中交一公局第二工程有限公司）、一级17家。

【重点建筑企业】 2022年，高新区引进企业发力。前期推进中建国际建设有限公司、中铁十二局城市发展有限公司等优质企业各类业务有序开展，本地化发展进程加速。其中，中建国际建设有限公司全面参与到区级多个重点项目建设中，累计完成年度产值45.3亿元，被认定为2022年度苏州市总部企业。旗下江苏中建国际投资发展有限公司、中建国际城市建设有限公司、江苏筑世国际贸易有限公司（中建国际采购中心，技术中心）等子公司相继成立。中铁十二局城市发展有限公司完成市政公用工程总承包一级资质办理，同步接管集团苏州业务，完成年度产值19.4亿元。中建苏高设计咨询有限公司、中建苏高咨询（江苏）有限公司承接多项区内设计、监理咨询业务。引入的重点企业苏州市中港建筑有限公司、苏州百明建设有限公司逐步融入区建筑业市场。苏州中设建设集团有限公司完成产值17.85亿元，比上年增长47%，获评2022年度江苏省建筑业企业技术中心。

（住房和建设局　孙波）

智慧工地建设（住房和建设局　供图）

商贸业

综　述

【概况】　2022年，高新区全区实现社会消费品零售总额630.94亿元，增速0.3%，高于全市增速0.5个百分点，增速列大市范围第三。批发零售业和住宿餐饮业实现销售额（营业额）778.6亿元，比上年增长8.5%。其中批发业、零售业、餐饮业分别增长10.2%、6.2%、0.6%。

【消费市场复苏】　2022年5月以来，区内商贸企业复商复市情况良好，商场、综合体客流量、营业额基本恢复至疫情前水平。截至2022年年底，17家百货零售企业共计实现销售额39.7亿元，比上年增长15%。推动汽车等大宗消费，累计发放500万元购车补贴，形成数千万元购车消费让利。

【"首店经济"】　2022年，高新区依托相关商业体推进"首店经济"，先后引进各类首店品牌40余家。6月2日，全国首个迪卡侬体育公园旗舰店迪卡侬苏州浒关店开业，集消费、休闲、健身、运动、游乐为一体，提供体育文化、休闲消费等多方位生活服务，推动"国际范"高新购物生态群加速形成。8月9日，由苏州市人民政府主办，苏州市商务局、苏州高新区管委会承办2022苏州"首店经济"发展大会暨进口贸易促进大会在高新区狮山国际会议中心举行。

【"老字号"传承发展】　2022年，高新区"老字号"品牌效应持续提升，李良济、雷允上等品牌下相关企业最大实现增长60%、89%。截至2022年年底，李良济集团共有4家国药馆直营门店、15家商场专柜和药店专柜；雷允上药业集团有限公司有275个品种被医保纳入。营销服务网络覆盖全国23个省、4个直辖市、4个自治区。　（商务局　胡源远）

【现代服务业发展】　2022年，高新区制定发布《苏州高新区推动新兴服务业高质量发展2025行动计划》，构建具有高新区特色"3+4+X"新兴服务业产业体系和"1234"任务体系。实现服务业增加值907.31亿元，比上年增长3.3%，占地区生产总值比重51.4%。服务业投资完成482.65亿元，比上年增长4.8%，占全社会固定资产投资比重83.27%。其中，生产性服务业增加值542.72亿元，比上年增长4.2%；新兴服务业实现营收539.9亿元，比上年增长3.2%。年内，高新区获评江苏省第二批先进制造业和现代服务业深度融合试点区域，新增江苏省先进制造业和现代服务业深度融合（"两业融合"）龙头骨干企业试点2家，累计江苏省"两业融合"龙头骨干企业试点8家、江苏省"两业融合"产业集群试点1家、江苏省"两业融合"试点区域1家。新增江苏省服务业引导资金项目2个，累计江苏省服务业引导资金项目10个。入选江苏省服务业重点项目5个、苏州市服务业重点项目16个。新增江苏省首批现代服务业高质量发展领军企业4家，数量列全市第二。新增苏州市第三批生产性服务业领军企业

2022年8月9日，2022苏州“首店经济”发展大会暨进口贸易促进大会在高新区狮山国际会议中心举行（商务局　供图）

2家，累计苏州市生产性服务业领军企业11家，数量列全市第二。新增江苏省工业设计中心3家、苏州市工业设计中心13家，累计国家级工业设计中心1家、江苏省工业设计中心15家、苏州市工业设计中心48家。新增苏州市总部企业15家，累计苏州市总部企业38家，数量位居全市前列。　（经济发展委员会　蒋亚诚）

表27　　**高新区省级“两业融合”试点名单（截至2022年）**

序号	试点区域、行业、企业名称	项目名称	获评类型
1	苏州富强科技有限公司	面向离散制造业的智能工厂全生命周期个性化定制平台试点	龙头骨干企业试点
2	阿特斯阳光电力集团有限公司	阿特斯智能制造与运营管理整体解决方案试点	龙头骨干企业试点
3	苏州科达科技股份有限公司	科达音视频人工智能产品与服务深度融合项目	龙头骨干企业试点
4	莱克电气股份有限公司	莱克工业设计创新成果与小家电制造业的深度融合	龙头骨干企业试点
5	星恒电源股份有限公司	星恒5.0智能制造与运营管理	龙头骨干企业试点
6	苏州路之遥科技股份有限公司	微电脑控制器产品全生命周期管理	龙头骨干企业试点
7	中核苏阀科技实业股份有限公司	阀门智能制造与全生命周期管理运维	龙头骨干企业试点
8	苏州晟成光伏设备有限公司	光伏组件自动化产线先进制造业和现代服务业深度融合试点	龙头骨干企业试点
9	江苏医疗器械产业园	医疗器械产业集群试点	产业集群试点（行业）
10	苏州国家高新技术产业开发区	—	试点区域

表28　　**高新区省级服务业引导资金项目名单（截至2022年）**

序号	企业名称	项目名称
1	中科苏州地理信息产业园发展有限公司	中科苏州地理信息产业园建设项目

续表

序号	企业名称	项目名称
2	苏州纽迈分析仪器股份有限公司	核磁共振无损检测服务平台建设项目
3	苏州太湖金谷建设发展有限公司	苏州金融小镇一期建设项目
4	苏州医云健康管理有限公司	医云健康慢性病管理服务平台
5	苏州长菱测试技术有限公司	机电产品复杂环境试验公共服务平台
6	太湖云谷（苏州）大数据产业有限公司	新一代信息技术产业园
7	工业和信息化部电子第五研究所华东分所	苏州智能工业融合发展中心
8	苏州创业园科技发展有限公司	苏州市集成电路创新中心
9	苏州天准科技股份有限公司	年产1000台（套）基于机器视觉的智能检测系统及产线新建项目
10	苏州市伏泰信息科技股份有限公司	苏州市伏泰信息科技股份有限公司研发中心建设项目

表29　**高新区省级现代服务业高质量发展领军企业名单（截至2022年）**

序号	企业名称	序号	企业名称
1	山石网科通信技术股份有限公司	3	苏州创捷传媒展览股份有限公司
2	苏州华启智能科技有限公司	4	快住智能科技（苏州）有限公司

表30　**高新区市级生产性服务业领军企业名单（截至2022年）**

序号	企业名称	序号	企业名称
1	山石网科通信技术股份有限公司	7	苏州昊帆生物股份有限公司
2	恒隆通信技术有限公司	8	苏州智汇人才服务集团有限公司
3	苏州国芯科技股份有限公司	9	苏州清听声学科技有限公司
4	苏州英格玛服务外包股份有限公司	10	苏州市宏宇环境科技股份有限公司
5	苏州创捷传媒展览股份有限公司	11	苏州盖雅信息技术有限公司
6	苏州市伏泰信息科技股份有限公司		

表31　**高新区国家级、省级、市级工业设计中心名单（截至2022年）**

序号	企业名称	级别	序号	企业名称	级别
1	莱克电气股份有限公司	国家级	12	苏州世纪福智能装备股份有限公司	省级
2	苏州科达科技股份有限公司	省级	13	普源精电科技股份有限公司	省级
3	苏州爱普电器有限公司	省级	14	苏州医疗用品厂有限公司	省级
4	江苏固德威电源科技股份有限公司	省级	15	苏州德品医疗科技股份有限公司	省级
5	苏州睿梵工业设计有限公司	省级	16	苏州天准科技股份有限公司	省级
6	苏州纽威阀门股份有限公司	省级	17	博坤机电（苏州）有限公司	市级
7	苏州阿特斯阳光电力科技有限公司	省级	18	韦氏（苏州）医疗科技有限公司	市级
8	苏州三光科技股份有限公司	省级	19	苏州咖博士咖啡系统科技有限公司	市级
9	苏州长风航空电子有限公司	省级	20	苏州明远汽车零部件制造有限公司	市级
10	苏州晟成光伏设备有限公司	省级	21	苏州晟成智能装备有限公司	市级
11	歌拉瑞电梯股份有限公司	省级	22	苏州西顿家用自动化有限公司	市级

续表

序号	企业名称	级别	序号	企业名称	级别
23	虎丘影像（苏州）股份有限公司	市级	44	苏州中材非金属矿工业设计研究院有限公司	市级
24	菲斯达排放控制装置（苏州）有限公司	市级	45	苏州安泰变压器有限公司	市级
25	苏州华旃航天电器有限公司	市级	46	苏州兴业材料科技股份有限公司	市级
26	苏州恩欧西智能科技有限公司	市级	47	苏州天梭电梯有限公司	市级
27	苏州西门子电器有限公司	市级	48	苏州佳祺仕信息科技有限公司	市级
28	苏州速迈医学科技股份有限公司	市级	49	苏州特瑞特机器人有限公司	市级
29	福莱盈电子股份有限公司	市级	50	苏州英威腾电力电子有限公司	市级
30	苏州滨特尔水处理有限公司	市级	51	苏州海歌电器科技有限公司	市级
31	苏州馥昶空间技术有限公司	市级	52	苏州泰仑电子材料有限公司	市级
32	苏州甲午工业产品设计有限公司	市级	53	苏州旭光聚合物有限公司	市级
33	苏州宝馨科技实业股份有限公司	市级	54	纽威数控装备（苏州）股份有限公司	市级
34	苏州市世嘉科技股份有限公司	市级	55	苏州华启智能科技有限公司	市级
35	苏州双恩智能科技有限公司	市级	56	苏州数设科技有限公司	市级
36	卡乐电子（苏州）有限责任公司	市级	57	苏州英示测量科技有限公司	市级
37	苏州瑞玛精密工业股份有限公司	市级	58	爱士惟新能源技术（江苏）有限公司	市级
38	苏州特铭精密科技有限公司	市级	59	苏州朗坤自动化设备股份有限公司	市级
39	苏州百胜动力机器股份有限公司	市级	60	爱环吴世（苏州）环保股份有限公司	市级
40	苏州大乘环保新材有限公司	市级	61	苏州易行电子科技有限公司	市级
41	中核苏阀科技实业股份有限公司	市级	62	苏州梵洁电器科技有限公司	市级
42	克诺尔车辆设备（苏州）有限公司	市级	63	名硕电脑（苏州）有限公司	市级
43	苏州可米可酷食品有限公司	市级	64	蔓莎（苏州）工艺制品有限公司	市级

表32　**高新区市级总部企业名单（截至2022年）**

序号	企业名称	序号	企业名称
1	苏州肯德基有限公司	13	中交一公局第二工程有限公司
2	博思堂地产综合服务股份有限公司	14	国巨电子（中国）有限公司
3	苏州科达科技股份有限公司	15	苏州兴业材料科技股份有限公司
4	苏州胜利精密制造科技股份公司	16	苏州市伏泰信息科技股份有限公司
5	苏州柯利达装饰股份有限公司	17	苏州英格玛服务外包股份有限公司
6	阿特斯（中国）投资有限公司	18	苏州创捷传媒展览股份有限公司
7	苏州纽威阀门股份有限公司	19	苏州恒隆通信技术有限公司
8	东吴人寿保险股份有限公司	20	山石网科通信技术股份有限公司
9	苏州宝馨科技实业有限公司	21	苏州建鑫建设集团有限公司
10	莱克电气股份有限公司	22	苏州新城园林发展有限公司
11	苏州固锝电子股份有限公司	23	湛新树脂（中国）有限公司
12	苏州天孚光通信股份有限公司	24	苏州西门子电器有限公司

续表

序号	企业名称	序号	企业名称
25	固德威技术股份有限公司	32	苏州昊帆生物股份有限公司
26	NGK（苏州）环保陶瓷有限公司	33	苏州康诚仓储有限公司
27	苏新美好生活服务股份有限公司	34	苏州华启智能科技有限公司
28	松下神视电子（苏州）有限公司	35	江苏云学堂网络科技有限公司
29	雷允上药业集团有限公司	36	苏州资产管理有限公司
30	阿克苏诺贝尔防护涂料（苏州）有限公司	37	中建国际建设有限公司
31	苏州宝化炭黑有限公司	38	江苏迈得诺医疗集团有限公司

商贸流通

【概况】 2022年，高新区推进商品交易市场集聚化发展，以“集群化、融合化、特色化、一体化”为导向，引导商品交易市场由传统交易形式向信息化、智能化、展贸化升级，形成功能复合、高效集约、辐射广泛商品交易市场体系，打造一批“线上与线下互动融合，交易与综合服务一体”现代化交易市场集群。结合板块特征及近远期实施规划，发挥智慧农贸市场示范作用，加快与“一刻钟便民生活圈”融合。根据区商业网点布局规划相关方案，注重以人为本规划原则，凸显“高”“新”智慧城市理念，打造高质量、高水平、高品质农贸市场体系。

【批发零售业和住宿餐饮业】 2022年，高新区批发业延续平稳增长态势，限上批发业实现销售额610.89亿元，比上年增长10.2%。零售业延续恢复性增长态势，限上零售业实现销售额223.44亿元，比上年增长6.2%。住宿业跌幅有待收窄，限上住宿业实现营业额4.4亿元。餐饮业恢复态势平稳，限上餐饮业实现营业额39.9亿元，比上年增长0.6%。

【城乡消费市场】 2022年，高新区传统汽车市场出现回暖，实现销售额105.4亿元，海星奔驰销售额增长8%，宝华宝马销售额增长0.6%，汽工贸销售额增长10.1%。新能源汽车增幅明显，小鹏汽车销售额增长75.3%，比亚迪销售额增长337.5%，理想汽车销售额增长26.8%。整体而言，由于上半年销量下滑明显，虽下半年呈现回暖趋势，超七成汽车企业全年销售额不及同期。百货消费市场销售平稳，17家百货零售企业全年实现销售额39.7亿元，增长15%。商超（除开市客）受疫情影响，客流量和营收较往年略有下滑，销售额有所回落。互联网零售增长态势良好，17家互联网零售企业全年累计实现销售额30.9亿元，比上年增长18.3%。

【传统消费品和生活必需品】 2022年，高新区实现限上社会消费品零售总额262.2亿元，比上年增长2.6%。零售业实现零售额比上年增长5.6%，汽车零售、百货零售、互联网零售全年呈现恢复性增长态势。

【特色消费促进活动】 2022年，高新区举办“高新欢乐购”系列促消费活动约300场，参与活动企业1000余家。端午节期间，累计实现社会消费品零售额1亿元，增长7.2%；国庆节期间，全区10家重点商贸企业线上线下实现社会消费品零售额1.8亿元，增长10.1%，奔驰、宝马、比亚迪、理想汽车等汽车品牌订单量及销售额增速均为15%以上。（商务局　胡源远）

粮食和物资储备

【概况】 2022年，高新区加强应急保供载体建设，粮食应急保供载体管理经验做法受到江苏省粮食和物资储备局推广。“粮食安全应急保供”项目列入

2022年区政府民生实事项目，加强政府储备和社会储备粮食与应急保供体系无缝衔接，完善覆盖全区“四位一体”粮食应急保供载体体系。全年新增应急配送中心1家、应急供应点3家，累计拥有应急配送中心3家、应急供应点25家、应急发放点29家，形成日配送能力800吨/天、日粮油仓储规模1000吨、日应急供应大米485吨、食用油425吨、面粉84吨应急供应能力，物资保供能力进一步增强。以体系数字化、数字可视化为主线，优化提升应急保供载体体系，提高各类应急保供载体协同应急能力。疫情防控期间，发挥食行生鲜等龙头企业数字化管理优势，探索建立数字经济时代下新型粮食应急保供体系，为全国粮食应急保供“打通最后一公里”打造数字化样板，确保粮食紧缺状态下应急处置工作有序开展。

【粮食加工优质工程建设】 2022年，高新区加快建设高标准粮食产后服务中心。10月底，通安镇全程机械化综合农事服务中心投产使用，采用先进大米加工技术及装备（佐竹机械提供），具备自动化进出粮功能，配备5台20吨谷物干燥机（采用低温循环烘干，日处理100吨水稻），日生产50吨白米生产线（日处理80吨稻谷），干谷暂存仓容量150吨，干谷仓面积520平方米，满载储稻谷2000吨。

【救灾物资储备中心信息化改造】 2022年，高新区开展区救灾物资储备中心信息化改造工作，夯实物资保障基础，提升应急保障能力。通过引入智能搬运设备（AGV）和智能仓储系统，实现“货到人”模式自动搬运、快速分拣，实现少人化，智能化。定制化开发储备物资管理系统与自动化仓库系统，实现无缝对接、大屏数字化模拟操作展示及手机端操作展示功能，保障物资库在突发断网（互联网）、断电等极端环境下正常运转、快速调拨。全年投入资金78.05万元，新采购物资2011件。截至2022年年底，共有救灾物资9840件，分3大类30个品种，全区储备量比上年增加433件。疫情防控期间，高效做好物资调运，先后向通安镇华山花园、馨泰花苑馨泰社区、昆山市等地调拨帐篷、棉大衣等物资1578件，为做好疫情防控工作提供坚强物资保障。 （经济发展委员会　陆逸彬）

跨境电商

【概况】 2022年，高新区完成跨境电商出口额8.9亿元，比上年增长328%（其中，9610出口总量列全市第一，9810出口、B2C非报关出口总量分别列全市第二）。跨境电商B2C（9610）出口额连续三年列全市第一，全国首单用于跨境电商领域数字人民币普惠贷款获批，中欧班列发运货值列全省第一，成立全市首个一站式跨境电商服务平台，全省首个“海贸贷”金融产品惠企效应持续显现。

【“全球开店”战略实施】 2022年，高新区加强载体建设，推动数字赋能“全球开店”战略，“全球线上店”孵化中心市场拓展成效初显，搭建店铺覆盖14个语种，实现一键铺货至202个国家和地区，优捷德国海外仓成为阿里巴巴速卖通德国官方指定海外仓。以全市首个一站式跨境电商服务平台成立为契机，构建分级分类服务模式，打造高效运转服务平台，引导

2022年7月8日，苏州（高新区）跨境电商企业服务中心成立仪式暨助力外贸企业发展专项宣介会（跨境电商专场）举行（马钊　摄）

和帮助企业实现数字化转型。根据中心入驻服务商月报统计，截至2022年年底，高新区跨境电商企业服务中心累计服务跨境电商出口额29.6亿元。

（商务局　胡源远）

金融业

综　述

【概况】　2022年，高新区形成多层次资本市场“两基地两中心”服务格局。深入实施区上市企业倍增三年行动计划、上市企业培育“领峰计划”，打造上市企业后备库数字化平台，强化区上市公司协会服务，实施“启明星工程”，搭建多元主体支撑上市服务生态，获批科技部首批科技金融创新服务中心。截至2022年年底，全区累计集聚境内外上市公司28家，其中当年新增5家，当年新增上市公司数量创历史新高。

【数字人民币试点】　2022年，高新区数字人民币试点工作不断深化。出台《苏州虎丘区（高新区）数字人民币试点深入推进行动方案》，成立工作领导小组、工作专班，建立数字人民币核心指标数据统计制度，深化数字人民币场景使用与推广。全年区财政支出中以数字人民币形式支出金额全市排名第三，数字人民币对公钱包交易量占社会消费品零售总额比重全市排名第二；区内2家公立医院开通数字人民币支付渠道，机关、国资、事业单位实现数字人民币工资发放全覆盖。

（国资办　周怡）

银行业

【概况】　截至2022年年底，高新区累计有银行机构32家，其中内资银行30家、外资银行2家。全区银行本外币存款余额2945.24亿元，比上年增长18.78%，本外币贷款余额3265.78亿元，比上年增长13.09%。

表33　高新区内资银行名单（截至2022年）

序号	银行名称	序号	银行名称
1	中国工商银行股份有限公司苏州高新技术产业开发区支行	14	中国光大银行股份有限公司苏州高新技术产业开发区支行
2	中国农业银行股份有限公司苏州高新技术产业开发区支行	15	中国民生银行股份有限公司苏州高新技术产业开发区支行
3	中国银行股份有限公司苏州高新技术产业开发区支行	16	宁波银行股份有限公司苏州高新技术产业开发区支行
4	中国建设银行股份有限公司苏州高新技术产业开发区支行	17	宁波银行股份有限公司苏州虎丘支行
5	交通银行股份有限公司苏州高新技术产业开发区支行	18	兴业银行股份有限公司苏州高新技术产业开发区支行
6	江苏银行股份有限公司苏州新区支行	19	中国邮政储蓄银行股份有限公司苏州市新区支行
7	中信银行股份有限公司苏州高新技术开发区支行	20	上海银行股份有限公司苏州高新技术产业开发区支行
8	中信银行股份有限公司苏州高新技术开发区科技城支行	21	广发银行股份有限公司苏州高新技术产业开发区支行
9	上海浦东发展银行股份有限公司苏州高新技术产业开发区支行	22	江苏江阴农村商业银行股份有限公司苏州分行
10	招商银行股份有限公司苏州新区支行	23	江苏苏州农村商业银行股份有限公司高新支行
11	招商银行股份有限公司苏州城西支行	24	江西银行股份有限公司苏州高新技术产业开发区支行
12	苏州银行股份有限公司高新技术产业开发区支行	25	浙商银行股份有限公司苏州高新技术产业开发区支行
13	华夏银行股份有限公司苏州新区支行	26	浙江泰隆商业银行股份有限公司苏州高新支行

续表

序号	银行名称	序号	银行名称
27	渤海银行股份有限公司苏州新区支行	29	南京银行股份有限公司苏州新区支行
28	恒丰银行股份有限公司苏州高新区支行	30	平安银行股份有限公司苏州高新区支行

表34　　高新区外资银行名单（截至2022年）

序号	银行名称	序号	银行名称
1	三井住友银行（中国）有限公司苏州分行	2	合作金库商业银行股份有限公司苏州高新支行

【中国工商银行股份有限公司苏州高新技术产业开发区支行】　2022年，中国工商银行股份有限公司苏州高新技术产业开发区支行持续加大区域重点产业融资力度，依托“科技积分贷”融资场景精准支持优质科创企业。本外币全部存款387.14亿元，各项贷款431.04亿元，其中制造业贷款合计75.93亿元，普惠贷款39.5亿元。多领域、多形式、多渠道支持区域经济高质量发展。挂牌苏州工行首家“惠邻拥军网点”，与区残联联合开展“党建引领　爱残助残扶残”共建合作，开展“树山有梨　工行等您”系列活动，助力美丽乡村建设。年内，中国工商银行股份有限公司苏州高新技术产业开发区支行入围全国首批科技金融创新服务“十百千万”专项行动实施单位，获评苏州高新区2022年度支持地方发展优秀金融单位。

【中国农业银行股份有限公司苏州高新技术产业开发区支行】　2022年，中国农业银行股份有限公司苏州高新技术产业开发区支行持续加强对区域先进制造业、新兴产业及科技型中小产业服务力度，新增法人贷款80%以上投向相关行业。全行各项存款余额419.17亿元，比年初增加69.85亿元；各项贷款余额441.62亿元，比年初增加51.9亿元，先后支持中建国际全球总部基地、腾讯苏州产业基地、苏高新医疗产业园等一批重点项目，累计投放实体贷款超150亿元。完成高新区辖内22所中小学智慧校园建设，实现对区内多家政府及企事业单位数字人民币发薪工作。强化精神文明创建工作，定期组织开展青年志愿者上门服务、市民金融知识普及、残疾儿童及孤寡老人慰问等公益活动。年内，中国农业银行股份有限公司苏州高新技术产业开发区支行获评苏州高新区先进集体、支持地方发展优秀金融单位，下辖理想城支行获评江苏银行业文明规范服务适老网点。

【中国建设银行苏州高新技术产业开发区支行】　2022年，中国建设银行苏州高新技术产业开发区支行坚持服务为民，以高质量金融工作助力构建新发展格局。本外币一般性存款余额310.85亿元，本外币贷款余额422.04亿元。普惠贷款余额48.58亿元，比年初增加16.43亿元，普惠客户数3086户，新增793户，实现区域内首单“善新贷”“苏移云贷”“银联版商户云贷”。打造尊老公益服务专区暖阳服务驿站，设立“悦‘新’驿站”，构建新就业群体“一刻钟暖心服务圈”。着力拓展数字人民消费新场景，实现3笔全国首创数字人民币场景应用。成功发行银行间市场全国首批用途类科创票据。推进普惠金融业务，支持服务实体经济，开展疫情防控期间全流程线上续贷、延限等服务，实施多项减费让利政策，配置专项信贷额度，重点支持受疫情影响较大行业，助力小微企业复工复产。支持高新区产业创新集群建设，打造“金融+综合服务”、全周期金融产品、企业员工增值三大科创服务体系，累计入孵企业及团队30余家，入湾企业100余家。年内，中国建设银行苏州高新技术产业开发区支行获评2022年度支持地方发展优秀金融单位。

（国资办　顾冬洁）

保险业

【概况】 2022年，高新区累计有保险业金融机构84家，其中保险分支机构35家、保险公估机构4家、营销服务部机构21家、营业部机构2家、保险代理机构10家、保险销售机构7家、保险经纪机构5家。全年保险业保费收入230.73亿元，其中产险公司全年保费收入97.65亿元，寿险公司全年保费收入133.08亿元。

表35　　高新区保险业金融分支机构名单（截至2022年）

序号	分类	企业名称
1	总公司	东吴人寿保险股份有限公司
2	分公司	中国人民财产保险股份有限公司苏州市分公司
3	分公司	永诚财产保险股份有限公司苏州分公司
4	分公司	中国人寿保险股份有限公司苏州市分公司
5	分公司	招商局仁和人寿保险股份有限公司苏州分公司
6	分公司	安邦财产保险股份有限公司苏州分公司
7	中心支公司	阳光财产保险股份有限公司苏州中心支公司
8	中心支公司	大家财产保险有限责任公司苏州中心支公司
9	中心支公司	中国人民健康保险股份有限公司苏州中心支公司
10	中心支公司	大家人寿保险股份有限公司苏州中心支公司
11	中心支公司	信泰人寿保险股份有限公司苏州中心支公司
12	中心支公司	长城人寿保险股份有限公司苏州中心支公司
13	中心支公司	永安财产保险股份有限公司苏州中心支公司
14	新区支公司	中国太平洋财产保险股份有限公司苏州市高新技术开发区支公司
15	新区支公司	中国人民财产保险股份有限公司苏州市国家高新技术产业开发区支公司
16	新区支公司	中华联合财产保险股份有限公司高新区支公司
17	新区支公司	紫金财产保险股份有限公司新区支公司
18	新区支公司	太平财产保险有限公司苏州新区支公司
19	新区支公司	阳光财产保险股份有限公司苏州市高新技术开发区支公司
20	新区支公司	都邦财产保险股份有限公司苏州市新区支公司
21	新区支公司	天安财产保险股份有限公司苏州新区支公司
22	新区支公司	中国人寿财产保险股份有限公司苏州市高新区支公司
23	新区支公司	中国大地财产保险股份有限公司苏州高新区支公司
24	新区支公司	中国人民财产保险股份有限公司苏州市电子商务支公司
25	新区支公司	中国人民财产保险股份有限公司苏州市太湖国家旅游度假区支公司
26	新区支公司	中国人民财产保险股份有限公司苏州市虎丘支公司
27	新区支公司	中国人寿保险股份有限公司苏州市新区支公司
28	新区支公司	中国人寿保险股份有限公司苏州市城区支公司
29	新区支公司	东吴人寿保险股份有限公司苏州分公司新区支公司
30	新区支公司	中国太平洋人寿保险股份有限公司苏州市高新技术开发区支公司
31	新区支公司	农银人寿保险股份有限公司苏州市区支公司

续表

序号	分类	企业名称
32	新区支公司	百年人寿保险股份有限公司苏州新区支公司
33	新区支公司	太平人寿保险有限公司苏州分公司新区支公司
34	新区支公司	幸福人寿保险股份有限公司苏州新区支公司
35	科技支公司	中国人民财产保险股份有限公司苏州科技支公司

【东吴人寿保险股份有限公司】 2022年，东吴人寿保险股份有限公司高效统筹疫情防控与业务发展，扎实推进各项工作，连续四年实现盈利。全年实现原保险保费收入79.95亿元，比上年增长26%，市场排名上升5位，高出人身险行业整体增速22.8个百分点；总资产302.93亿元，较年初增长16%，增长势头稳定；营业收入98.14亿元，比上年增长25%。充分发挥保险功能，打造“险资入苏”模板，全年在苏州地区投资余额51.3亿元，比上年增长27.7%。为全市3000余名抗疫一线志愿者提供超15亿元保额全方位保障，实施防疫“助企纾困解难惠六条”，保障疫情防控期间客户各种保险服务需求。加强新市民金融服务，助力健康苏州建设，参与承办大病保险项目6个、长护项目5个，大病赔款到账通知率95%以上。推进数字人民币有效落地，实现理赔支付、保费收取、工资发放、报销逐笔支付功能，推动建设苏州数字金融产业创新集群。

【中国人民财产保险股份有限公司苏州市分公司】

2022年，中国人民财产保险股份有限公司苏州市分公司秉承人民保险，服务人民企业使命，为地方经济发展和百姓安居乐业提供可靠保险保障。有营业网点180个，覆盖苏州市全乡镇。实现保费收入84.68亿，上缴各类税金8.37亿元，为1000万余地方居民、5万余家企业和166万辆车辆提供风险保障总额14万亿元。年内，中国人民财产保险股份有限公司苏州市分公司获评江苏省文明单位、苏州市消费者满意单位、苏州市放心消费创建活动先进示范单位、苏州市慈善服务先进单位、高新区支持地方发展优秀金融单位。

【中国人寿保险股份有限公司苏州市分公司】 2022年，中国人寿保险股份有限公司苏州市分公司实现总保费88.73亿元，比上年增长1.71%，总保费市场份额14.16%。为全市387.77万人次提供超过3.92万亿元人身保障服务，累计为超过23.67万人次赔、给付保险金13.93亿元。截至2022年年底，公司长期险准备金532.57亿元，偿付能力持续增强，服务和谐社会能力持续提高。提升服务实体经济质效，推行多种经济实惠、简单易投保保险产品，满足各类客户保障需求。老年人保险惠及苏州60周岁以上近200万人；失独家庭保险开展7个大病保险项目，覆盖全市各类参保人群163万人，累计为20.89万人次提供补偿支付服务；4个长期护理保险项目覆盖人数119万人，累计惠及14.76万人，有效缓解失能人员家庭经济负担；基本医疗保险服务参保群众109万人。（国资办　顾冬洁）

房地产业

综　述

【概况】 2022年，全国房地产市场受到三条红线和疫情反复等因素影响，部分房地产企业遭遇市场持续遇冷、融资困难和债务提前到期等多重困境。高新区房地产市场整体平稳可控。（住房和建设局　孙波）

【用地保障】 2022年，高新区编制完成《2022年度苏州高新区（虎丘区）预支空间规模指标落地上图方案》，优先保障省市区重点项目、为民实事项目、产业项目、经营性项目等用地需求。全年共解决土地空间93.05公顷。有序组织土地征收工作，保障高新区经济社会稳定发展。编制完成2022—01号、2022—02号土地征收成片开发方案，划定8个片区，土地总面积406.76公顷。获得各类新增建设用地计划186.28公顷，开展年度建设用地需求调查摸底工作，合理安排各类用地计划。完成58个城镇村建设用地和单独选址项目建设用地报批，用地总面积271.64公顷，农用地转用面积165.4公顷。完成26宗地块精细化研究，其中商住地块5宗、住宅地块21宗，用地总面积125公顷。（资源规划分局　张轩）

房地产业市场

【概况】 2022年，商品房供应方面，高新区全年核发商品房预售许可证31份，共计各类房屋7363套，123.28万平方米。商品房库存方面，截至2022年年底，商品房可售面积216.82万平方米。商品房销售及均价方面，高新区房产合计销售13247套，比上年减少19.49%；总面积194.45万平方米，比上年减少2.26%；总金额430.49亿元，比上年减少17.14%；均价22139元/平方米，比上年减少15.22%。

（住房和建设局　孙波）

【商品房价格备案】 2022年，高新区做好商品房价格备案工作，坚持房住不炒定位，落实上级房地产市场调控政策，规范商品房价格备案工作，指导房地产开发企业申报新建商品住房价格备案，促进房地产市场持续平稳健康发展。1—8月份完成新建商品房价格备案21批次、可销售总面积84.43万平方米，备案总额262.54亿元、备案总数6090套。完成定销商品房、人才优购房价格备案4批次，商业价格备案4批次。（经济发展委员会　严鹏飞）

【房地产市场管理】 2022年，高新区商品房销售在连续三年高增长基础上，实现房产销售持续平稳；通过提前研判、联合约谈、压实责任等方式，对部分项目在销售过程中或交房时出现纠纷情况，均在第一时间进行妥善处理。（住房和建设局　孙波）

【不动产登记管理】 2022年，苏州市不动产登记中心虎丘分中心持续优化不动产登记便民利企服务，累计发放不动产权证书56249本，不动产权证明33416本。不动产抵押首次登记、注销登记全流程线上不见面审批，审核时限全效提速至半个工作日，累计登记21515笔，为保障企业资金链提供便利。开通专线对接全市法院执行系统，全面实现司法查询、查封、解封、续封等不动产业务不见面线上办理，累计办理业务2196笔。（资源规划分局　张轩）

表36　**高新区存量房交易情况（2022）**

月份	成交套数(套)	同比增长	环比增长	成交总面积(平方米)	套均成交价（元）	套均合同价（元）
1	655	-32.26%	20.85%	66272.95	17685.66	1789436.00
2	305	-58.50%	-53.44%	30544.21	15943.90	1596701.31
3	524	-49.76%	71.80%	54287.52	18665.02	1933736.36
4	556	-55.27%	6.11%	55561.99	20267.71	2025385.71
5	488	-52.94%	-12.23%	49923.72	17608.77	1801425.13
6	806	6.05%	65.16%	82721.10	16998.35	1744568.41
7	913	39.82%	13.28%	94615.20	18695.17	1937400.77
8	827	21.62%	-9.42%	83305.40	18812.27	1894998.56
9	681	9.31%	-17.65%	70728.78	20095.87	2087160.48

续表

月份	成交套数(套)	同比增长	环比增长	成交总面积(平方米)	套均成交价(元)	套均合同价(元)
10	542	6.27%	-20.41%	54758.67	19650.43	1985297.63
11	731	-1.48%	34.87%	75233.50	19241.20	1980277.24
12	656	21.03%	-10.26%	70954.77	17976.89	1944429.72
合计	7684	—	-19.41%	713674.31	—	—

旅游业

旅游资源

【概况】 2022年，高新区有白马涧龙池风景区、太湖国家湿地公园、中国刺绣艺术馆景区、大阳山国家森林公园、上方山国家森林公园、苏州乐园森林世界等6个国家4A级景区，树山生态村、镇湖生态旅游区2个全国农业旅游示范点，大阳山国家森林公园、上方山国家森林公园2个国家森林公园，太湖国家湿地公园1个国家湿地公园以及多个开放式城市公园。西部生态旅游度假区为省级旅游度假区，镇湖生态旅游区为全市首个国家级生态旅游示范区。树山村为全国乡村旅游重点村、省五星级乡村旅游示范区。全年高新区接待游客总量611.14万人次，实现旅游总收入120亿元。年内，苏州乐园森林世界景区获评国家4A级旅游景区。

【白马涧龙池风景区】 位于高新区枫桥街道西部，占地面积1.5平方千米，2005年7月18日开园。2022年，游客接待量25.9万人次。景区风景秀美，历史文化底蕴悠久，既是春秋战国时吴王养马、越王勾践卧薪尝胆之地，还是清朝康熙皇帝、乾隆皇帝下江南行宫所在，有饮马池、谢越岭等多处遗址，享有“江南九寨”之称。景区内人文景观众多，通往龙池小道为古御道，道两侧有清乾隆行宫遗址，明朝文学家赵宧光题刻千尺雪、寿星石等摩崖石刻，明末清初大书画家徐枋涧上草堂及洗心泉，云谷飞瀑、乾隆御碑真迹、寻马亭、天工石韵、十里木栈等。2002年，景区龙池内发现5.5亿年历史活化石桃花水母；2006年获评国家4A级旅游景区。

【太湖国家湿地公园】 位于高新区西部，西枕太湖，东接东渚，南联光福，毗邻镇湖，占地面积2.3平方千米，其中水域面积71%，2010年5月开园。2022年，游客接待量8.35万人次。公园划分湿地保育区、湿地游览体验区、湿地宣教展示区、湿地合理利用区及湿地管理服务区五大功能分区，建设苏州世博新馆、太湖大熊猫科普馆、湿地科普体验展示馆、科普

太湖国家湿地公园（杭兴微　摄）

宣教中心等一批富有生态保护与科普理念休闲项目，鸟类观测数量150余种，集生态环境、休闲观光、科普教育多种功能于一体。2012年获评国家4A级旅游景区。

【中国刺绣艺术馆景区】 位于高新区镇湖街道，占地面积0.64平方千米，由一纵一横两条主线构成，含绣品街、绣馆街（创意绣坊）、中国刺绣艺术馆等多个景点。2022年，游客接待量25.37万人次。1998年，绣品街建成，全长1700米，沿街两侧商铺400余家，集苏绣生产、销售和旅游等多功能于一体。设有绣史馆、名人馆、工艺馆、精品馆及特展厅，展陈刺绣文物及当代织绣典藏品，集刺绣技艺研发、学术交流、展示评比及文化传播等多功能为一体。2013年获评国家4A级旅游景区。

【大阳山国家森林公园】 位于古城西部，分大阳山和植物园两个景区。全年游客接待量88.78万人次。大阳山景区为森林公园东部景区，占地面积0.42平方千米，主峰箭阙峰海拔338.2米，有文殊寺等景点，集登高步游、运动休闲功能于一体。植物园景区位于大阳山国家森林公园南部，占地面积0.86平方千米，北部设科普观赏性植物区和专类园，注重植物科普性、群落性及人文特色，有百果园、菖蒲茶庄等景点；南部为休闲娱乐性植物分区，注重植物娱乐性、观赏性、科普性，有植被1800余种3万余棵，设以研究、收集和展示热带、沙漠植物资源为主两个展览温室及小动物专区，集植物多样性研究保护、科普教育、游客互动体验等多功能于一体。2016年10月获评国家4A级旅游景区。

【上方山国家森林公园】 占地面积5平方千米，公园自然山水资源丰富、人文历史悠久，集生态、游览、休闲、科普等多功能为一体。林木覆盖率95%以上，植物89科300余种，公园内有楞伽塔、乾隆御道、治平寺、石湖草堂、石佛寺、范成大祠、越公井等20余处景点，其中多处被列为省市级文物保护单位。2013年获评国家4A级旅游景区。

【苏州乐园森林世界】 位于大阳山国家森林公园东南侧，2020年5月20日开园。全年游客接待量53.52万人次。景区以森林为主题，展现北纬31°全球森林景观与人文内涵，园内包含森灵树广场、藤蔓森林、水雾森林、涂鸦森林、冻原森林和黑暗森林六大特色区域，共设29项巅峰游乐项目（含大型游乐设施15台，其中A类设备8台、B类设备4台、C类设备3台），冲上云霄过山车为德国进口项目、环园列车为英国进口项目。景区涵盖先锋游乐、潮流演艺、科普探索、森态山水、森活园艺、森境夜游、创意零售、主题餐饮、森林节庆等特色区域。2022年12月获评国家4A级旅游景区。

（文化体育和旅游局　曹涛）

【西部生态旅游度假区】 位于苏州最西部，总面积19平方千米。濒临太湖，三面环水，生态优良，风景秀美。2021年，开设全省首个新集文创旗舰店和裸心泊非遗体验中心；2022年，完成苏绣小镇亲子体验中心（吴昊僖工作室）、新文艺空间（张雪工作室）等载体建设，芳菲别院、桃李芬芳等一批特色酒店和精品民宿投入运营。2021年度江苏省旅游度假区发展评价中，得分634.85分，考核等级合格，综合得分比上年提高18.75分。

［西部生态旅游度假区（镇湖街道）　赵蒙超］

旅游业态

【乡村旅游】 2022年，高新区以推进农村一、二、三产业融合发展为路径，推动大阳山片区、太湖片区乡村旅游资源整合，打造以太湖沿线村庄为主线非遗文旅产品和以全国乡村旅游重点村树山村为核心城市山水度假旅游目的地，挖掘苏绣、核雕、[illegible]雕、摩崖石刻等特色文化资源，完善相关配套设施、丰富文旅业态，引进裸心泊、都喜天丽等高端度假酒店及芳菲别院、桃李芬芳等精品民宿；通过苏绣鉴赏之旅、贡山岛主计划、树山自然课堂等乡村旅游精品线路，结合乡村休闲农业、手工业，推动生态、文化、艺术、科技有机融合。全年树山村接待游客102万人次。

【工业旅游】 2022年，高新区有省工业旅游示范点2个，分别为有轨电车科技体验基地和李良济中医药健康旅游基地。串联工业旅游点与其他旅游景区线路，利用区内长光华芯、清华环境研究院、清听声学等企业特色，面向青少年发布7个研学游基地和7条研学线路，打造中小学生广泛参与、活动品质持续提升、文化氛围健康向上研学旅游发展体系。

【文化旅游】 2022年，高新区推出苏州乐园啤酒节、大阳山"星空幻影"主题灯光秀、太湖国家湿地公园"星光露营节"等一系列特色旅游产品和新型文旅消费活动，文旅市场逐渐回温。探索元宇宙文旅发展新模式，制作发布高新区元宇宙宣传片，发布高新区首批文旅数字资产，推出全省首个文体旅商官方数字推荐官"枫灵Lynn"，推介大运河文化旅游博览会、中国（深圳）国际文化产业博览交易会、树山梨花节等多个场景，获评江苏省文旅厅"文旅消费传播热事件"。

【体育旅游】 截至2022年年底，高新区建成启用三类以上体育公园7个（横山体育公园、龙山体育公园、真山体育公园、白豸山体育公园、高景山体育公园、新区公园和杵山公园），实现镇（街道）体育公园全覆盖。"夜享悦高新——树山女王跑夜跑比赛"获评2022年苏州市体育旅游精品赛事，"行走树山"旅游线路获评2022年苏州市体育旅游精品线路。

（文化体育和旅游局　曹涛）

旅游管理

【概况】 2022年，高新区共有旅游星级酒店3家、备案民宿19家、旅行社32家。苏州乐园森林世界创建4A级景区，白马涧龙池景区通过4A级复核，完成6家到期民宿复核工作，指导并协助树山村做好联合国世界旅游组织"最佳旅游乡村"评选工作，指导合方书房申报并入选文化和旅游部江苏培训基地现场教学点，评选2021年度旅游重点团队4个，打造优秀人才队伍助力提升高新区旅游产业品质。

【旅游品质提升训练营】 于2022年7月11日举行。15日结束。活动由苏州高新区（虎丘区）文化体育和旅游局主办、苏州市旅游教育培训中心承办，共60人参训。邀请业内专家、学者以及文旅企业负责人等，围绕经济转型升级与高质量发展、旅游标准化新思维、后疫情时代酒店经营思考、酒店精细化管理与经营、数字景区建设标准及发展趋势、文旅产品开发和内容策划等多方面开展集中授课辅导。

【旅游人才评审会】 于2022年9月5日举行。由苏州科技大学教授、苏州市文广旅局资源开发处、区委组织部人才办和区文化体育和旅游局旅游管理处4名评审组成专家组，对入选旅游人才（团队）进行现场评审。根据区委组织部2022年度人才评定计划数，最终评选出旅游重点团队4个，分别为苏州市博欣艺术品有限公司教育策划部、狮山文化广场筹备及运营团队、苏州香格里拉管理团队及苏州可米可酷食品有限公司智能文创部。　（文化体育和旅游局　曹涛）

旅游活动

【大阳山"星空幻影"主题灯光秀】 于2022年7月22日启幕。10月7日结束。灯光秀包括5个灯光主题和3部特色情景剧，吸引约33万人打卡游览。2016年，夜游大阳山活动首次举办，成为苏州知名夜间旅游品牌。该次活动各项人流和营收数据再创历史新高，为夜游大阳山品牌奠定坚实基础。

【苏州乐园啤酒节】 于2022年7月23日启幕。8月21日结束。啤酒节包括星光盛典花车巡游、夜光森林奇幻烟花秀、5类沉浸式体验主题酒馆、20余个巅峰夜嗨游乐项目、100余种啤酒节限定美食及500余场明星演艺活动。“冲上云霄”超级过山车首发，通过啤酒、森林、夜游、狂欢等激情元素为游客创造全新体验，打造高新区特色文旅品牌。

【树山梨花旅游文化节】 于2022年4月3日启幕。树山村采取线上“云赏花”模式，融入元宇宙新体验、沉

2022年7月，高新区举办大阳山“星空幻影”主题灯光秀活动（文化体育和旅游局　供图）

2022年7月23日，苏州乐园第24届超级啤酒狂欢节启幕（苏高新股份　供图）

浸式新场景、数字人新应用全新概念，通过数字化转型，为游客观赏千亩梨花海提供线上渠道，打造“永不落幕的梨花节”。（文化体育和旅游局　曹涛）

邮政业

【概况】　2022年，中国邮政集团有限公司苏州市新区分公司下设11个邮政支局（所）、8个营业投递部，共有从业人员354人，汽车34辆（燃油车26辆、新能源汽车8辆），三轮电动车137辆，投递道段159个。全年报刊投递量1093.5万份，杂志投递量35.6万份。新区邮政全年营业收入1.2亿元，邮政部门年计划完成率列全市靠前。

【邮政业普遍服务保障】　2022年，高新区邮政系统以支局（所）营业窗口和投递段道为基础，围绕高新区居民需求和社会经济发展，创新服务模式，扩大开放合作，拓展服务界面，提升服务能力。以原有普遍服务业务为基础，打造城乡邮政便民服务体系，建设一批社区邮政便民服务站、“邮乐购”加盟店、村邮站和邮政自提点，完善多项公共服务费代收代缴、邮件报刊代投、智能包裹柜自提、社区金融服务功能。截至2022年年底，共计为辖区居民提供公共服务9.83万笔，代缴金额1210.63万元。

【邮政服务创新】　2022年，高新区邮政系统坚持党报党刊每日达，信件、包裹不过夜，切入学校教材寄递需求，组建突击队全程参与教材打包、揽收、发运，配备专门客服实时跟踪服务。开发苏州卫生职业技术学院、经贸学院、高博软件学院等教材寄递业务，全年揽收教材类邮件2.2万件，校园业务量比上年增长33.3%。

（中国邮政集团有限公司苏州市新区分公司　周桦）

商务服务业

【司法鉴定】　2022年，区法院围绕审判执行重心开展司法鉴定工作，为业务部门审判执行工作顺利进行提供高效司法技术保障。全年共收各类委托鉴定案件426件（包含旧存7件），均在规定期限内完成鉴定。注重规范鉴定流程，定期督促监督机构在保证案件质量前提下尽快出具鉴定报告。注重严把机构选择，除双方已协商确定鉴定机构以外，均按照规范选择鉴定机构。注重强化法律释明，针对当事人对鉴定结论有异议情况，召开听证会或通知鉴定人出庭作证接受质询，解答当事人疑惑，减小重复鉴定或补充鉴定概率。（法院　王峥）

【会计服务】　2022年，高新区财政系统继续做好会计服务管理工作。开展会计考试报名信息线上采集，实现当天申报当天审核，累计完成会计人员信息采集审核1.2万人。持续加强代理记账机构服务监管工作，10月，与市场监管局合作开展“有照无证”代理记账机构联合检查；11月，对区内“告知承诺”制代理记账机构职业资格进行检查，对有300家以上客户代理记账机构开展执业质量检查，指导代理记账机构规范实施工作流程，加强代理记账政策宣传。

（财政局　张丽瑶）

【房产中介服务】　2022年，高新区已入网备案房产经纪机构447家，其中当年新增59家。房产中介行业从业人员3431人，有资格证书663人，占从业人员数的19.3%。全年开展房地产经纪机构专项检查262家次，规范企业经营和自查自纠机制。开具整改通知书8份，采取警告公示等监管措施52家、信用减分2家。（资源规划分局　张轩）

城市建设与管理

城市规划

【城市设计】 高新区规划定位为苏州西部新中心，苏州市产业科创主阵地。苏州科技城作为科技部、省、市共建大型研发创新基地，是科技创新重要载体、未来发展潜力区域。科技城核心区位于太湖大道两侧，是区行政中心和科技城CBD区域。年内，苏州科技城管理委员会、苏州市自然资源和规划局苏州高新区（虎丘）分局、苏州科技城发展集团有限公司委托中国城市规划学会组织策划《苏州科技城核心区TOD综合开发城市设计》国际方案征集活动，树立“站产城融合”国际典范，结合轨道交通TOD综合开发，升级打造TOD站城一体化，建设集成高效“城市服务核”。

【城市规划编制】 2022年，高新区加强国土空间规划管理，完善高新区“1+3+N”完整规划体系。将以人为本、尊重自然、传承历史、绿色低碳等理念融入规划全过程，探索开放与创新融合、创新与产业融合、产业与城市融合发展道路。其中，“1”是高标准做好国土空间规划编制。编制《苏州高新区（虎丘区）分区规划（2021—2035年）》，衔接苏州市国土空间规划编制进度及内容要求，深化细化“三区三线”划定、功能定位、结构布局、重要控制线、人口规模、市政交通、公共服务等方面。“3”是高质量推进三大功能片区规划编制。梳理各功能片区功能定位、完善用地布局方案、细化重点片区城市设计，有机结合规划愿景和规划务实，围绕打造国际一流创新高地总定位，实现最协同最高效科创主阵地、最国际最活力未来新中心、最生态最江南山水公园城发展目标。“N”是高起点开展“美好主题”系列专项规划编制。推进专项规划编制，着眼城市更新、大运河、“一刻钟生活圈”、综合交通等热点内容，构建美好高新区、美好街区、美好社区三大层次规划，提升民众对城市规划接受度和满意度。 （资源规划分局 张轩）

【规划展示馆】 2022年，高新区规划展示馆为政务交流、招商引资等提供参观接待活动，参观接待271批次，接待人数3468人，其中政务交流类接待75批次、招商引资类接待151批次、考察学习类接待31批次、重要活动类接待14批次。继续做好展示馆精英周来访嘉宾定点参观场所服务工作，实践馆为党建及入党积极分子学习定点场所。 （规划展示馆 黄庆）

城市更新

【棚户区改造】 2022年，高新区推进棚改安置房项目建设，续建项目总建筑面积15.8万平方米，安置房套数992套。

【老旧小区增梯】 2022年，高新区推进既有多层住宅增设电梯工作。7月，开展既有多层住宅基本情况摸底调查，摸清符合增设电梯小区单元楼存量情况。实现既有多层住宅增设电梯项目竣工并投入使用9台，其中狮山、横塘街道何山社区3台、馨泰社区1台、枫桥街道枫津社区2台、浒墅关经开区（镇）兴贤社区3

台。开工建设狮山、横塘街道何山社区3台。完成增梯补贴发放7台，包括狮山、横塘街道何山社区4台，狮山街道馨泰社区1台，枫桥街道枫津社区2台。

（住房和建设局　孙波）

【口袋公园】　2022年，高新区因地制宜推进街角、方寸间口袋公园建设，形成布局合理、特点鲜明的公园体系，实现市民推窗见绿、出门入园。建设完成新升园、馨泰园、狮绣园、索山桥园、玉屏路、明馨园、汾湖园等7个口袋公园，其中馨泰园、索山桥园、狮绣园获评2022年度苏州市园林杯最美口袋公园。推进“公园+停车”建设，结合城市更新、道路绿化改造等，利用现有林地改造，在园内设置非机动车停车场；结合轨道交通站点周边恢复，有机融合口袋公园和非机动

口袋公园索山桥园景观（莫懿杰　摄）

口袋公园馨泰园景观（莫懿杰　摄）

车停车场地，科学利用城市公共空间，规范地铁站点非机动车停放秩序，解决站点周边停车难问题。

（城管局　孔令劼）

市政建设

【城市道路】　2022年，高新区根据交通市政建设总体安排和部署，围绕全面完善功能，全力提升品位，全心打造精品建设思路，推进交通市政建设工作。中环西线北延、科正路东延、通浒路东延三期、横山路对接胥涛路项目建成通车，推动市域一体化发展，提升道路通勤需求，完善路网交通体系，加快与周边板块互联互通。何山路西延、长江路改造、湘江路改造、滨河路改造、紫兴纸业周边道路等8项工程获评2022年度苏州市“姑苏杯”优质工程奖。

【桥梁建设】　2022年，高新区新建马环连接线（中环西线北延）高架桥梁、科正路东延跨绕城高速桥梁、通浒路东延三期。新建马环连接线（中环西线北延）高架桥梁长度2.93千米，为双向六车道城市快速路，在绕城高速南侧、苏钢桥南侧、通浒路南北两侧共设上下匝道4对，在绕城高速通安互通增加1对与高架相连匝道。科正路东延跨绕城高速桥梁，主线采用双向六车道跨线桥形式跨越绕城高速公路及潇湘路。通浒路东延三期南路线全长1.81千米。全线新建南庄河桥、塔水河桥、永字河桥、吴公河桥、黄泥港河桥等5座桥梁。其中浒光运河桥为老桥拆除新建工程。按照《公路桥涵养护规范》，开展桥梁经常性检查、定期检测、特殊检查，建立一桥一卡“户籍式”档案，总结分析检测评定结果并制定养护方案，督促各农路办做好辖区内桥梁检测工作，确保全区桥梁安全运行。

【城市绿化】　2022年，高新区城市绿化工作以建设国际化、现代化、园林化城区，构造真山真水园中城和自然山水、科技人文生态新城为目标全面展开。基本形成“点”（公园绿地）、“线”（道路绿化、滨水绿地）、“面”（公共设施配套绿化、居住区绿化等）结合绿地系统框架。完成以竹园路沿线综合提升改造、马环线绿廊、通浒路东延三期为代表的重点绿化工程工作，新增、改建绿化面积约80万平方米，完善整体绿化布局。

（住房和建设局　孙波）

公共交通

【轨交】　2022年，高新区推动轨道交通6号线、8号线建设、征收、协调工作。配合苏州市轨道交通指挥部完成3号线房屋动迁补偿审计。结合轨交6号线建设，开展火车站站前广场改造工作，强化与轨交3号线车站衔接。与苏州市轨道交通指挥部签订8号线房屋动迁补偿协议。开展轨交3号线、5号线、8号线小业主地块永久征地补偿，办理土地划拨、费用结算及支付工作。

【公交】　2022年，高新区推进公交惠民工程，公交公司新辟线路8条，调整线路15条，途经常规公交线路133条，里程1348千米，线网密度2千米/平方千米，建成500米站点覆盖率99%，轨道站点公交换乘接驳率100%。公交自有线路87条（定制公交4条），线路总长度1315千米，形成周密公交线网。有公交场站35个，场站面积17.34万平方米，中途站1466个，其中候车亭1104个、电子站牌344个。累计新购新能源公交车辆50辆，新能源公交车辆总数523辆，实现中环内新能源车辆全覆盖，新能源占比100%。开展“听民声、解民意”“三进”专题系列活动，完成板块走访工作6家，对接学校10家、社区17家、产业园4家、老年公寓1家。新辟通学巴士5条，服务狮山、浒关、科技城等辖区内学校14家，日均接送学生1000人次。对接浒墅关上市产业园、南京大学苏州校区、有轨电车运营公司，增设定制公交匹配市民出行，挖掘客流增长点。国庆节期间增设大阳山专线、浒关购物专线，接驳轨道交通，助力提升区域营商环境。

（住房和建设局　孙波）

【公共自行车】　2022年，高新区根据公交系统补缺调整新建项目，加密住宅小区、企业周边公共交通网络。新增站点15处，更新站点10处，更新公共自行车2825辆，缓解市民出行难问题。完善公共自行车管理模式，加强公共自行车规范管理，优化路面停放秩序，及时修理、更换故障自行车。

（城管局　孔令劼）

【有轨电车】　2022年，高新区提升有轨电车服务水平，有轨电车安全行驶里程446.5万列千米，比上年增长5.4%；运送旅客507.94万人次。有轨电车工作日延长晚高峰运营2小时，增加周末及节假日晚高峰运营。有轨电车1号线全天运营时长18小时26分钟，最短发车间隔5分48秒；有轨电车2号线全天运营时长17小时41分钟，最短发车间隔5分44秒。年内未发生有责安全事故。全线平均旅速、运行图兑现率（99.91%）、正点率（99.46%）等各项指标保持行业领先水准，有效控制运营客流成本。线网改造升级，助力T5线一期建设，推进安全及形象综合提升。实现有轨电车"苏e行"App实时到站信息和数字货币支付功能，完成沿线共享电动车投放落地。推动设备保障工作，完成列车架修交付，优化轨道减振降噪。

（苏高新交发　吴超驰）

公用事业

【供水】　2022年，高新区供水总用户数30.73万，发展新用户12007户。全年出水量12081.57万吨，日均出水量33.1万吨，水质指标正常，合格率100%，售水量10786.45万吨，最高日出水量41.29万吨。升级报装流程，重新制定对外施工收费标准，实现固定单价收费模式。推进数字人民币试点工作，6月底上线数字人民币付水费方式。常态化监督一级保护区内蓝藻变化趋势，确保及时打捞。新增管网末梢水监测点7个，累计管网监测点42个、管网末梢监测点13个；新增消毒副产物指标等检测项目7项。累计迁移改造、新建市政管网22千米，供水管网总长度1817.9千米；抢修管网374次，及时抢修率100%。规范区域社会取用水行为，完成公共取水装置建设20台，完成4家主要市政绿化用水单位取水协议签订。

（苏州高新区自来水有限公司　史思）

【供电】　2022年，高新区用电量93.77亿千瓦·时，比上年增长2.1%，占全市用电量5.64%。城乡居民用电量10.89亿千瓦·时，比上年增长17.42%。最高用电负荷195.13万千瓦，比上年增长12.92%。第一产业90万千瓦·时，比上年增长5.88%；第二产业60.73亿千瓦·时，比上年下降3.88%；第三产业22.15亿千瓦·时，比上年增长14.24%。工业用电占全社会用电量比重64%，工业用电量60.03亿千瓦·时，比上年下降3.8%。用电量前4位制造业行业为：计算机、通信和其他电子设备制造业17.62亿千瓦·时，比上年下降12.36%；其他制造业12.39亿千瓦·时，比上年增长6.1%；电气机械和器材制造业3.95亿千瓦·时，比上年下降15.86%；金属制品业3.6亿千瓦·时，比上年下降8.08%。4个行业用电量总和占工业电量比重62.6%。有220千伏变电站7座，110千伏变电站19座，35千伏变电站3座（以上不含用户变电站）。35千伏及以上变电容量551.9万千伏安，线路长度622.78千米。电力客户37.49万户，总用电容量1114.41万千伏安。业扩报装申请户数2.34万户，申请容量79.45万千伏安，比上年增长3.1%；业扩报装完成户数2.25万户，完成容量67.39万千伏安，比上年增长10.76%。

（苏州供电公司　邵烨楠）

【供气】　2022年，高新区铺设市政燃气管网约8千米，天然气供应量2.03亿立方米，新增用气人口约6

万人。加强日常维保，全年抢修故障约290起，维修故障约1180起，完成居民类报修2.3万起，完成管道防腐层检测350千米，维护阀门井170处，维护桥管24根，处理违章占压管道问题96个，完成管网巡检约12万千米，处理立管测漏2.9万根，开展工地监护约4500次，完成对67个小区250千米PE低压管线探测，检验市政中压燃气管道406千米。推进老旧管网改造，完成老旧小区7个引入管改造3555根，共计10千米。完成重点项目居民楼地下室引入管高风险隐患整体改造。开展燃气安全检查和整治工作，完成居民安检15.6万户。开展安全培训、安全学习约2600人次，开展安全应急演练38次、安全检查约90次，开展进社区、校园、商业综合体等各类安全宣传活动116次。完成安全隐患整改约180起。加强用户端安全管理，推广安装自闭阀约2万户，工商用户报警器推广率100%。建设燃气报警安全管理平台，优化燃气报警业务模式，实现燃气报警器系统设计安装、调试验收到运行维护、处置派单、检修检定全覆盖。

（苏州华润燃气有限公司　丁健）

【城市照明】　2022年，高新区以修复照明设施、保障照明功能为重点，加强城市照明设施管理。投入路灯养护费用1362.42万元，景观亮化养护费用1166.9万元。开展城市照明设备日常养护，完成3.67万杆、6.57万盏路灯、51个景观亮化项目、857台照明控制箱、264台专用变压器日常养护维护，亮灯率超99%。完成12187盏路灯灯具LED改造，推进单灯控制平台升级完善，完成项目验收。累计完成路灯灯具LED改造24890盏，占全区总量50%。（城管局　孔令劼）

【污水处理】　2022年，高新区按照统一规划、统一建设、统一运行、统一管护和“厂、站、网”一体化运行管理要求，深入推进排水一体化建设。全区污水处理能力30万吨/日，全年处理水量9641.21万吨，污泥处置7.76万吨，管网养护3926千米。各水质净化厂提标改造稳步开展，全地下式净水厂狮山厂迁建项目实现投运，旧厂12月关闭；白荡水质净化厂二期扩建部分和浒东水质净化厂二期扩建部分8月建成并投入试运行，科技城水质净化厂改扩建项目开工建设。制定全区各板块管网修复项目整体修复方案，启动进场施工。（苏高新股份　华雪）

城市管理

【垃圾分类】　2022年，高新区强化日常监管，夯实垃圾分类长效化管理。实现居民小区源头计量监管及视频监控全覆盖，社区、行政村居民志愿服务队伍全覆盖。居民小区厨余垃圾分出率35%以上，生活垃圾资源化利用率80%以上，居民群众参与率、满意率95%。开展强化党建引领，创新基层治理工作，构建共建、共治、共享良好格局，助力基层治理体系和治理能力现代化。年内，苏州科技城医院获评国家垃圾分类示范工作重点单位。

【市容环卫】　2022年，高新区完成493条道路保洁任务，保洁面积1771万平方米，累计无害化处理生活垃圾32.74万吨。按照精细化作业、无缝隙管理要求，加强对主次干道、背街小巷、人行道板、公交站台、公共卫生间、垃圾集运中心重点区域保洁，地毯式清理卫生死角和杂物。新增新能源环卫车辆4辆，利用“机械+人工”保洁作业模式，增加道路洒水抑尘强度和保洁频次。成立应急保障队伍，备足防台防汛物资。开展易积水路段和雨水井排查，及时清理雨水边井，保持排水通畅。做好主次干道、桥梁路面、涵洞、高架桥上下通道部位扫雪除冰应急保障工作，创新机扫与人工撒盐溶解、铺设草垫相结合举措，预防冰冻打滑现象发生，保障市民群众出行安全。

【停车管理】　2022年，高新区通过改造零星、临时地块设置封闭停车场，增划路边临时车位，改造老旧

2022年8月，苏州科技城医院获评国家垃圾分类示范工作重点单位（莫懿杰　摄）

小区等方式，新增停车泊位2250个、公共停车泊位380个、共享停车泊位380个，缓解周边市民停车难问题。推进“口袋停车场”建设，引导周边居民养成在“口袋停车场”停放非机动车习惯，服务新业态新就业群体畅通出行，推进城市精细化管理，完善文明城市创建常态长效管理机制。

【渣土管控】　2022年，高新区核准出土项目58个，工程渣土处置量236万余方，核发渣土处置证3044张，涉及相关运输企业23家，工程施工单位提供《建筑垃圾处理方案》共计备案58份。开展各类建筑垃圾整治行动，累计出动执法人员11376人次，执法车辆5952车次，检查工地12720次，检查运输车辆4992车次，教育整改2041次，办理建筑垃圾领域行政处罚案件142起，罚款69.25万元。推进建筑垃圾资源化利用工作，合法合规处置建筑垃圾，全年建筑垃圾资源化利用34.12万吨。

【违建管控】　2022年，高新区按照控增量、减存量、管源头工作要求，推进违法建设治理三年行动。累计拆除各类违法建设2334处，拆除面积42.8万平方米。创新违法建设治理与文明典范城市创建、安全隐患消除、环境综合整治相结合举措，加大拆除违章建筑攻坚力度，提升新增管控能力，固化长效治理机制。

（城管局　孔令劼）

水利水务

【水利水务工程建设】　2022年，高新区骨干河道金墅港综合整治工程基本完成主体施工内容，整治河道长度5.3千米，新建护岸9.5千米，拆除并原址重建老桥3座。启动京杭大运河防洪排涝重点工程，包括马运河闸站、前桥港闸站工程建设，前桥港闸站基本完成全部施工内容。开展城乡河道生态治理工作，承担民生实事项目1项，清淤疏浚镇村级河道29条36.6千米，清淤43万立方，新（改）建河道护岸3条2.1千米。完成建设城乡圩区闸站设施7座。提升污水处理能力，狮山地下污水处理能力8万吨/日；白荡污水处理厂、浒东污水处理厂污水处理能力4万吨/日，开展提标改造工程；科技城水质净化厂改扩建项目一期工程进场施工。

【水利水务工程管理】 2022年，高新区堤闸管理所作为太湖堤防国家级管理单位，做好堤防管理巡查工作，堤闸巡护人员全天候开展太湖堤防和沿线15座闸站巡查保护工作。开展太湖饮用水源地巡查，做好每日巡查安全记录。做好引水畅流控制工程、浒光运河沿线口门、京杭大运河沿线口门重点水利工程监管巡查工作。优化水资源调度，建林河闸站和杨柯柜闸站累计运行4.1万台时，有效改善城区水环境。

【河长制工作】 2022年，高新区137名区、镇、村领导干部担任河（湖）长，制定《河道水治理三年攻坚行动方案》，推进河道系统治理。整治劣河道46条，省考断面水质优Ⅲ比例、重点水功能区和水源地水质达标率100%。累计建成幸福河湖24条，实现市级幸福河湖镇（街道）全覆盖，胜天湖获评“河颜悦色”2022年度苏州最美幸福河湖。

【防汛工作】 2022年，高新区部署防汛抗旱和台风防御工作，调度闸站抗旱保供水，落实隐患整改，做好人员备勤，加强值班值守，完成年度防汛抗旱任务。供储备袋类16.62万只、木材25立方米、铁丝2200千克、元钉120千克、土工布1.2万平方米。加大防汛投入，完成19座下穿立交隧道视频监控、电子水尺安装及警戒线绘制工作。台风“梅花”过境期间，强化应急值守，及时发布预警信息。累计应急撤离转移人员2171人，拆除户外广告牌8处，出动排险队伍43支1069人次。发现清理树木倒伏73棵，保证市民出行安全。

【供排水与节约用水管理】 2022年，高新区推动供排水一体化改革及节水管理工作。供水量12014万吨，售水量10786万吨，最高日出水量41.3万吨（7月14日）。5座净水厂处理水量9641万吨，临时设施处理水量479万吨，总计10120万吨，日均污水处理量27.7万吨/日。联合市自来水公司完成供水互联互通应急演练，累计互供水量约61万吨。下达非农自备水源取用水户用水计划12家、农业取用水户用水计划4家、河道内取用水户用水计划2家，覆盖率100%。新增办理延续取水许可证1份，累计发放取水许可证18份。自来水计划用水户1213家，计划用水量8351.68万立方米。全年创建省级节水型企业（单位）4家、学校7家、小区（社区）2家，创建市级节水型学校7家、宾馆1家，建成区级节水教育基地1座。

【水政执法】 2022年，高新区水政执法工作围绕高质量发展和水环境治理重点，严查河道排污、雨污混接、晴天出水、违规取水等用水违法行为，推进水事重点领域整治。下达责令整改水事违法行为通知书33份，累计开展水行政执法巡查56次，处理违章凿井5眼，清理网簖15处，立案查处河道排污、雨污混接水事案件24起，罚款31.23万元。（城乡发展局　曾有华）

乡村振兴

综　述

【概况】　2022年，高新区贯彻落实中央和省市关于实施乡村振兴战略决策部署，聚焦率先基本实现农业农村现代化三年行动目标任务，先后出台实施《苏州高新区"十四五"农业农村现代化发展规划》《关于"十四五"开展农村人居环境整治提升行动全面推进生态宜居美丽乡村建设实施方案》等系列文件，农业强基础更加牢固，农村美颜值更加靓丽，农民富模样更加丰富，城乡融合程度高内涵更加鲜明。

【农业农村现代化工作】　2022年，高新区聚焦打造农业强、农村美、农民富新时代鱼米之乡苏州样板目标任务，立足"离城市最近的乡村"区位优势，率先基本实现农业农村现代化取得积极成效。完成市政府下达高新区1.9万亩粮食生产任务，成立苏州市首家农业企业发展联盟，建成通安和浒墅关2个市级现代农业园。累计建成特色康居乡村58个、特色康居示范区6个，实现农村人居环境示范镇全覆盖。近三年村均可支配收入、农民人均可支配收入保持年均5%以上稳定增长，城乡居民收入比缩小至1.748∶1。协同均等推进城乡融合，实现优质教育、医疗和文化等资源城乡均衡覆盖。　（城乡发展局　曾有华）

产业振兴

【薄弱村巩固提升】　2022年，高新区顺利完成新一轮巩固提升双达标任务。镇湖街道秀岸村和太湖村被列为2021—2022年巩固提升对象相对薄弱村，苏州市下达高新区资金69万元，其中定向下达镇湖秀岸村、太湖村"苏扶保"资金共23万元。统筹资金46万元中，15万元用于镇湖上一轮薄弱村（新桥村、西村村）继续购买"苏扶保"，31万元用于两个村人居环境整治等公共服务开支。年内，两个薄弱村可支配收入均超400万元，人均可支配收入超1200元。

【农村产业振兴】　2022年，高新区农林牧渔总产值23150万元，比上年增长343万元，粮食总产量9375吨，比上年增长810吨，实现产值产量双增收。农业龙头企业固定资产总值32.03亿元，年营业收入21.92亿元，带动农户总数26.47万户。新增市级以上农业龙头企业1家，全区农业龙头企业规模和实力相比往年显著提升，辐射带动能力明显增强。

（城乡发展局　曾有华）

人才振兴

【农业生产经营人才培养】　2022年，高新区突出抓好家庭农场经营者、农民合作社带头人培育，重点培养高素质农民队伍。依托各类园区、基地鼓励支持返乡下乡人员创业创新，对获评市级及以上星级示范农民专业合作社、家庭农场、种植大户等农业经营主体，按相应等级给予一次性1—4万元奖励。截至2022年10月，全区共培育新型职业农民141人，市级以上农业龙头企业10家，累计发放贷款贴息奖补191.5万元。

（城乡发展局　曾有华）

【农村二、三产业发展人才培养】 2022年，高新区加快培育农村创业创新带头人，加强农村电商、乡村工匠人才培育，打造农民工劳务输出品牌。推动高技能人才培育载体建设，新建省级乡土人才大师工作室1家、乡土人才大师示范工作室1家，新增姑苏乡土人才（能工巧匠）5人。发挥国家级非遗刺绣产业优势，推进乡土人才技能提升工程，创新开展刺绣项目制培训，实现培训对象定向化、课程专属化、人数小班化，提升培训效果；组织"新农心话"电商直播新业态技能培训4期，加快释放都市乡村活力。年内，区内企业农村创业创新项目获评第六届江苏省农村创业创新项目创意大赛初创组一等奖1项、成长组三等奖1项，获评第五届苏州市农村创业创新项目创意大赛初创组二等奖1项、成长组二等奖1项，入选2022年苏州市农村创业创新项目"十佳典型案例"2项。（城乡发展局　曾有华　人社局　刘军）

【乡村治理人才培养】 2022年，高新区深化乡村振兴行动党支部建设，召开乡村振兴座谈会，共同研讨全区乡村振兴工作思路方法。招募大学生志愿服务乡村振兴计划志愿者8人，赴基层一线开展服务。建成省级乡土人才大师工作室7家、省级乡土人才示范大师工作室2家、省级乡土人才传承示范基地2家，全区累计获批姑苏乡土人才计划22人，引进清华大学、中国人民大学、浙江大学等双一流高校涉农人才25人。

（城乡发展局　曾有华）

文化振兴

【乡村文化载体建设】 2022年，高新区加快打造乡村文化基地、乡村健身公园等载体建设，着力提升农民人文素养和审美水平。年内，通安镇树山村获评全国农民体育健身活动基地，通安镇华山村真山公园、浒墅关镇九图村健身公园入选2022年度苏州市美丽乡村健身公园，浒墅关经开区（镇）足球基地入选2022年苏州市农民体育基地，九图村乡村文化基地、树山戈家坞乡村文化基地入选苏州市乡村文化基地。

（城乡发展局　曾有华）

浒墅关镇九图村（杨炎橙　摄）

通安镇树山村梨花（张健　摄）

通安镇华山村真山公园（张健　摄）

【乡村文化活动】　2022年，高新区举办各类乡村文化活动，激发优秀传统乡村文化活力，培育乡村发展新动能。推进数字文化赋能乡村振兴，举办“元境游梨　数聚树山”线上树山梨花文化旅游节，全市首个元宇宙数字景区项目“云游树山”在线发布，吸引约100万人次在线观看，打造“永不落幕的梨花节”文化品牌；举办“乡村振兴杯”第二届苏州市农民体育文化节开幕式暨高新区数“智”乡村推介活动，开展“新农心话”直播专场；开通非遗作品及文创产品数字化呈现、数字化交易平台。推进文旅融合赋能

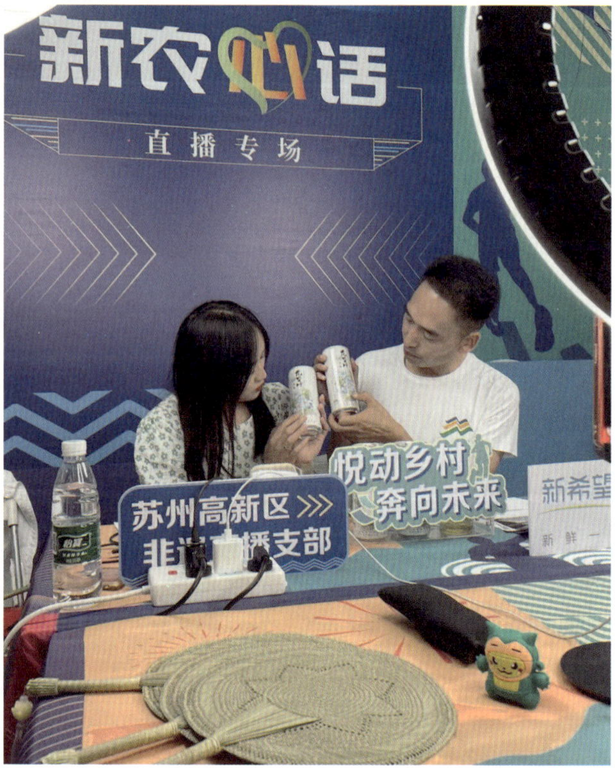

2022年8月25日，“新农心话”党员直播间，苏州浒墅关青灯村党总支书记介绍浒墅关特色农产品、文创产品（文化体育和旅游局 供图）

乡村振兴，举办“年在高新”年货直播节，开展高新区冬季文旅消费季暨“我在树山过大年”系列活动，激发乡村文旅产业发展活力。树山乡村微旅行猛将迎新之旅获评全国乡村旅游精品线路。推进手工艺赋能乡村振兴，依托大师工作室开展教学实训，合作共建产学研实训基地，壮大乡村手工艺人才队伍。7月，在苏州市卢福英刺绣培训学校举办首场苏绣项目制培训。9月，举办第三届“高新匠领”技能大赛，制定针对苏绣人才评定措施。开展姚绣课堂、本色美术馆刺绣课堂等公共课堂。推进音乐赋能乡村振兴，依托树山音乐会客厅开展驻地音乐家系列活动，树山音乐会客厅入选2022年全国最美乡村文化空间（创新案例类）。（文化体育和旅游局 曹涛）

【“乡村振兴杯”第二届苏州市农民体育文化节开幕式】 于2022年8月25日在浒墅关大码头蚕里街区举办。活动现场，高新区数“智”乡村推荐官“枫灵Lynn”进行美美乡村高新之旅路线推介，举办2022年高新区乡村美食大赛颁奖仪式，数“智”乡村共建签约仪式举行，首届最美乡村创意“微更新”大赛颁奖仪式举行，2022年度苏州市美丽乡村健身公园、农民体育基地授牌仪式举行。（城乡发展局 曾有华）

生态振兴

【乡村生态环境治理】 2022年，高新区深入开展“净美乡村”暨农村人居环境整治百日攻坚行动，创新农村环境整治与农房建设管理等相结合举措。修订《苏州高新区农村人居环境整治“星级示范户”积分管理办法（试行）》，探索建立“积分制”实物积分兑换工作机制。用好“红黑榜”考评机制和“清单制”乡村治理模式，发动群众共享乡村建设成果。

【生态宜居美丽乡村建设】 2022年，高新区巩固脱贫攻坚成果，打造生态宜居美丽乡村。新建镇湖街道“绣美太湖”市级特色康居示范区和濮舍等7个特色康居乡村，其中树山村、花野圩、东石帆等3个点位获评江苏省特色田园乡村，打造美丽庭院示范村2个，新建美丽庭院250户，选树美丽庭院示范户12户，镇湖街道马山村入选美丽家园省级示范点。

【绣美太湖特色康居示范区】 位于高新区西部太湖之滨，以苏州西部生态旅游度假区范围（镇湖街道）为主体，总面积20.19平方千米。示范区充分挖掘、整合利用山体、太湖岸线、运河岸线山体山水文化资源，以湿地公园、滨湖生态景观为基础推进科普旅游和生态休闲体验旅游，以刺绣产品及刺绣文化要素为载体推进文化体验旅游和修学旅游，以生态观光、文化体验、休闲养生为内涵培育主题文化旅游。通过对休闲民宿、主题度假酒店等配套设施开发，打造融传统节事演艺活动与现代生活方式于一体，生态、融合、文化与旅游和谐发展康居示范区。

（城乡发展局　曾有华）

组织振兴

【乡村振兴政策出台】　2022年，高新区强化“五级书记抓乡村振兴”领导责任，出台《完善调整区领导挂钩联系乡村振兴工作制度》，明确挂钩联系的区领导坚持常态调研规划保留行政村。加快实施乡村振兴战略，出台《关于做好2022年乡村振兴重点工作加快率先基本实现农业农村现代化的实施意见》《苏州高新区“十四五”农业农村现代化发展规划》《苏州高新区“十四五”开展农村人居环境整治提升行动全面推进生态宜居美丽乡村建设实施方案》。与南京大学苏州校区、苏州科技大学、苏州工艺美院签署数“智”乡村共建合作备忘录，助力数字乡村建设。

（城乡发展局　曾有华）

【乡村党组织建设】　2022年，高新区强化政治引领，把牢乡村振兴正确方向，聚焦党的二十大学习，举办全区乡村振兴培训班，全面提升村干部履职能力。扎实推进党建引领乡村振兴示范区建设，发挥全市首个乡村振兴党委示范引领作用，按照“五合十联”（“组织合”推动工作联商难题联解、“队伍合”促进人才联引人员联动、“阵地合”推进活动联办服务联供、“资源合”增进劣势联补优势联创、“项目合”助力产业联引成果联享）模式建设都市田园乡村，打造浒墅关西塘河党群服务中心、南京大学马克思主义学院乡村振兴实践教育基地和“树山新三宝”（梨花讲坛、南大课桌、创客小坞）品牌，驻村第一书记直播带货做法获《新华日报》报道。实施“美美乡村”富民强村计划，成立全市首个数字农业产业链党建联盟，推进村企联建，镇湖街道石帆村芳菲别院、秀岸村市干桥民宿项目完工并投入运营。

（组织部　刘婷）

镇湖街道石帆村芳菲别院（杨炎橙　摄）

生态环境

综　述

【概况】　2022年，高新区以源头治理、系统治理为工作导向，以减污降碳协同增效为主要抓手，以解决突出环境问题为重点突破口，深入打好污染防治攻坚战，推动经济发展，改善生态环境质量，守住“生态环境只能变好、不能变坏”底线，为“两区两前列”奠定坚实生态环境基础。组建第二轮中央生态环境保护督察协调联络组工作专班，做好第二轮中央生态环境保护督察期间配合保障工作。

（生态环境局　陈邵鹏）

【生态环境质量】　水环境　2022年，高新区金墅港、上山村水源地水质均达到地表水环境质量Ⅲ类标准，水源地达标率100%，连续15年实现“两个确保”目标（确保饮用水安全，确保不发生大面积湖泛）。省考断面水质优Ⅱ比例50%，优Ⅲ比例100%，断面水质达标率100%，太湖桥省考断面水质达到Ⅱ类。

空气环境　高新区PM2.5（直径小于等于2.5微米的颗粒物）浓度31.2微克/立方米，比上年上升2.3%。按照AQI指数计算，环境空气质量优良天数281天，优良率78.7%，比上年下降4.3%。科技城区域环境空气质量优良天数302天，优良率84.4%，比上年下降0.5%，PM2.5平均浓度28.4微克/立方米，比上年上升0.4%。取得有效监测数据168个（其中雨样38个），酸雨发生比率占总体降雨2.6%，比上年下降32.9%（其中1个酸雨样品pH<5.6）。

声环境　高新区按照《环境噪声监测技术规范城市声环境常规监测》（HJ640—2012）要求评价，昼间城市区域环境质量平均等效声级56.4分贝，比上年下降0.1分贝，处于城市区域环境噪声三级（一般）水平。道路交通声环境质量平均等效声级67分贝，比上年上升0.4分贝，评价等级均为一级。

（生态环境局　陆谊　吴敏）

资源保护

【概况】　2022年，高新区严守耕地保护红线，开展耕地和永久基本农田划定工作，制止耕地“非农化”、防止耕地“非粮化”。落实地矿管理和地质灾害防治，做好区域建设项目压覆矿查询审批工作，区压覆重要矿产资源区域评估入选江苏省区域评估改革第一批实践案例。加强森林资源管理，加强森林防火基础设施和队伍建设，建立覆盖全域三级林长制体系，保护森林资源安全。区林长制工作受到市级通报表彰并获激励奖金50万元。监管土地执法，开展卫片执法检查工作，做好违法用地综合整治三年行动收官，开展土地违法违规问题清零等专项行动。年内，高新区获评江苏省土地执法先进区。　（资源规划分局　张轩）

【水资源保护】　2022年，高新区全年用水总量2.04亿立方米，其中非常规水资源4624万立方米，单位地区生产总值用水量9.2立方米/万元，综合排名全市第一。稳步推进取水许可压减工作，年度压减量43.5万立方米。发放取水许可决定1份，发放取水许可证1份，累计发放取水许可证18份。完成取水工程规范化建设6处，完成上山和金墅港2个水源地标准化建设验收和长效管护工作自评估工作。开展地下水取水登记造册工作，累计登记取排水井8处、监测井5处。

（城乡发展局　曾有华）

【水源地保护】　2022年，高新区开展金墅港、上山村饮用水源地安全度夏工作，实现确保饮用水安全，确保不发生大面积湖泛目标。落实专人加强对水源地保护区、太湖大堤沿线等敏感水域巡查，蓝藻高发月度实行每小时报告制度，及时掌握上报蓝藻集聚和湖泛信息。做好饮用水源地水质监测，开展饮用水从水源到水龙头出水全过程监管。完善与市供水管网互联互通工程，保障安全供水应急调度，构建水源达标、深度处理、严密检测、预警应急供水安全保障体系，确保饮用水源达标率100%。（生态环境局　陆谊）

【土地资源保护】　2022年，高新区落实耕地保护责任，按照“三区三线”划定要求与规则，结合耕地现状及布局开展耕地和永久基本农田划定工作，划定永久基本农田1179.73公顷（另异地代保366.67公顷）。挖掘新增耕地潜力，完成耕地后备资源和耕地恢复潜力调查评价工作，推进“三优三保”及占补平衡补充耕地项目实施，经市级验收确认“三优三保”拆旧复垦项目新增农用地15.56公顷，新增耕地14.7公顷。

【地质环境保护和矿产资源管理】　2022年，高新区做好矿产资源管理和矿山企业服务工作，落实地质灾害防治和安全防范。完成地质灾害隐患排查，督促矿企规范采矿管理，推进绿色矿山建设。做好区域建设项目压覆矿查询审批工作，为28个征供地项目提供压覆重要矿产资源查询服务。

【森林及自然保护地保护】　2022年，高新区建立覆盖全域三级林长制体系，设立各级林长51人，出台

2022年6月9日，太湖生态水源恢复（宣传部　供图）

《全面推行林长制2022年工作计划》及林长制会议制度、巡林制度、督查制度、信息报送和公开制度等配套制度，召开区级林长会议2次，区级林长巡林9次。监督管理森林资源，完成建设项目使用林地报批10项，获批永久使用林地215亩，完成国家和省级自然保护地监测图斑核实工作。查处涉林行政违法案件4起，协助公安机关查处林业涉刑案件1起。完成林草湿调查监测、造林绿化空间适应性评估、公益林优化落界、公益林管护补偿、省级森林步道申报等工作。提升森林火灾综合防控能力，连续17年无较大以上森林火灾发生，区森林消防大队获全省第十三届林业系统森林防火技能竞赛冠军、全市第十届森林消防业务技能比武竞赛冠军。签订森林防火目标责任状，累计组织各类森林防火安全检查约300次，参加检查人员约1300人次，检查单位约600家次，清理林下可燃物约133公顷。完成庄里山森林防火通道及监控系统、通安镇森林防火监控中心新建及消防中队营房改造、森林消防蓄水池水位监测系统等项目。做好野生动物疫源疫病监测防控工作，对4个监测点进行日常动态监测，全年未有重大野生动物疫源疫病疫情发生。组织开展爱鸟护鸟和湿地保护科普宣传，救助白鹭、夜鹭、红隼、珠颈斑鸠等陆生保护野生动物（含鸟类）39只。推进湿地保护小区建设，完成大贡山南和大贡山北2个湿地保护小区建设，启动区湿地保护规划修编工作。　（资源规划分局　张轩）

【《山水资源保护利用行动方案》出台】　2022年，高新区出台《山水资源保护利用行动方案》，发挥依山滨湖、山水相融自然禀赋，以山水资源保护利用为着力点，融合打造具有国际竞争力山水自然景观和历史人文景观，将区域生态优势有机转化为经济优势、人文优势。行动方案重点围绕三山（狮子山、大阳山、庄里山）两河（京杭大运河、浒光运河）两湖（太湖、石湖）建设，逐步将56座山体、28千米太湖岸线、28千米运河岸线融入城市，构建“山城一体，山水一色”现代化城市新格局。　（文化体育和旅游局　曹涛）

污染防治

【概况】　2022年，高新区根据苏州市打好污染防治攻坚战目标责任要求和实际，排定四大类10项市级重点工程。完成投资额26113万元，年度任务完成率100%。完成浒东、白荡污水厂提标改造等水污染防治和太湖治理重点项目7个，华能燃机低氮改造和宝化炭黑油罐区VOCs治理设施改造等大气污染防治工程项目298个。完成新区污水处理厂迁建和综合改造等5个环境基础设施项目。

【大气污染防治】　2022年，高新区制定《苏州高新区2022年度大气污染防治工作计划》，完成298项重点项目，完成秋冬季重污染天气应对工作，完成重污染天气应急管控企业名单编制与修订工作。完成VOCs治理项目28项，推动44家省重点监管单位企业完成“一企一策”方案编制和专家评审，对168家企业开展“回头看”。完成国III及以下柴油车提前淘汰2301辆，淘汰率55.1%。建立餐饮油烟污染执法联动工作机制，累计现场检查餐饮饭店4691场次，发现问题210个，整改完成率达97.1%。加快烟花爆竹禁放区调整。　（生态环境局　虞心怡）

【水污染防治】　2022年，高新区有省考断面2个（金墅港河太湖桥断面、京杭运河轻化仓库断面），金墅港河太湖桥断面水质达Ⅱ类，京杭运河轻化仓库断面水质达Ⅲ类，均达到考核目标要求，优于Ⅲ类比例100%。完成太湖治理重点项目9个和水污染防治工作计划重点工程项目4个。加强污水源头治理，聚焦太湖流域总磷削减，开展涉磷企业专项整治。狠抓断面达标，推进主要支流支浜入河排污口“一口一策”整治，协助推进劣Ⅴ类河道高标准整治。

（生态环境局　陆谊）

【土地污染防治】 2022年，高新区根据土壤污染法相关要求，更新土壤环境重点监管企业名单，确定128家土壤重点监管企业，组织召开苏州高新区2022年土壤环境重点监管单位培训及工作布置会。配合完成地下水污染防治重点区划定工作。重点建设用地安全利用率100%。组织完成79份土壤污染状况调查报告专家评审，审查并备案土壤污染状况调查报告135份。加强高风险地块风险管控，落实14家在产高风险企业风险管控，推动11个高风险遗留地块土壤污染调查。（生态环境局　虞心怡）

【固体废物污染防治】 2022年，高新区有危险废物经营企业12家，处置利用、收集贮存能力为23.08万吨/年。年收集贮存危险废物18200吨。医疗废物收集、无害化处置率保持100%。成立苏州高新区“无废城市”建设专项工作组，委托清华苏州环境创新研究院编制《苏州高新区“十四五”时期“无废城市”建设实施方案》。开展危废专项整治工作，累计排查111家企业，发现问题隐患319个；完成危废经营许可证持证单位规范化评估工作，对12家危废经营单位开展全面评估，共发现问题37个；均整改完成。推进区内1396家企业纳入省危险废物全生命周期监控系统，危险废物产生量9.68万吨，危险废物处置利用和收集贮存能力基本满足需求。有废旧电器电子产品拆解企业2家。苏州同和资源综合利用有限公司接收废弃电器电子产品80679台，拆解80132台；苏州伟翔电子废弃物处理有限公司接收废弃电器电子产品401832台，拆解407795台。（生态环境局　吴海军）

节能减排

【工业节能】 2022年，高新区围绕省市关于碳达峰工作部署，构建绿色低碳发展体系，启动编制碳达峰碳中和实施意见及碳达峰实施方案，助推绿色低碳产业创新集群建设。推动国家绿色产业示范基地建设，编制《苏州高新技术产业开发区绿色产业示范基地建设进展情况报告》。推动可再生能源发展，出台《苏州高新区关于进一步推进光伏发电开发利用的实施方案》，备案分布式光伏项目84个，新增备案容量130.23兆瓦，新并网装机32.07兆瓦；全年发电量1.13亿千瓦·时，比上年增长64.32%。白荡污水处理厂二期扩建及提标改造工程项目获批投资项目资金3720万元。开展能耗“双控”工作，完善重点用能企业能耗月度预报制度。全年规上工业综合能源消费量138.99万吨标准煤，比上年下降7.21%；产值能耗0.04吨标准煤/万元，比上年下降10.52%。加强电力供应保障，制定电力需求侧保供方案，保障电力迎峰度夏工作顺利进行。（经济发展委员会　夏莹）

【公共机构节能】 2022年，高新区完成新版节能管理平台管理树创建工作。启用新版江苏省公共机构节能管理平台，对新增公共机构进行资质审核，推进节能信息系统平台注册工作。开展公共机构能源资源消费数据系统填报工作，完成252家统计工作，对各公共机构具体能耗指标、能耗同期比率等数据进行分析、比对、审核，确保数据准确。召开高新区2021年度能耗统计工作任务布置会，开展《江苏省公共机构节能管理平台使用手册》《能耗填报指南》等业务培训。参加全省公共机构水、气消费数据对接工作推进会线上会议及2022年度江苏省公共机构节能管理业务培训班等培训活动。开展节能宣传工作，打造节能宣传主题有轨列车。举办科技大厦二期环保主题灯光秀，利用灯光影像宣传节能理念。在青山大桥电子屏投放节能宣传图片，机关电子屏滚动播放节能宣传主题标语、宣传画等，提高全社会节能意识。

（党政办公室　罗苍松）

【绿色建筑建设】 2022年，高新区新增绿色建筑面积296.25万平方米，新建民用建筑中绿色建筑比例保持100%。获得绿色建筑设计标识项目8个，均为

节能宣传主题有轨电车（党政办公室　供图）

二星级以上绿色建筑。完成高品质绿色建筑实践项目1个。开展既有建筑节能改造项目4个，改造面积10.7万平方米。（住房和建设局　孙波）

【节约集约用地】　2022年，高新区以服务高质量发展为宗旨，提高节约集约用地水平，发挥规划导向作用，严控新增建设用地规模，实施差别化供地，提高土地供应门槛，推进高标准厂房建设。推进区域产业转型升级，做好生产性服务产业项目用地保障工作。围绕供给侧改革，推进工业用地更新调查、低效用地再开发及工业用地弹性出让工作。开展“退二进三”“城中村”改造、老镇改造及企业用地回购工作。共收回国有土地22宗，腾退存量土地54.46公顷。加强批而未供消化及供而未用土地处置力度，提高区域内存量土地利用率，推动城市更新和产业用地更新，加快工业用地提质增效。开展土地集约利用模范县（区）创建和国家级开发区建设用地集约利用评价工作，高新区在全国131个产城融合型开发区国家级开发区土地集约利用监测中，综合得分排名第一。

（资源规划分局　张轩）

【污染物减排】　2022年，高新区颗粒物减排95.31吨，氮氧化物减排4.21吨，二氧化硫减排10.07吨，挥发性有机物减排77.58吨，化学需氧量减排100.42吨，氨氮减排35.63吨，总氮减排87.13吨，总磷减排3.9吨，完成市级下达主要污染物减排任务。

（生态环境局　陈天立）

环境监督管理

【环境监测】　2022年，高新区按照重点突出、全面兼顾和点面结合原则，以水源地2个、省控断面2个、省级水域功能区非考核断面2个、市控断面2个、河长制河湖243条为重点，以区内水域功能区7条和重点河道4条为核心，以京杭运河干支流支浜34条等重点关注领域为补充，建立生态环境监测网。

强化环境质量监测 每季度开展声功能区手工监测1次。依托自动监控系统和降雨监测空气质量。蓝藻预警期间，以自动监控为基础，根据蓝藻生长情况适时加密监测，每周开展蓝藻巡测，每半月开展太湖湖体藻类群落演替监测，每月开展蓝藻水华防控专项监测。定期开展国省控断面周边人为干扰行为巡查工作。累计取得各类手工监测有效数据1万余个，编制河长制报告18期，地表水环境质量月报2期，支流支浜报告36期，蓝藻预警报告245期，地表水专项监测报告2期，环境空气报告12期，为环境管理提供重要技术支撑。

开展监督（执法）监测 涉及重点排污单位152家，重点监控单位52家（自动监控比对单位30家），涉重金属行业企业28家，已核发排污许可证企业数抽取30家，碳排放监测1家，危险废物经营企业11家，自建焚烧处置设施企业1家和电子废物拆解企业2家。取得监督（执法）数据17370个、监督监测报告273份。完成土壤污染重点监管单位及设施周边土壤和地下水监测，为环境质量提升、打击超标排放和污染防治提供依据。

加强疫情防控余氯监测 每日调度5家城镇污水处理厂余氯自行监测数据，对城镇污水处理厂总排口余氯开展监督监测，对2个集中式饮用水源地和京杭运河晋源桥断面开展余氯专项监测，协调和指导隔离点余氯自行监测事宜。取得监督监测数据616个，自行监测数据3708个，编制上报余氯自行监测调度报告265份。（生态环境局 吴敏）

【环保审批】 2022年，高新区完成审批建设项目环评审批207个，其中报告书项目14个，报告表项目193个。完成登记表备案591个，完成建设项目网上预审266个。环评审批时间由法定时间50%压缩到法定时间30%。落实重点项目“保姆式”服务，确保重点产业项目完成环评审批，保障省市重点项目开工前环评审批。完成对项目环评、排污许可证注销企业现场勘查200余次。完成2次对环境影响评价信用平台中注册地在高新区范围内环评编制单位和人员检查，督促环评单位加强能力建设，提高环评编制专业性。组织参加26次重点项目引进专家评审会。完成17个拟上市企业环保服务，20家民宿环保审查，8个控规调整环保审核，28个经营性用地和工业用地招拍挂环保审查，9个项目临时改变建筑使用功能意见回复。做好招商项目服务工作，按片区配备重点项目环评审批服务人员，为招商部门及企业提供项目咨询服务，实现早介入、早宣贯、早计划。落实营商环境考核任务，做好优化政务服务和工改相关工作。

（生态环境局 陈天立）

【环境监管执法】 2022年，高新区累计完成企业检查3933厂次，出动执法人员9833人次，开展专项行动28次，下达行政处罚决定书136件，罚款1032.08万元。运用配套办法办理案件6件，其中移送公安行政拘留案件5件，涉嫌污染环境罪移送案件1件。开展执法业务培训活动24次，出台《苏州高新区生态环境执法人员行为规范》《苏州高新区生态环境行政执法闭环程序规定》。开展一站式环境管理帮扶活动，助力企业绿色发展，在挥发性有机化合物废气专项整治、臭氧污染防治、汽修行业整治领域面对面帮扶企业1255家，解决环境问题824个。开展拟上市企业环境管理全面检查，选取51家拟上市企业名单确定为第一轮帮扶对象，通过实地调研形式提供环保政策和技术支持服务。利用信息化手段延伸和拓展生态环境执法范围，配合污染源监控预警设备第四方监理试点服务，建立“线上+线下”执法监管联动体系。通过非现场数据分析发现排污单位环境问题线索41条，利用用电量监控系统预警功能，立案查处2家涉嫌“不正常运行治污设施”环境违法行为单位。推进污染防治设施安全排查，聘请第三方安全机构排查污染防治设施安全隐患企业40家，完成重点环保设施企业安全风险评估6类523家。开展浒墅关经济技术开发区企业突发环境事件应急演练、浒光运河高新段突发水污染事件应急演练，统筹环境应急物资，建立突发环境事件应急救援队伍，全年未发生较大及以上突发环境事件。

【环境信访工作】 2022年，高新区受理各类环境信访3017件，信访处理率100%。对重点重复信访和信访积案实行领导挂钩包案，因案施策指导帮扶企业抓好信访投诉难题化解工作，带案下访34次。加强督察整改，中央第二环保督察组交办21件信访件，年内办结19件，阶段性办结2件。第二轮省环保督察组交办环境问题信访件12件，年内全部办结并加强长效管理。防范化解重信重访风险，对重信重访、可能引发集体访或群体性事件信访案和各类风险隐患实行动态排查，掌握可能影响稳定重点人群、重点案件和重点环节，逐人逐件建立台账管理、逐项化解、动态清零。畅通信访渠道，实行有奖举报，完成环境违法有奖举报1例，对被举报单位违反《中华人民共和国固体废物污染防治法》环境违法行为立案处罚，对举报人发放奖金3000元。（生态环境局　钱晓霞）

【环境宣传教育】 2022年，高新区编制《新生态》内刊4期，印发8000册。发布生态文明微电影《寻找》，央视网“生态文明实践行”成果展播专栏播出专题片《苏州高新区：双轮驱动　生态文明指引下的更“高”更“新”》，通过探访树山村、金墅港水源保护地、狮山污水厂，展现以绿生金、生态富民，创新集聚推动区域高质量发展。开展“非凡十年　美丽高新”生态环境案例评选及征文活动，征集优秀生态环境案例11个，征集稿件30余篇，微信推文8条阅读量1万人次，参与生态环境案例评选投票4129人。微信公众号“苏州高新区污防攻坚”累计发稿351条次，利用高新环宣小程序进行科普宣传，强化环境宣教效果。组织环保志愿者队伍，倡导爱心环保公益企业与区域各生态园建立生态环境共建守护协议，开展“保护母亲湖”第八届鱼苗放养活动，号召企业参与保护母亲湖鱼苗认捐放养活动。建立通讯员报送机制，强化信息互通，定岗定责定期开展通讯员例会。组织通讯员赴苏州广电总台参观交流活动，提高通讯员信息撰写报送能力。开展《环境噪声污染防治法》《排污许可管理条例》及企业危险废物危险特性鉴别培训会，引导企业自觉履行环境保护法定义务。

（生态环境局　陆金花）

科学技术

综　述

【概况】　2022年，高新区科技工作深入贯彻落实上级各项决策部署，聚焦重点、难点和薄弱点，在创新主体培育、创新平台建设、创新生态营造等多个领域取得新突破、实现新成效。“实施创新驱动发展战略、推进自主创新和发展高新技术产业”“科技企业孵化器运行”2项工作获省政府督查激励。开发落实科研助理岗位1852人，完成率309%，列全省第一并获科技部、火炬中心通报表扬；高新区入选科技部首批国家高新区科技金融创新服务中心和“十百千万”专项行动首批实施单位，苏州高新区清洁低碳医疗器械科技成果转化基地获评江苏省碳达峰碳中和科技成果转化基地。（科技创新局　刘菲）

【科技政策】　2022年，高新区强化科技政策支撑，构建起涵盖企业发展全周期科技创新政策体系。全区企业研发费用加计扣除政策落实企业2588家，比上年增长39.97%；加计扣除额95.39亿元，比上年增长67.63%。减免企业所得税23.85亿元，221家高企减免企业所得税9.31亿元，研发费用加计扣除政策落实企业数、加计扣除额均列全市第三，为671家次企业兑现市区两级高企奖补资金8657万元，有效激发企业发展活力。（科技创新局　陈延俊）

【苏南创新区建设】　2022年，高新区落实国家和省关于科技创新相关重大工作部署，深入实施创新驱动发展战略，围绕重大科技项目、创新平台建设、高层次人才引进、创新型企业发展、创新型产业集群培育等方面开展工作。全年支持重大科技项目3项、重大科技平台5项、开展跨区域合作活动4项，创新型企业数量超500家，带动社会投入与高新区奖补资金比例12.21%。年内，获得苏南奖补资金3170万元，资金额为历年最高。（科技创新局　朱亚芳）

科技创新集群

【光子产业创新集群】　2022年，高新区围绕光子产业创新集群发展，推动太湖光子中心建设，依托南京大学苏州校区、苏州大学、苏州科技大学、中国科学院苏州生物医学工程技术研究所、浙江大学苏州工业技术研究院等本地高校和区内院所母体资源，谋划合作共建光子协同创新平台。加快推进光子四大产业创新研究院建设，半导体激光创新研究院先期启动。加大全市资源统筹，依托亨通、旭创、长光华芯等龙头企业，加快组建省市创新联合体，串联光子产业和院所资源，强化关键核心技术攻关。年内，“全脑在体单神经元解析成像实验装置”省重大科研设施预研立项获批，苏州半导体激光创新研究院与中国科学院苏州纳米所“氮化镓激光器联合实验室”揭牌成立，拥有光子领域高企132家、“瞪羚”企业42家、“独角兽”培育企业11家，新增光子领域各级各类领军人才76项、市级以上工程技术研究中心13家。（科技创新局　朱亚芳）

【高端医疗器械产业创新集群】　2022年，高新区围

建设中的南京大学苏州校区教学楼（宣传部　供图）

长光华芯企业外景（杨炎橙　摄）

绕高端医疗器械产业创新集群发展，成立区推进高端医疗器械产业创新集群协调小组和工作专班，召开全区高端医疗器械产业创新集群推进会，制定产业创新集群三年行动方案，明确年度18项重点发展指标、30项重点任务以及43项具体工作，推进医疗器械和生物医药产业蓬勃发展。年内，新增行业重大项目39个、高质量科技项目65个，新增市级以上行业领军人才20人、省级工程技术研究中心3家、二/三类医疗器械产品注册证94张，引进国家药监局智能化医疗器械研究与评价重点实验室，江苏省高端医疗器械技术创新中心揭牌，高新区高端医疗产业创新集群党委成立。

（科技创新局　钮斌）

科技创新平台

【概况】　2022年，高新区加快建设创新平台，推进全国重点实验室建设、南京大学综合平台建设、省市创新平台建设，创新成果成效进一步凸显。

【全国重点实验室】 2022年，南京大学布局在高新区的全国重点实验室获批科技部立项，实现区国家重大科技基础设施“零的突破”；苏州医工所生物医学仪器装备全国重点实验室、长光华芯高亮度高功率半导体激光全国重点实验室等争创工作有序推进。

【南京大学创新平台】 2022年，高新区完成狮山量子计算与量子探测前沿实验室、先进传感与成像技术研究院、碳达峰与碳中和综合研究平台签约落地并启动建设。狮山量子实验室申报2023年省重大科研设施预研筹建项目，建设“全量子计算网络平台”超级计算科研设施平台，先进传感与成像技术研究院围绕VPS航天相机、OPU光电存算一体芯片和SPAD成像芯片等领域开展研发，碳达峰与碳中和综合研究平台产业化项目光调控中心开工建设。

（科技创新局 朱亚芳）

【院所平台】 2022年，高新区院所平台引进高质量孵化企业约100家，获批各级科技领军人才70余人次。苏州半导体激光创新研究院母公司苏州长光华芯光电技术股份有限公司科创板上市，成为A股第一家半导体激光芯片上市公司，以27.93亿元募资总额列苏州市制造业企业IPO融资额首位，其引进企业苏州金橙子母公司北京金橙子成功登陆科创板上市。苏州市产业技术研究院电子功能材料技术研究所“声光电转换芯片用透明铁电单晶材料工程化研究”项目、东南大学苏州医疗器械研究院“人体器官芯片的构建与精准介观测量”项目获评科技部首届全颠覆性技术创新大赛总决赛优胜奖。 （科技创新局 邓卉）

科技创新企业

【概况】 2022年，高新区坚持引培并举，推动科技招商量质齐升，引进斯科半导体、创维新能源、厨芯科技等一批重大科技项目，国家药监局智能化医疗器械研究与评价重点实验室、中芯聚源创新中心、市产研院首个创新基地等一批院所平台。年内，全区引进创新型企业1210家、高质量科技项目370个。

【科技创新企业培育】 2022年，高新区新增科创板上市企业3家，国家高企认定580家，累计拥有高企近1400家；获批省苏南“独角兽”企业2家、潜在“独角兽”企业20家、省“瞪羚”企业60家，均列全省第二。完成科技型中小企业评价入库3377家，比上年增长41.8%，列全市第二。省民营科技企业资质确认1244家，列全市第一。入库省科技企业上市培育计划10家，列全市第一。承办颠覆性技术大赛领域赛，围绕颠覆性技术创新实施创新驱动发展战略，努力突破一批“卡脖子”关键共性技术，提升产业技术创新水平。全年共申报27个全国颠覆性技术创新大赛项目，比上年增长58%。年内，2个项目获评首届全国颠覆性技术创新大赛总决赛优胜奖，其中1项获科技部立项（全国共5个）；获批省级科技计划项目共计23项，获省级资金支持4780万元；市科技创新项目78项，获市级资金支持约2400万元。 （科技创新局 陈延俊）

【苏州高新区企业服务中心】 2022年，高新区完善企业服务综合平台建设，江苏省生产力促进中心苏州高新区科技创新型企业集成服务中心、海归创新创业长三角（江苏）服务中心、海归人才服务中心、苏州科技金融服务高新区分中心挂牌运行。推动数字化赋能企业服务，提档升级企业服务云平台，以总入口形式汇集各类涉企服务内容，实现“政策计算器”功能，涉企政策精准匹配、智能推送。开展2022年国家高新技术企业申报工作，申报企业927家，比上年增长11.42%。其中580家企业获批，通过率62.6%，比上年（39.78%）有大幅提升；申报2022年江苏省民营科技企业1244家，比上年增长15.2%；申报2022年省级工业企业技术中心22家，获批20家，比上年增长186%。推动省级“苏科贷”、市级“科贷通”、区级“融医贷”“数字贷”“科技成果转化贷”政策性贷款工作，帮助区内166家科技企业获得贷款总额超7.39亿元，科技保险保额超500亿元。实施科技创新型企业领航工程计划，推出“狮子山学堂”“太湖路演中心”“领航游学”“独角兽领航营”活动。开展企业普惠培训116场次，参与人员3.3万人次。整合第三方企业服务机构，成立优化营商服务联合会，形成“政府+市场”合力，促进服务链与创新链、产业链有效融入。成立高新区“独角兽”联盟，借助行业力量，打造高成长性企业成长加速平台。打通企业诉求服务全流程，制定《高新区企业诉求响应平台工作方案》，走访企业超300家，为企业提供全流程咨询协调服务。

（行政审批局　张永）

科技创新人才

【概况】　2022年，高新区拓展引才渠道，提升科技创新人才工作水平。召开苏州高新区科技创新和人才工作会议，明确科技创新人才工作发展目标及重点任务。截至2022年年底，累计集聚各级科技领军人才（团队）2524人次，其中国家级人才57人次、省“双创”人才（团队）128人次、姑苏领军人才（团队）407人次、区科技领军人才（团队）1932人次。年内，高新区获评苏州市人才科技工作先进地区，太湖科学城入选全市高品质人才社区示范点，龙山人才会客厅入选苏州人才会客厅示范点。

【科技创新人才引育】　2022年，高新区举办第十四届苏州国际精英创业周分会场暨第二届科技创新周，集中开展太湖科学城论坛、海归人才创新季等18场活动，落户项目200个。高标准推进各项赛事，中国海归创业大赛江苏基地落户，举办“智汇苏高新”创新创业大赛、清华校友三创大赛集成电路与物联网赛道全球总决赛、全国颠覆性技术创新大赛领域赛等活动23场次。举办苏州市“校园苏州日”南京大学专场、哈尔滨工业大学专场活动，共建清华大学集成电路学院研究生社会实践苏州高新区信息技术基地，西安交通大学创新创业学院苏州分院揭牌。举办“苏州高新杯”西安交通大学创业大赛，南京大学苏州校区引进高层次人才53名。探索构建博士后五维培育

2022年1月18日，苏州高新区大院大所联盟会议暨“智汇苏高新——才聚院所　筑梦高新”创新创业大赛颁奖仪式举行（杨炎橙　摄）

体系，设立首批区博士后预备站10家，新招收博士后41人，入选首批江苏省卓越博士后9人。举办第三届“高新匠领”职业技能大赛，参赛选手3237人。开展产业创新集群直播引才季、“智汇苏高新”校园引才活动共8个系列119场次，提供就业实习岗位4.5万个。年内，获批国家级人才3项，列全市第二；省“双创”人才入围面试15项，省“双创”团队入围面试3项；新增市级以上科技领军人才80项，列全市第二；姑苏领军人才立项77项，列全市第二。其中，姑苏领军人才47项、姑苏重大团队1项；姑苏青年创业专项29项，列全市第一；第二批姑苏领军人才医疗器械重点专项实地考察17项；区领军人才已立项156项，另有163项已完成公示；立项区魅力科技人物5人；获批苏州市外籍院士工作站1家，列全市第二。

【科技创新人才服务】 2022年，高新区创新科技创新人才服务体制机制。科招公司及医疗器械、数字经济、绿色低碳、光子等几大产业领域公司先后挂牌成立，多方合力招引高端人才项目。做好招引项目落地后人才企业发展跟踪，明确企业现状和发展需求。完成外国人来华工作许可决定权下放申请，设立外国人来华工作许可、居留证件单一窗口，缩短外国人来华工作全流程审批时限，为外籍人士工作、居留提供更多便利。围绕光子、医疗器械等产业创新集群，布局

2022年1月20日，苏州高新区外国人来华工作许可、居留证件单一窗口启用（杨炎橙　摄）

建设一批特色高品质人才社区，推动形成“1+2+X”（1个人才发展标杆社区、2个产才城融合社区、一批宜居宜业特色社区）建设布局。加强人才乐居保障，优化“苏新乐居”平台。提档升级菁英公寓、青年创新社区等多家人才公寓。新增4家青年人才驿站，入住青年人才1357人次。开展“人才服务提升年”行动，实施“政策直送、人才直通、项目直达、服务直享”4大类40项活动。设立总规模20亿元科创天使基金，为人才项目提供“首贷”“人才通”产品，贷款额度提高至200万元。集中表彰“引才突出贡献单位”“大院大所先进个人”“魅力科技人物”等单位和个人，选树一批行业优秀人才典型。（组织部　刘婷
科技创新局　刘芳）

科技创新生态

【科技金融结合】 2022年，高新区成立苏州高新科创天使创业投资管理有限公司，设立20亿元科创天使投资基金，入选科技部首批科技金融创新服务中心和“十百千万”专项行动首批实施单位；先后推出“高新贷”“科技成果贷”“融医贷”“数字贷”等创新产品，累计支持区内1900余家企业授信近百亿；42家企业入选首批试点国家高新区创新积分500强企业名单，列全省第一，近3000家企业纳入创新积分平台管理，实现全区各阶段创新型企业全覆盖。

（科技创新局　陈延俊）

【科技企业孵化器（众创空间）】 2022年，高新区新增国家级众创空间2家、省级众创空间13家，列全市第二，国家级和省级备案总数与园区并列第一；新增市级众创空间9家，列全市第三；新增省级科技企业孵化器5家（均为专业类），列全市第一。

（科技创新局　钮斌）

【科技创新创业活动】 2022年，高新区争取全国

颠覆性技术创新联合推荐试点办公室，组织承办全国颠覆性技术创新大赛领域赛（苏州赛区）、大院大所联盟年会、第八届中国海归创业大赛、苏州高新区清华校友创新创业大赛、苏州元宇宙创新创业大赛等品牌活动；举办第二届太湖科学城论坛，开展7大论坛共50场主题演讲活动，参会人数800余人；举办2022年“智汇苏高新”创新创业大赛16场，参赛项目累计约600项，获奖项目约100项；持续推进科研助理岗位开发和落实工作，吸纳应届毕业生1852人，完成预期目标的309%，列全省第一。

【全国颠覆性技术创新大赛领域赛（苏州赛区）】 于2022年11月22日在高新区开幕。24日结束。2022年全国颠覆性技术创新大赛领域赛分别在苏州、成都、青岛举办。苏州赛区领域赛涵盖生物技术、绿色技术和新能源三大技术领域，来自全国20个省（市）110个参赛项目经过3天赛事比拼，最终决出31个项目获评领域赛优胜奖。高新区依托太湖科学城建设规划，探索具有苏州高新区特色的颠覆性技术培育模式，打造颠覆性项目转化首选地，推出颠覆性项目专项直通车，建立颠覆性项目人才专项、项目专项、基金专项、服务专项机制。活动现场，基金项目签约仪式举行，高新区颠覆性技术专项投资基金与10个项目进行签约。

（科技创新局　刘菲）

2022年11月22日，全国颠覆性技术创新大赛领域赛（苏州赛区）开幕仪式在高新区举行（杨炎橙　摄）

科技合作与交流

【产学研合作对接】 2022年，高新区围绕企业创新需求，发挥科技成果转化公司作用，做好产学研服务工作，全年达成产学研合作项目651项，建成各类政产学研联合体数34个。年内，开展苏州高新区医疗器械产学研合作对接会暨产业论坛、“科技镇长团杯”苏州国际创新挑战赛（高新区）系列专场对接会、“高新智链　碳路未来”双碳产业专场成果转化对接会、太湖科学城论坛之医疗器械产业创新集群科技成果转化高峰论坛等50余场产学研对接活动。

2022年7月13日，太湖科学城论坛之医疗器械产业创新集群科技成果转化高峰论坛举行，江苏省医学会科技成果转化基地揭牌（杨炎橙　摄）

【科技镇长团工作】 2022年，高新区科技镇长团聚焦高新区主导产业，推进产才融合发展，举办“智汇苏高新科技镇长团杯”创新创业项目路演大赛，引进和培育市区级领军人才6人，引才成效位居全市科技镇长团前列。深入推进校企地产学研合作，达成校地合作协议、产学研合作协议、技术服务合同和成果转化项目25项，合同金额近200万元。辅导企业申报并获批人才科技项目19项；帮助企业申请专利20项，其中发明专利12项；发布对接需求100余条；引进建设各类平台8个。（科技创新局　朱亚芳）

教 育

综 述

【概况】 2022年，高新区有各级各类学校114所（含幼儿园），在校生131994人。全区学前三年幼儿入园率100%，小学巩固率100%、升学率100%，初中巩固率100%、升学率100%。苏州学府实验小学校“‘学府新君子’课程基地建设”苏州高新区实验初级中学“初中数学‘多模态学习’课程基地”成功申报江苏省中小学课程基地与学校文化建设项目，苏州高新区实验幼儿园“摇篮里培育‘五力’小主人”成功申报江苏省幼儿园课程游戏化建设项目。全区6个项目成功申报苏州市中小学课程基地与学校文化建设项目，6个（一类4个、二类2个）项目成功申报苏州市基础教育前瞻性教学改革实验项目。年内，2所学校获评江苏省教育科研先进集体，6所学校（园）获评苏州市教科研先进集体；7名教师（含教科研训人员）获评江苏省教科研先进个人，5名教师获评苏州市教科研先进个人，138名教师获评苏州市2022年学科素养竞赛一等奖。

【“三名工程”建设】 2022年，高新区根据《苏州高新区实施“三名工程”建设教育强区实施细则》《关于进一步加强苏州市中小学班主任激励机制建设的若干意见》《区党政办关于进一步加强苏州高新区中小学班主任激励机制建设的若干意见（试行）》精神，组织开展苏州高新区“优秀班主任”“十佳班主任”评选活动。举办第二期区中小学德育名师工作室评比活动，评选出10个中小学班主任名师工作室、4个中小学家庭教育名师工作室、2个心理教育名师工作室。年内，4名教师获评苏州市德育名师工作室主持人，106名班主任获评苏州高新区中小学“优秀班主任”，20名班主任获评第四届苏州高新区中小学“十佳班主任”。

【高品质教育链打造】 2022年，高新区扩大优质教育资源覆盖面，提升区域教育优质均衡水平，满足人民群众日益增长的优质教育需求。10月19日，举行南京大学苏州附属学校开工仪式，首期启动建设3所学校，实现从学前教育到高等教育全覆盖，为建设教育高质量发展创新示范区、打造长三角重要人才中心和创新高地提供有力支撑。

（教育局　方嘉莉）

2022年6月1日，白马涧小学六一儿童节活动（杨炎橙　摄）

学前教育

【概况】 2022年，高新区有幼儿园68所，在园幼儿28889人，3—5岁适龄幼儿入园率100%。全区幼儿园占地面积562529.46平方米，生均占地面积19.47平方米；建筑面积529994.82平方米，生均园舍面积18.35平方米；绿化用地面积163286平方米，生均绿化用地面积5.65平方米；运动场地面积198392平方米，生均运动场地面积6.87平方米。完善以政府投入为主、公办幼儿园为主，多渠道投入、多体制办园学前教育体系。核查幼儿园名称规范，完成3所名称不规范幼儿园更名。执行幼儿园园长（园长岗位培训合格证）、教师（幼儿教师资格证、育婴师资格证）、保育员（保育员上岗证）资格准入制度，实行持证上岗。完善幼儿教师在职培训体系，青年教师培训率100%，园长培训率100%。完善《苏州高新区幼儿园综合发展评估标准》，促进公办、民办幼儿园协同全面综合发展。执行幼儿园准入和年检制度，建立幼儿园信息管理系统并实行动态监管。完成全区40所公办幼儿园登记注册手续、《学前教育机构登记注册证书》换证工作，完成26所民办幼儿园登记为非营利性幼儿园及办学许可证换发工作。规范学前教育收费行为，建立幼儿培养成本由政府、社会举办者及幼儿家庭共同合理分担机制。加强学前教育机构收费监管，逐步实行学前教育收费“一费制”，杜绝乱收费行为。规范幼儿园招生行为，相对划定服务区范围，合理安排适龄幼儿就近入园，保障学龄前儿童享受公平学前教育。

【优质幼儿园创建】 2022年，高新区优化育人环境，完善办园条件，探索办园特色，实施优质幼儿园创建工程。围绕推进创建工作部署，构建创建工作机制，实现创建工作成效开展工作，确保创建组织、政策保障、责任落实三个到位，坚持程序、指导、文本三个规范，落实前期各级培训、中期全程指导、后期专项整改三项举措。发挥省市优质园示范引领作用，提升全区学前教育水平。完成6所幼儿园省市优质园创建，省市优质园覆盖率（省市优质幼儿园在园幼儿占比）92.6%。坚持以评促建、以评促改、以评促发展，提升区域学前教育质量，推动幼儿园持续发展。

【幼儿园课程建设】 2022年，高新区开展幼儿园课程游戏化建设，全面提升幼儿园保育、教育质量。编制、优化提升高新区幼教蓝本课程2.0版本。在江苏省第一批区域推进幼儿园课程游戏化建设项目调研中，管理与保障水平考核结果优秀、游戏化实施水平考核结果良好。年内，苏州高新区实验幼儿园“摇篮里培育‘五力’小主人”项目成功申报江苏省幼儿园课程游戏化项目，教研室申报项目“四轮驱动：促进区域幼儿园课程优质均衡发展的实践探索”获评苏州市教育教学成果一等奖，苏州高新区星韵幼儿园等2所幼儿园获评苏州市教育教学成果二等奖。

（教育局　方嘉莉）

中小学教育

【义务教育】 2022年，高新区有小学25所，初中12所，民办九年一贯制、十二年一贯制学校各1所，在校小学生67096人、初中生25428人，学生入学率、巩固率、毕业率均为100%，全区三类残疾儿童少年入学率100%。推进积分入学，流动人口随迁子女公办学校准入率85.26%。提升教育服务能力，做好义务教育学校课后服务工作。提供小学、初中全阶段课后服务，切实解决学生需求。

【普通高中教育】 2022年，高新区高中扩容提质，强化拔尖创新人才培养。年内，苏州实验中学“中科创新实验班”首届毕业生结业，“强基计划”（选拔培养有志于服务国家重大战略需求且综合素质优秀或基础学科拔尖学生）和985学校（建设具有世界先进水平的一流大学）录取率合计70%，刘嘉琪同学录取北京大学，课题《综合育人视域下高中跨学科学程的教学建构》获江苏省教育科学“十四五”规划重点课题立项。苏州吴县中学获评江苏省青少年航模锦标赛团体第一，获评江苏省第二十届运动会突出贡献奖；谢光杰老师获评江苏省第二十届运动会个人记功奖。苏州高新区第一中学获评苏州市青少年科技创新最高奖市长奖。

【考试招生】 2022年，高新区报名参加中考学生6965人，设7个中考考点，分别是新区实验初中（金山路）、新区实验初中（马运路）、苏州外国语学校、新区实验初中（锦峰路）、新区三中、通安中学、文昌实验中学，其中新区实验初中（锦峰路）考点为新增考点，共有考场235个（不含备用考场）。报名参加高考学生3049人，设2个高考考点，分别为新区一中、吴县中学，共有考场105个（不含备用考场）。全面做好义务教育招生工作，坚持免试就近入学，全面实行公办民办学校同步招生，公办民办学校在规定时间内同步登记报名、同步招生录取、同步注册学籍。规范招生办学行为，营造良好教育生态，保障适龄儿童少年平等接受义务教育权利，推进义务教育优质均衡发展。

【集团化办学】 2022年，高新区深化集团化办学改革，通过教育集团扩面扩容、建设教育共同体及学段衔接教育联盟等多种形式，实现集团化办学义务教育学段区级全覆盖。制定《苏州高新区全面推进教育集团化办学工作实施方案》，深化集团化办学改革，扩大优质教育资源覆盖面，提升区域教育优质发展水平，均衡狮山商务创新功能片区、浒墅关先进制造功能片区、太湖科学城功能片区教育水平。6月，苏州高新区科技城西渚实验小学挂牌苏州高新区科技城实验小学教育集团西渚校区。8月，苏州高新区成大实验小学挂牌苏州高新区实验小学教育集团成大校区、苏州文昌实验中学挂牌苏州高新区实验初级中学教育集团文昌校区。10月，苏州高新区第三中学挂牌苏州高新区实验初级中学教育集团分校。

【素质教育】 2022年，高新区创建教学体系规范、区级竞赛体系完备、保障机制健全体教融合工作机制及模式。借助百余家大院大所科创资源，构建以学生素养与创新能力为发展核心课程，打造基于学生活力发展各类科技特色活动。举办苏州市青少年机器人竞赛、苏州市科技模型教育竞赛，开展“强国有我 时刻准备——星火行动”百场公益科普讲座进校园活动。组织中学生参加田径运动会、中小学生足球“区长杯”、中小学生健美操等赛事，提升青少年体质健康水平，学生体质健康测试合格率95%以上。新增苏州市语言文字工作规范化达标学校9所，实现区内苏州市语言文字工作规范化达标学校全覆盖。年内，苏州实验中学获评“十四五”江苏省科学教育综合示范学校，苏州高新区实验初级中学获评江苏“省长杯”初中男子组第三名、江苏省第二十届运动会青少年足球13岁组、14—15岁组比赛冠军，苏州科技城实验幼儿园等2所学校获评江苏省儿童青少年近视防控示范学校（幼儿园），苏州高新区第一中学等4所学校获评苏州市艺术教育特色学校，苏州高新区实验小学校获评第一批苏州中华经典诵写基地，苏州科技城彭山实验小学校入选第一批苏州市科学家精神教育基地，苏州高新区第五初级中学校等5所学校成功申报第二批苏州市青少年数字公民培育项目学校，浒墅关经开区（镇）社区教育中心通过苏州市语言文字推广基地考核；1名教师获评第四届中华经典诵写讲大赛全国三等奖，3名教师获评江苏省第二十届运动会突出贡献个人，1名教师获评江苏省筑梦向未来中华经典诵读大赛获教师组一等奖，2名教师获评江苏省第二届教师国家语言文字教学能力大赛二等奖；9名学生入选2022年江苏省中学生科

苏州科技城实验小学（西渚分校）（杨炎橙　摄）

苏州高新区实验小学校（朱卫东　摄）

技创新后备人才培养计划正式学员，3名学生获评第三十三届江苏省青少年科技创新大赛青少年科技创新成果二等奖。

【教育法治建设】 2022年，高新区推进依法治教，在校园网站开辟政策法规专栏。要求学校每学年进行师生法治教育4次以上，落实法治副校长制度。做到“四落实”（定课时、定教材、定教师、定经费），使用固定教材，指定专兼职教师科学授课，确保学校法治教育组织、人员、责任、经费、工作到位，推动形成法治教育合力。全区中小学将《未成年人保护法》列入普法重要内容，形成更加浓厚保护未成年人和预防未成年人犯罪氛围。开展苏州市“八五”普法讲师团申报选拔工作，举办中小学开展法治宣传教育周活动、“苏培计划（八五普法）”中小学教师网络法治教育培训活动、“向阳花开 德法共治”校园普法活动、招募“V未来”公益守护者活动等系列普法活动，健全校园维权工作机制，畅通校园维权渠道。组织实施“宪法卫士”2022年行动计划，全区学生学习参与率排名全市第一。 （教育局 方嘉莉）

高等教育

【概况】 2022年，高新区有苏州科技大学、苏州经贸职业技术学院、苏州卫生职业技术学院、苏州高博软件技术职业学院4所驻区高校。年内，苏州经贸职业技术学院东渡企业学院获评第五批苏州市职业院校优秀产业（企业）学院，苏州高博软件技术职业学院与江苏亨通工控安全研究院有限公司校企共建企业学院获评职业教育校企合作示范组合。

【南京大学苏州校区】 2022年，高新区南京大学苏州校区第一批学生在南京大学鼓楼校区接受为期一年“寻根式”教育。南京大学苏州校区确定为化生医药与健康工程、功能材料与智能制造、人工智能与信息技术、地球系统与未来环境、数字经济与管理科学

建设中的南京大学苏州校区东区学术交流中心（胡明亮 摄）

五大学科群，重点打造绿色化工学院、药物科学与工程学院、新能源与新材料学院、未来工程学院、新信息技术学院、智能学院、生态环境与大健康学院、地球系统科学学院（南赫学院）、人类文明与跨文化学院、苏州未来金融学院十大学院，按照“增量式+内涵式+创新式”发展，坚持“一校两制+联动提升”宏观结构，以苏州可以落地国家需求与科学前沿“新工科+新文科”等为总体定位，完善体制机制、推进学术架构、引进高端人才、提升校园建设品质、推动校地合作。

（教育局　方嘉莉）

职业教育

【概况】 2022年，高新区有市属职业技术学校2所，分别为苏州高等职业技术学校、苏州市纺织工业职工中等专业学校；有市属技工院校1所，为苏州技师学院。年内，苏州高等职业技术学校云智产业学院获评第五批苏州市职业院校优秀产业（企业）学院，苏州高等职业技术学校与苏州固锝电子股份有限公司校企共建固锝电子学院获评职业教育校企合作示范组合。

【现代化职业学校建设】 2022年，高新区苏州高等职业技术学校招生计划完成率113%，五年制高职苏州市考生录取率96.76%，贯通培养项目录取占比12.4%，毕业生就业率99%以上。全区加强师资队伍建设，专任教师硕士学历学位占比59.5%，高级以上职业资格占比34.9%，主讲课程正高级讲师占比100%，建成省级名师工作室2个，有市级以上名师等称号教师23名，“双师型”教师208名。推进学科（专业）建设，申报市级以上专业建设项目13个，省级品牌特色专业6个，省级专业群5个，遴选优质课程36门，精品课程10门。年内，苏州高等职业技术学校获评江苏省职业院校教学能力比赛中职组一等奖。

（教育局　方嘉莉）

特殊教育

【概况】 2022年，高新区特殊教育学校有教学班9个，学生87人。全区普通中小学（幼儿园）特殊需要儿童少年就读人数288人，义务教育阶段持残疾证儿童174人，入学率100%。

【融合教育】 2022年，高新区做好121名适龄入学残疾儿童入学报名工作，完成9所学校（幼儿园）教育、民政、卫健、残联四部门认定。截至2022年年底，全区有融合教育资源中心校（园）36所，进一步扩大融合教育资源中心服务覆盖面。

【特殊教育培训】 2022年，高新区调整优化特殊教育指导中心组成人员，理清指导中心工作思路，发挥指导中心作用。组织30名教师参加省级特殊教育教师上岗证培训，提高特教教师持“双证上岗”比例，提升资源中心内涵建设水平。在江苏省特殊教育发展项目调研中，保障水平考核结果优秀、专业水平考核结果优秀。

（教育局　方嘉莉）

社会教育

【概况】 2022年，高新区扎实推进社会教育工作，形成以社区学院为龙头，以老年大学为骨干、以镇（街道）社区教育中心为主体、以市民学校为基础、以中小学幼儿园为补充社会教育培训网络。

【社区教育】 2022年，高新区推动阵地建设，实现各镇（街道）社区教育中心创建省标准化社区教育中心，达到市级建设标准村（社区）居民学校89所。加大社区教育平台建设，开设区级老年大学1所、镇（街道）老年大学6所，扩大区老年大学办学规模，丰富课程资源，提升社区教育队伍能力，提供居民优质学习资源。

【终身教育】 2022年，高新区坚持以惠民为中心，以人全面发展为核心，以社区需求为导向，以丰富老年人生活为出发点，以建设学习型高新区为切入点，以构建终身教育体系为目标，开展老年教育，镇（街道）创建为苏州市学习型街道（乡镇）。启用高新区老年大学新址，于9月举行老年大学秋季班开学典礼。新的老年大学是一所集信息技术、网络技术、数字多媒体技术为一体现代化老年大学。参与市级社区教育项目2项、市级社区教育优秀课程1项，申报市级社区教育课题4项，完成第一批老年教育赋能项目1项，第二批老年教育赋能立项2项。年内，苏州科技城（东渚）老年大学获评2022年苏州市社区教育先进集体，1名人员获评江苏省“百姓学习之星”，1名人员获评江苏省社区教育先进个人，1名人员获评江苏省社区教育优秀志愿者。 （教育局 方嘉莉）

表37 高新区公办学校（2022）

序号	学校名称	占地面积（平方米）	建筑面积（平方米）	班级数（个）	学生数（人）	专任教师数（人）
1	苏州学府实验小学校	19189.1	22531	35	1401	84
2	苏州市阳山实验小学校	50667	27834.5	83	3451	226
3	苏州高新区秦馀小学校	35783.5	27843	33	1189	65
4	苏州高新区达善小学校	40822	37063	57	2520	138
5	苏州高新区文星小学校	73729.41	32101.7	47	1737	106
6	苏州高新区文昌实验小学校	37363.6	36991.46	63	2632	141
7	苏州高新区文正小学校	40771.4	37348.5	53	2216	132
8	苏州科技城彭山实验小学校	31938.4	36812.98	42	1842	102
9	苏州科技城西渚实验小学校	36728.4	39000	42	1712	99
10	苏州高新区实验小学校	145979	166936.47	220	9573	577
11	苏州高新区新升实验小学校	14493	17334	38	1698	102
12	苏州高新区狮山实验小学校	34876.73	27582.12	82	3452	197
13	苏州市枫桥中心小学	65404.84	61532	116	5124	311
14	苏州高新区白马涧小学	68180.55	61008.55	85	3588	200
15	苏州新区枫桥实验小学	22672.1	22831.35	39	1633	97
16	苏州高新区成大实验小学校	26922.4	37274.52	33	1274	81
17	苏州市浒墅关中心小学校	48324	41370.24	52	2145	121
18	苏州高新区敬恩实验小学	37092	16834	41	1761	114
19	苏州高新区通安中心小学校	38550.4	32414.84	63	2661	158
20	苏州高新区东渚实验小学校	22888	13934	31	1252	83
21	苏州高新区镇湖实验小学校	34468	38630	29	983	85
22	苏州高新区金色小学校	23516	20923.45	38	1634	98
23	苏州高新区长江小学校	24806	22354	56	2315	129
24	苏州科技城实验小学校	84881.61	95024.1	91	3978	252
25	苏州学府中学校	33350	34551	21	846	77
26	苏州市阳山实验初级中学校	55882	30039	40	1799	151

续表

序号	学校名称	占地面积（平方米）	建筑面积（平方米）	班级数（个）	学生数（人）	专任教师数（人）
27	苏州高新区第三中学校	60000	29453.52	29	1094	114
28	苏州高新区第五初级中学校	74136.95	40873.4	19	710	77
29	苏州高新区第一初级中学校	76457.5	76102.71	71	3072	242
30	苏州高新区实验初级中学	189365.97	195262.27	180	8496	616
31	苏州高新区第二中学	48509	22158	38	1634	145
32	苏州高新区通安中学校	55826	25118	44	2031	147
33	苏州文昌实验中学校	42088	39969	41	1837	143
34	苏州高新区景山实验初级中学校	61510	23737.96	24	967	73
35	苏州高新区成大实验初级中学校	42993.1	22363.04	15	608	52
36	苏州高新区文贤实验初级中学校	45252	29832	20	819	64
37	苏州高新区第一中学校	125355	98628	73	3317	330
38	江苏省苏州实验中学	163590	159261	74	3417	353
39	吴县中学	152697	98954	72	3389	319
40	苏州高新区天都幼儿园	5540	3150	8	239	22
41	苏州新区实验幼儿园（何山分园）	4529.03	6014.08	8	250	20
42	苏州高新区惠丰幼儿园	9131.6	7514.72	18	579	41
43	苏州高新区金通幼儿园	9493.3	8396.39	19	600	36
44	苏州高新区文昌实验幼儿园	6310	4764.33	18	580	36
45	苏州高新区实验幼儿园	48525.9	47998.68	50	1623	118
46	苏州高新区狮山中心幼儿园	15780.96	20105.8	19	566	44
47	苏州高新区竹园幼儿园	4536.01	3725.08	11	308	27
48	苏州高新区枫桥中心幼儿园	6945	6760	16	430	35
49	苏州高新区成大实验幼儿园	9314.6	17398.7	14	395	33
50	苏州高新区浒墅关幼儿园	10271.97	9306.94	18	611	42
51	苏州高新区阳山实验幼儿园	12620	8413.98	22	634	49
52	苏州高新区通安实验幼儿园	9785	4725.08	17	513	35
53	苏州高新区东渚实验幼儿园	11500	6700	18	536	42
54	苏州高新区镇湖幼儿园	10088.7	10411.98	16	497	37
55	苏州高新区新升幼儿园	6300	4892	14	400	30
56	苏州高新区青灯幼儿园	7661.01	4549.04	7	179	17
57	苏州高新区龙惠幼儿园	9447.52	8734.04	12	348	34
58	苏州高新区文星幼儿园	8847.25	6619.82	18	546	39
59	苏州科技城实验幼儿园	9705	5475.12	18	595	43
60	苏州高新区星韵幼儿园	8833	9242	12	350	27
61	苏州高新区枫桥实验幼儿园	6554.1	9778.49	13	367	29
62	苏州科技城彭山实验幼儿园	11285.9	9417.98	22	640	46

续表

序号	学校名称	占地面积（平方米）	建筑面积（平方米）	班级数（个）	学生数（人）	专任教师数（人）
63	苏州科技城锦峰实验幼儿园	13250.9	16840.84	24	769	66
64	苏州高新区华山幼儿园	12821.47	13122.08	24	791	56
65	苏州高新区玉山幼儿园	7715	10669.28	9	238	22
66	苏州科技城天佑实验幼儿园	14857.2	13397.28	22	655	56
67	苏州科技城西渚实验幼儿园	10811	15129.67	13	339	29
68	苏州浒墅关实验幼儿园	9066	15150.2	28	899	63
69	苏州高新区枫桥观枫幼儿园	9450.8	10228.54	7	199	17
70	苏州高新区枫桥天籁城幼儿园	10007	5932	18	600	37
71	苏州高新区红叶幼儿园	9703	4718.26	12	332	23
72	苏州高新区枫桥天之运幼儿园	4213	3220.58	9	281	21
73	苏州高新区上方山实验幼儿园	8556.7	9483.77	2	18	5
74	苏州高新区文韵实验幼儿园	9561.6	15289.5	10	270	21
75	苏州高新区枫桥枫华幼儿园	10148.2	11445.4	3	58	9
76	苏州高新区和祥幼儿园	9839.8	15062.05	4	91	10
77	苏州高新区特殊教育学校	6266.3	3476.41	9	87	28

表38 高新区民办学校（2022）

序号	学校名称	占地面积（平方米）	建筑面积（平方米）	班级数（个）	学生数（人）	专任教师数（人）
1	苏州高新区新浒学校	31234.36	15368.16	48	1968	130
2	苏州科技城外国语学校	38408.28	48953.21	92	2389	338
3	苏州科技城外国语高级中学	55724.27	60466.45	0	0	0
4	苏州外国语学校	68744.83	56184.36	97	2854	338
5	苏州高新区瑞景幼儿园	2100	1198.8	6	73	13
6	苏州高新区沁怡公馆幼儿园	4000.32	2305.04	10	269	20
7	苏州高新区金色幼儿园	4200	3728	11	300	22
8	苏州高新区新狮幼儿园	4800	2848.08	9	252	18
9	苏州高新区马浜幼儿园	6700	4121.7	15	499	30
10	苏州高新区白马涧第一幼儿园	5802.3	4425	13	381	26
11	苏州高新区马涧幼儿园	4624	3192.08	10	317	21
12	苏州高新区鑫苑幼儿园	5077.8	3064.6	12	316	24
13	苏州高新区山河佳苑幼儿园	5550.9	4156.33	11	342	22
14	苏州高新区新浒幼儿园	13102.4	13955.44	30	1034	60
15	苏州高新区学府花园幼儿园	10307.3	8827.41	21	590	42
16	苏州高新区华通幼儿园	9312.88	4595.91	16	554	32
17	苏州科技城青山绿庭幼儿园	7190	5114	14	426	28
18	苏州高新区阳山花苑第二幼儿园	7580.1	5940.08	17	548	34

续表

序号	学校名称	占地面积（平方米）	建筑面积（平方米）	班级数（个）	学生数（人）	专任教师数（人）
19	苏州高新区新港名墅幼儿园	3398	1128	9	276	18
20	苏州高新区长江幼儿园	4845	2930	11	360	22
21	苏州高新区新鹿幼儿园	4130	3369	14	388	30
22	苏州高新区理想幼儿园	5200	4200.25	11	321	22
23	苏州高新区吴甸园幼儿园	1825.7	1150.7	4	120	8
24	苏州外国语学校附属幼儿园	6489.1	4906.15	13	321	26
25	苏州高新区万枫幼儿园	4273.3	2892.03	9	274	18
26	苏州高新区名城三之三幼儿园	2300	1900	6	87	12
27	苏州高新区阳光假日幼儿园	5439	10675.96	17	512	34
28	苏州市康佳幼儿园	7659	4781	16	508	32
29	苏州高新区格林幼儿园	1248.96	1913.14	10	175	21
30	苏州高新区尔家新未来幼儿学校	4279.74	1235	8	125	16
31	苏州高新区云锦城幼儿园	4130	3064	14	436	29
32	苏州科技城外国语学校附属幼儿园	4482.94	6320	20	406	40
33	苏州高新区苏外附属阳山幼儿园	6751	4665.22	15	404	30
34	苏州科技城外国语学校附属第二幼儿园	11796	12113.2	13	373	28
35	苏州高新区杜蒙幼儿园	10926.2	11495	23	576	50

文化·体育

文　化

文化场馆

【图书馆】　2022年，高新区有图书馆总分馆38个，包括区级图书馆（苏州高新区图书馆）1个、社区分馆33个、特色阅读空间4个。新增图书馆分馆1个（运河文化特色分馆）。另有24小时自助图书馆1个、网上借阅社区投递点8个、“阅享四季”图书流通驿站10个。高新区图书馆总分馆共计接待读者86.49万人次，借书6.24万人次，外借图书53.09万册次。开展线下活动550余场，参与活动4.26万人次；开展线上活动40场，参与活动3.65万人次。区级图书馆面积约17300平方米，整体布局为上、中、下三层。第一层设报刊阅览室、亲子阅览室、24小时自助点、视障阅览室、自助借还书区等；第二层南部设综合阅览室，另设青少阅览室、“湖上书舟”阅览室、电子阅览室、自修室、多功能厅等；顶层设休闲区，有美术培训室、科技情报信息服务中心等。年内，“银龄”潮流系列阅读推广活动入选2022年度苏州市优秀阅读创新项目名单、苏州高新区十佳志愿服务项目。

【博物馆】　2022年，高新区有苏州博物馆西馆和苏州东吴博物馆2个博物馆。苏州博物馆西馆位于苏州高新区狮山文化广场，2018年3月开工建设，2021年9月25日开放试运行。建筑面积48365平方米，展陈面积13391平方米，展出馆藏文物2100余件/套。全年累计接待游客586969人次。苏州博物馆西馆作为展示“江南文化”最核心公共文化载体，借鉴江南水乡街巷邻里格局，常设苏州通史陈列馆、苏作工艺馆等，专设国际合作馆。年内，“纯粹江南　技忆苏州”苏州博物馆西馆基本陈列获评第二十届（2022年度）全国博物馆十大陈列展览精品推介活动精品奖。

苏州东吴博物馆建于2011年，位于高新区鸿禧路20号，使用面积6000平方米，展陈面积2840平方米。开放展览6个，其中常设展览5个、古珠玛瑙琉璃精品特展1个。全年累计接待来馆观众约1万人次，接待团队讲解服务12场，服务观众200余人次。发挥苏州市未成年人社会实践体验站、爱国主义教育基地、社科普及基地、科普教育基地、“四史”教育基地等阵地示范作用，组织开展社教活动课程23场，未成年人参与725人次。开发完成“博物馆里的十二生肖”系列课程、“童心抗疫——东吴小课堂”系列课程、“江南文化系列讲堂”等活动。年内，东吴博物馆获评2022年度苏州市未成年人体验站新时代文明实践创新案例、苏州市华侨文化交流基地，社教课程“苏州东吴博物馆冒险之旅——江南篇”“童心抗疫——东吴小课堂”入选2022年度苏州市社科普及惠民扶持项目。

【美术馆】　2022年，高新区有国画院（太湖当代美术馆）和寒山美术馆2个美术馆。高新区国画院于2019年5月开放运营。总建筑面积约4000平方米，包括国画院展厅、书画创作交流室、艺术家驻留工作室、多功能厅等配套服务体系。馆内有4个独立展厅，展厅面积总计1300平方米。高新区国画院开放展览9个，服务8.5万人次。举办大型展览“风起太湖　新时

代颂　长三角一体化”中国画名家作品邀请展、“清风自运河”苏州大运河廉洁主题艺术作品展等。国画院画家获国家级金奖1个、江苏省艺术基金项目1项。

高新区寒山美术馆于2017年9月建成并对外开放。总建筑面积2400平方米，内设序厅、艺术沙龙及2个独立展厅，展厅面积1080平方米，艺术沙龙180平方米。举办大型展览“万物生长：寒山美术馆藏品展”“珠穆朗玛的回响　西藏现当代艺术中流变的哲思”，开展配套公教活动4场，举办“伟大精神铸就伟大时代”中国共产党伟大建党精神专题展（苏州高新区站）。全年服务100955人次。年内，寒山美术馆获评江苏美术馆馆际联盟评选江苏省优秀展览提名奖。

【文化馆】　2022年，高新区完善文化馆总分馆体系，建成区级文化馆1个、镇（街道）级文化馆分馆6个、村（社区）综合性文化服务中心61个，实现基层综合性文化服务中心全覆盖。文化馆建筑面积约2万平方米，设有930平方米小剧场，可容纳300人。馆内具备多个户外特色文化空间、灯光音响等专业文艺演出设备，另设戏曲教室、器乐教室、舞蹈教室、书法美术教室等20余个专业艺术教室。全年开展公共文化进基层服务约500人次，打造多样化群众文化品牌及系列文化活动。举办“群星　云集”等线上活动90余场、迎新春线下活动20余场、IP赛事活动20余场。提升团队创演水平和服务能力，定期组织现场辅导工作，完成3支省级优秀文艺团队培养计划。推进公共文化高质量学习教育常态化、制度化，开展公共文化、群众文化骨干培训20余场次。

（文化体育和旅游局　曹涛）

公共文化

【概况】　2022年，高新区公共文化事业以创建国家公共文化服务体系示范区为导向，塑造“江南文化”品牌，推进公共文化高质量融合发展。完善公共文化设施网络，打造特色空间亮点。丰富文化供给形式，全年举办公共文化活动696场，包括歌手大赛、街舞大赛等多项自主IP群众文化赛事。丰富文艺创作，组织创编20余部文艺精品。全区有文化企业2312家，其中规上文化企业112家，实现营收370亿元；文化产业增加值119.7亿元，占地区生产总值比重6.78%。

【群众文艺作品创作】　2022年，高新区优化作品形式，强化群众文艺人才队伍建设，全方位构建创作生态链，推出原创作品30余部。年内，舞蹈作品《幸福的温度》首次入围国家级奖项“群星奖”复赛阶段，原创小品《我们的30+》获评十五届江苏省政府群众文艺最高奖项“五星工程奖”，舞蹈作品《绣韵向党》获评“喜迎二十大　筑梦向未来”江苏省老少同台节目展演特等奖，新时代文化艺术团入选2022年度江苏省优秀群文团队，21幅美术作品入选第四届苏州市“文华奖”艺术展演季优秀美术作品展，街舞作品《华夏少年》获评2022年苏州青少年街舞大赛铜奖，新区枫桥实验小学晴枫合唱团获评第四届苏州市梦之声合唱比赛童声组三等奖，新区实验初级中学实曦合唱团获评第四届苏州市梦之声合唱比赛少年组优秀奖，狮山金秋舞蹈策划工作室入选2022年度苏州市优秀群文团队。

【公共文化服务】　2022年，高新区公共文化工作以“文化润民”为使命初心，以群众需求为导向，提供互动式、菜单式、订单式服务，提升文化产品供给针对性、精准性、有效性。开展“遇见”系列公共文化服务资源配送活动，完成线上线下配送服务271场，服务覆盖约30万人次。开展“喜迎二十大”“群星　云集”“疫去春又来　云上也精彩”等弘扬主旋律主题活动100余场，创设全民才艺秀歌手大赛、群众街舞大赛群文品牌。年内，高新区第四届全民才艺秀歌手大赛、高新区第一届群众街舞大赛获评2022年度苏州市群众文化全民艺术提升优秀项目。创建“一刻钟便民生活圈”，特色打造文化空间，横山社区综合性文化服务中心、狮山商务创新区非遗展示厅入选2022年度苏州市最江南公共文化特色空间，东枫书场入选2022年度苏州市公益性小剧场示范点。

【狮山广场文化设施群】 2022年，高新区狮山文化广场服务游客约80万人次、到访车次约14万辆，配合市、区举办文体旅商融合活动4场。推进苏州科技馆·工业展览馆、苏州狮山大剧院、地下空间、狮山公园建设。项目在建地下商业和配套建筑约8600平方米，设文创科技零售、文旅品牌集市、特色配套餐饮、运动配套、文化艺术类等功能分区，并完成年度招商工作。制定出台《关于推动文体旅商农融合促进消费升级的若干意见》，狮山文化广场入选省重点文旅产业项目，狮山街区入选第二批省级夜间文化和旅游消费集聚区。（文化体育和旅游局 曹涛）

文化交流

【概况】 2022年，高新区整合优质文化艺术资源，通过区域联动、部门联动、工作联动等方式，广泛开展音乐、舞蹈、戏曲、曲艺、美术、书法等合作交流活动，有效提升居民文化素养，展现城市文化高质量发展新活力。年内，组织赴中国澳门开展经贸活动，参加2022年澳门国际旅游（产业）博览会，推动两地文商旅产业合作和文化互动交流。

【文化演出交流活动】 2022年，高新区承办江苏省“千支优秀群众文化团队培育”现场辅导活动，与相城区、姑苏区开展优秀群众文化演出交流与合作，激发基层文化内生活力，提升公共文化服务效能。举办高新区全民才艺秀歌手大赛，邀请苏州市音乐家协会、苏州科技大学音乐学院、吴中区文化馆等音乐领域专家互动交流，提升全民艺术氛围。举办“我们的中国梦　文化进万家”苏州高新区群众文化迎新年展演活动科技城（东渚街道）专场活动。

【苏州民族管弦乐团】 2022年，高新区苏州民族管弦乐团举办线上音乐会10余场，参加大中型、导赏音乐会及网络音乐会117场，参加江苏省新时代现实题材舞台艺术作品巡演、江苏紫金文化艺术节、中国苏州江南文化艺术国际旅游节等重大演出。年内，民乐作品《江河湖海颂》《风雅颂之交响》入围“时代交响”全国优秀乐团邀请展演。

（文化体育和旅游局 曹涛）

文化遗产保护

【概况】 2022年，高新区推进文物保护和文化遗产保护传承工作，有文物保护单位21处，其中国家级1处、省级2处、市级17处，控制保护建筑（苏州市政府尚未公布为文物保护单位的具有历史、艺术、科学价值的建筑）1处。有苏绣、苏州缂丝织造技艺、苏州玉雕、核雕等非物质文化遗产代表性项目33项，各级各类非物质文化遗产代表性传承人55人，其中国家级2人、省级2人、市级8人、区级43人。

表39 **高新区非物质文化遗产代表性项目（截至2022年）**

序号	项目名称	序号	项目名称
1	苏绣	6	浒墅关草席编织
2	枫桥竹编竹刻	7	浒墅关蚕种生产
3	枫桥徐丽仙评弹（丽调）	8	东渚铜响器制作技艺
4	缂丝	9	玉雕
5	枫桥石雕	10	核雕

续表

序号	项目名称	序号	项目名称
11	碑刻	23	贡山茶制作技艺
12	苏式红木小件制作	24	轧仙人
13	九连环	25	宣卷（枫桥宣卷）
14	苏州装裱	26	堂名
15	箍桶	27	赏石艺术
16	传统中医膏方制作	28	宣纸烙画
17	抬猛将	29	香山帮传统建筑营造技艺
18	苏州民间乐器制作技艺（二胡制作技艺）	30	郁香猪爪烹制技艺
19	篆刻	31	金属凿刻
20	微缩古建模型制作技艺	32	手工工艺旗袍
21	轧莲花	33	苏派鸟笼制作技艺
22	游石湖习俗		

表40　**高新区各级各类非物质文化遗产代表性传承人（截至2022年）**

序号	代表性传承人	性别	级别	项目名称	项目申报地区或单位	公布日期、批次
1	姚建萍	女	国家级	苏绣	镇湖街道	2009年6月第三批
2	姚惠芬	女	国家级	苏绣	镇湖街道	2012年12月第四批
3	卢福英	女	省级	苏绣	镇湖街道	2008年12月第二批
4	王丽华	女	区级	苏绣	镇湖街道	2008年3月第一批
5	朱寿珍	女	区级	苏绣	镇湖街道	2008年3月第一批
6	濮惠菊	女	区级	苏绣	镇湖街道	2008年3月第一批
7	姚惠珍	女	区级	苏绣	镇湖街道	2010年3月第二批
8	梁雪芳	女	区级	苏绣	镇湖街道	2012年3月第三批
9	邹英姿	女	市级	苏绣	镇湖街道	2021年3月第五批
10	陈红英	女	区级	苏绣	镇湖街道	2012年3月第三批
11	薛金娣	女	区级	苏绣	镇湖街道	2012年3月第三批
12	周海云	女	区级	苏绣	镇湖街道	2012年3月第三批
13	卢梅红	女	区级	苏绣	镇湖街道	2012年3月第三批
14	郁丽琴	女	区级	苏绣	镇湖街道	2012年3月第三批
15	蔡梅英	女	市级	苏绣	镇湖街道	2021年3月第五批
16	姚惠琴	女	区级	苏绣	镇湖街道	2012年3月第三批
17	姚梅英	女	区级	苏绣	镇湖街道	2012年3月第三批
18	沈德龙	男	区级	苏绣	镇湖街道	2012年3月第三批
19	陈彩萍	女	区级	苏绣	镇湖街道	2015年4月第四批
20	陈群英	女	区级	苏绣	镇湖街道	2015年4月第四批
21	陈英华	女	区级	苏绣	镇湖街道	2015年4月第四批

续表

序号	代表性传承人	性别	级别	项目名称	项目申报地区或单位	公布日期、批次
22	姚彩珍	女	区级	苏绣	镇湖街道	2015年4月第四批
23	濮凤娟	女	区级	苏绣	镇湖街道	2015年4月第四批
24	姚琴华	女	区级	苏绣	镇湖街道	2015年4月第四批
25	黄林珍	女	区级	苏绣	镇湖街道	2015年4月第四批
26	郑叶青	女	区级	苏绣	镇湖街道	2015年4月第四批
27	方　英	女	区级	苏绣	镇湖街道	2016年12月第五批
28	马育敏	女	区级	苏绣	镇湖街道	2016年12月第五批
29	汤晓红	女	区级	苏绣	镇湖街道	2016年12月第五批
30	濮伟芳	女	区级	苏绣	镇湖街道	2016年12月第五批
31	王玉珍	女	区级	苏绣	东渚街道	2019年12月第六批
32	张碧华	女	市级	枫桥徐丽仙评弹（丽调）	枫桥街道	2010年6月第二批
33	徐　红	女	区级	枫桥徐丽仙评弹（丽调）	枫桥街道	2016年12月第五批
34	吴文康	男	市级	缂丝	东渚街道	2021年3月第五批
35	范玉明	男	市级	缂丝	东渚街道	2021年3月第五批
36	陆美英	女	区级	缂丝	东渚街道	2015年4月第四批
37	陶龙海	男	市级	枫桥石雕	枫桥街道	2008年6月第一批
38	董林虎	男	区级	东渚铜响器制作技艺	东渚街道	2010年3月第二批
39	俞　挺	男	省级	玉雕	东渚街道	2010年6月第二批
40	朱金忠	男	区级	玉雕	东渚街道	2012年3月第三批
41	赵毓琪	男	区级	玉雕	东渚街道	2012年3月第三批
42	郑志明	男	区级	玉雕	东渚街道	2016年12月第五批
43	侯书业	男	区级	玉雕	东渚街道	2019年12月第六批
44	吴建东	男	区级	核雕	东渚街道	2012年3月第三批
45	吴建明	男	区级	碑刻	狮山、横塘街道	2015年4月第四批
46	江明华	男	区级	苏式红木小件制作	东渚街道	2015年4月第四批
47	韩建贤	男	区级	苏式红木小件制作	东渚街道	2015年4月第四批
48	何春方	男	区级	苏式红木小件制作	东渚街道	2015年4月第四批
49	王春华	男	区级	苏式红木小件制作	东渚街道	2016年12月第五批
50	吴建江	男	市级	九连环	通安镇	2021年3月第五批
51	瞿　耘	男	区级	苏州装裱	东渚街道	2016年12月第五批
52	周齐兴	男	区级	箍桶	枫桥街道	2016年12月第五批
53	李建华	男	市级	传统中医膏方制作	枫桥街道	2021年3月第五批
54	薛　东	男	区级	香山帮传统建筑营造技艺	东渚街道	2019年12月第六批
55	郁东方	男	区级	郁香猪爪烹制技艺	镇湖街道	2019年12月第六批

表41　　高新区各级各类工艺美术师（截至2022年）

序号	姓名	级别	项目	年份	序号	姓名	级别	项目	年份
1	姚建萍	国家级	苏绣	2018	22	姚美芳	市级	苏绣	2020
2	邹英姿	国家级	苏绣	2018	23	徐文瑛	市级	苏绣	2020
3	姚惠芬	国家级	苏绣	2022	24	陈华芬	市级	苏绣	2020
4	俞　挺	国家级	玉雕	2022	25	钱晓丽	市级	苏绣	2020
5	卢福英	省级	苏绣	2008	26	濮伟芳	市级	苏绣	2020
6	王丽华	省级	苏绣	2011	27	吴文红	市级	苏绣	2020
7	朱寿珍	省级	苏绣	2011	28	龚春芳	市级	苏绣	2020
8	沈德龙	省级	苏绣	2011	29	郁　勤	市级	苏绣	2020
9	梁雪芳	省级	苏绣	2011	30	陈　娟	市级	苏绣	2020
10	薛金娣	省级	苏绣	2016	31	姚彩珍	市级	苏绣	2020
11	周海云	省级	苏绣	2016	32	徐祥云	市级	苏绣	2020
12	姚梅英	省级	苏绣	2016	33	姚林芬	市级	苏绣	2020
13	濮凤娟	省级	苏绣	2016	34	汤晓红	市级	苏绣	2020
14	陈红英	省级	苏绣	2016	35	吴彩霞	市级	苏绣	2020
15	蔡梅英	省级	苏绣	2016	36	张黎星	市级	苏绣	2020
16	陈群英	市级	苏绣	2014	37	吴昊僖	市级	苏绣	2020
17	陈英华	市级	苏绣	2014	38	陈彩萍	市级	苏绣	2020
18	倪雪娟	市级	苏绣	2014	39	尤红妹	市级	苏绣	2020
19	朱利群	市级	苏绣	2020	40	姚卫娟	市级	苏绣	2020
20	张建英	市级	苏绣	2020	41	周丽琴	市级	苏绣	2020
21	徐红叶	市级	苏绣	2020					

【文物保护】　2022年，高新区出台《苏州高新区关于进一步加强文物安全工作的实施意见》，进一步明确文物保护和文物安全属地主体责任、部门监管职责及所有人直接责任，建立完善文物保护“一处一策”机制，对不可移动文物进行全面排查，制订修缮、利用计划，抓好文物保护整改落实工作。

表42　　高新区市级以上文物保护单位（截至2022年）

序号	文物保护单位名称	保护级别	所属镇（街道）	地址
1	万佛石塔	国保级	度假区（镇湖街道）	西京村万佛寺内
2	申时行墓	省保级	狮山、横塘街道	石湖村石湖吴山东麓
3	行春桥	省保级	狮山、横塘街道	石湖村石湖北
4	渔庄	市保级	狮山、横塘街道	石湖渔家村越城桥南
5	越城桥	市保级	狮山、横塘街道	石湖村石湖北越来溪
6	苏州烈士陵园	市保级	狮山、横塘街道	横山村青石路5号
7	章钰、章元善墓	市保级	狮山、横塘街道	老梅湾村
8	窑墩遗址	市保级	科技城（东渚街道）	东渚镇淹马村范家里村

续表

序号	文物保护单位名称	保护级别	所属镇(街道)	地址
9	茶店头遗址	市保级	枫桥街道	高景山东北麓，白鹤寺东北
10	十里亭	市保级	枫桥街道	中外运高新物流(苏州)有限公司内，京杭运河西岸
11	魏了翁墓	市保级	枫桥街道	支硎山西麓
12	章涣墓	市保级	枫桥街道	观音山中峰岭东南，法螺寺北
13	观山摩崖石刻	市保级	浒墅关经开区(镇)	观山村观山山麓上
14	宝山遗址	市保级	浒墅关经开区(镇)	阳抱山南麓，渚镇公路南
15	三里亭	市保级	浒墅关经开区(镇)	运河西岸
16	文昌阁太平军营垒	市保级	浒墅关经开区(镇)	兴贤村兴贤桥南
17	北津弄方宅	控保级	浒墅关经开区(镇)	北津社区北津弄24号
18	众缘桥	市保级	浒墅关经开区(镇)	青灯村新乐村，后横宅河上
19	大石坞摩崖石刻	市保级	通安镇	阳山北麓
20	华山遗址	市保级	通安镇	华山西南
21	真山贵族墓群	市保级	通安镇	真山山麓，312国道西侧

【非遗传承】 2022年，高新区新增中国工艺美术大师2名，苏绣小镇获评全省唯一全国非遗与旅游融合发展优选项目，姚建萍刺绣艺术有限公司获评江苏省非物质文化遗产创意基地，邹英姿《敦煌九层塔》《飞天》两幅作品被中国国家版本馆中央总馆收藏。举办非遗文化科普主题展暨绣美时节·二十四节气展、“苏州文化遗产日”重要活动发布暨“非一般的市集”启动仪式、“非一般的书店”清华·樊登书店非遗主题展、“艺”心跟党走 奋进新征程苏绣主题展、第十四届中国刺绣艺术节等活动。打造非遗党建品牌，成立全市唯一非遗直播支部、苏州高新区“云上苏绣”行动支部。

（文化体育和旅游局 曹涛）

2022年6月28日，2022“苏州文化遗产日”重要活动发布暨“非一般的市集”启动仪式举行（杨炎橙 摄）

文化市场管理

【概况】 2022年，高新区持续深化文化市场综合执法改革，坚持包容审慎监管、服务和监管相结合原则，切实回应文旅市场主体需求，促进文化、体育和旅游执法深度融合，加强文化市场监督管理，规范市场经营秩序。全年检查经营单位1653家次，出动检查742人次，完成行政处罚案件3件、文旅举报投诉50件，群众满意率100%。年内，区文化市场综合执法大队获评全市文化市场综合执法“护航”专项行动先进集体。

【文化市场监管】 2022年，高新区开展“扫黄打非护苗2022”行动，加强校园周边巡查，现场整改问题3个。开展双随机检查19次，累计检查文体旅场所148家。加强艺术品市场养老诈骗检查，开展现场宣传3场，覆盖现场群众500人。加强脱口秀等语言类节目现场监管、出版物市场内容检查，依法规范营业性演出活动，守住意识形态安全底线。加大疫情防控期间文体旅场所检查力度，现场整改问题22个，对3家娱乐场所负责人给予行政处罚处理。引导“双减”政策下文化艺术类、体育类非学科类校外培训机构规范发展，为培训机构在办学资质、场地、消防、更名等方面提供全方位咨询服务。根据《苏州市文广旅系统涉企轻微违法行为不予处罚和一般违法行为从轻减轻行政处罚清单》（2.0版）文件精神，对1件出版物案件做出从轻处罚800元，对被检查单位从业人员开展普法宣传和政策宣教，保证文化市场合法有序运行。

（文化体育和旅游局　曹涛）

体　育

体育设施

【概况】　2022年，高新区体育工作贯彻全民健身国家战略和健康中国战略，坚持以人民为中心工作理念，不断满足群众日益增长体育健身需求。新增体育场地43个，新增健身步道5.8千米，安装二代健身路径3套，更新一代健身路径20套。完成诺贝尔湖水上运动公园项目初步设计方案，推进“二体校”建设，启动建设国内首条数字半程马拉松跑道——太湖数字半程马拉松跑道。年内，区文化体育和旅游局获评江苏省群众体育先进单位。

【“体育健身资源优化工程”民生实事项目】　2022年，高新区优化提升体育公园（新区公园和杵山公园）2个，累计建成启用三类以上体育公园7个（横山体育公园、龙山体育公园、真山体育公园、白豸山体育公园、高景山体育公园、新区公园和杵山公园），实现镇（街道）体育公园全覆盖。推进健身步道标识设计指南、浒墅关蚕里段运河健身步道样板工程，打造“十分钟体育健身圈”。　（文化体育和旅游局　曹涛）

龙山体育公园（陈拓　摄）

群众体育

【概况】　2022年，高新区编制完成《苏州高新区全民健身实施计划（2021—2025年）》《苏州高新区构建更高水平的全民健身公共服务体系的意见》，构建与经济社会发展相适应更高水平全民健身公共服务体系，营造“处处可健身、天天想健身、人人会健身”全民健身城市环境。

【群众体育活动】　2022年，高新区克服疫情不利影响，不断丰富群众身边体育赛事活动，采取线上线下相结合方式，围绕节假日开展“假日体育”系列活动，举办“‘年在高新’——新年走大运·运河健步走”“春遇高新·爱在山林公益徒步”“太湖科学城·浪漫樱花跑”“365公里的相遇”系列线上跑等体育赛事活动。

【体育健身指导】 2022年，高新区加强体育社团建设，发挥体育协会、体育俱乐部在科学健身中作用。健全体育社会组织网络，筹建社会体育指导员协会、路跑俱乐部，推动各类体育社团、体育民办非企业规范化、专业化发展。定期开展健身辅导及培训，新增三级社会体育指导员300名，开展各类健身培训100余场次。文体中心与科技城医院合作举办慢性病运动干预等科学健康讲座10场。全面开展国民体质监测，完成体质监测3000人次。

【苏州高新区第八届体育运动会】 2022年9—12月，高新区举办第八届体育运动会。运动会设学生部和成年部，学生部分小学组、初中组、高中组，成年部分机关（事业）组、企业组、大众组、老年组、残疾人组。其中，大众组为新设组别，包括设篮球（3人制）、山林路跑、高尔夫球、徒步、桨板、赛艇、皮划艇、电竞、极限飞盘、腰旗橄榄球、滑板等时尚运动休闲体育项目。运动会特色项目包括环山半程马拉松环大阳山路跑赛，旨在打造区域长三角品牌赛事，创新文体旅融合发展品牌。

【浒光运河赛艇穿越活动】 2022年，高新区以赛艇运动为特色和切入点，依托户外运动基地组织开展“浒光运河赛艇穿越”系列体验活动，面向辖区大院大所、青年商会、欧美同学会、女企业家协会等单位招募浒光运河穿越体验官，提供运动社交、健康管理等服务，丰富全区青年人才文体生活，打造浒光运河“水上运动长廊”，推动水上运动项目蓬勃发展。（文化体育和旅游局 曹涛）

竞技体育

【概况】 2022年，高新区发展体育产业，推动赛事经济，打造高新区体育赛事品牌，承办全国男子手球锦标赛、中国汽车场地越野锦标赛（苏州站）、江苏省青少年击剑比赛等多场省级以上大型体育赛事。

【中国汽车场地越野锦标赛（苏州站）】 于2022年8月18—20日，在高新区中国汽研华东基地举行。中国汽车场地越野锦标赛（简称COC）是由国家体育总局批准，中国汽车摩托车运动联合会主办的国家A级汽车赛事。苏州站赛事设有厂商组、量产组、改装组、公开组、UTV组、女子组、轻型越野车组共7个组别，共计赛车50余台，车手、技师、裁判员400余名。

2022年11月13日，环大阳山路跑精英赛举行（文化体育和旅游局 供图）

2022年8月18—20日，中国汽车场地越野锦标赛（苏州站）在高新区中国汽研华东基地举行（文化体育和旅游局 供图）

【江苏省青少年击剑俱乐部联赛（苏州站）】 于2022年11月5日，在高新区文体中心体育馆举行。江苏省青少年击剑俱乐部比赛由江苏省体育局牵头举办，共有500名青少年击剑选手参赛。比赛提升本土青年击剑运动员参与感、获得感，推动青少年击剑运动发展。

【全国男子手球锦标赛】 于2022年11月25日—12月1日，在高新区文体中心举行。该次比赛共有来自全国8个省市运动队176人参赛。采取小组单循环赛制，逐一比出1—8名。比赛采用全封闭管理模式，所有运动员、技术官员、工作人员统一入住酒店，全程闭环管

2022年11月5日，江苏省青少年击剑俱乐部联赛（苏州站）在高新区文体中心举行（文化体育和旅游局　供图）

2022年11月25日—12月1日，全国男子手球锦标赛在高新区文体中心举行（文化体育和旅游局　供图）

理。比赛不开放，所有场次比赛在中国手球协会App上进行直播。（文化体育和旅游局　曹涛）

体育产业

【概况】　2022年，高新区编制完成《苏州高新区户外运动专项规划》，推进山体步道、水上运动长廊、户外休闲健身场所规划建设，打造具有区域特色文体旅结合体育旅游精品项目。启动中日韩文体嘉年华活动，打造中日韩文化交流品牌。组织夜间3V3篮球赛，激发城市夜间活力，带动夜间体育消费。举办水上马拉松赛事，与苏州（太湖）马拉松赛合力打造自主品牌。培育新兴运动项目，举行苏州高新区户外运动基地揭牌暨苏州高新深潜赛艇俱乐部启用仪式，高新深潜赛艇俱乐部启用。举办水上系列赛事活动，联合周边诺贝尔湖等水域打造浒光运河“水上运动长廊”。年内，“夜享悦高新”树山女王跑夜跑比赛获评2022年苏州市体育旅游精品赛事，“行走树山”获评2022年苏州市体育旅游精品线路。

【体育产业扶持】　2022年，高新区完成省级、市级体育产业发展专项资金补贴项目申报工作。完成年度省级体育产业基地（2023—2025年）复核认定工作。引进数字体育公司坤昂数字体育有限公司。扶持CBA苏州肯帝亚篮球俱乐部发展，加大宣传推广力度，扩大赛事影响力。年内，苏州高新文旅集团有限公司、大乘环保新材有限公司获评江苏省体育产业示范单位。

【体教融合】　2022年，高新区深化体教融合，协同组织青少年阳光体育联赛，推进实施青少年体育5621计划（至少推动5个体育项目，每个项目至少布局6所小学、2所初中、1所高中），开展首批区级体育传统特色学校评比活动。探索“市区联办”“市队区办”“区队校办”等青少年业余体育训练模式，与江苏省苏州体育训练基地合作，推动青少年手球、现代五项等更多“市区联办”“市队区办”项目落户。以足球、篮球、羽毛球、乒乓球、手球、棒（垒）球等项目为重点，承办并组织参加苏州市青少年阳光体育联赛，提升青少年业余竞赛水平。江苏省第二十届运动会上，高新区累计获得12块金牌。（文化体育和旅游局　曹涛）

2022年7月10日，苏州高新区户外运动基地揭牌暨苏州高新深潜赛艇俱乐部启用仪式举行（文化体育和旅游局　供图）

卫生健康

综 述

【概况】 2022年，高新区有各类医疗机构278家，其中对外营业有177家，包括三级规模综合医院4家、一级综合医院2家、专科医院4家、社区卫生服务中心8家、服务站点35家、护理院8家、护理站1家、门诊部15家及诊所100家。床位4874张。共有卫生技术人员6082人，其中执业（助理）医师2320人，注册护士2819人。

【卫生体制改革】 2022年，高新区深化医药卫生体制改革，推进五大中心建设。建成市级专科救治中心11个（胸痛中心3个、创伤中心1个、卒中中心3个、危重新生儿救治中心2个、危重孕产妇救治中心2个），其中国家级专科救治中心4个（胸痛中心3个、卒中中心1个）。新增市级临床重点专科1个（高新区人民医院神经内科），新增省级临床重点专科培育专科1个（苏州科技城医院神经内科），建成市级重点专科12个，培育区级重点专科13个。推进苏州科技城医院三乙医院创建、高新区人民医院三级医院转设及苏大附二院浒关院区二期建设。深化与上海新华医院等沪上医疗机构合作，与南京大学、南京鼓楼医院开展合作洽谈，科技城医院挂牌南京大学医学院附属苏州医院。苏州科技城医院获评苏州市“531”儿童哮喘市级防治指导中心，高新区人民医院获评国家呼吸与危重症医学科（PCCM）规范化建设二级医院示范单位。推动优质医疗资源扩容下沉，实现基层医疗卫生机构与综合医院管理、人才、技术、信息资源共享。推进公共卫生基础设施建设，加快推进医防融合体系建设。累计建立居民电子健康档案58.68万份，建档率71.57%；签约常住人口58.68万人，重点人群签约率65.36%；开展家庭病床服务316张次。推进健康“531”行动计划，完成高血压、糖尿病等高危人群规范管理4712人，儿童支气管哮喘、心脑血管筛查29035人。开展严重精神障碍患者排查专项整治和多部门联合督导，在册严重精神障碍患者2857人，报告患病率3.43‰。引进全国名老中医药专家传承工作室基层工作站1个，市吴门医派名老中医药专家传承工作室2个、传承工作坊4个。通安卫生院获评五级中医馆。强化中医类别医师培养，组织3名中医科骨干人员参加省级中医馆骨干人才培训，9名人员参加省基层卫生技术人员中医药知识与技能培训。加强基层医疗卫生机构药品配备和使用管理工作，制定《基层医疗卫生机构药品配备和使用管理工作流程》，规范全区基层公立医疗机构药品配备。组织开展全区各级医疗机构第二类精神药品管理及合理使用专项督查和合理用药专项检查，7家社区卫生服务中心药师通过全省家庭药师培训。加大高层次人才队伍建设，申报省“双创博士”2名，推荐申报省“333高层次人才培养工程”培养项目1项，9人获评第九批“姑苏卫生人才”，其中特聘人才5名；全年引进学科带头人7名、紧缺人才33名。强化“一老一幼”健康服务，提优老年健康服务。获评江苏省老年友善医疗机构优秀单位2家、江苏省老年友善医疗机构21家，二级以上公立综合性医院设置老年医学科比例100%。浒墅关镇惠丰社区获评全国示范性老年友好型社区，枫桥街

苏州科技城医院（宣传部　供图）

道康佳社区获评老年友好型社区建设单位。打造社区（村）“医养融合服务站”10个，设立“医养融合”家庭医生工作室，65岁及以上老年人城乡社区规范健康管理服务率65.67%。　　（社会事业局　关雅之）

健康促进

【健康产业发展】　2022年，高新区以爱国卫生月为契机，开展形式多样健康宣传活动，广泛宣传市民健康公约，充分利用江苏省健康科普资源库传播健康知识，传授健康技能，引导群众养成文明、健康、绿色、环保生活方式。

【健康场所建设】　2022年，高新区新建省级健康村1个、健康社区5个、健康促进医院（社区卫生服务中心）1个，市级健康社区（村）6个、健康单位3个，区级健康社区（村）8个、健康单位3个。探索构建医院健康教育指数评价体系，推进健康促进医院建设。统筹推动公共场所病媒生物防制，组织开展季节性统一病媒生物防制行动，控制病媒生物密度，严防登革热等虫媒传染病暴发性流行，梳理落实病媒生物预防控制服务企业备案工作。组织专业技术人员技术培训1139人次，开展病媒生物防制知识宣传教育12次，整治重点场所215处，清除四害孳生地1798处，组织药物灭杀324次，完善四害防制设施2146处。

【健康知识普及】　2022年，高新区开展健康教育讲座503场，健康宣传活动326场，利用报纸、广播、电视媒体宣传61604条，微信、微博等新媒体宣传657条，发放健康教育宣传材料71.98万份。组织卫生系统开展健康促进技能大赛，选拔优秀选手组成区代表队参加市级技能大赛，获评个人二等奖1项，团体二等奖1项。　　（社会事业局　关雅之）

疾病预防控制

【预防接种】 2022年，高新区推进预防接种工作。全年建立预防接种证儿童59236人，建证率100%。开展常住儿童、流动儿童国家免疫规划疫苗基础免疫及加强免疫接种，接种率均超过99%。

【重点传染病防控】 结核病防控 2022年，高新区新登记肺结核病人186例，新登记病人查痰率97.33%，病人治管覆盖率98.92%。累计接受肺结核服药管理238例，规范管理率97.06%；规律服药数228人，规律服药率95.8%；治疗患者数225例，治疗成功率92.89%。处置学校肺结核疫情14起，筛查密接935人，密接筛查率100%；预防性医学评价建议应服药人数71人，预防性服药率92.96%。

血吸虫病、寄生虫病、地方病防控 全年累计完成查螺面积178.92万平方米，药物灭螺79.63万平方米。血吸虫病重点人群病原学查病人数累计2500人，血吸虫病流行地区流动人口血清IHA监测查病200人、粪检查病30人，均未检出阳性。开展血吸虫病询检1.5万人，扩大化疗1人。开展“三热病人”（疟疾、疑似疟疾和不明原因发热者）血检工作，镜检发热病人471人次，其中采血镜检363人次、RDT快检108人次，均未检出阳性。监测重点人群碘营养状况及甲状腺肿病情，抽检300份盐样和尿样，各项监测指标均达江苏省消除碘缺乏病标准。监测甲状腺疾病发病哨点，共接诊报告甲状腺相关疾病住院102人，未发现先天性碘缺乏综合征等疾病。

性病艾滋病防控 全年累计报告艾滋病病人/感染者431人，共检测HIV抗体142984例，VCT检测280人。累计管理艾滋病病人/感染者558人，抗病毒治疗覆盖率96.95%，抗病毒治疗成功率98.14%。

其他重点传染病防控 丙型肝炎监测哨点项目由省级升级为国家级，新增哨点医院1家（明基医院）。新诊断报告丙肝病例监测31例，丙肝抗体核酸检测情况监测21708人次，阳性率0.48%，肝病相关死亡监测1人。麻风疑似病例报告31例，比上年增长93.75%。截至2022年年底，辖区内共有麻风治愈存活者23人。

【精神卫生】 2022年，高新区登记在册精神障碍患者2857人，比上年增加370人。报告患病率3.43‰，管理率96.74%。各医疗机构开展常见心理健康服务项目，累计完成孕产妇抑郁症筛查1830人次，检出阳性204人；老年痴呆者初筛1660人，精筛194人，检出阳性159人；老年抑郁者初筛1660人，精筛65人，检出阳性60人。区内定点医院（高新区人民医院）开设严重精神障碍患者双免特病门诊，为患者提供免费服药、免费体检服务。开展心身和精神科门诊8977人次，比上年增长126%；住院患者42人次，院内会诊487人次，院外（怡养护理院、阳光护理院）会诊52人次。办理精神、智力残疾鉴定53人。（社会事业局 关雅之）

基层卫生

【概况】 2022年，高新区共有社区卫生服务中心8家，社区卫生服务站点35家，基层医疗卫生机构完成门诊量541226人次、急诊量13650人次。

【基层卫生服务】 2022年，高新区开展紧密型医联体建设。东、西部医联体牵头医院（科技城医院、高新区人民医院）联合各自基层医疗机构开展协同服务。常态化开展医院专家下基层活动，利用慢性疾病定诊与质控、科室共建、医疗质量督查及培训、集中临检、集中消毒供应、远程影像读片、远程门诊、远程病理检查等集约化方式，优化区域内医疗资源供给，提升基层医疗卫生服务能力。开展慢病签约管理12600人次，完成率126%；完成慢性疾病筛查61000人次，完成率102%。开展家庭病床服务，建床316张，完成率105%。推进家庭医生签约服务。建立居民健康档案586842份，建档率75%；常住人口家庭医生签约102601人，其中重点人群签约59136人，付费签约9477人。完善团队建设，家庭医生签约团队内吸收家庭药师，为患者居家药物治疗提供个体化、全程化药物服务。开展用药评估、用药教育及健康科普宣传，帮助患者提高用药依从性，保证药品储存质量和使用安全，提升药物治疗效果。完善家庭医生签约系统，高效提取家庭医生签约各项数据。年内，狮山街道社区卫生服务中心内分泌科、高新区中医医院中医内科获评苏州市特色科室，通安镇社区卫生服务中心中医内科获评苏州市特色科室建设单位。

（社会事业局　关雅之）

妇幼保健

【概况】　2022年，高新区构建以区妇幼保健计划生育服务中心为业务指导，以4家综合医院为技术支撑，以8家社区卫生服务中心为基础妇幼健康服务体系。以妇幼健康需求为导向，坚持保健与临床相结合，统筹推进妇幼健康民生工程，夯实妇幼公共卫生服务，持续提升妇幼健康服务水平。全区“活产数”5671人，未发生孕产妇死亡案例，婴儿死亡率2.47‰，5岁以下儿童死亡率3.17‰。

【妇女保健管理】　2022年，高新区建立完善危急重症救治网络，建成市级危重孕产妇救治中心1家、危重新生儿救治中心2家、新生儿先天性心脏病诊断机构2家。扎实推进妇女“两癌”检查工作，全年免费筛查适龄妇女2.14万人，检出宫颈癌5人、乳腺癌25人，群众满意度95%以上。规范孕产妇全程健康管理，婚检率95%，孕产妇健康管理率100%，产后访视率93.5%，预防艾滋病、梅毒、乙肝母婴传播检测率100%。

【儿童保健管理】　2022年，高新区有托育机构40家，可提供托位2522个，常住人口中每千人拥有托位数3.03个。推进普惠托育服务体系建设，新增普惠性托育机构4家，实现“一镇一街道一普惠”全覆盖。年内，苏州尔家蒙氏信息咨询有限公司获评江苏省示范托育机构。全面加强婴幼儿健康管理，辖区助产机构累计筛查新生儿重点疾病2.32万人次，新生儿听力筛查率99.2%，新生儿先天性心脏病筛查率99.8%，新生儿遗传代谢性疾病筛查率99.4%。推进公共卫生服务，0—6岁儿童健康管理率98.7%，儿童中医药健康管理率81.9%。实现在园儿童视力筛查建档全覆盖，共计筛查建档2.84万人，视力异常率14.7%。

（社会事业局　关雅之）

卫生监督

【医疗卫生监督】　2022年，高新区加强医疗卫生监督体系建设。根据《江苏省开展不合理医疗检查专项治理行动实施方案》要求，查处医疗服务条线案9起，罚没款153200元，医疗机构不良执业记分案21起，医务人员不良执业记分案11起。集体约谈违法违规医疗机构5次。处理投诉举报55件。强化政府主导责任，落实医疗卫生机构自我管理主体责任，加强审批制度改革，实现医疗机构运行、从业人员执业等全过程监管。

【公共场所卫生监督】　2022年，高新区贯彻实施《公共场所卫生管理条例》等法律法规，加强卫生监督规范化执法。全年检查公共场所553户次，监督抽检样品271份，立案查处未取得公共场所卫生许可证擅自营业、擅自停用消毒设施等严重违法行为单位21家，罚款2.4万元。联合新媒体“看苏州”平台直播对水上乐园执法过程，累计观看量47万人次。

【学校卫生监督】　2022年，高新区检查学校（含托育和托幼机构）139户次（大中专院校6户次、中学30户次、小学37户次、托幼和托育机构66户次），监测学校教学环境10户次，开展中高考保障监督巡查18户次。开展“智慧卫监　阳光执法”“科普益起来”等卫生监督进校园宣传活动5次，培训学生和教职员工310人次，发放宣传资料220余份。

【饮用水卫生监督】　2022年，高新区检查集中式供水单位12户次、二次供水单位25户次、涉水产品生产企业12户次，监督抽检水样45份，合格率100%，检测结果均及时公示。每季度对菖蒲泉水质进行监测并向公众公布水质监测结果。

【职业卫生监督】　2022年，高新区开展企业职业健康安全专项检查，全年检查企业100家，出具监督意见书30份，提出整改意见50条。开展省级挂牌督办重大风险企业专项检查、区级职业病报告企业专项监督、非医疗放射工作单位放射防护管理专项整治行动、“双随机”监督检查及职业病防治法宣传活动。立案查处未按照规定组织职业健康检查、未按照规定及时向卫生行政部门申报产生职业病危害项目企业共4家，罚款金额15万元。

（社会事业局　关雅之）

2022年6月14日，镇湖实验小学开展救护知识普及活动（社会事业局　供图）

就业与社会保障

就业创业

【概况】 2022年，高新区做好稳岗、拓岗、保岗工作，全区就业形势稳中向好，区人社局获评苏州市就业工作真抓实干成效明显地区一等奖，奖励政策资金90万元。

【援企稳岗】 2022年，高新区成立疫情防控期间服务企业用工“1+4”工作专班，建立用工需求日报制度，实施缺工企业“一企一策”制度，及时跟踪问效。组建人力资源服务机构联盟，服务重点企业用工，20余家联盟单位为企业输送用工70万余人。推进“10+50”人力资源合作计划，新建人力资源合作基地4家、技能人才合作输出基地16家。依托基地开展线上线下招聘，拓宽用工来源渠道，跨地区劳务合作模式受到苏州市借鉴推广。为1.4万家企业发放稳岗返还1.3亿元；为6006家企业发放一次性留工培训补贴7050万元；完成173家企业7.2万人项目制线上培训，发放补贴2160万元。约40万用工总量实现动态满足。

【就业帮扶】 2022年，高新区以高校毕业生、就业困难人员、退捕渔民为重点开展就业困难群体帮扶专项行动，提供就业援助、创业扶持、求职招聘、职业指导、权益维护“家门口”就业服务。认定就业困难人员1844人，城乡就业困难人员实现就业2449人，开发公益性岗位424个。实行退捕渔民“一人一卡一档”实名制管理，退捕渔民就业率、参保率100%。为4255人次重点人群发放补贴336万余元，促进重点人群稳定就业。围绕产业创新集群发展，分主题、分层次开展立体式校园引才、点对点政校企合作对接，实现高效集聚人才。开展“校园苏州日”“校园空中双选会”、产业集群创新人才“直播招聘季”等119场次引才活动，提供就业（含实习）岗位4.5万个，收集简历4.7万份，达成意向4500余人。

2022年10月10日，苏州人才云上招聘月启动仪式暨“校园苏州日”南京大学专场活动举行（丁翊彪　摄）

【创业扶持】 2022年，高新区打造“惠创业、享未来”创业服务品牌，做好创业人员全生命周期服务。支持创业3190人，新建大学生创业企业385家，9个项目获评江苏省大学生优秀创业项目。组织开展“赢在苏州　创赢未来”国际创客大赛、海外高层次人才云聘会等海外引才活动，新增留学回国人员350人，累计约5000人。举办国际精英创业周，吸引落户20余个国家1000余个项目，注册资本70亿余元。

【职业技能培训】 2022年，高新区指导企业建立健全技能人才培养评价体系，新增职业技能等级认定备案企业22家，开展职业技能等级认定15296人，新增高技能人才6706人。开展重点人群多元化职业技能培训，创新整建制购买培训项目模式。项目制培训开班55个，培训人数2725人，新增企业新型学徒制培训198人。参加项目制线上培训173家企业7.2万人，补贴资金2159.37万元。支持企业开展岗前培训，9家企业申请培训备案，培训人数4671人。开展补贴性技能培训6.82万人，兑现补贴资金4544.8万元。推动高技能人才培育载体建设，建成市级技能大师工作室1家。新增江苏首席技师1人，江苏省特级技师1人，区高技能领军人才15人。（人社局　刘军）

收入消费

【概况】 2022年，高新区城镇居民人均可支配收入持续稳步增长。实现社会消费品零售总额630.94亿元，比上年增长0.3%。销售商品房181.11万平方米，比上年下降5.6%。人均住房建筑面积29.8平方米。城镇居民八大类生活消费呈现六升两降态势。恩格尔系数27.2%，比上年提高0.6个百分点。文化娱乐支出占消费支出比重14.2%，比上年下降1.2个百分点。

【城镇居民可支配收入】 2022年，根据抽样调查，高新区城镇居民人均可支配收入76072元，比上年增长3.6%，其中工资性收入48831.4元，比上年增长4%；经营性收入7268.7元，比上年增长1.1%；财产性收入9589.8元，比上年增长1.2%；转移性收入10382.6元，比上年增长6%。

【城镇居民消费及构成】 2022年，根据抽样调查，高新区城镇居民人均生活消费支出47168.4元，比上年增长2.3%。其中食品支出12846.9元，比上年增长4.9%；衣着支出3484元，比上年下降1.5%；居住支出10465.9元，比上年增长5.8%；生活用品及服务支出2694元，比上年增长2.1%；交通通信支出7266.6元，比上年增长2.3%；教育文化娱乐支出6718.9元，比上年下降5.4%；医疗保健支出2056.9元，比上年增长1.5%；其他用品和服务支出1635.2元，比上年增长4.7%。（统计局　憨瑞祥）

社会保险

【概况】 2022年，高新区参保企业2.56万家，征缴各类社会保险基金119.7亿元。落实阶段性降低缴费费率和缓缴政策，为企业减免失业保险费、工伤保险费及医疗保险费4.58亿元，为18家单位285人次缓缴各项保险费128.97万元。

【医疗保险】 2022年，高新区医疗保险参保人数43.29万人，参保金额31.94亿元，各类参保单位降低缴纳医疗保险费1.67亿元。推动形成“基本医疗补助+商业保险补充”医疗保险体系，基本实现城乡居民医保待遇全覆盖，累计完成参保登记12.46万人，参保率99.5%，提高居民医疗保障水平，减少居民因病致贫、因病返贫现象。

【养老保险】 2022年，高新区养老保险参保人数42.96万人（含灵活就业2.45万人），企业职工基本养老保险参保缴费率96.21%，城乡居民基本养老保险参保人数9238人，城乡居民基本养老保险参保缴费率99.66%。征缴养老保险基金83.18亿元。

【失业保险】 2022年，高新区失业保险参保人数41.4万人，参保缴费率99.73%，参保金额3.41亿元，为各类参保单位降低缴纳失业保险费0.83亿元。

【工伤保险】 2022年，高新区工伤保险参保人数41.03万人，参保缴费率99.78%，参保金额1.15亿元。

工伤零星报销2533人次，支付金额9306.27万元，工伤定期待遇支付3270人次，支付金额995.2万元。

（人社局　刘军）

社会救助

【概况】　2022年，高新区健全社会救助制度体系，分层分类实施救助帮扶，发放低保救助金391.16万元，低保边缘重病困难对象救助资金408.81万元，特困对象救助资金22.27万元，临时救助资金42.88万元。开展低收入人口认定和动态监测工作，截至2022年年底，城乡低保对象227户376人，低保边缘重病困难对象490户529人，特困对象29户29人，低收入家庭对象190户514人。

【城乡居民最低生活保障】　2022年，高新区开展困难群体走访慰问工作，适时启动物价补贴机制，确保困难家庭生活不受物价上涨影响，落实疫情防控期间困难群众一次性特别补贴机制和低保、特困对象一次性防暑降温生活补贴机制。健全救助工作网络，加强困难对象信息维护，完善“一户一档一策”，根据困难对象实际制定帮扶措施。加强救助帮扶闭环管理，规范业务流程，加大核对力度，开展业务培训，加强廉政教育，强化廉政意识。开展阳光扶贫结对帮扶，建立全区副科级以上干部与困难群众一对一结对帮扶制度，按月动态管理，提高救助帮扶工作水平。

【医疗救助】　2022年，高新区实施社会救助对象实时医疗救助和年度专项医疗救助。落实新冠肺炎疫情防控期间困难群众一次性特别补贴机制，发放一次性特别补贴57.36万元。

【慈善救助】　2022年，高新区慈善救助工作坚持以问题为导向，以需求为基准，全年实施约30个慈善项目，投入款物近2500万元，受益对象20万人次。

【临时救助】　2022年，高新区强化急难救助，常态化开展临时救助，对遭遇突发事件、重大疾病等导致生活陷入困境家庭分类实施临时救助。截至2022年年底，开展临时救助178人次，发放救助资金42.48万元。

（社会事业局　关雅之）

社会福利

【儿童福利】　2022年，高新区完善政府主导、民政牵头、部门协同、社会广泛参与未成年人保护工作机制，健全区（管委会）—镇（街道）—村（社区）三级未成年人保护工作网络。指导未成年人保护中心工作，政府购买第三方服务提供专业化服务，开展镇（街道）儿童督导员、村（居）儿童主任培训。指导儿童福利院提质增效、创新转型，逐步开展帮扶救助、困境儿童关爱、政策宣传、指导督导工作。常态化开展困境儿童精准排查，落实困境儿童分类保障制度和关爱保障专项行动。指导全区6家儿童“关爱之家”及未成年人保护工作站开展工作，浒墅关经开区儿童“关爱之家”获评江苏省示范性儿童“关爱之家”（未成年人保护工作站）。妥善处置照料遭遇特殊困难未成年人。指导全区6家社区康复驿站开展工作，枫桥街道，狮山、横塘街道，浒墅关经开区（镇）社区康复驿站获评江苏省精神障碍社区康复服务示范点。

【老龄福利】　2022年，高新区发放老年人尊老金78.53万人，发放金额4401.27万元。开展区内户籍老年人援助对象家庭适老化改造申请，按每户改造总费用60%补贴，最高补贴不超过3000元标准。累计完成老年人家庭适老化改造537户，覆盖所有乡镇街道。完成家庭养老夜间照护床位建设90张，重点解决高龄、独居、空巢老年人夜间照护需求。购买全区65周岁以上老年人团体人身意外伤害保险和养老机构综合责任险。

【残疾人福利】 2022年，高新区做好残疾人之家规范化管理，完成3家市级星级残疾人之家申报工作。通过政府采购服务方式，引入专业服务机构提供运营管理，为低保及低保边缘、在就业年龄段内尚未实现就业及以智力残疾三、四级和肢体残疾一、二级为主困难残疾人提供辅助性就业等6类服务。全区建有10个残疾人之家，参与辅助性就业人员117人，发放辅助性就业补贴和收入34.3万元，参与日间照料人员162人，完成每日康复服务并建档率100%。累计举办文体活动401次，提供培训服务210次，链接志愿者团队22个、党建团队17个，志愿服务127次。依托残疾人之家管理运营，自主打造辅助性就业项目发包平台，每个调配中心辐射周边2—3个残疾人之家，实现区域内辅助性就业项目调配。根据智力、精神、重度肢体残疾人及其他类别不同特点，匹配不同辅助性就业项目。平台有入库运营项目包括花卉种植类、数据标注类、社区服务类、文创产品制作类、产品组装类、电子元器件加工类六大类24项。定期为残疾人之家服务对象提供康复活动，为残疾人之家提供爱心捐赠、爱心认购志愿公益服务。

（社会事业局　关雅之）

住房保障

【保障房建设】 2022年，高新区推进保障房项目建设，完成安置房竣工8万平方米554套，公租房竣工5.8万平方米1004套（间）。

【政策性租赁住房试点】 2022年，高新区推进保障性租赁住房筹集工作，做好原政策性租赁住房转入保障性租赁住房管理体系工作。筹集保障性租赁住房3755套（间），其中新开工项目1377套（间），存量纳入项目2378套（间）。

【公租房配租管理】 2022年，高新区加强公租房配租力度，加大对公共服务、公共管理行业人员等新市民住房保障力度，全年各类公共租赁住房分配6166套，在保人员15980人。推进公租房配租管理信息化建设，优化苏新乐居信息化管理平台功能，实现与不动产登记信息、社保缴纳信息数据共享，进一步简化申请流程，提升用户使用效果。

【城镇老旧小区改造】 2022年，高新区实施老旧小区改造工作，改善城镇居民居住环境，完善基础设施功能，提升城市品质和居民幸福指数，开展新一轮老旧小区现状调研，制定2023—2025年老旧小区改造和整治提升三年行动方案。年内，完成老旧小区改造项目2个，总投资8000万元，惠及居民3014户。

（住房和建设局　孙波）

【住房公积金缴存扩面】 2022年，高新区归集住房公积金64.51亿元，比上年增加8.33亿元，增幅14.83%；年末住房公积金余额127.91亿元，比上年增加20.66亿元，增幅25.1%。新增开户单位3444家，新增开户55134人，净增缴存16506人。超额完成年度目标任务，各镇街道综合完成率最高171%，最低116%。推进缴存政策落实，辅导拟上市和融资公司规范缴存。出具公积金缴存证明163份，比上年增加近30%；对区重点招商服务对象上门开展公积金政策精准辅导，期末应缴职工人数规模30.84万人，比上年增幅5.65%。组织缴存调整，提高缴存质量。向6091家企业寄送年度缴存基数调整文件，电话兜底服务2人以下企业应知尽知调整政策；职工年度基数调整率76.3%，调整增加月应缴额6080万元，人均缴存水平1777元，增幅9.22%，期末月应缴金额规模5.48亿元。

发放公积金贷款2519户15.57亿元，户均贷款额度61.8万元，比上年增加7.83万元，增幅14.51%。做好灵活就业人员参加公积金制度试点宣传服务，发放自由职业者公积金贷款。保障人才服务，给予贷款额度1.5倍和缴存、提取相应住房公积金支持政策，发放高层次人才贷款3179万元。对接优秀企业技术人才优购房贷款服务需求，发放人才优购贷款7655.7万元，比上年增加1.13倍。助力租购并举，支持职工提取住房公积金44.58亿元，其中购房提取6.14亿元，占比13.79%，还贷提取31.93亿元，占比71.62%，职工住房消费提取总占比85.41%。通过电话沟通和现场辅导形式加大租房提取政策宣传和服务力度，办理租房提取总金额1378.23万元，比上年增加765.35万元，增幅124.88%，年人均提取额7631元。通过直播带策方式，帮助企业用足用好纾困政策，为100余家企业办理降低比例或缓缴，减少或延迟年经营成本约1100万元。（公积金虎丘分中心　原嘉颖）

表43　高新区住房公积金归集使用情况（2021—2022）

指标	2021年	2022年
归集和提取（万元）		
年初余额	942328.17	1072535.91
本年归集额	561757.15	645130.55
跨区净转入	−875.76	7266.46
本年提取额	430673.66	445804.21
年末余额	1072535.91	1279128.71
贷款（万元）		
年初余额	957787.55	1001774.47
本年发放额	152784.1	155685.7
本年回收额	108797.18	108378.91
年末余额	1001774.47	1049081.27

社会事务

人口家庭事务

【计划生育】 2022年，高新区建立完善计划生育奖励和社会保障制度，累计发放专项经费2185.4万元。其中农村部分计划生育家庭奖励金惠及5331人，发放经费520.3万元；计划生育家庭特别扶助金惠及713人，发放经费660.1万元；持独生子女父母光荣证企业退休人员一次性奖励金发放2645人，发放经费952.2万元。为681名计划生育特扶对象购买住院护工险，保险金额34.05万元；为24户重点困难计划生育特殊家庭发放慈善关爱经费6.1万元。完善计划生育特殊家庭成员“双岗”联系人制度，提供家庭医生签约服务，推动就医绿色通道全覆盖。完成家庭医生签约服务577人，免费健康体检服务393人。优化生育登记服务，规范生育登记流程、办理材料和办理时限，落实省内通办制度。累计生育登记服务6900对，其中网上申报、审批生育登记4135对。（社会事业局　关雅之）

【人口户籍管理】 2022年，高新区深化“放管服”（简政放权、放管结合、优化服务）工作，设立受理居民户口、居民身份证、临时居民身份证、居住证、人口信息查询、相关证明出具等业务窗口9个，做到一窗受理、网上运转、分级审批，实现就近办、一站办、一次办。落实长三角区域跨省（市）新生儿入户工作，实现申请人在实际居住地办理新生儿入户及户籍证件签发、全国范围内户口迁移及户籍类证明跨省通办。累计受理积分申请4590份，比上年增长15%；办理积分入户2076人、积分入学1530人、积分入医1215人；办理市外迁入9507人，解决无户口问题12人。

（公安分局　刘思君）

【婚姻登记】 2022年，高新区办理结婚登记4641对，补发结婚证553对，受理离婚登记申请1676对，办理离婚登记1346对。办理涉外结婚登记50对，受理涉外离婚申请15对，办理涉外离婚登记14对，登记合格率100%。1月，开展婚姻登记跨省通办业务，办件量2592对，占登记总数43%，为群众提供就近、便民、高效婚姻登记服务，有效提高群众满意度。

【殡葬服务】 2022年，高新区开展殡葬领域规范整治工作，推进殡葬服务信息化建设。推广浒墅关经开区（镇）新民公墓林草地和公益性生态安葬地复合利用试点，倡导殡葬移风易俗、生态安葬。制定《苏州高新区2022年清明祭扫工作实施方案》，开展代客祭扫、集体代为祭扫服务，推进文明祭扫工作。制定公墓专项工作验收细则，开展“四不两直”（不发通知、不打招呼、不听汇报、不用陪检，直奔基层、直插现场）公墓现场检查工作。推进“身后一件事”改革工作，印发《关于印发苏州高新区自然人“身后一件事”一网通办项目建设工作方案的通知》，制定“身后一件事”办理流程和操作指南，一网通办项目运行，有效提升殡葬信息化水平建设。（社会事业局　关雅之）

退役军人事务

【概况】 2022年，高新区退役军人事务工作以学习宣传贯彻党的二十大精神为主线，学习贯彻习近平总书记关于退役军人工作重要论述精神，以“让军人成为全社会尊崇的职业”为目标，全面落实国家、省、市退役军人工作会议精神，突出政治引领，强化担当作为，优化服务保障，推动创新发展，推进退役军人事务工作高质量发展。浒墅关经开区获评江苏省双拥模范单位，振翔车辆装备股份有限公司获评江苏省优秀戎耀之家，浒墅关综合执法局获评苏州市优秀戎耀之家，狮山、横塘街道退役军人服务站获评2022年江苏省100个优秀退役军人服务中心（站），枫桥街道退役军人服务站站长吴清获评2022年江苏省100名优秀退役军人服务中心（站）主任（站长）。

狮山、横塘街道退役军人服务站（金巧群　供图）

【退役军人优抚安置】　2022年，高新区接收计划安置转业军官5人、转业士官9人、自主就业退役士兵92人。下拨镇（街道）中央、省级抚恤补助资金1160万元，发放义务兵家庭优待金及大学生奖励金1350万元，发放现役军人立功奖励金17.97万元，为49名1—6级在乡伤残军人缴纳医疗保险费171.5万元，发放自主就业退役士兵一次性经济补助金1073万元，春节、建军节走访慰问困难优抚对象20户和困难企业退休军转干部家庭7户。推进优待证申领工作，举行优待证集中发放仪式。

【退役军人服务保障】　2022年，高新区完善镇（街道）、村（社区）退役军人服务中心（站）考核评比体系，充实硬件设施，完善服务配套，搭建活动平台，开展系统工作人员专题培训及岗位练兵活动。探索基层镇（街道）人武部与退役军人服务站一体联建、融合服务，选取浒墅关经开区（镇），狮山、横塘街道，镇湖街道3个单位，围绕五大类15个事项开展全流程、一站式服务。依托新时代文明实践平台打造精准化志愿服务，按照地域特点、退役军人特长、社区治理需求等，完成垃圾分类、居家服务、消防检查、防疫消杀等志愿服务。突出功能发挥，推进优待证办理、购买商业保险等服务，扎实开展“四尊崇”“五关爱”“六必访”活动，营造浓厚尊崇尊敬氛围。

【退役军人双拥褒扬】　2022年，高新区开展双拥创建，与海军“苏州舰”签订双拥共建协议，建设启用浒墅关军用装载站拥军支前保障工程，区领导带队为驻训部队慰问践行。持续做好烈士纪念设施管理保护和利用，开展“清明祭英烈”祭扫工作，协调参与“9·30”烈士纪念日敬献花篮活动，引导社会各界崇尚英雄、缅怀英烈。

【退役军人就业创业】　2022年，高新区新接收退役士兵92人，其中，退役士兵复学47人，全日制学历教育15人，成人教育6人，技能培训15人，适应性培训71人，有意愿教育培训率100%。培训后有意愿就业22人，就业率100%。组织区第二届退役军人创业创新大赛暨2022年《创赢未来》第六季（退役军人专场）活动，6家单位入围苏州市大赛，获评一等奖1个、三等奖2个。成立退役军人就业创业服务促进会，截至2022年年底，吸纳会员单位37家，搭建就业创业互助交流平台。（退役军人事务局　方芳）

老龄事务

【概况】 2022年，高新区有60周岁以上老年人88870人，占户籍人口总数18.4%。其中，65周岁以上老年人70829人，占户籍人口总数14.66%；80周岁以上老年人13774人，占户籍人口总数2.85%；百岁老人36人。

【养老服务】 2022年，高新区建成养老机构12家，其中护理院7家、老年康复医院1家；新增机构养老床位100张，养老机构总床位4790张，有护理型床位4760张，每千名老年人拥有机构床位数53.9张。新建秦馀社区综合为老服务中心和景粼天著日间照料中心，满足老年人医疗护理、生活照料、助餐助浴、康复保健多元化养老服务需求。居家养老服务覆盖所有村（社区），对7类政府援助老年人提供每月36小时和48小时免费居家照料服务，政府补助对象每户每月享受6小时免费居家生活照料服务。完成老年人家庭适老化改造537家，建设家庭养老夜间照护床位90张，重点解决高龄、独居、空巢等老年人夜间照护需求。

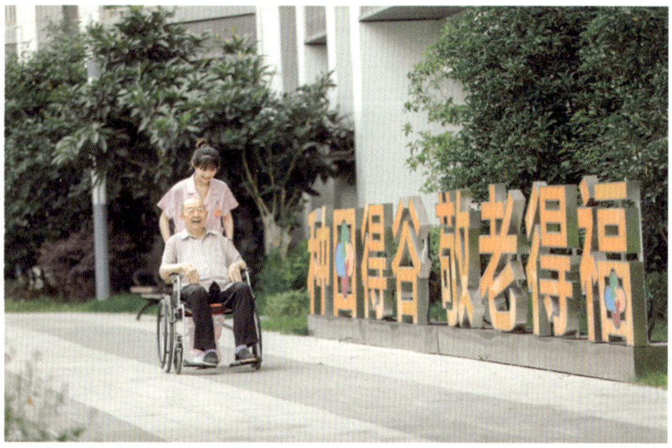

2022年6月9日，老年公寓敬老服务（苏高新集团　供图）

【敬老活动】 2022年，高新区开展智能技术专项普及培训，教4500名老年人正确使用智能手机，解决老年人运用智能手机困难，帮助老年人更好融入智慧社会，享受信息时代便捷生活。举办“喜迎二十大　颐养好生活”重阳节敬老系列主题活动，创新养老服务与敬老爱老有机融合举措，形成全区上下联动、渠道互补、全社会参与为老助老氛围。

（社会事业局　关雅之）

社会治理

社会治安综合治理

（参见第102页）

社会矛盾预防化解

【概况】 2022年，高新区开展《信访工作条例》学习宣传贯彻活动，统筹推进治理重复信访、化解信访积案专项工作和“信访突出问题攻坚化解年”行动，两批“国治件”化解率均为100%，完成信访保障任务，重大活动期间实现群体风险“全稳控”、进京赴省“零登记”，保持信访形势平稳向好发展。年内，全区信访总量3864件（批）次，比上年下降3.61%，其中接待群众来访585批1865人次（含个访503批869人次，集访82批996人次）。办理各类来信3279件，其中苏州阳光“数字信访”1317件、市公众监督886件、市委书记信箱268件、市长信箱389件、区长信箱82件、区领导交办信件39件、其他信件298件。完成年度驻京、驻宁信访值班工作，成立前方工作组进驻北京、南京、徐州、上海等地，重点时期实现“零进京”“零赴宁”和无赴重点地区人员，为经济社会发展营造良好环境。

【党政领导干部接访下访】 2022年，高新区落实各级领导干部主体责任，带头批阅来信、接待来访。18名党政领导接访218次，共接访群众235批275人次，其中2名主要领导接访17次，接访群众17批22人次。各板块、各部门负责人接访293次，接待群众349批755人次，有效化解一批突出信访矛盾。

【信访矛盾化解】 2022年，高新区提升信访“四率”（信访事项及时受理率、信访事项按期办结率、信访事项处理群众满意率、信访事项处理群众参评率）水平，网上信访占比87.6%，一次性化解率91.82%。越级进京访4人次，比上年下降50%；赴省访17人次，比上年下降26.1%；赴市集访15批139人次，比上年下降21.7%。 （政法委 李启新）

应急管理

【概况】 2022年，高新区召开安委会全体（扩大）会议4次，围绕安全生产相关重点工作进行部署。发生生产安全事故3起，比上年下降40%；死亡2人，比上年下降50%，未发生较大及以上事故。9月2日，全区应急管理综合行政执法部门统一揭牌仪式举行。在原有安全生产监察大队基础上，整合地质灾害、水旱灾害、森林火灾等有关应急抢险、灾害救助和防震减灾等方面职能，组建区应急管理综合行政执法大队；镇（街道）在原有安全生产监督管理办公室基础上组建镇（街道）应急管理局，实现安全生产和应急管理区、镇（街道）两级纵向贯通。

【应急预案建设】 2022年，高新区梳理区级总体应急预案1个、专项应急预案24个，推进各板块“1+13+X+Y”（总体预案1个、专项应急预案13个、X为其他专项应急预案、Y为社区应急预案）应急预案

2022年9月2日，全区应急管理综合行政执法部门统一揭牌仪式举行（丁翊彪　摄）

工作。下发《关于进一步加强预案管理的通知》，完成修编应急预案24个，修编完成率100%；各板块完成修编应急预案60个，修编完成率100%，纳入“智慧应急”平台，实现信息化管理。根据应急预案制定简易应急操作规程，配套编制应急预案工作手册。

【应急救援队伍建设】　2022年，高新区推进应急协会成立工作，与武警苏州支队、中建国际、供电供水供气公司、蓝天应急救援等40家单位建立共建联盟。印发《民兵营（连）长和村（社区）灾害信息员联合报灾工作机制（试行）》，将民兵营连长纳入灾害信息员队伍。构建突击救援队伍（军队）救大灾，消防救援队伍管全面，专业救援队伍保领域，社会救援队伍补短板应急救援工作格局。减灾办组织地震应急演练桌面推演，举行苏州市自然灾害救助应急演练暨高新区应急联盟授旗仪式，10余个部门135人参加，动用并展示冲锋舟、水陆两用车、排涝车等大型应急救援装备50余辆（套）。

【安全生产监管】　2022年，高新区推广使用安全生产问题处置监管平台，累计录入各类安全问题隐患16153个。制定《苏州高新区深化应急管理综合行政执法改革实施方案》，明确镇（街道）党政负责人担任安委会办公室主任。对1291家企业5477个较大以上风险报告内容进行大数据核查，督促339家企业提档升级。对4800余家生产经营单位发放安全生产主体责任重点事项清单承诺告知书，督促企业落实主体责任。

工矿企业安全监督　推进非煤矿山专项整治，对高岭土公司两座矿山开展“百日攻坚行动”专项检查，实现高岭土公司阳东矿闭坑。开展粉尘企业隐患清零行动，出动执法人员48人次，开展执法检查24家次，发现问题隐患73个。开展动火、有限空间等危险作业、委外作业专项整治，提前介入，发放安全告知，从严立案处罚，督促涉及污水池等有限空间作业工矿企业开展“上锁设柜”专项行动。

危险化学品安全监督　推进危化品企业改造。

召开行政许可评审会议17次，完成危化品经营许可证审核发证企业47家、第三类易制毒经营备案审核发证企业13家、安全现状评价备案企业3家，建立“五位一体”安全信息化平台企业34家。开展醇基燃料安全隐患排查整治，累计出动1998人次，排查企业、餐饮场所2956家，发现涉及使用液体燃料餐饮场所87家，日均使用储存量合计约9380千克，确定涉及危化品使用单位5家储量共560千克，发现各类问题隐患9个，完成整改闭环。取缔问题企业5家，拆除醇基燃料装置1套。

安全生产专项整治　累计排查自建房16838幢，检查单位2133家次，整改隐患单位2919个，下发处罚决定书356份，临时查封72个，责令“三停”（停止施工、停止使用或者停产停业）单位4家。推进重大火灾隐患整改，完成省级挂牌重大火灾隐患销案工作。对城镇燃气供应场站检查7轮84场次，签发整改文件6份，完成一般安全隐患整改197个。瓶改管建设累计完成商业街区通气27个，完成餐饮用户改造通气496户，完成老旧小区通气6个691户。

安全生产精准执法　立案处罚271件，罚款547.81万元，重大隐患立案19件，重大隐患立案率100%，一案双罚107件，占总立案数39.5%。行刑衔接移送案件2件，获评应急管理部典型案例7个。

【防灾减灾】　2022年，高新区统筹灾普调查房屋建筑53147座约8200万平方米，市政道路169条335千米，市政桥梁74座，农村公路533千米，农村桥梁334座，供水管线1300千米，供水厂2座，水闸106座，堤防202条425千米。调查学校、医院、旅游景区等承灾体293个，镇（街道）、村（社区）、消防救援大队减灾能力单位122个。对地震灾害、水旱灾害、森林火灾、地质灾害、历史灾害进行调查、评估与成果运用。飑线强对流天气和“轩岚诺”“梅花”台风期间，发挥区、镇（街道）、村（社区）三级188名灾害信息员作用，累计转移2171人。狮山、横塘街道青春社区获评全国综合减灾示范社区。

（应急管理局　薛荣明）

【消防救援】　2022年，高新区夯实公共消防安全基础，审议通过《苏州高新区（虎丘区）“十四五”社会消防救援事业发展规划（2021—2025）》。开展重点场所消防安全专项整治，对涉疫场所实施动态巡查，督改火灾隐患700余处，新增灭火器、强光电筒、逃生绳等器材4199套，提升隔离点消防安全水平。督促整改违规占用消防车道隐患358处，增设电动自行车智能充电桩410个、独立式感烟火灾探测器200套、简易喷淋2300个。建立健全重大火灾隐患挂牌督改机制，完成挂牌3家，销案省级、区级挂牌各1家，跟踪督改市级挂牌2家。丰富消防宣传培训形式，拍摄宣传专题片2部，印发消防主题核酸检测卡片25万张。完成建设通安消防站市级应急消防科普教育基地、苏州科技城幸福蓝海国际影城文体中心店消防主题影厅、微型消防体验点各1处。推广全民消防学习平台“消防安全码”运用，组织11万余人实施常态化扫码学习，扩大社会面消防宣传辐射；优化全勤指挥部运行，全程跟进指导，提升灭火救援行动规范化水平；强化熟悉演练、数字化预案、三维建模效果和质量，开展重点单位预案编制和修订工作；定期举办灭火救援技术暨作战训练安全培训，灾害事故处置实战演练和示范

苏州科技城幸福蓝海国际影城文体中心店消防主题影厅（消防大队　供图）

教学；更新举高喷射类、抢险救援类、化学事故处置类、战勤保障类等车辆装备迭代，提升全灾种应急救援处专业能力水平。年内，区消防救援大队获评江苏省消防救援队伍基层建设先进大队、苏州市消防救援队伍大队级党委好班子、苏州市巾帼文明岗、法治高新区建设先进集体。（消防大队　高译心）

社会组织管理

【概况】　2022年，高新区有登记社会组织457家，其中社会团体79家、民办非企业单位371家、基金会7家；备案社区社会组织634家。

【社会组织培育】　2022年，高新区鼓励社会组织参与等级评估，发布社会服务项目，对申报机构要求中增加等级社会组织在同等条件下享有优先权。截至2022年年底，有等级社会组织317家，其中4A等级13家、3A等级23家、2A等级161家、1A等级120家。扶持发展社区社会组织，发挥社区社会组织减缓社区公共事务管理与社区服务压力、参与和谐社区创建与提升居民生活品质重要作用。培育基层社会组织孵化基地，盘活不活跃社区社会组织。通过微自治、微创投、微慈善项目指导社区社会组织提高承接服务能力，规范社区社会组织志愿服务行为，满足居民多样化、个性化服务需求，完善城乡社区治理体制，提高社区治理水平。

【社会组织执法检查】　2022年，高新区加强社会组织“双随机”检查力度，对24家社会组织开展“双随机”检查。对检查发现主要问题如财务不规范、社会组织党建落实不到位、缺少更新党建内容、缺少日常党员活动、信息公开制度不健全、缺少公开渠道等，书面告知社会组织限期整改。

【社会组织监管机制创新】　2022年，高新区推进“僵尸型”社会组织专项整治工作。梳理出待整治“僵尸型”社会组织84家。完成整改社会组织49家，均为注销登记。推进整改社会组织35家，其中撤销登记11家、注销登记24家。开展社会团体分支（代表）机构专项整治行动。根据市民政局《关于迅速开展全市社会团体分支（代表）机构专项整治行动的通知》文件精神，开展社会团体摸底工作，摸排社会团体分支（代表）机构12家，完成整改列入整治范围分支（代表）机构1家。（社会事业局　关雅之）

镇·街道

浒墅关经济技术开发区（镇）

【概况】　浒墅关经济技术开发区（镇）位于高新区东北部。区域总面积63.2平方千米，下辖九图村、青灯村、吴公村等4个行政村，金庭社区、文昌社区、龙华社区等22个社区。党工委管委会驻虎丘区大同路19号。截至2022年年底，辖区户籍人口11.7万人。全年完成一般公共预算收入34.2亿元，全社会固定资产投资136.03亿元。圣晖系统集成实现主板上市，启动“产业+人才”综合体创园壹号产业园项目。开展数字化改造，新增数字化改造项目约200个，完成规上工业企业全覆盖。年内，浒墅关经济技术开发区获评江苏省“互联网+先进制造业”特色产业基地。在119家全省经济开发区高质量发展综合考核评价中列第7位。浒墅关商会获评全国四好商会。

【产业发展】　2022年，浒墅关经济技术开发区（镇）完成工业投资22.42亿元，规上工业总产值474.41亿元。实际使用外资及港澳台资2.5亿美元，增长0.4%；内资新增注册资金354.79亿元，增长35.1%；引进内资高质量产业项目75个，增长39%，其中亿元产业项目41个，增长78%，总投资5亿美元工银国际外资合伙基金（QFLP）项目落户。引进外资及港澳台资6.8亿美元，徕博科、赛默飞等高质量项目75个，其中超亿元项目41个。迪卡侬体育公园旗舰店开业，腾讯、中软、中检、浒墅关运河文化小镇等省重大项目实施，百胜动力研发总部实现“拿地即开工”，新增数字化改造项目约200个。

【科技创新】　2022年，浒墅关经济技术开发区（镇）引进创新型企业247家，高质量科技型项目86个，获批高新技术企业126家，累计约300家。新增省级以上潜在“独角兽”企业3家、市级以上“瞪羚”企业31家，14个科技创新项目获得风投2.5亿元。集聚高端人才，获批国家级人才项目1个；获批各级领军人才75项，增长约20%，其中市级以上领军人才15项。加快创新资源导入，对接南京大学、西安交通大学、上海大学智慧城市研究院等大院大所成果转化项目，对接中建材等央企资源，推进产研院项目4个，产学研合作项目落地约150个。优化实施“苗圃—孵化器—加速器”全链条培育机制，获批省级以上众创空间6个、市级以上科技孵化器6个、区领军成长项目6个。做优创新生态，高品质打造人才社区，启用阳山人才会客厅。推进“贤聚浒溪”服务品牌建设，举办苏州国际精英创业周浒墅关分会场活动，承办“智汇苏高新”创新创业大赛2场。

【城乡建设】　2022年，浒墅关经济技术开发区（镇）建设重点项目28个、民生工程9个，完成暑期学校改造、盛家浜特色田园、新鹿花苑三期五标等工程建设，推进浒墅关经开区便民服务中心提升改造、上市科创园二期等工程，配合完成马环连接线、通浒路东延三期等建设项目。推进环境大整治、面貌大提升“百日攻坚”十大专项行动，做好拆迁及待建地块“三治三化”工作，完成地块集中整治67处400公顷，动迁签约住宅27户、非住宅3家，完成清零项目地块6个。清租清退木材市场，提升苏华路、通浒路等主干道沿线面貌。抢救性修缮西陵堂、绿叶楼、天远堂等古建筑，做好区域文物、古建筑保护工作。开展交通秩序专项整治，推进苏畅工程，打造“货运友好”新模式；新建“口袋停车场”7座，增设非机动车车位2000余个，缓解交通压力。加强生态环境保护，排查整治建林河、大运河排口173个，强化扬尘源污染防治管控，完成地块土壤污染状况调查25宗。加大农村环境治理力度，拆除违章建筑约3000平方米，吴公村、青灯村获评江苏省文明村。

【社会事业】 2022年，浒墅关经济技术开发区（镇）实施总投资37亿元实事重点项目33项，推进苏州大学附属第二医院浒关院区二期建设，启用和祥幼儿园、文韵幼儿园，实验初中教育集团文昌校区挂牌成立，累计发放各类民政救助金约2380万元。创建全国文明典范城市，举办“高新欢乐购”促消费活动暨迪卡侬开业仪式、大阳山“星亮夜”、运河文化艺术节、社区文化艺术节等系列活动，龙华社区获评江苏省文明社区，敬恩小学获评江苏省文明

浒墅关大运河［浒墅关经济技术开发区（镇） 供图］

浒墅关永旺、宜家、迪卡侬、开市客四大商业主体（杨炎橙 摄）

校园。提高便民服务力度，永莲社区、和祥社区创建“一刻钟便民生活圈”，惠丰社区获评全国示范性老年友好型社区。开展社会治理，化解信访重点人员5名，实体化解国治交办件6件。落实安全生产责任制，整改完成挂牌督办隐患12项，完成三级挂牌督办摘牌验收6处，规范管理长江路农贸市场等重要点位，防范化解各类风险隐患，全年未发生等级以上安全生产事故。做好双拥共建、退役军人服务管理等工作，浒墅关经开区管委会获评江苏省双拥模范单位。推动工会、共青团、妇联等工作，团工委获评江苏省五四红旗团委。

［浒墅关经济技术开发区（镇） 刘子佳］

表44　**浒墅关经济技术开发区（镇）国民经济和社会发展主要指标（2022）**

指标	单位	实绩
一般公共预算收入	亿元	34.2
全社会固定资产投资	亿元	136.03
工业投资	亿元	22.42
规上工业总产值	亿元	474.41
限上批发业销售额	亿元	132.49
限上零售业销售额	亿元	24.93
新增内资企业数	个	2268
内资新增注册资金（含增资）	亿元	354.79

西部生态旅游度假区（镇湖街道）

【概况】 西部生态旅游度假区（镇湖街道）位于高新区最西部，三面环太湖，区域总面积20.1平方千米，下辖10个行政村、2个社区。8个村为保留行政村，31个自然村。街道办事处驻虎丘区东城路350号。截至2022年年底，辖区户籍人口2.3万，农户6173户。全年完成一般公共预算收入0.98亿元，全社会固定资产投资4.69亿元。

【产业发展】 2022年，西部生态旅游度假区（镇湖街道）发展特色农业，开工建设西京湾高标准农田。20万平方米贡山茶叶、6.67万平方米水稻进入有机认证监管。重点推动石帆村、马山村、秀岸村乡村振兴，发展贡山茶叶、马山大米、镇湖黄桃三类特色农业，镇湖黄桃在市级果品品鉴中获评三项金奖、一项银奖。推动农业、文化、旅游融合发展，芳菲别院、桃李芬芳（市干桥民宿）启动运营，石帆村共享农庄项目、秀岸村市干桥特色田园项目加速推进。苏绣小镇亲子体验中心、新文艺空间特色载体建设完成，裸心泊体验中心启动试营业。镇湖苏绣亮相2022年中央广播电视总台中秋晚会，连续五年参展中国国际进口博览会，邹英姿2副苏绣精品入选中国国家版本馆文瀚阁。第十四届中国刺绣文化艺术节开幕式暨“艺”心跟党走奋进新征程·礼赞二十大苏绣主题展开幕。

【城乡建设】 2022年，西部生态旅游度假区（镇湖街道）前城港、长三港、后旺浜、小桥港完成河道“消劣争优”（消除劣V类攻坚行动，推进生态美丽河湖建设，提升水生态环境质量）。上市河（西京湾段）获评市级幸福河湖。强化各类扬尘治理，完成渔业街周边16.67万平方米拆迁区域梳理绿化。加强秸秆和垃圾禁烧日常巡查，PM2.5浓度29.7微克/立方米，空气优良天数比率83%。年内，山旺村入选江苏省健康村，镇湖街道在9月苏州市人居环境整治专项考评通报中位列全市第一，7个自然村获评2022年度苏州市特色康居乡村，绣美太湖康居示范区通过验收，获评优秀荣誉，马

镇湖街道（宣传部　供图）

山村获评2022年苏州市精品休闲旅游农业精品村、苏州市农村人居环境长效管护先进村。

【社会事业】　2022年，西部生态旅游度假区（镇湖街道）支持创业人数128人，培养高技能人才48人，扶持农民自主创业18人，完成各项创业就业指标。推出线上招聘会21期，提供岗位3907个。退捕渔民办理灵活就业参保特殊补贴135人。新建杵山三级体育公园和西京村文化演出广场，开展文化艺术活动30余场次。打造镇湖绣娘省级劳务品牌。年内，镇湖实验小学《绣韵向党》节目获评江苏省"喜迎二十大、筑梦向未来"活动特等奖，镇湖幼儿园获评苏州市第一批智慧安防校园。

［西部生态旅游度假区（镇湖街道）　赵蒙超］

表45　**西部生态旅游度假区（镇湖街道）国民经济和社会发展主要指标（2022）**

指标	单位	实绩
一般公共预算收入	亿元	0.98
全社会固定资产投资	亿元	4.69
新增内资企业数	个	40
内资新增注册资金（含增资）	亿元	1.32

通安镇

【概况】　通安镇位于苏州高新区西北部，西临太湖，东枕京杭运河与浒墅关镇相邻，南依阳山紧接科技城，北靠312国道与苏州相城区望亭镇接壤。区域总面积38平方千米，下辖树山村、金市村、北窑村等8个行政村，华通社区、新街社区、西巷社区等10个社区。镇政府驻虎丘区通浒路88号。截至2022年年底，辖区户籍人口5.28万人。全年完成一般公共预算收入可用财力4.75亿元。年内，通安镇推进7005亩高标准农田提升项目，完成2000亩示范区建设，获评苏州市高标准农田示范项目。总投资3000万元镇级农业设施用房投入使用。在苏州市率先基本实现农业农村现代化实绩考核中，通安镇连续三次获评第一等次。

蝉联国家卫生镇，通过全国文明典范城市国考点位测评。树山村成功申报市智慧乡村示范村，获评全国农民体育健身活动基地，蝉联江苏省文明村，亮相中国（深圳）国际文化产业博览交易会，入选文旅部文化产业赋能乡村振兴案例展示。华山村真山公园获评2022苏州美丽乡村健身公园。金市老街和树山村等4个自然村入选苏州市首批老街古村名录。

【产业发展】 （参见第143页）

【科技创新】 （参见第143页）

【城乡建设】 2022年，通安镇成立四大动迁攻坚小组。实地调研8863人次、拆除旧房80户、全镇绿网覆盖渲染氛围约3000平方米，累计拆除住宅155户、非住宅13家，完成7个重点项目6443亩地块清零。拆除违法建设278处共约3万平方米，违建治理任务完成率100%。开展环境提档升级五大专项行动，累计清理垃圾约9000吨，播撒复绿草籽近15吨，督查发现并整改问题约1000个。开展与相城区望亭镇战略协作，完成交界处苏锡路样板段整治提升。完成通安老镇区防洪排涝工程建设，建成投用闸站3座、节制闸6座。完成渔船渔网渔具处置工作。编制劣V类河道“一河一策”方案，5条市考河道消劣整治项目基本完工。实施农户生活污水提升工程，沿太湖农村接户率95.7%，树山村完成率100%。落实河长制，推动太湖水源地保护。“通安良仓”新增一批金奖荣誉及创优品牌，现代农业园获评苏州大米品牌十强企业，绿色优质农产品比重提升至100%。开展树山梨花文化旅游节，推出“云上树山”有线电视App。试行村级闲置资金“抱团式竞争性存放”，乡村公益医疗互助项目落户树山。村级可支配收入比上年增长15.4%。

通安镇树山村（赵云　摄）

【社会事业】 2022年，通安镇受理信访总量253件，来访71批324人。推进重复信访治理、“攻坚化解年”专项行动，各级交办重复信办结率100%，化解3户超10年信访老户。聚焦出租房（群租房）、小餐饮、“三合一”等重点场所消防安全问题，推进“331”攻坚战，累计检查1.2万家，督查整改隐患2274条。投入使用新森林消防队营房和森林防火智能监测系统。试点推进矛盾纠纷化解一站式服务，通安司法所入选苏州市高标所。优化全域管理布局，优化13个二级网格至11个，建立“1+N”楼栋长（街巷长）机制。创新设立政协委员连心工作室6个。实施“美美家园”计划，推进融合、善治、品质三大工程，达善社区获评江苏省垃圾分类达标小区、江苏省优秀社会工作案例，华通花园第六社区入选江苏省新型农村社区治理服务省级示范点。打造“五社联动”社工站，社创空间入选苏州市社区社会组织培育发展观察点。完成投资约3亿元老旧小区综合改造提升项目，实现农贸市场升级改造项目提前竣工3个，推进民生实事项目18项。新增停车泊位205个，建成城市口袋公园1个、2A级公共卫生间1座，推进镇村道路修复18条。完成本地就业1416人次，扶持创业170人次。开展针对性职业技能培训，139名退捕渔民就业率、参保率均达100%。新建市级“一刻钟医保服务圈”。发放各类社会救助保障金2261万元，实现317户低收入人口家庭应保尽保。新增日间照料中心1家，标准化社区养老服务设施覆盖率100%。华通花园第一、三、四社区获评江苏省健康社区。举办各类文艺活动16场、开设课程25门，服务群众约3万人。 （通安镇 吴素娟）

狮山、横塘街道

【概况】 狮山、横塘街道东起大运河，西至金枫路，南接上方山、吴山山脉，北抵枫津河，区域总面积31.3平方千米。下辖馨泰、青春等13个社区，原18个行政村先后撤村建居并完成股份制改革，成立相应村股份合作社，进行股份合作联社注册登记。街道政府驻虎丘区邓尉路109号、110号。截至2022年年底，辖区人口30.3万人。其中，户籍人口14万人，流动人口16.3万人。全年完成一般公共预算收入52.79亿元，增长3.9%；全社会固定资产投资130.35亿元。年内，狮山、横塘街道获评江苏省省级夜间文化和旅游消费集聚区，狮山街区入选第二批省级夜间文化和旅游消费集聚区。

【产业发展】 2022年，狮山、横塘街道完成工业投资13.47亿元，规上工业总产值830.58亿元；规上工业利润总额49.29亿元，增长14.2%；规上核心营利性服务业营收76.4亿元；限上零售业销售额71.59亿元，增长16.4%；保障33个市、区重点项目建设，投资122亿元。内资新增注册资金328.57亿元，增长32.9%。依托狮山国际创新医疗转化基地，高水平建设华能地块东、向阳路54号地块等项目；做优生物医药科技产业园，推进生物医药与医疗器械产业由集聚化向集群化发展。强化企业培育，助力人才企业固德威项目获批省级工程研究中心、省级院士工作站。获批省级专精特新企业21家、区级专精企业7家。完成“智改数转”项目150个，获批国家智能工厂企业1家、省级智能车间4个、市级智能车间7个，固德威技术股份有限公司、苏州福莱盈电子有限公司获评工业互联网标杆工厂。苏州国芯科技股份有限公司在上交所科创板上市，苏新美好生活服务股份有限公司在香港联交所主板上市。建设绿色产业创新基地、总部园K地块等特色载体。举办商圈党建文化节暨狮山新动GO启动仪式，开展“数字生活 智造狮山”主题第二届狮山“新动家”家居文化展。

【科技创新】 2022年，狮山、横塘街道新增各类高新技术企业167家，累计拥有325家。年内，获批市级以上领军人才（含姑苏青年）12人、区领军及领军孵化人才38人、高技能人才1470人，获批省级科技企业孵化器1家、省级以上众创空间2家、省级以上研发机构7家。引进中科惟声、亿薇生物、博易环境等高质量科技项目69个，引进创新型企业216家，新增获批高新技术企业104家，完成国家科技型中小企业评价入库686家，技术合同交易额21.25亿元。围绕产业、创新和现代服务业融合发展目标，擦亮“1+4+1”人才社区品牌。打造狮山CBD人才街区，建设集成电路创新中心（一期）项目、苏州博物馆西馆、狮山科技人才会客厅、狮山文化人才会客厅开放式功能空间。打造总部经济产业园人才街区，发布“人才乐居”“人才安居”优购福利，累计上线人才公寓408套，提供人才优购房源88套。

【城乡建设】 2022年，狮山、横塘街道推动民心工程、民生实事工程。高新区实验幼儿园何山园加固改造工程竣工，狮山中心幼儿园开园，晋源为老服务中心运营，公交三厂地块小学项目有序推进。完成老旧小区改造，建成小区口袋公园。开展安全生产大排查大整治，检查企业1033家次，发现隐患2416条。聚焦“9+1”场所、群租房、城中村等薄弱环节，开展电动车违规停放、电线私拉乱接、“三合一”等专项检查271次，发现隐患问题并整改855处。化解重点企业重点部位安全风险，完成挂牌企业摘牌工作市级2家、区级3家、街道级4家。完成第二轮中央生态环境保护督察交办信访问题整改。开展“263”专项行动，PM2.5月均浓度下降至25微克/立方米，空气质量优良天数比例上升至90.06%。推动与吴中区木渎镇建立联合河长治理机制，市考17条、区考24条劣V类水体销号率100%。采用DBO模式实施河道后期管护，全地下式水质净化厂运行。加强大气污染防治，试点安装使用高杆喷雾，加强施工工地扬尘管控，推进汽修集中喷涂“绿岛”试点项目建设。

【社会事业】 2022年，狮山、横塘街道开发常住人员信息录入平台，收集居民信息27.6万人次，基本实现常住人口全覆盖。推出货运护航调度平台，发挥社会化力量，高效率低成本抓好物流闭环管理，累计护航货车集卡5万余辆，为辖区重点企业保供生产提供支撑。推进老年人疫苗接种工作，累计开展大规模区域核酸检测102轮，采样1800万人次，发动社会志愿者力量12.3万人次，筹措社会各界资金和物资捐赠约500万元。狮山、横塘街道获评苏州市社会化管理服务工作“尊老敬老爱老”十佳街道，横山社区、学府社区获评苏州市第一批“一刻钟便民生活圈”。开展

狮山街道（朱卫东　摄）

狮山路夜景（伊志明　摄）

“直播带岗稳就业”促进行动，扶持创业就业1100余人，培养高技能人才1025人。实施矛盾纠纷排查、接案、分流、化解、处置联调联动机制，化解矛盾纠纷1381件。　　（狮山、横塘街道　周圣渝）

表46　狮山、横塘街道国民经济和社会发展主要指标（2022）

指标	单位	实绩
一般公共预算收入	亿元	52.79
全社会固定资产投资	亿元	130.35
工业投资	亿元	13.47
规上工业总产值	亿元	830.58
限上批发业销售额	亿元	217.62
限上零售业销售额	亿元	71.59
新增内资企业数	个	3927
内资新增注册资金（含增资）	亿元	328.57

枫桥街道

【概况】　枫桥街道位于苏州古城西侧，东与姑苏区寒山寺隔河相望，西与吴中区木渎毗邻，南与狮山街道接壤，北邻浒墅关经开区。区域总面积34平方千米，下辖枫津、马浜、东浜、康佳、西津桥、白马涧、龙池、枫华、寒山、景山10个社区居委会，有江枫、康佳、马涧3个社区服务中心。街道办事处驻湘江路998号。截至2022年年底，辖区户籍人口7.9万人，常住人口16.7万人。全年完成一般公共预算收入41.55亿元，全社会固定资产投资46.42亿元。抢抓商务创新功能片区融合发展机遇，吸引约3350家内外资企业入驻，其中规模以上工业企业240家、世界500强企业及全球行业龙头企业21家、高新技术企业322家、上市挂牌企业20家。年内，获评国家高新区优秀宣传部门、江苏省文明单位。

【产业发展】 2022年，枫桥街道完成工业投资24.22亿元；完成规上工业总产值990.4亿元，比上年增长6.2%。完成限上批发业销售额105.25亿元，比上年增长28%。发挥商务创新区一体化招商效能，产业创新集群成势见效，引进百普赛斯南方基地和创新中心、太阳油墨中国区研发中心、异科彼欧燃料电池（苏州）有限公司、三菱化学共享服务中心等一批总部经济项目，推动搏技MEMS测试机、东鼎半导体等一批集成电路项目落地，集聚海鹏科技总部、中国交建华东综合能源总部、东创氢能源等一批新能源项目。实际使用外资及港澳台资1.43亿美元。内资新增注册资金308.72亿元，比上年增长28.5%。抓住旺季促进消费回补，举办"枫购汽车嘉年华"、"双十二"购物节消费促进活动，发放促销红包约500万元，带动社会消费品零售总额增长约5亿元。推动各类惠企新政精准直达、快享快办，累计兑现企业扶持资金1.65亿元，退还企业留抵税额2.23亿元，帮助企业减轻困难。

【科技创新】 2022年，枫桥街道新认定国家高企128家，获批各级各类领军人才项目46个，其中市领军人才项目9个（含青年领军）、区领军人才项目34个。安达创智园孵化器获评省级孵化器，苏州众智云集科技园孵化管理有限公司获评国家级众创空间。苏州晟成光伏设备有限公司获评国家级制造业单项冠军示范企业，苏州轴承厂、长风航空等6家企业获评国家级专精特新"小巨人"企业。获批省级工程技术研究中心企业10家、市级工程技术研究中心企业8家，新增产学研合作项目130项。举办智汇苏高新"才聚高新 业泊枫桥"创新创业大赛，市、区领军人才申报线上专家辅导系列等活动。

【城乡建设】 2022年，枫桥街道推动城市更新，加快载体空间释放。成立枫桥城市更新运营中心，推动绿工拾玖号、环保产业园、力生能源等68个地块有机更新，累计盘活低效用地0.67平方千米。和枫科创园城市更新经验入选住建部第一批城市更新可复制经验做法清单。推动15年以上动迁疑难户化解签约19户，非住宅拆除24家，完成旺米、毛家、津桥城中村动迁扫尾清零。按期推动长江路西、枫津大街北上市地块拆除腾地。开展违法建设治理攻坚行动，消除违建图斑315个，治理违建面积约10万平方米。加快提升城市品质，开展太湖大道高架桥下空间景观优化提升工程，对高架下（塔园路—建林路）道路交叉口、停车场出入口、机房外立面进行全方位造景提升。推动智慧停车改革，盘活高架下停车位约4000个。完成何山路、马运路等轨交站点环境改造16个，打造交通出行、城市休闲亮点功能单元。"一河一策"开展精准消劣，全域9条劣V类水体完成整治销号。建成生态美丽河湖2条，白马涧胜天湖获评苏州首批幸福河湖。加强大气污染防治，实施工地扬尘治理专项行动，推进汽修集中喷涂"绿岛"试点项目建设。

【社会事业】 2022年，枫桥街道实施全域网格化联动治理，统筹划分全域三级网格164个，推动城市管理、安全监管等力量下沉网格，构建片网结合联动治理架构。提升社会精细治理和公共服务，分划新设景山、寒山2个社区。以木桥公寓为试点，实施职工集宿区社区化管理。累计举办线上招聘会30场次，提供就业岗位2400余个，实现辖区人员就业约2000人，支持创业334人。开展人力资源市场整治"利剑行动"，整治违规经营机构149家。保障困难群体生活，发放救助金约800万元。推进民生实事工程，枫华幼儿园、实验小学、中心小学塔园路校区改扩建竣工，新增学位2160个。开展红色物业建设，富康新村获批省级党建引领物业管理服务工作示范点。为民服务中心创新设立"办不成事"反映窗口，提供全程跟踪服务，提高企业群众办事效率。白马涧、枫津社区打造"一刻钟便民生活圈"示范点。 （枫桥街道 章小琴）

枫桥街道（宣传部　供图）

枫桥街道中环太湖大道立交（谢竹君　摄）

表47　　枫桥街道国民经济和社会发展主要指标（2022）

指标	单位	实绩
一般公共预算收入	亿元	41.55
全社会固定资产投资	亿元	46.42
工业投资	亿元	24.22
规上工业总产值	亿元	990.4
限上批发业销售额	亿元	105.25
限上零售业销售额	亿元	117.95
新增内资企业数	个	3307
内资新增注册资金（含增资）	亿元	308.72

东渚街道

【概况】　东渚街道位于苏州市城西约20千米，东隔阳山与浒墅关开发区相邻，西临太湖与镇湖相通，南傍蒸山、玉屏山与光福、藏书毗邻，北濒太湖与通安镇接壤。区域总面积15.4平方千米，下辖龙惠花苑、西渚、龙康、龙昌、龙景5个社区。街道政府驻培源路3号。截至2022年年底，辖区户籍人口3.3万人。年内，青山绿庭社区获评2019—2021年度江苏省文明社区、2022年度苏州市民族团结进步创建示范基地，西渚社区获评第十六批江苏省民主法治示范社区，东渚新苑获评江苏省级示范物业小区，龙昌社区龙景物业、西渚社区置悦物业获评苏州市红色物业示范点，龙惠花苑社区获评苏州市社会化管理服务工作尊老敬老爱老百佳社区，东渚法治文化主题公园获评苏州市第十一批法治文化建设示范点。

【产业发展】　（参见第143页）

【城乡建设】　2022年，东渚街道推进东渚老镇整体清零工作。累计完成拆迁322户，完成前进桥节点改造项目、2022—G—02土地整理地块、龙景路东延等3个清零项目，签约苗木320亩。打造“1+8+N”红色党建阵地（以为民中心为中心站点、8个商业服务场所为示范点、若干社区现有活动用房为“能量加油站”），创新试点积分五入管理办法。推广智能门禁系统、电梯“维小保”等“黑科技”，依托电信云平台建立常住居民信息库，实现云端管理、精准管控，提高居民生活品质。打造便捷生活服务，龙惠、彭山社区创建“一刻钟便民生活圈”，打造家门口社区养老和上门服务两个层级供给体系，实现高龄老人上门服务覆盖率100%。保护太湖沿线生态环境，开展“两片一村一河”环境专项整治行动，启动1010亩高标准农田建设，大型待开发地块整治推土整平700亩，山地及闲置土地绿化补种9000平方米。

东渚街道龙惠花苑社区（东渚街道　供图）

【社会事业】 2022年，东渚街道打造党建引领全覆盖、物业管理全参与、优质服务全方位、社区治理全融入管理模式，提升社会治理效能。围绕基层治理难点问题，定制社区书记项目10个，完成率100%。保障群众生活，建立“物质+服务”精神帮扶新格局，累计发放各类救助金1536万元，为114名孤寡独居老人提供端午暖心菜包、爱心惠民卡服务，为38名退捕渔民发放灵活就业参保特殊补贴，提供待就业居民一对一就业帮扶。扩大基本民生，做精医保服务，居民医保参保率约99.6%，为民服务中心获评“一刻钟医保服务圈”市级示范点。做优创业就业服务，实现本地创业人数累计274人次，带动就业1564人次。

（东渚街道　顾妍萍）

表48　**科技城、通安镇、东渚街道国民经济和社会发展主要指标（2022）**

指标	单位	实绩
一般公共预算收入	亿元	29.85
全社会固定资产投资	亿元	250.2
工业投资	亿元	30.37
规上工业总产值	亿元	458.81
限上批发业销售额	亿元	150.02
限上零售业销售额	亿元	3.88
新增内资企业数	个	3173
内资新增注册资金（含增资）	亿元	644.81

重要报告

坚定拥护“两个确立”　坚决做到“两个维护”
在新征程上全面推进中国式现代化“高新”实践
——2022年12月12日在区委十二届五次全会上

毛　伟

同志们：

根据区委常委会讨论的意见，我就深入学习宣传贯彻党的二十大精神，坚定拥护“两个确立”，坚决做到“两个维护”，在新征程上全面推进中国式现代化“高新”实践，讲四点意见。

一、全面学习党的二十大精神，深刻理解“两个确立”的历史逻辑、理论逻辑、实践逻辑

党的二十大是在全党全国各族人民迈上全面建设社会主义现代化国家新征程、向第二个百年奋斗目标进军的关键时刻召开的一次具有里程碑意义的大会。学习宣传贯彻好党的二十大精神，是当前和今后一个时期全区上下的首要政治任务。我们要坚决贯彻习近平总书记提出的“五个牢牢把握”和“全面学习、全面把握、全面落实”的重要指示，按照党中央、省委、市委部署要求，深刻认识党的二十大的主题和主要成果，更好地理解我们党在新征程上举什么旗、走什么路、以什么样的精神状态、朝着什么样的目标继续前进；深刻认识新时代10年伟大变革的深远历史意义，坚定不移沿着习近平总书记指引的方向，把新时代中国特色社会主义不断推向前进；深刻认识习近平新时代中国特色社会主义思想的世界观和方法论，不断从中汲取精神力量、提升实践本领；深刻认识中国式现代化的中国特色和本质要求，在新征程上全面推进中国式现代化“高新”实践；深刻认识党的中心任务和未来五年的重大部署，全面对标对表、创新工作举措，更好推动我区各项事业在开局起步的关键时期迈上新台阶；深刻认识以党的自我革命引领社会革命的重要要求，永葆赶考的清醒和坚定，确保党始终成为现代化建设的坚强领导核心；深刻认识江山就是人民、人民就是江山的根本政治立场，更加自觉践行以人民为中心的发展思想，团结带领群众开创更加美好的未来；深刻认识统筹发展和安全的重大原则，完整准确全面贯彻总体国家安全观，守牢安全稳定底线；深刻认识“三个务必”的谆谆教导和团结奋斗的时代要求，弘扬伟大建党精神，依靠顽强斗争、团结奋斗打开全区各项事业发展新天地。

学习贯彻党的二十大精神，最重要最根本的是要深刻领悟“两个确立”的决定性意义，深刻理解其历史逻辑、理论逻辑、实践逻辑，切实增进政治认同、思想认同、理论认同、情感认同，以实际行动和实际成效拥护“两个确立”、做到“两个维护”。

“两个确立”是党和国家事业取得历史性成就、发生历史性变革的决定性因素，是党在新时代的最大政治成果。党的十八大以来，习近平总书记面对世所罕见、史所罕见的风险挑战，举旗定向、掌舵领航，运筹帷幄、力挽狂澜，充分彰显了作为马克思主义政治家的远见卓识和雄韬伟略，不愧为党的核心、人民领袖、军队统帅。我们深刻体会到，“两个确立”是党的事业兴旺发达之所在，是国家长治久安之所在，是民族前途命运之所在，是人民幸福安康之所在。

“两个确立”是我们应对一切不确定性的最大确定性、最大底气、最大保证，是关乎党和国家前途命运、事业成败的根本性问题。习近平同志继续当选中央委员会总书记、担任中央军委主席，充分体现了全党全军全国各族人民对习近平总书记的衷心拥护、信赖和爱戴，反映了亿万人民紧跟习近平总书记开创更加美好未来的共同心声和坚定决心。面对前进道路上风高浪急甚至惊涛骇浪的重大考验，有习近平总书记继续掌舵领航，是党之大幸、国之大幸、军队之大幸、人民之大幸。

“两个确立”是在实践中形成的重大历史结论，是我们必须全面贯彻的重大实践要求。奋进新征程，我们要更加坚定地忠诚核心、信赖核心、紧跟核心、维护核心，坚决维护党中央权威和集中统一领导，胸怀“两个大局”、牢记“国之大者”，自觉在大局下思考和行动，紧跟习近平总书记走好新的赶考之路，不断夺取新的伟大胜利。

二、牢牢把握习近平新时代中国特色社会主义思想的世界观和方法论，自觉用党的创新理论武装头脑、指导实践、推动工作

习近平新时代中国特色社会主义思想的主要内容，体现在党的十九大、十九届六中全会提出的“十四个坚持”和“十个明确”“十三个方面成就”之中。党的二十大深入总结我们党坚持和发展马克思主义的历史经验，系统阐述“两个结合”“六个必须坚持”，精辟概括了习近平新时代中国特色社会主义思想的世界观、方法论和贯穿其中的立场观点方法。我们要把“两个结合”“六个必须坚持”作为学深悟透习近平新时代中国特色社会主义思想的“金钥匙”，自觉用于改造客观世界和主观世界的全部实践，真正让习近平新时代中国特色社会主义思想的真理力量和实践伟力在我区充分彰显。

要入脑入心、融会贯通。坚持读原著、学原文、悟原理，全面系统学、及时跟进学、联系实际学，真正理解把握习近平新时代中国特色社会主义思想的核心要义、精神实质、丰富内涵、实践要求，做到知其言更知其义、知其然更知其所以然。

要知行合一、见行见效。大力弘扬理论联系实际的马克思主义学风，正确处理好速度和质量、发展和安全、发展和环保、发展和防疫等重大关系，着力解决实践遇到的新问题、改革发展稳定存在的深层次问题、人民群众急难愁盼问题、党的建设面临的突出问题，提高运用党的创新理论指导实践、推动工作的能力。

要常悟常进、真知笃信。深刻体悟习近平新时代中国特色社会主义思想中蕴含的真理力量和实践伟力，深刻体悟贯穿其中的坚定信仰信念、强烈历史担当、真挚为民情怀。在领悟不止、精进不怠中内化为自觉、上升为信仰，自觉成为习近平新时代中国特色社会主义思想的坚定信仰者和忠实践行者。

三、全面推进中国式现代化“高新”实践，切实推动党的二十大精神细化、实化、具体化

党的二十大深刻阐述了中国式现代化的中国特色和本质要求，做出了“两步走”的战略安排，明确了未来五年“五位一体”总体布局和“四个全面”战略布

局的目标任务，向全党全国发出了全面建设社会主义现代化国家、全面推进中华民族伟大复兴的动员令。省委、市委要求，在新征程上全面推进中国式现代化江苏、苏州新实践，更好地“扛起新使命、谱写新篇章”。站在新的历史起点上，面对新的历史机遇，我们要按照党中央和省委、市委最新部署要求，勇立潮头、敢为先锋，不断丰富思路举措，让中国式现代化在高新区充分展现可观可感的现实图景，努力交出不负省委、市委期望，不负人民期待的时代答卷。

一要奋力推进高质量发展走在前列。完整准确全面贯彻新发展理念，积极服务构建新发展格局，推进经济实现质的有效提升和量的合理增长。

要加快建设一流产业创新集群。落实市委打造数字经济时代产业创新集群的目标要求，围绕光子、医疗器械、集成电路等重点产业，持续深耕优势领域，导入优质资源，打造产业链条完备、产业特色鲜明、领先优势突出的新兴产业集群。支持龙头企业牵头对“卡脖子”技术进行产业化突破，支持中小企业聚焦细分领域精耕细作，打造一批“专精特新”和制造业单项冠军企业。深入推进产业数字化、数字产业化，促进先进制造业与高端服务业深度融合，大力发展知识产权、研发设计、金融服务、检验检测等新兴服务业，培育壮大总部经济。制定实施楼宇经济发展三年行动计划，打造一批特色鲜明、业态高端的楼宇集群。深入实施“双引领计划”，充分发挥苏州金融小镇作用，集聚更多风投创投基金，加强与三大证券交易所合作，更大力度服务企业上市、服务上市企业。

要全力以赴抓项目稳投资促消费。强化重大项目牵引带动，紧盯项目签约、落地、建设、投产等环节，狠抓过程管理，以高质量项目支撑高质量发展。全力推进大阳山数字产业基地、中检、中软等重大项目建设，积极引进一批重大产业项目、总部研发型项目，在五十亿级重大项目上实现更大突破。进一步优化投资结构，加大工业投资力度，适度超前布局基础设施，支持引导多元社会资本参与。加大消费品进口商招商力度，引入更多高端品牌“首店”，办好系列促消费活动，结合“一刻钟便民生活圈”建设，持续提升消费热度。

要深入推进乡村振兴。因地制宜、分类改造提升保留村，加强非保留村的日常管理，加快特色田园乡村建设，提档升级树山村，打造浒墅关“三村一体”、石帆村等一批特色亮点。大力推进农村人居环境整治，抓好清洁村庄、清洁田园、清洁庭院建设，不断提升乡村振兴的内涵和水平，构建田园乡村与繁华都市交相辉映的城乡形态。

二要强化教育、科技、人才战略支撑。从国家高新区来看，教育是人才涌现的基础和科技发展的先导，教育培育人才，人才推动创新，创新服务于区域高质量发展。我们要把教育、科技、人才三大战略更好融合起来，统筹谋划、系统推进，打造三大战略融合发展示范区。

要坚持教育优先发展，加快建设教育强区。全面贯彻党的教育方针，落实立德树人根本任务，扎实开展教育改革创新，大力实施名师、名校、名校长“三名工程”，积极推进义务教育优质均衡发展，擦亮三条高品质教育链，进一步打响“高新教育”品牌。按照世界一流校区要求，加快推进南京大学苏州校区建设，着力打造高能级创新承载地、高水平人才集聚地、国际化办学主阵地。深化与南京大学在科技、产业、教育、医疗和历史人文领域的合作，打造名城名校融合发展典范。进一步强化与苏州大学、苏州科技大学等本市高校院所合作，积极构建“需求导向、产教融合、协同创新”的校地融合发展格局。

要坚持创新驱动发展，加快建设科技强区。把太湖科学城建设作为科技创新的“一号工程”，配合市级部门编制总体规划，建好40平方公里核心区，加强与吴中光福、相城望亭等地区协同创新，形成“两轴两带、一核多片”的整体空间布局。打造科创策源为立身之本的一流科学城，全面打响太湖光子中心品牌，加快基础工艺平台、创新研究院建设，集聚力量进行原创性引领性科技攻关，争创国家产业和技术创新中心，形成更多“从0到1再到10”的创新成果。打造“四链”深度融合发展的一流科学城，聚焦光子、高端医疗器械等重点产业方向，围绕产业链布局创新链，强化资金链、人才链的服务支撑作用，发挥大院大所集聚效应，深化“赛马”“揭榜挂帅”等机制，加强企业主导的产学研深度融合，提高科技成果转化和产业化水平。打造山水园林意境的一流科学城，以生态绿地为基底，以大阳山、太湖湿地公园等为重要生态节点，建设太湖水域与山体之间的生态蓝绿廊道，实现山水资源串联成线、融合发展，切实让生态优越、环境优美成为太湖科学城的“靓丽名片”。

要坚持人才引领驱动，加快建设人才强区。实施更加精准的人才政策，发挥区域生态人文优势，用好大院大所重大平台，依托中国海归创业大赛、全国颠覆性技术创新大赛、高新区科技创新周等活动，大力引育高端领军人才、青年科技人才、海外归国人才，全力打造“海归人才首选地，创新创业示范区”。完善全方位、定制化人才服务，加强高品质人才社区建设，全面优化人才发展生态，加快建设人才发展现代化强区。

三要扎实推进高水平共同富裕。始终坚持人民至上，用心用情解决群众急难愁盼问题，不断提高人民群众的生活品质，让全体人民共享改革发展成果。

要大力促进富民增收。把增加收入作为民生幸福重要基础，拓宽就业、创业、投资等居民增收渠道，实现城乡居民收入持续稳定增长。完善就业服务体系，促进以高校毕业生、农民工为重点的各类群体就业，鼓励创业带动就业，加强困难群众就业兜底帮扶，打造高质量就业创业示范区。

要持续优化公共服务。围绕高水平实现“民生七有”，坚持尽力而为、量力而行，统筹推动城乡公共服务优质均衡布局。加快完善现代医疗卫生体系，推进社区卫生服务中心建设，深化与长三角知名医院合作共建，推进优质医疗资源提质扩容，提升区内四家综合医院发展水平。聚焦“一老一幼”等群众关切的重点民生领域，健全普惠托育服务体系，完善老年健康保障，让儿童快乐成长、老人颐养天年。加快体育公园、健身步道、便民健身设施建设，不断扩大品牌体育赛事活动影响力。

要切实加强社会保障。持续完善多层次社会保障体系，扎实推进参保扩面提质，统筹好被征地农民、居民养老保险人员等各类群体待遇水平。做好困难群体救助，推动公益慈善事业健康发展，提升社会救助、社会福利、住房保障、退役军人服务保障、妇女儿童权益保障和残疾人福利保障等工作水平。

四要始终坚持生态优先、绿色低碳发展。深入践行习近平生态文明思想，牢固树立绿水青山就是金山银山的理念，积极推动高水平保护与高质量发展良性互动，全力提升“美丽高新区”建设水平。

要打好蓝天碧水净土保卫战。坚决抓好中央、省生态环保督察反馈问题整改，举一反三、建章立制、标本兼治。加强源头治理，集中攻坚重污染天气、水体污染、土壤污染、噪声扰民等突出问题。加大重点行业污染治理力度，推进PM2.5和臭氧浓度“双控双减”，提升空气质量优良率；深化水环境治理，推进水利水务一体化改革，持续提升Ⅲ类水比例；深入推进土壤污染防治和安全利用，加快全域“无废城市”建设，推动生态环境治理持续向好。

要持续加强生态系统保护修复。强化太湖生态保护，突出自然修复，不断增强生物多样性。加快大运河两侧产业转型升级，加强大运河沿线和支流支浜的排口排查整治，推动运河沿线环境面貌整体优化。深化“一山一策”“一湖一策”保护，呵护江南水乡整体风貌和生态本底，切实彰显“青山绿水”生态优势。

要提升城市规划建设水平。系统优化空间布局，高水平完成高新区全域规划、三大功能片区总体规划以及交通等重点专项规划，加强城市建设中历史文化保护传承，打造具有文化韵味、形象品位的城市空间。加快推进城市有机更新，实施更高品质的城市设计，打造一批示范工程、地标性项目。提供更加便捷的“轨道+公交”等出行服务，打造更为精致的口袋公园、小微绿化，努力为人民群众建设更加优美宜居的好房子、好社区、好街区、好城市。持续开展国土空间全域综合整治，狠抓存量空间利用、低效用地盘活，加快浒墅关老工业区转型升级，提升对优质项目的承载能力。

要以碳达峰、碳中和引领绿色发展。深入开展工业企业资源集约利用综合评价，加快高耗能高排放产业整治提升，持续开展“散乱污”整治，严格落实“三线一单”要求，严把环评准入关，严格排污总量约束。培育壮大光伏等经济新增长点，积极发展节能环保、清洁生产、清洁能源产业，全面迈入绿色低碳发展“快车道”。

*五要更加积极发展全过程人民民主。*健全人民当家作主制度体系，扩大人民有序政治参与，不断丰富全过程人民民主的实践。

要提升人大工作质量和水平。支持和保证人民通过人民代表大会行使国家权力，支持人大及其常委会依法行使职权。发挥全区83个代表之家和代表联络站作用，聚焦科技创新、生态保护、社会治理等重点工作，进一步拓展吸纳民意、汇集民智渠道，确保党委政府在决策、执行、监督落实各个环节都能听到人民声音。

要进一步完善协商民主体系。统筹推进政党协商、人大协商、政府协商、人民团体协商、基层协商以及社会组织协商，不断提高广泛凝聚共识水平。发挥政协重要阵地、重要平台、重要渠道作用，深化“有事好商量”协商议事工作，持续办好“太湖科学城论坛”等协商议事活动，推动建言资政和凝聚共识双向发力。

要积极发展基层民主。健全基层党组织领导的基层群众自治机制，拓宽基层各类群体有序参与基层治理渠道，进一步优化12345政务服务便民热线，保障广大人民群众的知情权、参与权、表达权、监督权，更好实现党的领导、政府管理与基层民主的良性互动。

要充分发挥统一战线重要法宝作用。坚持大团结大联合，进一步促进政党关系、民族关系、宗教关系、阶层关系、海内外同胞关系和谐，扎实做好党外知识分子和新的社会阶层人士统战工作，积极开展“政企同行六个一”专项行动，持续办好海峡两岸青年文化月等特色活动，最大限度凝聚各方面智慧和力量。深化工会、共青团、妇联等群团组织改革和建设，把各自所联系的群众紧密地团结凝聚在党的周围。

*六要全面提升依法治区水平。*一体推进法治高新区、法治政府、法治社会建设，更好发挥法治固根本、稳预期、利长远的保障作用，使法治成为高新区现代化建设的显著优势和核心竞争力。

要深化法治政府建设。健全职责明确、依法行政的政府治理体系，全面推行权力清单、责任清单、负面清单管理，不断提高行政效率和公信力。优化行政争议预防化解机制，推动行政诉讼案件量、败诉率双下降。深化行政执法体制改革，推进涉案企业合规改革，发挥知识产权法庭、检察室作用，依法平等保护各类市场主体产权和合法权益。

要全面推进公正司法。落实司法体制综合配套改革，着力规范司法权力运行，努力让人民群众在每一个司法案件中感受到公平正义。健全公检法司各司其职、相互配合、相互制约的体制机制。完善公益诉讼制度。

要加强法治社会建设。深入实施“八五”普法规划，严格落实普法责任制，完善现代公共法律服务体系，增强全民法治观念。各级领导干部要带头尊法学法守法用法，提高运用法治思维和法治方式开展工作的能力水平，带动形成办事依法、遇事找法、解决问题用法、化解矛盾靠法的法治环境。

*七要坚持文化自信自强。*要以高度的文化自觉，举

旗帜、聚民心、育新人、兴文化、展形象，加快建设全市文化强区。

要着力建设具有强大凝聚力和引领力的社会主义意识形态。坚持用党的创新理论武装头脑、教育人民，健全全媒体传播体系和网络综合治理体系，完善突发事件和热点舆情快速响应与协调处置工作机制，牢牢掌握意识形态工作领导权，巩固壮大主流思想舆论。

要着力发挥社会主义核心价值观的引领作用。弘扬以伟大建党精神为源头的中国共产党人精神谱系，挖掘用好全区红色资源，深化爱国主义、集体主义、社会主义教育，持续抓好“四史”宣传教育，推进理想信念教育常态化制度化，推动社会主义核心价值观成为凝聚人心、汇聚民力的强大力量。

要着力提升社会文明程度。大力实施公民道德建设工程，深化拓展新时代文明实践中心建设，统筹文明培育、文明实践、文明创建，提升全域创建文明典范城市工作水平。充分发挥时代楷模等榜样示范作用，推进“时代新人”培育工程，全面提升全区人民思想道德素质和科学文化素质。

要着力繁荣发展文化事业和文化产业。全面加强历史文化遗产保护利用，加快大运河文化长廊、浒墅关历史文化街区建设，加强金墅老街的保护利用，活化用好通安粮仓、蚕桑学校等文化遗产，促进苏绣、缂丝等创新发展，不断提升苏州博物馆西馆、民族管弦乐团影响力。深入实施文化数字化战略，做好“文化+科技”文章，大力发展数字文化、文化创意产业，加快实施重大文化产业项目带动战略，做大做强国有文化企业，促进文化产业高质量发展。

*八要以改革开放激发高质量发展活力。*坚持全方位谋划、多维度推动，以敢为人先的闯劲、海纳百川的胸怀，坚定不移深入推进改革开放，不断增创现代化建设新优势。

要加快重点领域和关键环节改革攻坚突破。聚焦国家和省市交予的改革任务，谋划推进一批具有牵引作用的重要改革举措，努力打造更多原创性、引领性、标志性改革成果。持续深化功能片区改革，激发内生发展动能，为开发区体制机制改革创新探索新路。加强国资国企改革，推进国企加快转型升级，提升企业核心竞争力。推进规划建设管理、招商体制等重点领域改革，进一步提升专业化水平。坚持“两个毫不动摇”，积极推进金融、要素市场化、社会事业等领域改革探索，为推动高质量发展赋能增效。坚持数字经济、数字社会、数字政府“三位一体”，加强数字高新区建设，以数字化改革驱动生产方式、生活方式和治理方式变革。

要推进高水平对外开放。促进外贸创新发展，加快发展离岸贸易、数字贸易、服务贸易和跨境电商，推进综保区“五大中心”建设，打造高能级开放平台。着力强化进口能力培育，依托进博会等国际化平台，大力引进贸易型总部、龙头型进口企业，加快形成以终端消费品为主、涵盖多个类别的进口产品体系。着力推动外资提质增效，大力招引更多跨国公司区域总部，支持外资企业增资扩股和利润再投资，推动从单一生产基地向生产+总部、生产+研发转变，持续打响“长三角第一日资高地”品牌。

要大力实施一体化发展重大战略。深度融入长三角一体化发展，全面对接上海“五个中心”建设，引入更多科技、产业、金融等领域的高端资源，加快提升区域发展能级。积极参与环太湖科创圈建设，推动太湖科学城与太湖湾科创带协同创新，推进交通互联、产业协作，做好联动无锡发展大文章。主动融入市内全域一体化发展，加强与吴中、相城、姑苏等毗邻区域的联动协同，在产业合作、路网对接、环境提升和生态文化保护等领域携手共进。加快推进区域一体化发展，推动三大功能片区资源整合、优势互补，切实增强发展整体合力。

要持续优化营商环境。着眼于服务创新能力提升、服务产业发展全链条、企业发展全周期、人才成长全维度，充分发挥企业服务中心作用，深入落实优化营商环境创新行动，不断完善企业大走访、企业家座谈会等机制，切实帮助企业解决生产经营中的实际困难。坚持用户思维、客户体验，持续深化“放管服”改革，不断优化项目建设全链审批，以包容审慎监管助力企业健康发展，让“同样条件成本最低、同样成本服务最好、同样服务市场机会最多”成为高新区营商环境鲜明标识。

九要更好统筹发展和安全。增强忧患意识、坚持底线思维，全面落实总体国家安全观，建设更高水平的平安高新区。

要持续推进国家安全体系和能力建设。坚持党对国家安全工作的绝对领导，健全重大风险监测预警、风险防控协同等机制，坚定维护国家政权安全、制度安全、意识形态安全，切实加强生态、科技、网络、重要产业链供应链等重点领域安全能力建设。

要有效防范化解各类风险隐患。科学精准抓好疫情防控，根据疫情防控的实际情况和工作需要，及时优化工作举措，全力以赴做好疫苗接种工作，加强救治体系和应急能力建设，提升基层社区服务中心水平，注重人文关怀和暖心服务，切实保障人民群众生命健康安全。认真落实安全生产责任制，加大危化品、城镇燃气、交通运输、既有建筑、消防等重点领域安全隐患排查力度，坚决遏制重特大事故发生，提升本质安全水平。全力化解大型企业、信访维稳、房地产、非法金融等领域风险。注重抓早抓小，提高风险处置能力，加大政府性债务化解力度，确保债务风险等级不返色。

要加快实现社会治理现代化。深入实施社区治理“五大工程”，夯实社会治理体系的基层基础，全力推动社会治理效能显著提升，争创市域社会治理现代化示范先行区。贯彻落实国防动员体制改革部署，持续深化双拥共建。推进扫黑除恶常态化。进一步加强改进信访工作，依法及时就地解决群众合理诉求，全力解决信访突出问题。发展壮大群防群治力量，建设人人有责、人人尽责、人人享有的社会治理共同体。

四、坚持不懈推进全面从严治党，始终坚定“永远在路上”的思想自觉、政治自觉、行动自觉

认真落实党的二十大关于新时代党的建设部署要求，弘扬伟大建党精神，纵深推进全面从严治党，为全区高质量发展提供坚强政治保证。

一要坚持和加强党的全面领导。坚决落实关于维护党中央集中统一领导的若干规定，坚持和落实学习总书记重要讲话、重要指示批示精神“第一议题”制度，健全完善落实机制，加强监督检查，推动总书记重要指示和党中央、省委、市委决策部署不折不扣落地见效。严明政治纪律和政治规矩，增强党内政治生活的政治性、时代性、原则性、斗争性，推动政治监督具体化、精准化、常态化。充分发挥党委（党组）总揽全局、协调各方的领导核心作用，严格执行民主集中制，健全科学民主依法决策机制，不断提高把方向、管大局、作决策、保落实的能力。压紧压实全面从严治党主体责任，不断增强管党治党合力。

二要努力锻造高素质干部队伍。坚持党管干部原则，坚持新时代好干部标准，着力打造政治过硬、专业过硬、担当过硬、斗争过硬、纪律过硬的“五过硬”干部队伍。抓好干部教育培训，强化干部思想淬炼、政治历练、实践锻炼、专业训练，切实练就干事创业的宽肩膀、硬本领。健全培养选拔年轻干部工作机制，坚持选育用并重，推动年轻干部在改革前沿、基层一线、艰苦岗位历练中全方位成长。持续加大干部交流力度，促进干部资源整体优化配置。完善综合考核体系，用好担当作为激励保护机制，真正让有为者有位、能干者能上、优秀者优先。

三要建强基层战斗堡垒。坚持大抓基层的鲜明导向，全面推进基层党建“五聚焦五落实”深化提升行动，深入实施“党建扎根”工程，统筹推进农村、城市、机关、国有企事业单位等各领域党建工作，更高质量推动“有形覆盖”和“有效覆盖”。打响“擎旗聚力”全域党建品牌，持续丰富“党建惠企”等专项行动内涵，加强新兴领域党的建设，不断扩大党在新经济组织、新社会组织、新就业群体中的影响力号召力。大力建强基层党组织骨干队伍，持续深化“三个一线”行动，激励广大党员干部发挥先锋模范作用，让党的旗帜在现代化建设各个阵地高高飘扬。

四要加快推进廉洁高新区建设。把严的基调、严的措施、严的氛围长期坚持下去，一体推进不敢腐不能腐不想腐，坚决打赢反腐败斗争攻坚战持久战。严格落实中央八项规定精神及其实施细则精神和省市区有关要求，发挥大数据赋能增效作用，驰而不息纠治“四风”，重点纠治形式主义、官僚主义，以零容忍态度反腐惩恶，更加有力遏制增量，更加有效清除存量，坚决惩治新型腐败和隐形腐败，坚决惩治群众身边的“蝇贪”，坚持受贿行贿一起查。既抓惩治腐败，又抓追赃挽损。全面加强党的纪律建设，深化运用监督执纪“四种形态”。健全监督体系，用好巡察利剑和问责利器，提高对“一把手”和领导班子的监督实效，从制度上铲除腐败滋生蔓延的土壤。推进新时代廉洁文化建设，常态化加强党性教育、政德教育、警示教育和家风教育，统筹推进廉洁开发区、廉洁机关、廉洁村居、廉洁企业等建设，教育引导广大党员干部和人民群众共同维护好风清气正的政治生态。

同志们，新征程浩然开启，新时代华章铺展。在全面推进中国式现代化“高新”实践的征程上，我们要勇担时代重任、不负历史荣光，沿着总书记指引的方向，风雨无阻向前进，始终走在高质量发展最前列；我们要艰苦奋斗、奋勇拼搏，始终以“人一之我十之、人十之我百之”的劲头埋头苦干、真抓实干，努力创造更多经得起实践检验的业绩；我们要敢于斗争、善于斗争，锚定目标、攻坚克难，全力战胜前进路上的各种风险挑战，不断夺取新胜利；我们要坚守初心使命、永葆为民情怀，始终想人民之所想、急人民之所急，始终同人民站在一起、想在一起、干在一起，团结带领全区人民奋进新征程、创造新辉煌。

让我们更加紧密地团结在以习近平同志为核心的党中央周围，全面贯彻党的二十大精神，坚定拥护“两个确立”，坚决做到“两个维护”，牢记“三个务必”，在省委市委的坚强领导下，坚定信心、同心同德，踔厉奋发、勇毅前行，在新征程上全面推进中国式现代化“高新”实践，为苏州建设社会主义现代化强市做出新的更大贡献！

政府工作报告
—— 2023年1月3日在区十二届人大二次会议上

宋长宝

各位代表:

现在,我代表虎丘区人民政府、高新区管委会,向大会报告工作,请予审议,并请区政协各位委员和其他列席人员提出意见。

一、2022年工作回顾

过去的一年,区政府、管委会在市委、市政府和区委、工委的坚强领导下,坚持以习近平新时代中国特色社会主义思想为指导,以迎接党的二十大、学习宣传贯彻党的二十大精神为主线,坚决贯彻习近平总书记对江苏、苏州工作系列重要讲话指示精神和省市决策部署,严格按照"疫情要防住、经济要稳住、发展要安全"重大要求,团结依靠全区人民,围绕打造全市产业科创主阵地目标,埋头苦干、奋勇前进,推动现代化建设迈出坚实步伐。

一年来,我们坚持防疫情、稳经济,发展基础更加厚实。坚持疫情防控和经济社会发展同谋划、同部署、同推进,最大限度保护人民群众生命安全和经济社会正常运转。科学精准落实常态化疫情防控措施,坚决防止简单化、"一刀切"和层层加码,以最短时间、最小代价迅速果断处置多轮多点突发疫情。积极支持上海等地及市内兄弟板块、高校防疫工作,共派出医务人员5552人次,提供隔离房间4113间次。一年来,全区上下闻令而动、听命而行,同舟共济、同心抗疫,每个人都在前线、都是战士,广大医务工作者、基层干部、志愿者付出了艰辛努力,广大群众识大体、顾大局,给予了最大理解和支持,充分彰显了高新区这座城市的责任和担当、韧性和温暖。在全省率先发布一站式供应链服务平台"全链通",及时出台"纾困解难21条""稳岗惠企10条"等政策,全力稳住经济发展基本盘。预计完成地区生产总值1780亿元,增长3%以上;一般公共预算收入182亿元,同口径实现正增长;规模以上工业总产值3620亿元,增长4.3%;全社会固定资产投资580亿元,增长5.2%,其中工业投资100亿元。省市重点项目开工率达100%,分别完成年度投资计划的150%和108%。中芯聚源苏州创新中心、徕博科中国区业务基地、三菱化学共享服务中心等一批重大产业项目、总部项目相继落户,克诺尔商用车系统中国区研发中心和苏州生产基地建成启用,西门子电气产品中国及东亚总部揭牌,欧儿里德中国研发生产总部开业,中国移动云能力中心、生物梅里埃等89个重大项目增资扩股。全年新增高质量产业类项目186个,高质量科技项目377个,外资及港澳台资项目155个,内资注册资金1430亿元,增长18.3%,实际使用外资及港澳台资8.05亿美元,增长55.5%。数字经济和数字化发展步伐加快,完成智能化改造和数字化转型项目800个,实现规上工业企业全覆盖,三年任务两年完成,新增国家级工业互联网"双跨"平台2家、省级示范智能车间7家、市级18家,我区获批省区块链技术创新与应用试验区、省工业大数据应用示范区。在全市率先启动"高新欢乐购",推出汽车嘉年华等系列活动,全国首个迪卡侬体育公园旗舰店开业,苏绣小镇获评全省唯一"全国非遗和旅游融合发展优选项目",狮山夜间文旅消费集聚区入选省级集聚区,实现社会消费品零售总额632.5亿元,增长0.5%。

一年来，我们坚持强产业、建载体，创新引擎更加强劲。在2021年度国家高新区综合评价排名中上升5位、列第23位，“实施创新驱动发展战略、推进自主创新和发展高新技术产业”“科技企业孵化器运行”两项工作获省政府督查激励。全区科技投入占财政支出比重保持在11%以上，全社会研发经费支出占地区生产总值比重预计达4.67%、列全市第二。加快产业创新集群建设，系统构建“2+5”产业体系，新一代信息技术、高端装备制造两大主导产业产值分别达1560亿元和1220亿元，光子、高端医疗器械、集成电路、绿色低碳、软件和信息技术等新兴产业产值年均增幅超30%。新兴产业产值、高新技术产业产值占规模以上工业总产值比重分别达60%和57%。设立100亿元光子产业投资基金，成立市光子产业联盟、太湖光子中心协同创新平台，加快建设世界级太湖光子中心。我区获批省先进制造业和现代服务业深度融合试点、全省唯一高端医疗器械技术创新中心。南京大学苏州校区东区主体建成，成立新型学院4个、研究院5个，实现首批本科生研究生招生。南京大学建设的全国重点实验室获科技部批准，实现我区全国重点实验室“零的突破”，狮山量子计算与量子探测前沿实验室开工建设，南大国家集成电路产教融合创新平台苏州中心启动。太湖科学城列入江苏省沿沪宁产业创新带建设任务清单、苏州环太湖科创圈战略规划，太湖科学城光电科技园、国际创新社区开工建设；中国科学院苏州医工所获批全市唯一重大科研设施预研筹建项目，长光华芯高功率半导体激光芯片项目荣获省科学技术一等奖，天准科技获评国家企业技术中心；国家药监局智能化医疗器械重点实验室、市产业技术研究院首个创新基地等重大平台签约落地。中国海归创业大赛江苏基地永久落户，全国颠覆性技术创新大赛领域赛继续承办，思萃电子功能材料技术研究所通过大赛获科技部首批重大国家研发计划立项。实施科技企业培育“领航计划”和上市企业培育“领峰计划”，新增上市企业5家、过会企业3家，累计拥有上市企业28家；认定国家高企580家，累计有效高企1376家；新增国家级“专精特新”小巨人企业10家、省级“专精特新”中小企业118家；获批省苏南“独角兽”企业2家、潜在“独角兽”企业20家、“瞪羚”企业60家，数量均列全省第二。发布高品质人才社区建设方案，推动构建宜居宜业“类海外”发展环境，打造“苏新乐居”2.0平台，获批市级以上领军人才（团队）103项、列全市第二，其中国家级人才计划9人。成立科技成果转化公司，设立总规模20亿元科创天使基金，发布全市首个“专精特新”贷，获批科技部首批科技金融创新服务中心。新增国家级众创空间2家，省级科技企业孵化器5家、列全市第一。全年专利授权数14220件，增长3.24%、增幅全市第一，每万人发明专利拥有量142.55件，是全市平均水平1.78倍；苏州瑞派宁科技有限公司荣获首届世界知识产权组织全球奖，全国首批、全省唯一外国专利代理机构苏州代表处落户；获批首批国家级知识产权强国建设示范园区、国家知识产权服务出口基地。

一年来，我们坚持抓改革、扩开放，营商环境更加优化。深化功能区改革，全域优化为狮山商务创新、浒墅关先进制造、太湖科学城三大功能片区，实现全区“功能片区+镇（街道）”运行体制全覆盖。更高水平加快国资国企改革，每家国企聚焦1—2项主业，加快形成战略明确、板块清晰、专业突出的业务布局。持续推进“放管服”改革，在全市率先构建“审批+服务”模式，开展“企业开办、投资建设”全程帮办代办服务，建设项目审批时间比苏州市要求再压缩36.6%；狮山生物医药创新基地项目“六证联发”，百胜动力总部研发大楼项目“七证联发”，实现“拿地即开工”项目18例，数量列全市第二。新增市场主体2.26万家，累计达13.58万家，其中企业主体1.26万家，累计达6.16万家。政府联动企业走进进博会、赴欧洲、日本开展面对面招商活动，推动开放型经济发展量稳质优，实现进出口总额2850亿元；新增日企超10[illegible]、总数突破700家，占全市日企总数的1/3，全区累计集聚外资企业1800余家。跨境电商势头良好，B2C（9610）出口额连续三年全市第一；推动全省首列跨境电商中欧专列常态化发运，发运货值全省第一；全省首个“海贸贷”金融产品累计企业授信8800多万元。深度融入长三角一体化发展，主动参与市内全域一体化建设，加快推动浒墅关—望亭片区转型升级。积极推进苏锡联动发展，谋划建设苏锡太湖通道、轨道交通3号线（S6号线）延伸至苏南国际机场。苏盐合作园区主要经济指标均实现三位数增长，新签亿元以上项目12个，开竣工亿元以上项目16个。

一年来，我们坚持补短板、提品质，城乡面貌更加靓丽。主动对接市国土空间规划，稳步推进分区规划（2021—2035年），完成“三区三线”划定工作，形成国土空间开发保护并重格局。4个市级城市更新试点项目加快推进，创园壹号产业园、市集成电路创新中心开工建设。中环西线北延、科正路、通浒路东延三期竣工通车。新辟公交线路9条、优化线路15条；健全“漫行新区”绿色公共出行服务系统，新增及更新公共自行车站点25处，新增停车泊位2200个，建成城市口袋公园6个。治理违法建设46.9万平方米，两年累计治理违法建设93.8万平方米，提前一年完成任务。完成56座山体专项规划编制，高景山生态公园建成开放，在全市率先建成苏州市生态资源公益修复基地。全区空气质量优良天数比例达79%，绿化覆盖率达46%。市区首座全地下式水质净化厂建成投用，白荡厂、浒东厂扩建工程启动运行，完成11个污水处理提质增效达标区创建。推进劣V类河道高标准整治，京杭运河33条支流支浜断面水质达标比例首次突破90%，省考断面水质优Ⅲ比例、重点水功能区和水源地水质达标率实现三个100%。开展“净美乡村”暨农村人居环境整治百日攻坚行动，镇湖街道“绣美太湖”市级特色康居示范区通过验收，建成濮舍等7个特色康居乡村。农村集体总资产达237亿元，村均集体可支配收入超1200万元，股份合作社分红2.65亿元，户均分红约4000元。

一年来，我们坚持办实事、增福祉，人民生活更加殷实。完成年度民生实事工程，全区用于民生支出占一般公共预算支出比重达75%。城乡居民人均可支配收入分别达7.65万元和4.16万元，增长4%和4.1%。更大力度推动就业创业，实现本地人员就业11002人，其中就业困难人员2436人；支持创业2767人，新增大学生创业企业365家。实行退捕渔民“一人一卡一档”实名制管理，退捕渔民就业率、参保率保持两个100%。加快2个老旧小区改造进度，完成投资4034万元；持续推进保障性租赁住房筹建工作，共筹建4768套（间）。积极推进“一刻钟便民生活圈”建设，建立8个社区试点。低保对象精准救助率、困境儿童应保尽保率和残疾人“两项补贴”精准发放率均达100%。持续扩大公共服务供给，南京大学苏州附属系列学校开工建设，新建改扩建学校17所、建成投用6所，可提供学位14535个；高考、中考成绩在全市继续领先。苏州科技城医院挂牌南京大学医学院附属苏州医院，苏大附二院浒关院区二期加快建设，高新区中医医院挂牌。试点实施“社区+物业+养老”，新建日间照料中心3个、嵌入式家医服务点6个，惠丰社区获评全国示范性老年友好型社区；新建普惠性托育机构4家，高新区儿童福利院启用。着力繁荣发展文化事业，成功举办第二届海峡两岸青年文化月、大运河文化艺术节、浒光运河赛艇穿越等特色文体活动，原创小品《我们的30+》荣获省“五星工程奖”，新获评“中国工艺美术大师”2人。积极争创全国文明典范城市，新增“江苏好人”2名、“苏州时代新人”3名。区融媒体中心建成投用，新华日报社苏州分社入驻。深入推进平安城市建设和市域社会治理现代化，扎实开展扫黑除恶专项斗争，严厉整治非法金融活动，圆满完成各项重大活动安保任务，社会治安不断向好。持续深化安全生产专项整治三年行动，全区未发生等级以上安全生产事故，生产安全事故起数和亡人数分别下降40%和50%。认真做好国家安全、国防动员、双拥共建、人民防空、从严治警、退役军人服务保障等工作，在全省民兵工作综合考核中排名第一；工会、共青团、妇联、儿童、老干部、慈善、残疾人等工作取得新成效；统战、民族、宗教、外事、侨务、对台等事业获得新进展。

一年来，我们坚持转作风、优服务，政府运行更加高效。推进新时代党的建设新的伟大工程，不断提高政府系统党建工作质量和水平。深入学习宣传贯彻党的二十大精神，坚定拥护"两个确立"，增强"四个意识"、坚定"四个自信"、做到"两个维护"。严格落实中央八项规定精神，大力整治形式主义、官僚主义，严肃查处群众身边的不正之风，深入实施挂钩帮扶联系点制度，广泛开展调查研究，切实为基层纾困减负。深入推进党风廉政建设和反腐败斗争，不断巩固反腐败斗争压倒性胜利。坚持依法行政，加快建立权责统一、权威高效的依法行政体制，自觉在法治的轨道上推动各项工作。加强审计监督，政府性债务化解、权力规范运行、工程规范建设等审计成效明显，本级财政预算执行和其他财政资金收支情况审计项目获全省优秀审计项目。自觉接受区人大依法监督和区政协民主监督，办复市、区人大建议115件、政协提案227件，答复率、满意和基本满意率均为100%。

各位代表，过去一年，我们克服了各种困难，积极应对各种挑战，高效统筹疫情防控和经济社会发展，奋斗异常艰辛，成绩来之不易！这些成绩，是习近平新时代中国特色社会主义思想引领的结果，是省委省政府、市委市政府坚强领导的结果，是区委工委直接领导、区人大和区政协监督支持、社会各界关心支持的结果，是全区上下锐意进取、奋力拼搏的结果。在此，我代表区政府、管委会，向全区广大干部群众，向人大代表、政协委员，向离退休老同志，向各民主党派、工商联、无党派人士和人民团体，向驻区解放军和武警官兵，向公安、税务、海关、金融、供电等驻区单位，向区内企业家、投资者、创业者、建设者，向所有参与、支持、关心我区发展的各界朋友，表示衷心的感谢和崇高的敬意！

同时，我们也清醒地认识到，我区发展面临的困难和挑战依然较多：做大经济总量和提升发展质量的内生动力亟需增强，应对不稳定性、不确定性因素的能力水平亟待提升；新动能和资金、土地、人才、创新等要素支撑不足，产业园区资源集聚度、产出贡献度仍待提高；基础设施、公共服务、生态环境等领域短板弱项比较明显，社会治理体系和治理能力现代化任重道远；转变政府职能，提高政府工作人员素质水平还需下大力气。对此，我们将直面挑战，正视不足，采取更加有力措施，认真加以解决。

二、以党的二十大精神为指引　全面推进中国式现代化"高新"实践

党的二十大擘画了以中国式现代化全面推进中华民族伟大复兴的宏伟蓝图，为新时代新征程党和国家事业发展指明了前进方向、确立了行动指南。省委省政府、市委市政府要求，在新征程上全面推进中国式现代化江苏、苏州新实践，更好地"扛起新使命、谱写新篇章"。站在新的历史起点，我们要按照中央和省市最新部署要求，勇立潮头、敢为先锋，不断丰富思路举措，高要求建设产业科创主阵地，高水平打造一流太湖科学城，以"两区两前列"建设的生动实践，让中国式现代化在高新区充分展现可观可感的现实图景。在今后工作中，我们将切实把握以下五点：

1. 坚定不移推动高质量发展走在前列，加快建设提质增效示范之城。高质量发展是全面推进中国式现代化"高新"实践的首要任务，必须完整、准确、全面贯彻新发展理念，加快建设现代化产业体系，着力提高全要素生产率，提升产业链供应链韧性和安全水平，坚持以质取胜。全面推进数字经济时代产业创新集群建设，推进制造业高端化、智能化、绿色化发

展，推动战略性新兴产业发展壮大，构建优质高效服务业新体系。

2. 坚定不移强化教育科技人才战略支撑，加快建设充满生机创新之城。坚持科技是第一生产力、人才是第一资源、创新是第一动力，三位一体协同推进。加快建设高质量教育体系，优化区域教育资源配置，进一步擦亮“高新教育”金字招牌。坚持创新在现代化建设中的核心地位，充分发挥大院大所集聚效应，布局一批科技创新基础工程和重大战略项目，支持企业、科研院所进行原创性引领性科技攻关，努力形成更多“从0到1再到10”的创新成果。实施更加积极、更加开放、更加有效的人才政策，集聚一批站在行业科技前沿的领军人才，培育一批企业急需的应用型高科技创新人才，引育一批青年科技人才、卓越工程师，奋力打响“人到苏州必有为，智汇高新创未来”品牌。

3. 坚定不移推进更高水平共同富裕，加快建设幸福温暖生活之城。坚持把促进全区人民共同富裕摆在更加突出位置，紧紧抓住人民最关心最直接最现实的利益问题，脚踏实地，久久为功，促进人的全面发展和社会全面进步。强化就业优先政策，鼓励创业带动就业，不断拓宽富民增收渠道。持续健全基本公共服务体系，增强均衡性和可及性，努力让现代化建设成果更多更公平惠及全区人民。加快推进区域社会治理现代化，建设人人有责、人人尽责、人人享有的社会治理共同体。

4. 坚定不移促进人与自然和谐共生，加快建设生态低碳绿色之城。牢固树立和践行绿水青山就是金山银山理念，坚持山水林田湖一体化保护和系统治理，深化“一山一策”“一湖一策”保护，呵护江南水乡整体风貌和生态本底。全面抓好中央、省环保督察反馈问题整改，坚持精准治理、科学治污、依法治污，持续打好蓝天、碧水、净土保卫战。大力发展绿色低碳产业，加快先进技术研发和推广利用，倡导绿色消费，以碳达峰、碳中和引领绿色发展，全面迈入绿色低碳发展“快车道”。

5. 坚定不移激发改革开放发展活力，加快建设内聚外联品质之城。聚焦国家省市赋予的改革任务，紧扣具有较强牵引作用的重要改革措施，努力打造更多原创性、引领性、标志性改革成果。深化“放管服”改革，持续提高政务服务标准化、规范化、便利化水平。坚持数字经济、数字社会、数字政府“三位一体”，以数字化改革驱动生产方式、生活方式和治理方式变革。更好融入长三角一体化，积极参与环太湖科创圈建设，在推动市域一体化进程中，加快三大功能片区特色化、差异化发展。

三、2023年主要目标任务

2023年是全面贯彻落实党的二十大精神的开局之年。今年政府工作的总体思路：以习近平新时代中国特色社会主义思想为指导，全面贯彻党的二十大精神，按照省委、市委、区委全会部署，坚持稳字当头、稳中求进，完整、准确、全面贯彻新发展理念，加快服务构建新发展格局，着力推动高质量发展，更好统筹疫情防控和经济社会发展，更好统筹发展和安全，全面深化改革开放，大力提振市场信心，有效防范化解重大风险，持续保障和改善民生，全力推动经济运行实现质的有效提升和量的合理增长，为全面推进中国式现代化“高新”实践开好局、起好步。

全区经济社会发展的主要预期目标：地区生产总值增长5%左右，一般公共预算收入增长5.5%左右，全社会固定资产投资增长5%，社会消费品零售总额增长6%以上，进出口总额、实际使用外资及港澳台资稳中提质，全社会研发经费支出占地区生产总值比重提高0.1个百分点，企业研发经费投入增长10%以上，城镇居民人均可支配收入增长与经济增长基本同步，主要污染物排放削减完成市下达任务，生产安全事故起数和亡人数实现“双下降”。

新的一年，将重点做好以下八个方面工作：

1. 建设产业创新集群，扩大有效投资消费，不断增强经济发展动力和活力。聚力提质增效，持续推动产业基础高级化，产业链条现代化，加快构建现代产业体系。做大做强产业创新集群。抢占数字经济时代主赛道、制胜新赛道，加强“2+5”现代产业体系建设，巩固提升新一代信息技术、高端装备制造两个千亿级主导产业，聚焦光子、高端医疗器械、集成电路等重点产业，保持新兴产业产值增长超30%。突出抓好光子产业发展，加快在武汉等地设立协同创新中心，举办世界光子发展大会，打造全球知名光子中心，新增重大项目25个，企业突破300家，产业产值达750亿元，形成“东纳米、西光子”产业格局。新增规上工业企业实现智能化改造和数字化转型全覆盖，完成1200家中小企业数字化能力评估，创建市级以上示范智能车间、工厂25家，努力建设“灯塔工厂”。抢抓苏州数字人民币试点机遇，创造更多数字应用场景，积极引育数字金融龙头企业、软件和信息技术企业，打造数字金融产业特色发展区。充分发挥知识产权服务业集聚发展示范区和“保险与科技结合”国家级试点优势，加快汇集研发设计、科技评估、法律服务、检验检测等科技服务机构，形成对产业创新集群发展的“强支撑”。充分发挥项目关键作用。加快推进省、市、区重点项目建设，全年完成工业投资超100亿元。充分发挥区内专业招商队伍和驻区外协同创新中心作用，积极举办北京、上海、深圳等招商活动，引育一批重大产业项目、总部研发型项目，招引高质量内外资及港澳台资项目260个，引进总部型经济项目28个，在超50亿元大项目上实现更大突破。着力提升投资贸易合作质量和水平，充分发挥驻外办事处功能，加大对日韩欧美企业引资力度，力争更多高技术含量、高附加值、高成长性的外资企业落户，鼓励外资企业利润再投资，力争全年完成合同外资及港澳台资17.5亿美元。持续增强消费基础作用。把恢复和扩大消费摆在优先位置，加快编制《高新区商贸发展规划》，完善区域商贸发展配套，培育更多重要商贸主体。依托狮山商圈人气商业体和城际商圈世界级商超，壮大商圈经济，推动首店首发经济、夜经济、平台经济发展，促进餐饮、住宿、文旅等聚集性消费加快复苏，支持住房改善、新能源汽车、养老服务等消费需求，办好“高新欢乐购”系列活动，激活消费提档“新引擎”。

2. 集聚高端创新资源，加速科技成果转化，把科技创新“势能”转化为经济发展“动能”。坚持创新在现代化建设中的核心地位，深入贯彻“十四五”国家高新区发展规划，推动创新链、产业链、资金链、人才链“四链”深度融合。建设高能级创新平台。高质量推进南京大学苏州校区建设，支持南京大学苏州校区牵头加快全国重点实验室、狮山量子计算与量子探测前沿实验室等重大平台建设，持续深化校地合作，树立名城名校融合发展新标杆。全面建设一流太湖科学城，加快基础工艺平台、创新研究院、新型研发机构等建设，加速全国重点实验室、大科学装置谋划布局，加强与苏州大学、苏州科技大学等本地高校院所合作，强化企业主导的产学研深度融合，实现从应用技术创新向源头创新跃升。加快推进区内重点院所后续项目建设，实现提档升级。积极跟进中国科学院苏州医工所“生物医学仪器装备”、长光华芯“高亮度高功率半导体激光”等全国重点实验室争创工作，全力创建国家级高端医疗器械技术创新中心。引育高质量创新主体。积极优化实施“科技型中小企业—高企—‘瞪羚’—‘独角兽’—上市企业”梯度培育机制，壮大全链条企业集群，新增国家高企200家、“瞪羚”企业60家、“独角兽”培育企业20家，争取完成上市企业8家，新引进创新型企业1200家、高质量科技项目400个。强化人才引领驱动，发挥海归创新创业长三角（江苏）服务中心作用，提升日本人才工作站等离岸载体平台，优化人才发展环境，丰富完善“1+2+X”高品质人才社区格局，新增各类人才3万名、市级以上科技领军人才（团队）75项。构建高品质创新生态。落实载体建设提升三年行动计划，新增省级以上孵化器3家、省级众创空间超

10家、各类科技载体100万平方米。增强金融活水功能，壮大苏州金融小镇基金规模，高标准推进国家级科技金融创新服务中心实体运营，实现覆盖企业全生命周期的金融服务。依托科技成果转化公司，促进企业技术需求与高校院所成果无缝对接，提高科技成果产业化的能力和水平，全年产学研合作项目超600项。

3. 全面深化改革开放，构建一流营商环境，打造优质资源要素强大引力场。坚定不移深化改革，大力推进更高水平对外开放，加快建设改革开放新高地。推动一体化发展。积极融入长三角一体化，全方位、多层次、宽领域对接上海“五个中心”建设，加快集聚更多全球科技、产业、金融等高端资源。主动参与环太湖科创圈建设，加强与无锡协同发展，加快苏锡太湖通道建设前期工作，推动轨道交通3号线（S6号线）延伸至苏南国际机场。加大与吴中、相城、姑苏三区联动，在产业协同、交通互联、环境整治等方面加强协作，推动浒墅关—通安片区转型提质，加快苏钢老工业区整体二次开发，力争在“产业层次高、创新能力强”上取得更大成效。深化重点领域改革。巩固提升“一网通办”“一件事”改革成效，加强“不见面审批”，政务服务可网办率97%，推动“多证联发”和“拿地即开工”常态化，继续落实好一系列减税降费政策，打造政企服务“苏新办”品牌。加快推进专利代理对外开放试点工作，探索知识产权服务新模式，建设长三角地区一流知识产权服务出口基地。强化功能片区经济发展职能，将审批服务执法事项精准赋权给镇（街道）；实施区国资国企高质量发展三年行动计划，优化国有资本布局，完善公司法人治理；优化民营企业发展环境，依法保护民营企业产权和企业家权益，促进民营经济发展壮大；继续推动水务一体化改革，探索建立供水、排水一张网整体运管格局。构筑开放发展新优势。以开放促改革、促发展，加大现代服务业领域开放力度，举办日企700家活动，进一步打响“第一日资高地”品牌，推动外资标志性项目落地建设。提升苏州跨境电商企业服务中心、综保区“五大中心”建设水平，积极培育跨境电商新业态，保持跨境电商业务全市领先地位。高标准建设自贸区联动创新区，推进各项改革措施加快落实，促进我区在先行先试、复制推广、自主创新等方面取得新成效。继续支持做大做强苏盐合作园区，树立区域协调发展新标杆。

4. 推进区域协调发展，提升城市品质功能，建设最具吸引力宜居宜业城市。统筹城市生产生活生态布局，推进空间优化利用，提升城市能级，积极建设苏州西部新中心。提升规划建设水平。稳步推进分区规划编制，完成三大功能片区总体规划，优化大运河高新区段、“美好生活”住区、地下空间等专项编制，进一步提高区域规划水平。加大基础设施建设，推动轨道交通9号线、有轨电车T5线、中环北线西延（大阳山隧道）、何山路隧道西延等项目尽快落地实施。推进城市TOD开发，系统提升地下空间综合利用水平，加快城市更新步伐，盘活低效存量用地5000亩。扎实推进绿化提升三年行动计划，完成新增、改建绿化面积50万平方米，建设6个口袋公园，打造“席地而坐”城市客厅示范区。增强城市文化实力。加快浒墅关古镇文旅项目、镇湖国家文化产业示范基地、大阳山数字产业基地建设，做强国家文化和科技融合发展示范基地，大力发展文化创意产业，形成文化产业软硬件集聚良好局面。传承创新“江南文化”，大力弘扬苏绣、玉雕等传统技艺，创新打造一批“城市书房”“文化驿站”等新型文化业态。全面提升文明典范城市创建水平，拓展新时代文明实践中心建设。推进乡村全面振兴。制定乡村振兴片区化建设三年行动计划，形成树山片区“一心”、浒关片区、滨湖片区“两翼”发展格局。大力发展现代农业，推进数字农业建设，不断培育农业龙头企业，创建一批农业品牌。深入推进农村人居环境整治，努力实现特色康居乡村“全覆盖”。完成镇村两级农村集体经营性资产清产核资，支持农村集体资产盘活利用，增加村均集体可支配收入。围绕手工艺、数字文化、文旅融合等重点领域，加快集聚乡村人才，带动农民增收共富。

5. 厚植绿水青山优势，推动生态持续改善，以“两山”理念绘就魅力名片。深入践行绿水青山就是金山银山理念，构建“山城一体，山水一色”特色新格局，切实将依山滨湖、山水相融的生态优势转化为发展创新优势。加大山水资源保护。强化生态保护规划与国土空间规划、产业发展规划衔接，系统开展生态资源保护修复。以大阳山等为重要生态节点，建设太湖水域与山体之间的生态蓝绿廊道，更好将56座山体、28公里太湖岸线、28公里运河岸线融入城市生活。强化太湖生态保护，制定实施新一轮治理太湖方案和“水十条”年度计划，整体优化提升太湖水环境。强化环境治理修复。坚持问题导向，坚决抓好中央、省环保督察反馈问题整改，加大重点环境基础设施建设，科技城水质净化厂改扩建工程力争基本竣工，排水管网系统修复年底全部完成。加强重点水体水环境治理，全面推进幸福河湖群建设，加快大运河沿线33条支流支浜断面水质“全面优Ⅲ”。积极开展大气污染溯源监测，实现重点区域污染源精准识别，管控移动源、扬尘源排放，确保全区空气质量持续巩固提升。加强土壤污染防控，确保地块安全利用率100%。推动绿色低碳发展。积极贯彻实施“双碳”战略，优化调整产业、能源和用地结构，加快全区屋顶分布光伏试点工作，推进建筑、交通等领域清洁低碳转型。推动工业绿色化进程，落实能耗强度约束性指标要求，深入开展工业企业资源集约利用综合评价，高标准培育绿色产业集群。

6. 完善社会保障体系，集成优质均衡服务，用心用情办好各项惠民实事。采取更多惠民生、暖民心举措，着力解决群众急难愁盼问题，真正让群众看到变化、见到成效、得到实惠。促进实现充分就业。大力实施“引凤还巢、青苗优技、菁英创领、乐业护航”四大行动，促进青年特别是高校毕业生高质量就业，扩大丰富新就业形态，开展补贴性职业技能培训8.6万人次，确保全区新增就业1.2万人以上。推进“10+50”人力资源合作计划，采取“线上+线下”方式，加大岗位推送力度，拓宽用工来源渠道。提供优质公共服务。积极推进义务教育优质均衡发展，力争建成投用学校8所、新开工建设学校3所，深入实施名师、名校、名校长“三名工程”，持续提升三条高品质教育链。做好南大苏州校区招生保障工作，全力服务好首批入住师生。依托南京大学医学院附属苏州医院建设，苏州科技城医院力争通过三乙医院评审，高新区人民医院争取完成三级医院转设，高新区中医医院创建二级专科医院。认真落实新阶段疫情防控各项举措，保障好群众的就医用药，重点抓好老年人和患基础性疾病群体防控。以“一刻钟便民生活圈”、农贸市场升级改造等民生实事工程创建为着力点，加快推动基本公共服务均等化。兜牢民生保障底线。全方位推进参保扩面提质，抓好新就业人员参保工作，做到“应保尽保”，确保城乡居民医疗保障参保率达99.5%以上。持续加强养老服务设施建设，新建日间照料中心2个，推进“一户一策”适老化改造，更好关心照顾孤寡、独居、高龄、重病、残疾等困难对象。进一步丰富托育服务供给，新增普惠性托育机构4家，每千人拥有0~3岁婴幼儿托位数达到3.31个。

7. 防范化解风险挑战，切实维护社会稳定，推动治理体系和治理能力现代化。健全共建共治共享社会治理机制，建设更高标准、更牢基础平安高新区。提升安全生产水平。坚持问题导向、目标导向和结果导向，压紧压实安全生产责任，强化企业主体责任，提升本质安全水平。深入推进城镇燃气和自建房排查整治，扎实开展危化品安全风险集中整治，健全常态长效治理机制，推动安全生产治理模式向事先预防转型，坚决防控各类安全风险。增强社会治理能力。深入实施党建引领社区治理“五大工程”，推动社会力量优化整合，夯实社会治理体系基层基础。持续探索区域社会治理现代化新路径，以社区需求和居民满意度为导向，促进社会组织专业化运行和精准化服务，建设示范性社会工作站2个、工作室5个，进一步擦亮“善治”招牌。贯彻落实国防动员体制改革部署，积极推进区人武部和民兵训练基地建设。进一步做好妇女儿童、公益慈善、民族宗教、双拥共建、退役军人服务保障等工作。维护社会和谐稳定。扎实做好“八五”普法，常态化推进扫黑除恶斗争，不断完善立体化、法治化、智能化的社会治安防控体系。健全完善信访接待与矛盾调处一体化运行机制，联调联解矛盾纠纷，抓好源头预防、矛盾化解，切实维护好群众合法权益。分类施策，精准拆弹，全力维护经济金融、房地产等各领域安全，扎实抓好政府债务特别是隐性债务风险化解工作，顺利实现政府债务风险等级“保绿”。

8. 扎实推进自身建设，着力提升服务效能，努力建设人民满意服务型政府。坚持用习近平新时代中国特色社会主义思想统一思想、统一意志、统一行动，不折不扣贯彻落实中央省市和区委工委决策部署，努力建设人民满意政府。坚持依法行政。健全重大行政决策事项公众参与、专家论证、风险评估、合法性审查和集体讨论决定等法定程序，全面推进政务公开，提升行政决策公信力执行力。依法接受区人大及其常委会法律监督、工作监督，自觉接受区政协民主监督，接受监察监督、司法监督、审计监督、社会监督、舆论监督，高质量办好人大代表建议和政协委员提案，认真听取各民主党派、工商联、无党派人士和各人民团体的意见，及时回应社会关切。提升服务效能。始终保持时时放心不下的责任感，以群众满意为第一标准、企业受益为第一目标，落实鼓励激励、容错纠错、能上能下“三项机制”，激发干事创业动力，提升服务实效。推动政务服务“一网通办”、城市运行“一网统管”、数字基座“一网通用”，加快数字政府建设。坚守廉洁底线。严格落实全面从严治党政治责任，切实加强政府系统党风廉政建设，营造干部清正、政府清廉、政治清明的良好生态。锲而不舍落实中央八项规定精神，切实做到谨慎用权、廉洁从政。强化预算约束和绩效管理，完善审计监督体系，严控各项支出管理，切实提高财政资金使用效益，用政府的“紧日子”换老百姓的“好日子”。

各位代表，让我们更加紧密团结在以习近平同志为核心的党中央周围，以习近平新时代中国特色社会主义思想为指引，全面贯彻党的二十大精神，在省委省政府、市委市政府、区委工委的坚强领导下，紧紧依靠全区人民，团结拼搏、勇立潮头，全力以赴“扛起新使命、谱写新篇章”，高水平展现中国式现代化“高新”实践的现实图景。（研究室）

重要新闻报道题录

表49　　年度重要新闻报道题录（2022）

刊播日期	新闻标题	媒体名称
国家级媒体		
2022年1月14日	《医疗器械产业培育难？“苏州现象”这样破题》	证券时报
2022年2月2日	《苏州　大运河边走　健康迎虎年》	央视网
2022年2月5日	《烟火树山村》	新华网
2022年2月20日	《“长大后我就成了你”——战“疫”母女　“虎”力全开》	新华社
2022年2月26日	《战疫情　促生产——江苏苏州市虎丘区发挥“政协力量”战“疫”记》	人民政协报
2022年2月26日	《苏州高新区总投资358.8亿元　36个重大项目启动建设》	新华财经
2022年2月26日	《苏州树山：待无恙　共赏春》	新华社
2022年2月26日	《防疫不“失守”，发展不“失速”　经济大市苏州抗疫稳产这么办》	新华社
2022年2月27日	《铺平“最后一公里”　苏州高新区率先启动员工入职体检特别通道》	光明日报
2022年3月1日	《千年枫桥，何以“业”泊》	新华社
2022年3月7日	《苏州高新区枫桥街道“云招商”引来投资“活水”》	中新网江苏新闻
2022年3月24日	《筑牢防疫线　畅通产业链　稳住基本盘——工业大市苏州统筹疫情防控与经济社会发展观察》	新华社
2022年4月1日	《号召党员冲锋在前，苏州高新区组织抗疫稳产》	人民日报
2022年4月11日	《江苏苏州高新区：“洋居民”议事室里“不见外”的幸福感》	人民政协报
2022年4月18日	《江苏苏州：打响经济“稳”字保卫战》	央视新闻
2022年5月3日	《如何寻求防疫与生产的“最大公约数”——来自苏州一家低碳新材料企业的观察》	新华社
2022年5月9日	《开在封（管）控区的特殊协商议事会——政协助解苏州市高新区抗疫期间居民“团购难”》	人民政协报
2022年5月10日	《让“知产”变“资产”——江苏苏州高新区“云端”协商助力金融赋能科创企业发展》	人民政协报
2022年5月11日	《姑苏城外“双创”村》	中新社苏州
2022年5月19日	《苏州高新区线上听诉求　线下解难题》	人民日报
2022年5月27日	《焦点访谈丨共享平台　为企业护航》	央视新闻
2022年5月29日	《苏州高新区以人才助推环太湖科创圈产业创新引领区建设》	新华社
2022年5月30日	《苏州高新区发布人才支持18条，加快打造环太湖科创圈产业创新引领区》	解放日报
2022年6月7日	《“数字苏绣”，怎么绣？——江苏苏州市虎丘区政协云协商议事聚焦苏绣传承与发展侧记》	人民政协报
2022年6月10日	《玩出苏绣新国潮——江苏苏州高新区推动传统苏绣非遗融入现代生活》	人民政协报
2022年6月29日	《南京大学苏州校区四个新型学院揭牌》	中新网
2022年6月29日	《南京大学苏州校区首批学生9月入学》	新华社
2022年6月29日	《南大苏州校区建设工作领导小组会议举行　首批录学生将于今年9月入学2023年入驻苏州校区》	人民日报
2022年6月29日	《连接现代生活　绽放迷人光彩　2022“苏州文化遗产日”重要活动发布》	光明日报
2022年6月29日	《苏州召开南京大学苏州校区建设工作领导小组会议》	光明日报
2022年7月6日	《“‘连环四问’，再也不怕了”》	光明日[illegible]

续表

刊播日期	新闻标题	媒体名称
2022年7月6日	《“绣二代”孙文婷：直播带货勇闯非遗传承路》	新华社
2022年7月7日	《为青年人打造追梦“驿站”，苏州高新区引才有温度》	科技日报
2022年7月7日	《苏州浒墅关：一体化绘就古今融合“双面绣”》	经济参考报
2022年7月11日	《2022年（第十四届）苏州国际精英创业周高新区分会场活动开幕》	光明日报
2022年7月11日	《苏州高新区打响“人到苏州才有为、智汇高新创未来”品牌》	中央广电总台国际在线
2022年7月12日	《苏州高新区海归人才落地推荐地图发布》	中国新闻网
2022年7月12日	《中国海归创业大赛江苏基地落户苏州高新区》	新华财经
2022年7月15日	《韧性强动力足　“专精特新”企业发展稳中向好》	经济参考报
2022年7月18日	《抢抓“新赛道”争创新优势——苏州市高新区政协协商议事会聚焦产业创新集群发展》	人民政协报
2022年7月26日	《外贸外资，保稳提质势头好》	人民日报
2022年8月3日	《激发高端医疗器械产业创新集群建设“源动力”——江苏省苏州市虎丘区政协专题协商“一号产业”发展》	人民政协报
2022年8月9日	《这家小微企业为何能斩获全球大奖》	科技日报
2022年9月1日	《江苏美丽乡村“搬”到线上》	经济参考报
2022年9月2日	《古渡口炼成产业高地》	半月谈
2022年9月14日	《苏州高新区推动建设项目“六证联发”常态化》	新华财经
2022年9月16日	《姑苏城外树山村：“九山半水半分田”的富裕乡村》	人民政协报
2022年9月23日	《一美千年》	中国纪检监察报
2022年9月30日	《“孩子上好学，我们就安心！”》	人民日报海外版
2022年10月8日	《历史何以“约会”一座钞关》	半月谈
2022年11月17日	《知识产权保护与开发“双管齐下”　苏州高新区让专利释放红利》	科技日报
2022年11月29日	《苏州枫桥：“警+N”打造群防群治新机制》	新华每日电讯
2022年12月16日	《绿水青山沁人心脾硬核科技自立自强——江苏苏州科技城用实际行动学习宣传贯彻党的二十大精神》	人民政协报
2022年12月25日	《新时代新征程新伟业丨江苏苏州东渚街道：“小积分”服务好“大队伍”》	央视新闻频道
2022年12月25日	《国家高新区多举措积极增动能促发展》	央视新闻联播
2022年12月27日	《苏州：政策创新增强新就业群体使命感》	光明日报
	省级媒体	
2022年1月10日	《这里何以成为医疗器械产业高地》	中国高新技术产业导报
2022年2月7日	《三千人成一家　公寓里过大年》	新华日报
2022年2月8日	《开跑！跑出生龙活虎精气神》	新华日报
2022年2月26日	《苏州：筑牢疫情防控底线　推动经济社会稳健有序运行》	荔枝新闻
2022年2月27日	《疫情防控和经济社会发展两手抓　苏州高新区启动358亿元重大项目》	新华日报
2022年3月24日	《苏州努力绣好统筹疫情防控和经济社会发展“双面绣”》	新华日报
2022年5月12日	《苏州高新区赋能医疗器械生物医药产业　3场“云签约”揽下70亿元项目》	新华日报
2022年5月30日	《苏州高新区发布人才支持18条　加快打造一流产业创新集群》	新华日报
2022年7月7日	《打造归国人才首选城市　打响“人到苏州才有为”品牌　苏州：“人才引擎”驱动创新集群建设》	新华日报

续表

刊播日期	新闻标题	媒体名称
2022年7月11日	《全球引才！苏州高新区拥抱人才一起向未来》	江苏卫视
2022年7月15日	《苏州支持南大校区加速引才》	新华日报
2022年8月9日	《凝聚协商智慧　擦亮特色品牌》	群众（思想理论版）
	市级媒体	
2022年1月9日	《“芯片之城”对标一流拔节生长》	苏州日报
2022年1月30日	《城西，创新之潮奔涌不息》	苏州日报
2022年2月14日	《稳中提质，这份增长“力”从何来？》	苏州日报
2022年2月27日	《为打造一流产业创新集群谋篇布局　苏州高新区36个重大项目启动建设，总投资358.8亿元》	苏州日报
2022年3月3日	《曹路宝在苏州高新区检查调研时强调　压实防控责任　强化服务保障　全力推动经济社会平稳有序运行》	苏州日报
2022年3月20日	《让“人才出彩”成就城市精彩》	苏州日报
2022年3月26日	《苏州高新区“一产业一基金”助推创新集群发展　金融活水精准浇灌“希望的田野”》	苏州日报
2022年4月16日	《一份全国首单背后的改革策》	苏州日报
2022年5月2日	《苏州高新区总投资337亿元重大项目签约　中科地星创新技术研究所落地　曹路宝出席活动并讲话》	苏州日报
2022年5月30日	《加快建设环太湖科创圈引领区　苏州高新区硬核新政释放引才诚意》	苏州日报
2022年6月5日	《“工业重镇”如何在挑战中突围——苏州高新区枫桥街道巧做“营商”文章护航经济发展》	苏州日报
2022年6月7日	《狮山商务创新区全力推动数字经济时代创新产业集群发展　超25亿元16个项目集中落户》	苏州日报
2022年6月16日	《加速打造一流产业创新集群》	苏州日报
2022年6月29日	《携手开启校地合作崭新篇章　奋力建成世界一流大学校区　南京大学苏州校区建设工作领导小组会议举行》	苏州日报
2022年6月30日	《对标“世界一流”的南京大学苏州校区4个新型学院揭牌——聚焦三问　南大苏州校区“真不一样”》	苏州日报
2022年6月30日	《审批“零延时”　一天拿8个证　苏州高新区4个省重大项目全部提前开工》	苏州日报
2022年7月2日	《苏州基层书记影像志②｜万国峰：一份“红色计划”里的辩证法》	苏州日报
2022年7月3日	《扛起光荣使命　谱写江南文化新篇章　张爱军来苏州调研》	苏州日报
2022年7月6日	《苏州高新区：与人才开启一场“双向奔赴”》	苏州日报
2022年7月6日	《西门子电气产品中国及东亚总部揭牌　携手苏州高新区打造绿色智能数字新生态　吴庆文出席》	苏州日报
2022年7月8日	《苏州基层书记影像志⑧｜周昫：一间自助银行的“搬迁史”》	苏州日报
2022年7月9日	《50亿元集成电路领域并购基金落地苏州高新区　加快打造集成电路产业“芯高地”　中芯聚源苏州创新中心揭牌　吴庆文出席》	苏州日报
2022年7月13日	《“国字号”海归创业大赛江苏基地落户高新区》	苏州日报
2022年7月14日	《加强设施建设　丰富活动供给　构建更高水平全民健身公共服务体系　曹路宝调研全民健身工作》	苏州日报
2022年7月15日	《名校名城融合发展　智聚苏城共创未来》	苏州日报
2022年7月15日	《大力提升无障碍环境建设水平　市人大常委会开展专题视察》	苏州日报
2022年7月15日	《19项举措支持南大苏州校区加速引才　市委市政府出台相关意见推进名城名校融合发展》	苏州日报

续表

刊播日期	新闻标题	媒体名称
2022年7月30日	《苏州民族管弦乐团迎来2022—2023音乐季 157场音乐会传播苏州"好声音"》	苏州日报
2022年8月3日	《曹路宝在调研科技服务业时强调 以科技服务业高质量发展推动产业创新集群加快建设》	苏州日报
2022年8月7日	《运河脉江南 风韵自浒关 高新区运河文化艺术节做好"山水"文章》	苏州日报
2022年8月11日	《抢抓机遇 在新赛道上加"数"前行 苏州高新区数字经济科创园"一基地+三中心"加快建设》	苏州日报
2022年8月11日	《克诺尔商用车系统 中国区研发中心启用 苏州生产基地同步启用 曹路宝出席仪式》	苏州日报
2022年8月12日	《深化全面合作 实现互利共赢 曹路宝会见中建国际董事长高波》	苏州日报
2022年8月17日	《链上发力 "链"出一流高端产业创新集群》	苏州日报
2022年8月19日	《太湖光子中心启动建设 全力打造千亿级光子产业创新集群 曹健林邵新宇视频致辞 曹路宝出席》	苏州日报
2022年8月20日	《同心同行 青春力量 构筑两岸文化交流宽广平台 第二届海峡两岸青年文化月开幕》	苏州日报
2022年8月23日	《剑指千亿级 打造国内一流"高光之地"》	苏州日报
2022年8月31日	《"春风雨露"润泽发展活力》	苏州日报
2022年9月8日	《深化全面合作 实现共赢发展 曹路宝吴庆文会见中建集团董事长郑学选》	苏州日报
2022年9月9日	《推动企业上市 服务上市企业 加快实现苏州资本市场高质量发展 苏州上市公司高质量发展大会召开 曹路宝讲话 吴庆文主持》	苏州日报
2022年9月14日	《"苏新办"让拿地即开工连创新速度》	苏州日报
2022年9月16日	《老牌上市国企竞逐新赛道》	苏州日报
2022年9月20日	《有效提升区域集成电路产业公共服务能力 苏州赛晶CIDM特色工艺制造项目签约 吴庆文出席》	苏州日报
2022年9月26日	《让"诗和远方"触手可及》	苏州日报
2022年9月30日	《讲好"枫桥故事" 激发干事创业激情 苏州高新区枫桥街道启动强国复兴有我系列活动》	苏州日报
2022年10月19日	《太湖科学城功能片区打造"高光之城"》	苏州日报
2022年10月20日	《以更高站位谋划推动太湖科学城发展 吴庆文调研太湖科学城规划建设工作》	苏州日报
2022年10月21日	《"美美通安":幸福在家门口再升级》	苏州日报
2022年10月30日	《苏州高新区:创新创业潮涌逐浪高》	苏州日报
2022年11月1日	《全面建设太湖科学城 奋力推动高质量发展》	苏州日报
2022年11月10日	《资本市场"高新军团"何以不断扩容》	苏州日报
2022年11月13日	《曹路宝专题调研太湖科学城规划建设工作》	苏州日报
2022年11月13日	《苏州出台12项措施 全面建设太湖科学城》	苏州日报
2022年11月14日	《打造城乡融合"高新样板"》	苏州日报
2022年11月21日	《苏州太湖光子中心建设推进会暨苏州高新区产业创新集群发展大会举行 吴庆文致辞》	苏州日报
2022年11月24日	《以人才为笔,勾勒未来的模样》	苏州日报
2022年11月28日	《金融"活水"注入发展新动能》	苏州日报
2022年12月16日	《曹路宝走访调研部分科技创新企业 与清华大学党委书记邱勇视频连线共谋校地合作》	苏州日报

(年鉴编辑部)

组织机构及负责人名录

（截至2022年）

【中国共产党苏州国家高新技术产业开发区工作委员会、中国共产党苏州市虎丘区委员会】

书　　记　毛　伟
副 书 记　宋长宝　陆振华　索文斌（挂职）
委员、常委　施　华　梅海建　张　瑛　沈　丹
虞美华　周晓春　肖建杰（挂职）
卢　潮　李志军

【中国共产党苏州国家高新技术产业开发区纪律检查工作委员会、中国共产党苏州市虎丘区纪律检查委员会】

书　　记　施　华
副 书 记　尚文涛　杨红军
委员、常委　徐辉惠　丁建锋　解　月

派驻区党政办公室纪检监察组
组　长　沈　琪
副组长　钱　聪

派驻区（工）委组织部纪检监察组
组　长　单　辛

派驻区（工）委宣传部纪检监察组
副组长　王天添

派驻区（工）委政法委纪检监察组
组　长　孔利琴
副组长　朱　瑛

派驻区经济发展委员会纪检监察组
组　长　季晓丰
副组长　刘万飞

派驻区住房和建设局纪检监察组
组　长　彭　琼
副组长　胡潭龙

派驻区社会事业局纪检监察组
组　长　荣国棠
副组长　程英卫

派驻苏州医疗器械产业发展有限公司纪检监察组
组　长　袁　理

监　委（与区纪工委、纪委合署）
主　任　施　华
副主任　尚文涛　杨红军
委　员　徐辉惠　丁建锋　徐从建

【苏州市虎丘区人民代表大会常务委员会】

主　任　高晓东
副主任　邢文龙　陶冠红　金玉平　潘宜顺

【苏州国家高新技术产业开发区管理委员会、苏州市虎丘区人民政府】

主　任　宋长宝
副主任　张　瑛　虞美华　肖建杰（挂职）
吴旭翔　赵　红　吴　剑　何　宁
沈　琰　梁　栋（挂职）
区　长　宋长宝
副区长　张　瑛　虞美华　肖建杰（挂职）
吴旭翔　赵　红　吴　剑　何　宁
沈　琰

【中国人民政治协商会议江苏省苏州市虎丘区委员会】

主　席　朱奚红
副主席　王　宇　庄　毅　周苏萍　施国华
秘书长　孔杰峰

【苏州市虎丘区人民法院】

代院长　吴万江

副院长　高雅琴　沈学林　陈　坤（挂职）　揭志刚
辛以春

【苏州市虎丘区人民检察院】

检 察 长　朱文瑞

副检察长　方　振　邱黎黎　张　蓉

【区党工委、区委工作部门】

巡察工作办公室

主　任　杨红军

副主任　张春红

巡察组

专职组长　龚　浩　杨建明　徐　群

专职副组长　王永伟　邵斌凯　刘卫刚　龚菊卫
朱俊松　娄　强　朱远臻

党政办（机要保密局、国家密码管理局、档案局、大数据管理局）

主　任　鲍东晖

副主任　郭　霞　白　凯　许　峰　顾伟忠
吴小军（兼）　黄志强（兼）　高　蔚

机要保密局（国家密码管理局）

专职副局长　许　峰

大数据管理局

局　长　鲍东晖

专职副局长　杨雄华

档案局

局　长　鲍东晖

专职副局长　赵　琛

组织部（“两新”工委、区级机关工委、党建办、老干部局、离退休干部工委、人事管理局）

部　长　沈　丹

副部长　朱　勇（常务）　陈毅坚　杨　吉

“两新”工委

书　记　朱　勇

专职副书记　白海伟

副书记　袁晓月　潘　凌　陈振民

委　员　庞晓虹　古　晶　金伟正　季红斌
王　军　谈亦军

区级机关工作委员会

书　记　杨　吉

委　员　杨红军　郭　霞　庞晓虹　缪佳一
王留华

老干部局

局　长　朱　勇

专职副局长　张　蕾

离退休干部党工委

书　记　朱　勇

副书记　张　蕾

宣传部［新闻办、文明办、新闻出版局（版权局）、网信办］

部　长　李志军

副部长　庞晓虹（常务）　王晨明　冯燕芳

文明办

专职副主任　夏雪娟

互联网信息办公室

专职副主任　沈一鸣

统战部（台办、民族宗教事务局、侨办）

部　长　沈　丹

副部长　袁晓月（常务）　屠　澄

台办

专职副主任　金哲群

政法委（司法局、信访局）

书　记　陆振华

副书记　吴　剑（兼）　于自强　黄志强　王　珏

委　员　吴万江（兼）　朱文瑞（兼）　张晓明

司法局

局　长　王　珏

专职副局长　臧建伟

信访局

局　长　黄志强

副局长　黄春明

依法治区办

专职副主任　古　晶

国安办

副主任　章秀英

研究室

副主任　吴小军　黄敬川

机构编制委员会办公室（事业单位登记管理局）

主　任　陈毅坚

副主任　朱　真

【区机关党组、党委】

人大党组

党组书记　高晓东

党组副书记　邢文龙

党组成员　金玉平　潘宜顺　蒋建清

政府党组

党组书记　宋长宝

党组副书记　张　瑛

党组成员　虞美华　肖建杰（挂职）　吴旭翔　赵　红　吴　剑　何　宁

政协党组

党组书记　朱奚红

党组副书记　沈　丹（兼）　王　宇

党组成员　施国华　孔杰峰

法院党组

党组书记　吴万江

党组成员　高雅琴　沈学林　揭志刚　张新阶　庄　洁

检察院党组

党组书记　朱文瑞

党组副书记　方　振

党组成员　邱黎黎　王　叶

总工会党组

党组书记　徐礼华

党组成员　缪佳一　金伟正

妇联党组

党组书记　董　薇

党组成员　戴　兰　吴　烨

经济发展委员会党组

党组书记　傅　曦

党组成员　江立新　姚永宁　许　梅　詹国辉　陶　晓　张　雁

科技创新局党组

党组书记　李　伟

党组成员　陈月娟　王苏良　孙逸馨　顾海明　董　良

财政局党组

党组书记　蒋存琪

党组成员　王留华　汪玉千　汤　瑾

人力资源和社会保障局党组

党组书记　王永刚

党组成员　陆建梅

商务局党组

党组书记　孙咸锐

党组成员　顾志弢　巢文宇　韩晓怡　曹晓苏

文化体育和旅游局党组

党组书记　周晓明

党组成员　陶文胜　夏剑华　周　平

退役军人事务局党组

党组书记　钦纳新

党组成员　周永前　黄　海

审计局党组

党组书记　冯世蔚

党组成员　周　斌　朱雪中

行政审批局党组

党组书记　陈方旻

党组副书记　吴　喆
党组成员　赵树生　唐　虹　王建明

国有(集体)资产监督管理办公室党组

党组书记　周　萍
党组成员　刘　辉　马海英　刁仁荣

统计局党组

党组书记　傅　曦
党组成员　徐　春　周叶红

教育工委

工委书记　周　剑
工委委员　季红斌　仲尧明(兼)　符云峰
　　　　　刘宗海(兼)　张俊辉(兼)

社会事业局党委

党委书记　范晓晔
党委副书记　潘　凌
党委委员　陈东如　陈志航　王　诚

住房和建设局党委

党委书记　陆　懿
党委副书记　秦　晓　顾升福
党委委员　王　军　黄　烽　朱兰胜　柳中蕾
　　　　　刘航洲

城市管理局党委

党委书记　卢　春
党委委员　曹　江　沈爱华　毛　欣

城乡发展局党委

党委书记　陈晓梅
党委委员　叶　枫　范建设

应急管理局党委

党委书记　胡　勇
党委委员　陈方超　王　勇　沈杨华　徐　强
　　　　　林国华

市场监督管理局党委

党委书记　沈宇亮
党委委员　宜晓建　陈振民　庄人同　董善良
　　　　　陈荣华　沈佳尧　曹　平

【区人大常委会工作部门】

办公室

主　任　蒋建清
副主任　宋丽雅　高定华

人事代表联络工委

主　任　宋丽雅

监察和司法工委

主　任　王奇学
副主任　徐兴华

财政经济工委

主　任　荣继发
副主任　章　晨

城建环保工委

主　任　周建华
副主任　郁春笋

教科文卫工委(外事民宗侨台工委)

主　任　张建群
副主任　张　斌

代表议案建议工委

主　任　孟晓瑜
副主任　谢劲松

农业农村工委

主　任　马雪刚
副主任　何若鸥

【区管委会、区政府工作部门】

经济发展委员会(工业和信息化局、粮食和物资储备局、对外经济协作办公室)

主　任　傅　曦
副主任　江立新　姚永宁　许　梅　詹国辉
　　　　陶　晓

粮食和物资储备局

总工程师　詹国辉

对外经济协作办公室

专职副主任　张　雁

长三角地区合作与发展办公室
专职副主任　费　琨
教育局
局　长　周　剑
副局长　季红斌　陆　纯　符云峰
科技创新局
局　长　李　伟
副局长　陈月娟　王苏良　陈　婷　孙逸馨
　　　　董　良
社会事业局
局　长　范晓晔
副局长　潘　凌　陈东如　陈志航　吴鹏程
　　　　王　诚
财政局
局　长　蒋存琪
副局长　王留华　汪玉千　汤　瑾
东渚分局
局　长　施　蔚
西部生态旅游度假区分局
局　长　金华忠
通安分局
局　长　胡燕红
狮山分局、横塘分局
局　长　陆朱嘉
枫桥分局
局　长　徐　琴
人力资源和社会保障局
局　长　王永刚
副局长　陆建梅
就业创业促进工作领导小组办公室
专职副主任　李　兵
住房和建设局（交通运输局、人防办）
局　　长　陆　懿
副局长　秦　晓　顾升福　王　军　朱兰胜
　　　　柳中蕾　丁　磊
总工程师　黄　烽
总规划师　刘航洲
交通运输局
副局长　王　军（兼）
城市管理局（综合行政执法局）
局　　长　卢　春
副局长　曹　江　沈爱华　毛　欣
总工程师　谈育闻
城乡发展局（农业农村局、水务局）
局　长　陈晓梅
副局长　徐立飞　叶　枫　范建设
总畜牧兽医师　徐敏燕
总工程师　徐振华
农　办
专职副主任　王　雷
乡村振兴局
专职副局长　徐敏燕（兼）
商务局（招商局、外办）
局　长　孙咸锐
副局长　顾志骎　巢文宇　韩晓怡　曹晓苏
招商局
局　长　孙咸锐（兼）
文化体育和旅游局（文物局）
局　长　周晓明
副局长　陶文胜　夏剑华　周　平　祝　倩
文物局
专职副局长　祝　倩
退役军人事务局
局　长　钦纳新
副局长　周永前　黄　海
应急管理局
局　　长　胡　勇
副局长　陈方超　王　勇　沈杨华　徐　强
总工程师　林国华

安委办

专职副主任 徐 强

审计局

局 长 冯世蔚

副局长 陈 静 周 斌

总审计师 朱雪中

行政审批局(政务服务管理办公室)

局 长 陈方旻

副局长 赵树生 唐 虹 王建明

总工程师 吴 喆

市场监督管理局(知识产权局)

局 长 沈宇亮

副局长 宜晓建 陈振民 庄人同 董善良
陈荣华 沈佳尧

食品安全总监 陈荣华

总工程师 曹 平

知识产权局副局长 沈佳尧

浒墅关经济技术开发区分局

局 长 蒋 丹

副局长 杨建荣 黄 苏

市场监督管理局科技城分局

局 长 刘志勇

综保区分局

局 长 唐书民

通安分局

局 长 周 强

狮山分局

局 长 瞿 玮

枫桥分局

局 长 张稳德

横塘分局

局 长 刘艳军

国有(集体)资产监督管理办公室(地方金融监督管理局)

主 任 周 萍

副主任 刘 辉 马海英 刁仁荣

总规划师 马海英

地方金融监督管理局

局 长 刘 辉(兼)

统计局

局 长 傅 曦

副局长 徐 春

总统计师 周叶红

【区政协委员会工作部门】

办公室(研究室)

主 任 张 雷

副主任 程 沁 张锦虹

提案委

主 任 曹 萍

副主任 顾小君

经济科技委

主 任 王 骏

副主任 赵 宇

社会事业委

主 任 蔡 斌

副主任 李春梅

城乡建设和农业农村委

主 任 谢 峻

副主任 包剑平

港澳台侨委(民族宗教委)

主 任 吴文权

副主任 沈 亮

文化文史委

主 任 顾彩亚

副主任 杜 衡

【区社会团体】

总工会

主 席 徐礼华

副主席　缪佳一　金伟正　张　政　方　宇（挂职）
　　白海伟（兼）　李　兵（兼）

妇联

主　席　董　薇

副主席　戴　兰　吴　烨　项国珍（兼）
　　李　园（挂职）

团委

书　记　金雨菲

副书记　丁　芳　陈　峰（挂职）　杨凌波（挂职）
　　王　唯（兼）　李文博（兼）

残联

理事长　俞春方

副理事长　俞　铬　赵国琴

科协

主　席　顾海明

副主席　徐　洲　季红斌（兼）　陈志航（兼）
　　周建平（兼）

文联

主　席　张　斌

副主席　李月宁

工商联

主　席　谢明华

副主席　屠　澄　瞿　峰　陈振民（兼）

红十字会

常务副会长　陈建惠

副会长　陶文胜（兼）　许雪明

【区直属事业单位（副科级以上）】

发展研究中心（政务信息网络服务中心）

主　任　赵红明

副主任　谢　烨　叶　兰

档案馆

副馆长　陈　英

机关车队

队　长　顾伟忠

副队长　朱建伟

机关事务管理处

主　任　王　枫

副主任　郑　烨　顾建良　郑　铭　王晓东

大数据资源管理中心

主　任　姬俊琦

党校（培训中心）

校　长　沈　丹

副校长（副主任）　赵玉艳　王彬彬

党员教育中心

主　任　周雪文

新闻中心

主　任　刘　崇

副主任　黄自刚　陆　斌

教学研究室

副主任　李志清　嵇　康　金　鹏（兼）

教育发展中心

主　任　张俊辉

苏州实验中学

党委书记、校长　仲尧明

副校长　马朱林　鄢国鹏　张　国

高新区第一中学

党委书记　王新民

校　长　杜　颜

副校长　姚成洋　沈育生　金　鹏　章　洁
　　丁志锋

吴县中学

党委书记　洪绍辉

校　长　张会清

副校长　韩　君　周永峰　姚叶红

实验初级中学

党委书记、校长　刘宗海

副校长　张　波　沈　洁　刘　琴　卢崇斌
　　张晓兵　陆静芳　张　静

高新区第一初级中学
党总支书记、校长　孟照顺
副校长　金　鑫　戴云飞　朱文伟　华　兵
　　　　倪少华　朱　瑛
高新区第二中学
党总支书记　宋　化
校　长　陶成生
副校长　张惠方　王　云　颛孙伟伟
苏州学府中学
党支部书记、校长　沈明生
文昌实验中学
党总支书记、校长　卢崇斌
高新区第三中学
校　长　徐文良
阳山实验初级中学
校　长　王华新
高新区第五中学
校　长　童玉峰
景山初级中学
校　长　陈伟华
通安中学
校　长　吴文明
文贤实验初级中学
党支部书记　惠人民
苏州高新技术创业服务中心
主　任　陈月娟
副主任　刘玉斌　陈　奇　梁惠子
科技招商服务中心
副主任　刘　芳　邓　卉
疾病预防控制中心
主　任　归国平
副主任　郭　锋　查日胜　葛锡泳
卫生监督所
所　长　王　诚
副所长　褚　明　赵　军　黄兵荣
妇幼保健计划生育服务中心
主　任　高红琴
苏州科技城医院
党委书记　范晓晔
副院长　卢建林　王　琛　钮金英　吴雪良
苏州高新区人民医院
党委书记　潘　凌
副院长　刘胜亚　王秋生　唐志红
社会事业发展中心
副主任　张奇明　俞　曦
财政管理服务中心（国库支付中心）
主　任　龙　娟
副主任　汤　怀　邓　艳　许　毅　王　杰
人力资源开发管理中心
主　任　刘　军
副主任　吴丽花
社会保险基金管理中心
副主任　谢　凯　施大伟　姚志华
劳动监察大队
大队长　周迎春
副大队长　周　艳　王　书　李　群
劳动就业管理服务中心
主　任　潘鸥翱
建设工程设计施工图审查中心
主　任　戴志成
建设工程质量监督站（建设工程安全监督站）
站　长　陈　军
副站长　华启迪　蔡红艺　俞　韶
建设工程招标投标服务中心
主　任　吕文娟
副主任　孙海洋
城市建设管理服务中心
副主任　叶惠琪　杨　硕　唐峰平
城建监察大队
大队长　李　成

房屋征收服务中心

主　任　谢沛君

住房保障管理中心

主　任　王东勇

直属房屋所

主　任　杨　柯

港航事业发展中心（地方海事所）

主　任（所长）　胡叶华

公路事业发展中心

主　任　龙厚全

交通运输综合行政执法大队

大队长　江百乐

交通工程管理中心

主　任　孙启志

城市管理行政执法大队

大 队 长　张旭光

副大队长　徐　寒　张丽洁　孙　坤

城市维护管理处

主　任　卢益军

副主任　袁　渊　朱　侃　孙海艳

集成指挥中心

主　任　殳　辉

副主任　吴明红

城市管理行政执法大队浒墅关经开区行政执法队

队　长　于朝辉

教导员　陆建平

城市管理行政执法大队科技城行政执法队

教导员　邵　杰

农林水利综合执法大队

大 队 长　邵冬冬

副大队长　孔晓军

河道管理所

主　任　彭紫赟

农林水利信息化管理中心

主　任　范奕星

外商投资服务中心

主　任　娄　佳

副主任　田　峰　石晓丹

文化市场综合执法大队

大队长　许奇峰

文体和旅游发展中心

主　任　高　正

应急管理综合行政执法大队

大 队 长　高旭东

副大队长　司德功　沈荣华　唐吕飞

政务服务中心

副主任　张　永

企业服务中心

主　任　李　菁

副主任　刘　君　顾苏溢

市场监督举报处置中心（质量技术监督稽查大队）

主　任　祝　嘉

统计调查中心

主　任　李　伟

征地管理服务中心

副主任　陈苏文　郭秉晟

【苏州浒墅关经济技术开发区】

党工委

书　记　周晓春

副书记　吴卫锋（兼）　单鸿伟　周咏梅

委　员　宋福生　余黎康　张　辉

管委会

主　任　单鸿伟

副主任　周咏梅　余黎康　王寅杰

内设机构

纪工委、监察工委

书记、主任　张　辉

副书记、副主任　孙建军

专职纪工委委员　周小艳

党政办

主　任　张　燕

副主任　邵向东　许　洁　马莹磊

组织人事和社会保障局

局　长　马　艳

副局长　陆建新　黄亚金

经济发展局

局　长　徐宗敏

副局长　缪逸洲　刘明明

科技创新局

局　长　李斌斌

副局长　刘开建　徐一鸣

社会事业局

局　长　秦洁静

副局长　孙　利　于乐平　李　颖

财政和资产管理局

局　长　曹　彦

副局长　时　瑾　曾志军　孙琴芬

建设局

局　长　史剑锋

副局长　杨晓方　蒋国平

招商局

局　长　邱袅菡

副局长　祝祯伟

安全生产监督管理局

局　长　马　良

副局长　殷士祥

安委办专职副主任　林雄飞

集成指挥中心、综合行政执法局

主任、局长　丁宇清

副主任、副局长　周永明　沈景峰

社区管理办公室

主　任　程　锴

副主任　俞永方　顾毓定　潘　炜

下属事业单位

江苏大阳山国家森林公园管理处

主　任　汪洪涛

经济服务中心

主　任　戴　琴

【苏州科技城】

党工委

书　记　卢　潮

副书记　杨　亮　周经纬

委　员　洪绍平　黄忠华　邵　亮　蒋月霞

纪工委书记　邵　亮

管委会

主　任　杨　亮

副主任　周经纬　洪绍平　黄忠华　蒋月霞

内设机构

党政办

主　任　李靖宇

副主任　魏　力　朱玲枫

监察室(审计室)

主　任　杨　扬

副主任　高　丰　张春华

财政局

副局长　施　蔚　苏静芳

经济发展局

局　长　曹玉河

副局长　姚亦丹　高兴文

科技和人才局

局　长　沈培英

副局长　刘治国

规划建设局

局　长　陆　锴

副局长　赵晓兵　朱孔进

招商局

副局长　李　磊　项　悦

教育文体局
局　长　张　耘
副局长　徐双庆　王　青
下属事业单位
社会事业服务中心
主　任　李世喜
苏南工业技术研究院
副院长　沈　蔚（主持工作）　王　澜　徐爱华
科技创新服务中心
主　任　葛春生
副主任　徐　瑛　王　思

【苏州西部生态旅游度假区】

党工委
副书记　陈月娟　苏久华
管委会
副主任　陈月娟　苏久华　何　明
综合管理部
主　任　籍考亮

【苏州高新区综合保税区管理办公室】

主　任　吴卫锋
副主任　蒋林明　叶其中　谢明华
行政管理部
主　任　梁　娟
副主任　鲁松坡　陈　伟
计划财务部
主　任　乔英男
经济发展部
主　任　马春黎
副主任　寇冠兰　过英豪
开发建设部
主　任　张继生
副主任　许喆明　朴文斌
综合管理部
主　任　徐文清
副主任　辛炳辰　田　宇

【狮山商务创新区】

党委
书　记　沈明生
副书记　叶其中　吴东明
委　员　刘文斌　江　强
管理办公室
主　任　叶其中
副主任　刘文斌　江　强
党政办
主　任　朱振华
副主任　陈应甲　赵丽平
财政和资产管理局
局　长　金福龙
副局长　彭　芳　蒯琴霞
商务和投资促进局
局　长　朱惠芳
副局长　徐　玉　张　燚　徐　刚
经济和科技创新局
副局长　李　莉（兼）
规划建设和城市更新局
局　长　刘文斌（兼）
副局长　陈军伟
教育和文体旅游局
局　长　江　强（兼）
副局长　许　奇

【镇、街道】

浒墅关镇
党委
书　记　周晓春
副书记　余淮军　张　燕

委　员　张　辉　姚钰清　马　艳　徐宗敏
　　　　程若森

人大

主　席　冯寿前

镇政府

镇　长　余淮军

副镇长　马　良　缪逸洲　于乐平　杨晓方
　　　　李　颖

政协工委

主　任　张　燕

通安镇

党委

书　记　徐　立

副书记　杨春华　王一飞　陶雪芳

委　员　朱晓洪　杨　真　张　明　周凤明
　　　　杨　琳　查　利　朱　勇（挂职）
　　　　张菊红

纪委书记　朱晓洪

人大

主　席　陶雪芳

镇政府

镇　长　杨春华

副镇长　陆建春　魏　雷　林　展　张丽萍

政协工委

主　任　王一飞

东渚街道

党工委

书　记　陈　凯

副书记　黄　晨　叶　钟

委　员　沙菊香　丰　昊（挂职）　吴绍永
　　　　曹裕银　钟国锋　施震宇
　　　　刘炎峰（挂职）

人大工委

主　任　薛永芳

办事处

主　任　黄　晨

副主任　徐　青　张晓冬

政协工委

主　任　叶　钟

狮山街道、横塘街道

狮山街道党工委、横塘街道党工委

书　记　沈明生

副书记　朱　飞　吴东明　洪　璐

委　员　许　奇　杨　凯（挂职）　耿继宇
　　　　包　飞　赵丽平　许　乐
　　　　吴镇平（挂职）　吴海荣

纪工委书记　吴海荣

狮山街道人大工委

副主任　赵政贤

横塘街道人大工委

主　任　陆建根

狮山街道办事处、横塘街道办事处

主　任　朱　飞

副主任　顾雪松　吴建中　杜芳林　张　燚
　　　　陈军伟　蒯琴霞

狮山街道政协工委

主　任　吴东明

横塘街道政协工委

主　任　洪　璐

枫桥街道

党工委

书　记　叶其中

副书记　贾　斌　邹　斌

委　员　陈应甲　黄文星　宋　巍（挂职）
　　　　彭　芳　蒋征宇　胡长碧　刘旭鹏

纪工委书记　黄文星

人大工委

主　任　娄　锴

办事处

主　任　贾　斌

副主任　李　莉　徐海燕　曹　锐　沈伟国

政协工委

主　任　邹　斌

镇湖街道

党工委

书　记　周经纬

副书记　陈月娟　何　明

委　员　田洪新　梁　栋（挂职）张　园　韩思量　沈　力　陈水中

纪工委书记　韩思量

人大工委

主　任　周经纬

办事处

主　任　陈月娟

副主任　朱雪良　籍考亮

政协工委

主　任　何　明

【区直属公司】

苏州苏高新集团有限公司

董事长　王　星

副董事长　周　飞

董　事　吕少锋　濮　钧　严惟玮

书　记　王　星

副书记　周　飞　陈海鸥

委　员　吕少锋　濮　钧　严惟玮　高　圆

纪委书记　陈海鸥

总经理　周　飞

副总经理　吕少锋　濮　钧　严惟玮

总规划师　高　圆

苏州新区高新技术产业股份有限公司

董事长　王　平

副董事长　沈　明

董　事　屈晓云　张晓峰

书　记　王　平

副书记　沈　明　屈晓云　余传剑

委　员　张晓峰

纪委书记　余传剑

总经理　沈　明

副总经理　屈晓云　徐　征　张晓峰

苏州金合盛控股有限公司

董事长　周琼芳

副董事长　唐　济

书　记　周琼芳

副书记　唐　济

委　员　浦颖贤　楼湜泓　李　梁

总经理　唐　济

副总经理　潘翠英　浦颖贤　李　梁

纪委书记　楼湜泓

苏州高新国有资产经营管理集团有限公司

董事长　闵建国

副董事长　王卫东

董　事　金　闻

总经理　王卫东

副总经理　金　闻

苏州高新城市交通发展有限公司

董事长　李　政

副董事长　胡漳敏

董　事　韩建良

书　记　李　政

委　员　韩建良　曲　林　邱慧玉　吕　良

纪委书记　吕　良

总经理　胡漳敏

副总经理　韩建良　邱慧玉

总工程师　曲　林

苏州高新文旅集团有限公司

董事长　曹　琴

副董事长　高　进

董　　事　邹　剑
总 经 理　高　进
副总经理　邹　剑　徐　秀

苏州高新产业招商中心有限公司

董 事 长　楼铭育
副董事长　董　健
总 经 理　董　健
副总经理　卫　琳

苏州医疗器械产业发展有限公司

董 事 长　王　平
副董事长　张　超
董　　事　刘颐称
书　　记　王　平
副 书 记　张　超　刘颐称
总 经 理　张　超
副总经理　刘颐称　徐　瑗

苏州高新集成电路产业发展有限公司

副董事长　仲晓晨
董　　事　李大亮
总 经 理　仲晓晨
副总经理　李大亮

苏州高新区科技招商中心有限公司

总 经 理　慕继武
副总经理　端洪菊

苏州光子产业发展有限公司

副董事长　仲晓晨
总 经 理　仲晓晨
副总经理　丁奕翀

（组织部）

荣　誉

集体荣誉

表50　　高质量发展综合考核功能片区、镇（街道）等次名单（2022）

等次	分组
功能片区	
第一等次（先进集体）	狮山商务创新功能片区
第二等次	太湖科学城功能片区、浒墅关先进制造功能片区
镇（街道）	
第一等次（先进集体）	枫桥街道，通安镇，狮山、横塘街道
第二等次	东渚街道、浒墅关镇、镇湖街道

表51　　高质量发展综合考核区级机关单位等次名单（2022）

等次	单位
党的建设组	
第一等次（先进集体）	人大常委会机关、政协机关、组织部、纪（工）委监委、党政办、宣传部、政法委
第二等次	统战部、团委、研究室、总工会、妇联
经济服务组	
第一等次（先进集体）	科技创新局、经济发展委员会、教育局、应急管理局、市场监督管理局、行政审批局、国资办、社会事业局
第二等次	城乡发展局、人力资源和社会保障局、城市管理局、自然资源和规划分局、商务局、财政局、退役军人事务局、文化体育和旅游局、住房和建设局、生态环境局
综合管理组	
第一等次（先进集体）	公安分局、编办、检察院、法院、税务局
第二等次	审计局、统计局

表52　　高质量发展综合考核区直属国企等次名单（2022）

等次	单位
商业类	
第一等次（先进集体）	苏州苏高新集团有限公司
第二等次	苏州金合盛控股有限公司、苏州新区高新技术产业股份有限公司
服务类	
第一等次（先进集体）	苏州高新城市交通发展有限公司
第二等次	苏州高新文旅集团有限公司、苏州高新国有资产经营管理集团有限公司
产业类	
第一等次（先进集体）	苏州医疗器械产业发展有限公司
第二等次	苏州高新集成电路产业发展有限公司

表53　　高质量发展进步单位（地区）、优秀驻区服务保障单位名单（2022）

荣誉	单位
高质量发展进步单位	团委、城乡发展局、自然资源和规划分局
高质量发展进步地区	枫桥街道
优秀驻区服务保障单位	人武部、公安分局、自然资源和规划分局、税务局、苏州海关虎丘办事处、生态环境局、消防大队、虎丘公积金分中心

（组织部）

个人荣誉

一、区担当作为好干部名单（2022）（按姓氏笔画排序）

马　艳（女）	马伟良	王　勇	王　菲（女）	王志杰
白　凯	刘　辉	刘航洲	江立新	李大亮
杨　真	杨晓方	肖　荔（女）	吴鹏程	陈应甲
徐文清	陶雪芳	董　敏（女）	蒯琴霞（女）	潘孝辉

二、区先进工作者名单（2022）（按姓氏笔画排序）

（一）区机关事业单位（68名）

丁　伟	于自强	山苏婷（女）	马　昊	王　兴
王杰帅	王学进	王燕花（女）	贝书寒	方建国
叶旺锐	叶雪兴	朱　欣（女）	朱　真（女）	朱兰胜
朱伟杰	仲尧明	许健民	孙国梁	李　妍（女）
李　明	李冰洁（女）	李红波	李志清	李苏红（女）
李盼盼（女）	李晓雪（女）	杨宏伟	杨镇桃	吴丽萍（女）
何建春	汪明灯	宋子玥（女）	宋丽雅（女）	宋莎莎（女）
张　兰	张　彪	张忆雯（女）	张旭光	张利泉
张佳杰	陆　娟（女）	陆建梅（女）	陈　奇	陈　玲（女）
陈　婷（女）	陈　静（女）	陈广杰	茆国平	金伟正
赵　鹏	柯　钊	骆保华	夏洁萍（女）	倪东伟
徐　瑛（女）	郭　平	唐志红（女）	陶文胜	黄　鑫（女）
黄自刚	戚春志	巢文宇	董善良	喻　菁（女）
蔡　蔺（女）	蔡　燕（女）	鞠丰刚		

（二）各板块（29名）

于乐平	马文兴	王雪兴	方　宇（女）	朴文斌
朱孝峰	朱振华	汤　俊	许正扬	孙　妍（女）
李小花（女）	李何平	李建康	吴长青	吴志飞

吴雪春　吴淑英（女）　辛炳辰　张　宁（女）　张　园
周利利（女）　郑　俊　赵丽平（女）　施震宇　姚亦丹（女）
徐宗敏　黄　莹（女）　曹玉河　魏　雷

（三）区企业单位（19名）

王　华　王珊珊（女）　朱　敏（女）　乔长胜　刘美云
李　梁　李若愚　吴梅岭　张　弥　赵　丁
胡家渊　俞　扬　徐　瑗（女）　徐俊燕　郭熙炜（女）
郭曌宇（女）　黄皓亮　密　婷（女）　滕　佳（女）

（四）疫情防控指挥部（20名）

马　瞩　王　珏　刘　卓　李　凯　李　萍（女）
李少华（女）　张雪康　张霞玭（女）　陆　锴　陆亚芳（女）
赵　鹏　钮金英（女）　娄　佳（女）　徐庭鑫　徐晓峰（女）
谈伟民　黄　冠　黄毅志　程若森　魏培培（女）

（五）进驻单位（26名）

尹青晟　李　勤（女）　李瑞良　杨伟华　吴　迪
吴迎新（女）　邹建明　沈　庆　张孝文　陆海东
庞卫军　承　晖　赵　威　柏根榕　钟珂烨（女）
俞　斌　施　达　姚怀来　夏　刚　顾　宇
顾　晨　顾文博　倪洪良　高　峰　蒋　健
薛　坤

（组织部）

索　引

说　明

一、本索引依照国家标准《索引编制规则(总则)》GB/T22466—2008的相关规则进行编制。

二、本索引分为主题索引和表格索引。索引按标目词的汉语拼音排序(同音字按音调、笔画数、笔顺,依次类推)。索引标目后的数字表示内容所在的页码,数字后的拉丁字母 a、b 分别表示版面的左、右栏。

三、空两字起排的款目为上一主题的附见。

四、"大事记" 不编索引。

五、为便于读者检索,在高新区的企事业单位和在高新区发生的事件名称前的"苏州高新区(虎丘区)"或"高新区(虎丘区)",除非产生歧义,均省略。

主题索引

G

K

T

Y

Z

表格索引